JN331133

東アジア海域叢書14

森平雅彦編

中近世の朝鮮半島と海域交流

汲古書院

中近世の朝鮮半島と海域交流 目次

東アジア海域叢書14

本書のねらい

森平雅彦

朝鮮史をめぐる「海域史」研究の課題

近年日本の歴史学界では、従来陸域の国家や民族の視点から描かれてきた東アジアの歴史像を、「海域史」の視点から新たにとらえなおす動きが活発になってきた。そこには朝鮮史に関わる刺激的な論題も数多くふくまれている。ただしそのほとんどは、日本史や中国史に基盤をおく研究者から、その専門分野との関わりにおいて論究されたものであった。こうした動向に対する朝鮮史プロパーの関心はいまのところ必ずしも高いとはいえない。それゆえ、その成果を朝鮮史の体系的認識のなかに組みこみ、ひいては朝鮮史の枠組みそのものを「海域史」の視点から見直していく作業は、今後の課題としてのこされている。

文部科学省科学研究費補助金（特定領域研究）「東アジアの海域交流と日本伝統文化の形成——寧波を焦点とする学際的創生」を構成する計画研究の一つ「中・近世朝鮮をめぐる東アジア交流と寧波」は、上記の課題に正面からとりくむことを目的として組織された研究班であり、研究代表は森平雅彦、研究分担者は村井章介・六反田豊・長森美信というメンバーからなる。まさしく朝鮮史分野における「海域史」研究の〝ことはじめ〟であり、五年の研究期間を通じて、このテーマをリードする周辺分野の研究者たちと史料検討会、現地調査、学術書の共同執筆、シンポジウムやワークショップなどの作業をともにすることで、その研究視角と着眼点、方法論を吸収すべくつとめてきた。

ところが、いざ、そうした〝道具立て〟を朝鮮史分野で活用し、あるいは逆に朝鮮史研究の立場から「海域史」に新たな知見を提供しようと試みたとき、それ以前の問題として、われわれの前には〝基礎データの欠如〟という大きな障壁がたちはだかった。いうまでもなく、日本史や中国史の分野においてわきおこった「海域史」への着目は、何も無いところからある日突然発生したわけではなく、それまで長年にわたって蓄積されてきた、きわめて微視的なレベルにまでおよぶ対外関係史・海事史等の精緻な実態研究があってこそ、はじめて議論が可能になったものである。これに対して朝鮮史分野では、これまで、海に関わる個別具体的な史実の掘り起しが、必ずしも十分な質と量をもっては進められてこなかったといわざるを得ない。

その一方で、近年、大韓民国の学界では、「海洋史」の名のもと、朝鮮史上における域外との海上通交や海洋進出の様相に注目する研究が活発に進められるようになってきた(1)。しかし当研究班のメンバーである六反田豊が指摘するように(2)、これは日本における「海域史」研究とは異なり、既存の一国史的視角や民族史的枠組みを相対化しようという問題意識を必ずしも前提としていない。そもそも、本来大枠論の裏づけとなるべき、海事史の微視的な事実関係を丹念に把握しようという志向性は、ここでもやはり強いとはいえない。

このような現状をふまえ、当研究班の努力は、おのずと、脆弱な研究基盤を強化するための地道な実態研究にそそがれることになった。本書はその成果をおさめたものである。

本書の構成

本書が対象とする朝鮮中世・近世という時代は、前近代において高麗・朝鮮両王朝が朝鮮半島を統治した十〜十九世紀を便宜的に呼ぶものであり、高麗時代〜朝鮮前期（十〜十六世紀）を中世、朝鮮後期（十七〜十九世紀）を近世とするのが一般的である。

このうち高麗時代は、朝鮮前近代史上、国際的な海上通交がもっとも活発な一時期だったとされる。すでに建国期より五代十国時代の中国華北・江南との間で海を通じた交流が確認され、十〜十二世紀における北宋との海上通交は、外交・交易・文化交流と多岐にわたる内容が比較的豊富な史料を通じ、ある程度まで具体的にうかがわれる。その後も十二・十三世紀には南宋、十三・十四世紀には元との間で海上交易が維持された（前者とは正式な国交が成立せず、後者との外交はもっぱら陸路によった）。特に後者に関しては、高麗が元の覇権下にくみこまれるにともない、元の公的な海上交通と物流システムが朝鮮半島にまで接続された点が特色である。また高麗全時期にわたり、日本列島との通交が確認される。十〜十三世紀にはときおり外交交渉をまじえつつ、日本からの交易船が往来したが、十三・十四世紀には、元の海洋進出と倭寇にともなう軍事的な緊張、およびこれをめぐる外交がいろどりをそえる。

以上のような高麗時代の活発な海上通交を総合的に理解するための礎《いしずえ》として、第一部「文献と現地の照合による高麗―宋航路の復元――『高麗図経』海道の研究――」（森平雅彦）では、船舶が往来した国際航路に着目した。具体的には一一二三年に宋使の一員として高麗に渡航した徐兢の『高麗図経』に記された使船航路を検討する。ここにみえる中国江南の明州（現浙江省寧波市）と高麗王都開京（現黄海北道開城市）の外港礼成江をむすぶ東シナ海横断航路は、高麗全期間を通じて最も枢要な国際幹線航路だった。ここでは、航路に対する詳細な歴史地理的分析を通じて航海の実像を具体的に把握し、海を通じて展開した外交・交易・文化交流の基盤に対する理解を深めることにしたい。

つづく朝鮮時代は、海を通じた外部世界との交流が相対的に不活発だったとされる時期である。日本列島との交流は朝鮮半島南東岸の指定港と対馬のラインを中軸に継続され、初期には琉球とも直接の交流がみられたが、日本からの通交者に対する朝鮮政府の統制意思が強く押し出されている。そして中国大陸との海上通交にいたっては、明・清両王朝の政策ともあいまって、一時の例外をのぞき外交・交易とも公的に実施・容認されることはなかった。

このように朝鮮王朝が〝みずから海に開いていかなかった〟ことは、韓国の「海洋史」研究ではとかく低く評価されがちである。しかし韓国にかぎらず「海洋進出」というフレーズに対し現代人がいだきがちな肯定的心情は、たぶんに近現代国家の海洋覇権や貿易発展に対するイメージから喚起された部分が大きいとおもわれる。前近代の事象としては、あくまで〝ある社会と海の関係性の一つのありかた〟として価値相対的にとらえるべきだろう。第二部「朝鮮王朝と海域世界」では、そのような朝鮮王朝と海域世界の関わりを交易、海賊、船舶という三つの視点から論じた。

第一章「十五世紀朝鮮・南蛮の海域交流――成宗の胡椒種求請一件から――」（村井章介）は、胡椒という国際商品を素材に朝鮮から日本―琉球―東南アジアへ広がる海域世界のネットワークを論じる。ここでは明との冊封関係という政治的タテマエとは吻合しない海域世界のリアリティーが朝鮮半島をめぐっても展開していた様相が描かれる。

第二章「十五・十六世紀朝鮮の「水賊」――その基礎的考察――」（六反田豊）は、十五・十六世紀の朝鮮半島沿岸において発生し、王朝政府によって「水賊」と名づけられた海賊についてとりあげる。この問題は従来、倭寇およびこれと密接に関係する（ものと注目された）済州島出身の海民との関わりで論じられてきたが、関係史料を網羅的に分析することで、「唐人」をふくむ朝鮮半島沿岸部の幅広い海上活動者に対する王朝政府の認識がうかびあがってくる。

第三章「朝鮮伝統船研究の現況と課題――近世の使臣船を中心に――」（長森美信）では、朝鮮時代に利用された各種船舶に関する研究史をひもときながら、その到達点を整理する。とくに朝鮮王朝のもとで唯一定常的に域外へと派遣された対日通信使船に焦点をあてて、他船との比較を通じ、その実像を明らかにしていく。

さらに第四章「朝鮮総督府『漁船調査報告』にみる植民地期朝鮮の伝統船――一九一〇～二〇年代の在来型漁船の船体構造――」（長森美信）では、朝鮮伝統船の特徴を論じるうえで基礎資料とされてきた植民地期の『漁船調査報告』について、史料的価値とその限界を論じ、朝鮮船舶史研究の方向を指し示す。

今後にむけて

本書でとりあげる論点はいずれも朝鮮中世・近世各時期の海域交流を象徴する事例の一つだが、これだけをもって全体像が描けるわけでないことはいうまでもない。いうなれば、広大な遺跡地にいくつかのトレンチ（試掘坑）をいれてみることで、今後の総合的リサーチにむけての橋頭堡を確保しようとするものである。

このほかにも朝鮮半島をめぐる「海域史」のトピックスとしては、①沿岸水域における域内交通や物流、②港湾・港市論、③漁撈・製塩活動、④島嶼部の社会、⑤漂流民、⑥沿岸警備体制、⑦航海信仰などもある。

このうち①～④はこれまでにも経済史や交通史、または民俗学・文化人類学の文脈から研究されてきたが、その海事史的事実に対する理解をさらに深めつつ、これを「海域史」の視点からとらえなおす作業が必要となる。⑤は日朝間の事象について多くの蓄積があるが、中朝間の事象に対する把握が手薄である。これに関連して当研究班では、十五世紀末に済州島近海から浙江台州まで漂流した朝鮮官人崔溥の記録『漂海録』の訳註を継続中である。⑥については従来制度面の把握にとどまってきたが、本叢書第2巻『海域交流と政治権力の対応』（井上徹編、二〇一〇年）所収の六反田豊「十九世紀慶尚道沿岸における「朝倭未弁船」接近と水軍営鎮等の対応――『東萊府啓録』にみる哲宗即位年の事例分析――」が実態分析をおこなっているので、あわせて参照されたい。⑦は近年ようやく注目されつつあるテーマであり、(3) 日中の事例との比較、またそれらとの伝播関係の有無の解明などが期待される。

四方を海でかこまれた日本では、対外交流といえば、それはおのずと海域交流になる。そのため、ときには海域交流史と銘打ちながら、要は対外交流史を語っているにすぎない、ということもある。これに対して大陸と地続きである朝鮮半島の対外関係において、海域交流がはたす役割はあくまで相対的なものであり、それが海を通じて起こった現象であることの意味説明がより切実に求められる。

しかも朝鮮中世・近世を通して、内部社会の人々が海を通じて外部世界に出ていこうとするベクトルよりも、むしろ外部からやってくる人々を迎え入れるベクトルのほうがめだつ傾向がある。また対外交流における海域交流の位相がごく補助的・付随的なものにすぎないという局面もみられる。こうした朝鮮史の特徴は、そこに海があれば乗り出していくことを当然・当為とみなす感覚――とりわけそこに肯定的心情をいだくようなむきに対して、パラダイム転換にもつながる知的刺激を提供できるかもしれない。

こうした日本での一般感覚との違い、すなわち海との関係の相対性にこそ、東アジアや東部ユーラシアを舞台とする「海域史」をより精緻な史論として確立していくうえで、朝鮮史がはたし得る特有の役割があるのではないかと、ひそかに期待している。

註

（1）代表的な通史的論著として、윤명철『한국해양사――'해양'을 코드로 해석한 우리 역사』（학연문화사、二〇〇三年）、강봉룡『바다에 새겨진 한국사』（한얼미디어、二〇〇五年）、정진술・이민웅・신성재・최영호編『다시 보는 한국해양사』（신서원、二〇〇八年）などがある。

（2）六反田豊「朝鮮史からみた「海域史」研究」（『アジア遊学』№一〇〇、二〇〇七年）。

（3）関連業績については本書第一部の第三章と結章でも言及したが、そのほか本叢書第4巻『海域世界の環境と文化』（吉尾寛編、二〇一一年）所収の徐仁範「朝鮮使節の海路朝貢路と海神信仰――『燕行録』の分析を通して――」、山内晋次「前近代東アジア海域における航海信仰――海神祭祀・海の境界・観音信仰――」も参照されたい。

中近世の朝鮮半島と海域交流

東アジア海域叢書14

第一部　文献と現地の照合による高麗―宋航路の復元

――『高麗図経』海道の研究――

森平雅彦

序　章　高麗—宋航路研究の意義・課題・方法

はじめに——高麗—宋通交と航路問題

高麗は九一八年から一三九二年まで朝鮮半島に存在した王朝であり、朝鮮前近代史上、国際的な海上通交がもっとも活発に展開された一時期として知られている。とりわけ十〜十二世紀における北宋との通交は、それが社会におよぼした影響の大きさから、その重要性がひときわ注目される。すなわち高麗盛時の国家制度はもとより、儒学・仏教をはじめとする学術・思想、あるいは書籍など、文化の諸局面において宋の文物がおおいに将来され、参酌されたこと。そしてその背景に海上を通じた両国間の活発な交易と外交活動が存在したことは、『高麗史』等の関係史料を一瞥するだけでもその大要を容易にうかがうことができ、すでに多くの先学がくりかえし論じてきたところでもある。[1]

ただ従来の研究が比較的詳しくとりあげてきたのは、主として通交の〝結果〟に関する部分であった。外交であれ、交易であれ、文化伝播であれ、それらは具体的なヒトやモノ、あるいは情報の移動にともなう〝結果〟としてたちあらわれる現象である。かかる移動の〝過程〟、すなわち海上を通じてヒト・モノ・情報が往来する具体的様相と、それを支える人間活動の実際について、われわれの知識は決して十分ではない。高麗—宋通交の〝活況〟という状況認識も、必ずしも他の時代における朝中通交との違いや、同時代の東アジアの国際通交における位相を相対的に評価したものではなく、むしろ漠然としたイメージに近い部分がある。高麗前期の対外交易に関していまなお通説的な位置を占める金庠基の古典的論考[2]について、史料の拡大解釈や誤解に起因する質的・量的評価の非厳密性を的確に指摘した李鎮漢の近業[3]は、かかる問題の一端をうきぼりにしている。

他方、高麗—宋通交の〝過程〟をめぐる諸問題は、近年日本史や中国史の研究者による海域史ないし海域交流史の研究のなかで論じられることがあり、そこには注目すべき指摘も数多い。すなわち通交の担い手としての海商や、通交窓口としての港市など、通交をなりたたせている具体的な諸要素・諸局面への着眼である[4]。とりわけ海商の実態に対する理解がふかまり、文化・情報伝達者としての広範な役割や国家の枠組みを超えた動きが指摘される一方[5]、高麗人海商の存在感の大きさに疑問符がつけられるようになったことは[6]、これまで当時の高麗社会の対外的な〝積極性〟や〝開放性〟をいささか安易に評価してきた高麗—宋通交の実態について、根本的なみなおしをせまるものである。

本稿で検討課題とする航路もまた、海上通交の実像を立体的に復元するうえで不可欠な論点の一つである。海を通じて隔絶した二つの地域をむすぶ航路は、航海の主体・担い手と目的、航海術・造船法などの技術、気象・海況・海岸海底地形といった自然環境、発着地や経由地における政治権力の管理統制・住民活動・物産といった政治・社会・経済状況など、さまざまな要素が複合的に作用するなかで決定される。換言すると航路のありかたには、それを通じて実現される通交をとりまく種々の条件が集約的かつ象徴的に反映されているともいえ、転じてそれらの事柄を解明する基礎的な手がかりとなることが期待されるのである。朝鮮海事史／海域交流史の一環として高麗―宋通交の史的実像をより具体的なレベルから再構成するにあたり、筆者がまず航路をとりあげる理由は、まさしくこの点にある。

当面の検討対象として、本稿では、一一二三年に宋使の一員として高麗を訪れた徐兢の見聞記『宣和奉使高麗図経』（以下『高麗図経』と略称）巻三四〜三九・海道におさめられた航海記録をとりあげる。高麗―宋間の通交で利用された航路は、朝鮮半島中西部沿岸から黄海を横断して山東半島北岸の登州（現山東省烟台市蓬萊市）方面や南岸の密州板橋鎮（現山東省青島市膠州市）方面にいたる北方航路と、朝鮮半島南西部水域をへて東シナ海をおしわたり、中国南部、とりわけ明州（現浙江省寧波市）方面に到達する南方航路とに大別される。(7) これらは時期により、また外交か交易かという目的の違いにより、利用の重心が移り変わったが、ほぼ一貫して重要な位置を占めたのは南方航路だった。そして『高麗図経』は、この南方航路に関して、また高麗―宋通交全体からみても、もっとも詳しい航海記録を伝えており、当然ながら従来注目されてきた史料である。本稿ではこの『高麗図経』所載のデータにもとづき、一一二三年の宋使船がたどった航路を可能なかぎり具体的に比定してみたいとおもう。

具体的な航路比定にはいる前提として、まず本章では、分析対象となる『高麗図経』の文献的性格を確認したうえで、高麗―宋間の航路問題に関する既往の研究が内包する分析の手法や姿勢の問題点を検討していくことにしよう。このことは単に高麗―宋通交史のみならず、ひいては朝鮮半島をめぐる海事史／海域交流史全般の理解の深度にも関わる根本的な問題である。それゆえ問題点の所在と、これを克服するための指針を明確にすることで、次章以降に展開される一見些末ともおもえる航路分析を通じて筆者が訴えようとするところを、あらかじめ明確にしておきたい。

一　『高麗図経』とその航海記録

『高麗図経』全四〇巻の撰者である徐兢（一〇九一～一一五三）は歴陽（現安徽省巣湖市和県）の人で、字は明叔、官は尚書刑部員外郎にいたった(8)。一一二二年（宋・宣和四／高麗・睿宗十七）、宋ではこの年死去した高麗睿宗王の祭奠・弔慰を兼ねた国信使が編成され、給事中路允迪が正使、中書舎人傅墨卿が副使に任命されたが、徐兢は国信所提轄人船礼物官としてこれにくわわった。使節団は翌年三月十四日に宋都開封を発ち、五月三日に明州に到着する。そこで今次の使行のために新造された神舟二艘と、両浙・福建地域で徴募された客舟六艘に荷積みをすませたのち、甬江河口の外港である定海県にくだり、五月二十四日に出海した。そして六月十二日に高麗王都開京の郊外を流れる礼成江の河口に到達して、約一ヶ月間の滞在後、七月十五日に再び乗船し、八月二十七日に定海県に帰着した(9)。

『高麗図経』は以上の間の見聞にもとづき、翌一一二四年に早くも撰進された。しかしその二年後に勃発した靖康の変に際して正本が逸失し、これによって「図経」と称する本書の構成のうち、肝心な図の部分が失われてしまった。ただ幸いに本文については、徐家に副本がのこされていたため、これにもとづいて南宋の乾道三年（一一六七）、澂江郡の仁和趙氏小山堂において刊行がなされた(10)。これが乾道本、または澂江本と称される現存最古の宋版『高麗図経』であり、その貴重な伝本が台湾故宮博物院に蔵されている。本稿ではこの故宮博物院蔵本(11)を底本として使用する。

『高麗図経』は十二世紀初めの高麗盛時の国情を伝える同時代史料として、高麗史研究における価値はきわめて高い。ただ外国人による見聞記であるため、その信頼性は情報の種類により質的な差がある。すなわち、徐兢が直接体験した事柄と、間接的な伝聞によるものとの違いであり、当然、後者についてはほかに裏づけを得ることが望ましい。しかし実際には両者の区別がつきにくい記事も多く、こうした場合、高麗の習俗に関する一部の記録など、本書にしか伝わらない内容は、研究利用に際して非常に悩ましいところである。

これに対し、巻三四から巻三九にかけておさめる「海道」の記事は、まぎれもなく徐兢の実体験にもとづく航海記録であり、史料的価値がもっとも高い部類に属する。まず、ここにみえる往路・復路の航程を概観しておこう（図版1）。なお本稿で前近代に関して表示する月日は、とくにことわらないかぎり太陰太陽暦（旧暦）のそれである。

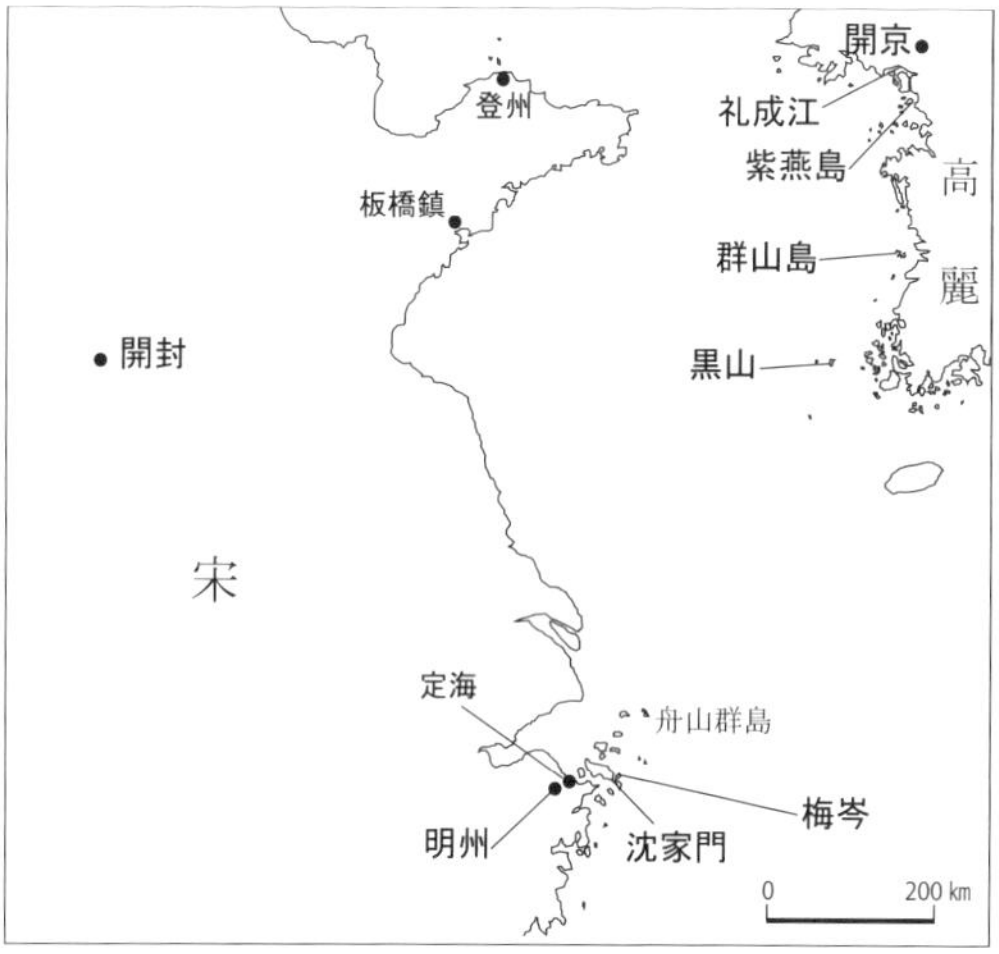

図版１　『高麗図経』海道要図

【往路】

三月　十四日　汴京（開封）を出立
五月　三日　四明（明州）に到着
五月　十六日　明州を出航→
五月　十九日　→定海に到着
五月二十四日　招宝山に祈禱して出航→虎頭山→水浹港口→七里山→蛟門（一名、三交門）→大小二謝山を遠望→松柏湾→蘆浦に停泊
五月二十五日　出港→浮稀頭→白峯→窄額門→石師顔→沈家門に停泊
五月二十六日　梅岑にいたり祈禱
五月二十八日　出航→赤門→海驢焦→蓬莱山を遠望→半洋焦→

五月二十九日　→白水洋→黄水洋→黒水洋→
六月　一日　→洋上を航海→半托伽山を遠望か→
六月　二日　→夾界山→
六月　三日　→五嶼→排島（一名、排垜山）を遠望→白山→黒山→月嶼→闌山島（一名、天仙島）→白衣島（一名、白甲苫）→跪苫→春草苫（一名、外嶼）→檳榔焦→
六月　四日　→菩薩苫→竹島に停泊
六月　五日　出航→苦苫苫に停泊
六月　六日　出航→群山島に停泊
六月　七日　出航→横嶼に停泊
六月　八日　出航→紫雲苫→富用山（一名、芙蓉山）→洪州山→鵶子苫（一名、軋子苫）→馬島に停泊
六月　九日　出航→九頭山→唐人島→双女焦→大青嶼→和尚島→牛心嶼→聶公嶼→小青嶼→紫燕島に停泊
六月　十日　出航→急水門→蛤窟に停泊
六月　十一日　出航→分水嶺→龍骨に停泊
六月　十二日　出航→礼成港に到着

【復路】

七月　十五日　乗船
七月　十六日　出航→蛤窟に停泊
七月　十七日　出航→紫燕島に停泊

七月二十二日　出航→小青嶼→和尚島→大青嶼→双女焦→唐人島→九頭山→馬島に停泊
七月二十三日　出航→軋子苫→洪州山を望見→
七月二十四日　→横嶼→群山島に停泊
八月　八日　出航→苦苫苫→
八月　九日　→竹島→黒山を望むも逆風のため船をかえす→
八月　十日　→群山島にもどる
八月　十六日　出航→竹島に停泊
八月　十九日　出航→月嶼→
八月　二十日　→黒山→白山→五嶼→夾界山→
八月二十一日　→沙尾（黄水洋）→
八月二十三日　→中華秀州山を望見→
八月二十四日　→東西胥山→
八月二十五日　→浪港山→潭頭→
八月二十六日　→蘇州洋→栗港に停泊
八月二十七日　出航→蛟門→招宝山→定海県に到着

大要としては、明州より沈家門（舟山南東岸）・梅岑（普陀山）などの舟山群島水域をぬけて東シナ海をおしわたり、朝鮮半島南西海上の黒山（大黒山島）方面から半島西方沿海を北上して、全羅道沖の群山島（古群山群島）、仁川沖の紫燕島（永宗島）などの島々を経由して高麗国都開京の外港である礼成港（礼成江口）にいたり、復路もおおむねこのルートを逆にたどったことがわかる。

二　先行研究の課題①——文献情報の精確な利用

高麗—宋間の海上航路について論じた研究は数多い[12]。しかしその大半は、歴史記録上の地名を逐一丹念に分析したものではなく、著名な歴史文献や現在の地名などから容易に特定できる一部の地名——たとえば黒山（大黒山島）・群山島（古群山群島）・紫燕島（永宗島）など——により、ごくおおまかなアウトラインを示しているにすぎない。そもそもこうした姿勢が、海域交流・海上交通の史的実態を論じるうえで大きな不備であることを、まず指摘しなくてはならない。航路研究にかぎらず、現在の高麗史研究では歴史地理への関心が概して低調である。しかし人間活動が展開された空間を正確に把握することは、本来人類社会の歴史を理解するうえでもっとも基礎的な作業であろう。

たしかに〝東シナ海を横断して江南にいたる〟、〝黄海を横断して山東半島にいたる〟といった外洋航路の巨視的な様相に注目するレベルであれば、ハイライトである外洋航海に前後する沿岸部の経由地などは些末で副次的な問題にみえるかもしれない。しかし前節の航程一覧をみれば明らかなように、往路・復路とも所要日数の実に九割ないしそれ以上が、島づたいに沿岸部を移動する行程についやされているのである。船舶運航の作業実態を具体的に復元しようとする立場において、これは決して軽視してよい事柄ではない。

一方、高麗—宋間の航路、なかんずく『高麗図経』の航海記録を比較的詳細に検討した数少ない論考——とりわけ内藤雋輔と王文楚の研究[13]が基礎となる——にも、次のような問題点に起因する比定の不正確さがみられる。

第一に机上の文献操作のみで立論する傾向が強く、またそれにもかかわらず、文献から得られる情報を徹底的に利用しつくしていない。そのため比定された場所と文献が伝える状況との間に明らかな齟齬が生じていることがある。

第二に右の点とも通底するが、人間が実際に航海をおこなう際の具体的状況に対する考慮が不十分なため、不合理なルート比定がなされることがある。たしかに高麗時代の場合、詳細な航海記録にとぼしいが、他の時代の、あるいは日本や中国といった周辺地域での状況に関する記録を参照するなどして発想を豊かにしてゆくことが求められる。

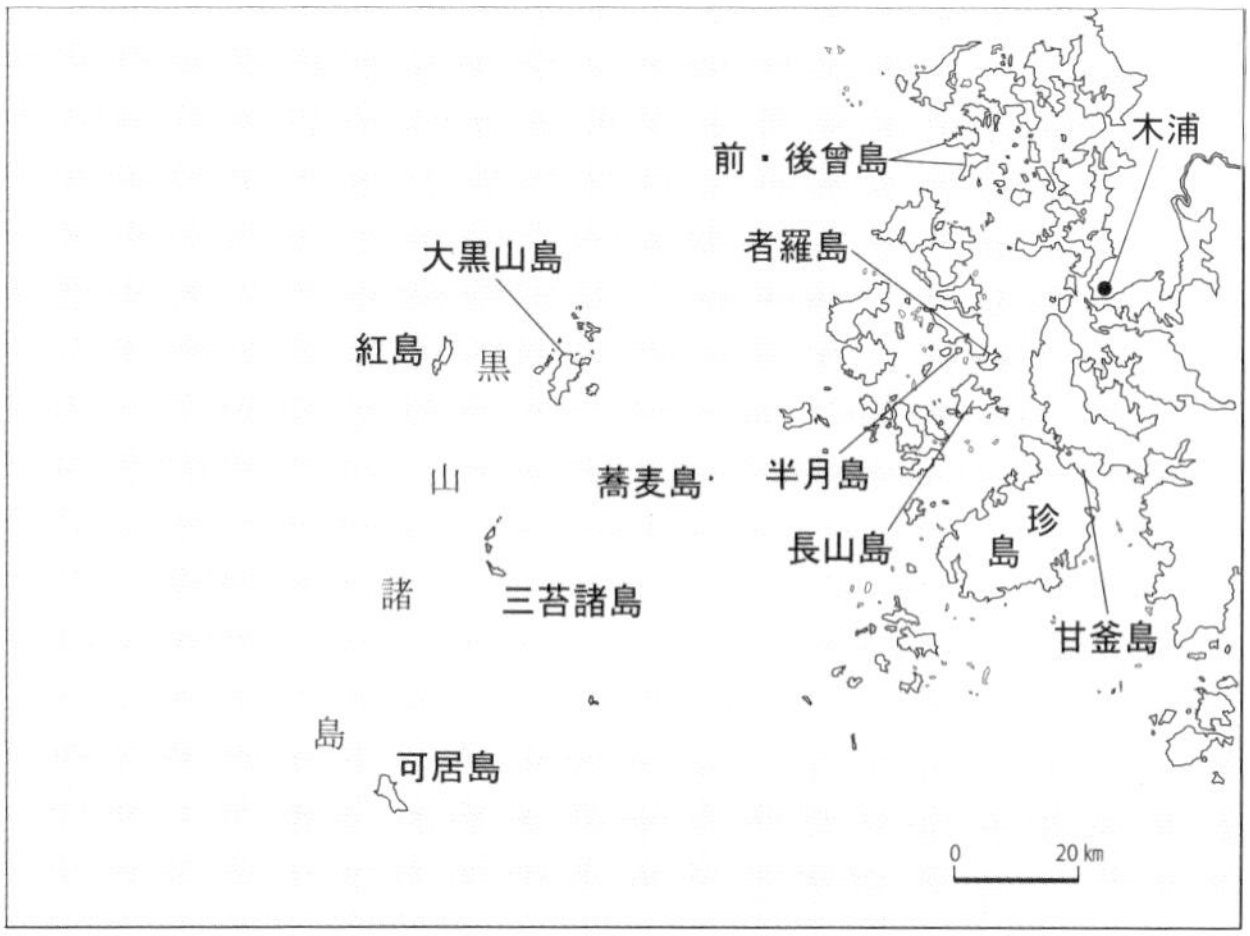

図版２　朝鮮半島南西部沿海

まず第一の問題について、具体的な事例を『高麗図経』に即して二、三あげてみる。

徐兢一行が、往路の六月三日、黒山（大黒山島）を通過する前に遠望した、排島、あるいは排垜島ともいう島がある。すなわち『高麗図経』巻三五・海道・排島には

是日巳刻、雲散雨止、四顧澂霽、遠望三山並列、中一山如堵。舟人指以為排島、亦曰排垜島。以其如射垜之形耳。（この日巳刻、雲が散って雨が止み、周囲が澄んで晴れわたった。三山が並列するのを遠望したが、そのなかの一島は垣のようであった。船員は指さして排島といい、また排垜山といった。あづちのような形ゆえである）

とあり、「三山」が「並列」するなかの一島であって、「堵」（垣）や「射垜」（あづち）のような形であるという。

内藤雋輔は、この島を『新増東国輿地勝覧』巻三七・全羅道・珍島郡・山川にみえる「甘排島」に比定した[14]。これは近現代の地図に

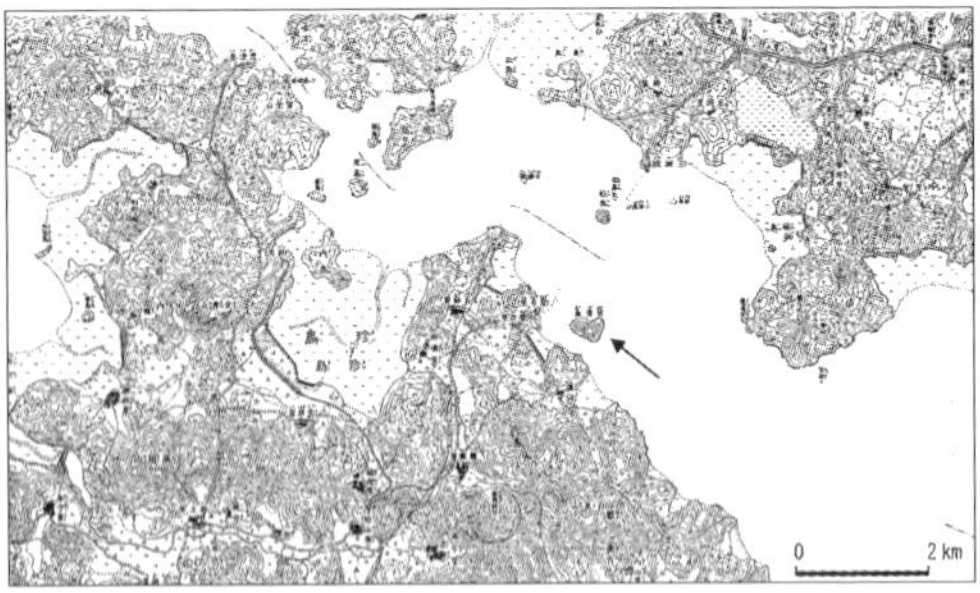

①位置（陸地測量部５万分１地形図「右水営」〈1918年〉にもとづき作成）

②西方からの景観（2004.9.22）

図版３　甘釜島

甘釜島[15]・カムボド 감보도[16]・カムブソム 감부섬[17]などと表示される島にあたるが、珍島の東北、半島本土との間の狭い水道内、珍島碧波里の地先にうかぶ小島にすぎない（図版２・３）。

一方、徐兢一行は、この日、「巳刻」（九・十時台）に排島を目にした後、「申後」（十六時台）には黒山（大黒山島）附近を通過している（『高麗図経』巻三五・海道・黒山）。黒山諸島水域を航行していたのであれば、そこから珍島本島によって遮蔽される小島を直接目にできるはずもない。

かといって、大黒山島にいたるわずか六、七時間ほど前に、直線距離でも九〇km近く離れ、しかも半島本土との間に奥まった珍島東北方の水域を、徐兢の乗船が航行していたとは考えにくい。中国江南より朝鮮半島西南部に接近し開京をめざす航路としては、まるで見当違いの場所である。何らかのトラブルでそうなったにしても、その後わざわざ西方の大黒山島まで大回りする必要はない。仮にそうした場合、徐兢は大黒山島への途上に点在する数多の島々について言及しそうなものだが、排島と黒山のあいだでは白山しかあげていない。しかも排島は「三山」が「並列」するなかの一島であった。また「堵」（垣）や「射垜」（あづち）という形容からは、海岸に急斜面や懸崖がせまり、かつ横幅のあるテーブル状ないし土手状の台地地形が想像される。しかし甘排島はこれらの条件に合わない。すなわち内藤の比定根拠は、排の一文字が共通するという以上のものではないのである。

また右でも言及した白山を、王文楚は大黒山島の東南約三〇kmの海上にうかぶ蕎麦島に比定する(18)（図版2）。この蕎麦島（毎勿島、メムルド 매물도ともいう）は、まさに蕎麦の実をおもわせる円錐状の小島で、一四四mの高さはあるが、地図上の計測で周長一kmほどにすぎない（図版4）(19)。王の比定は、往路では白山↓黒山の順に通過し、復路では通過順が逆になることより、白山は黒山の南方近海にあるとする立場から導き出されたものだが、しかし徐兢は、白山の形状について「極大にして連亘すること城の如し」（『高麗図経』巻三五・海道・白山）と記している。その大きさがきわだち、かつ連綿とつづく城壁を連想させるように横幅のある島だったのであり、蕎麦島とはまったく異なる。

さらに徐兢は、黒山について「白山の東南に在」ると記しており（『高麗図経』巻三五・海道・黒山）、大黒山島に対する白山と蕎麦島の位置関係は

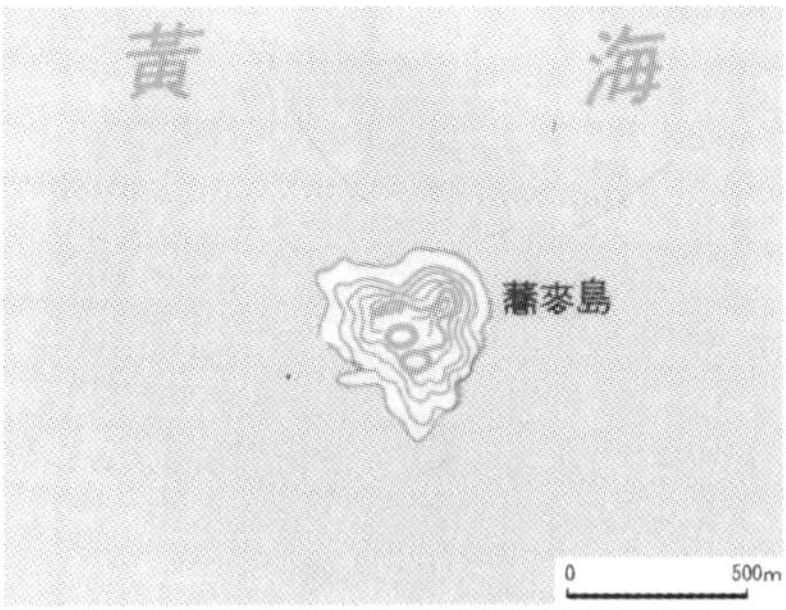

①蕎麦島（韓国・国立地理院５万分１地形図「大黒山島」〈2000年〉にもとづき作成）

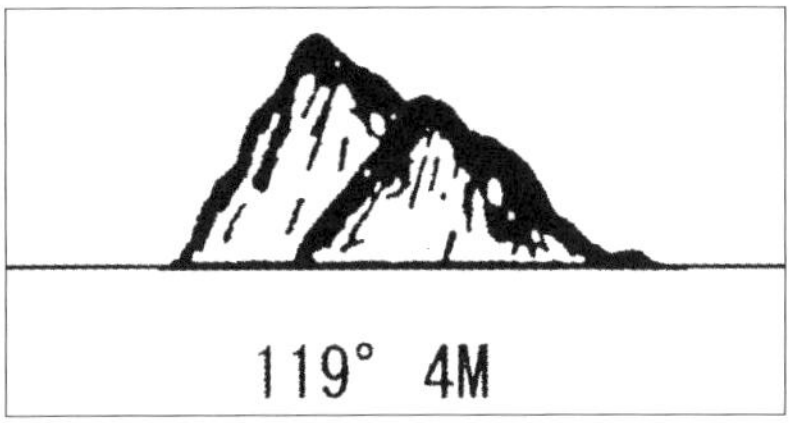

②西方からみた島影（『朝鮮半島沿岸水路誌』（海上保安庁、2001年）より）

図版４

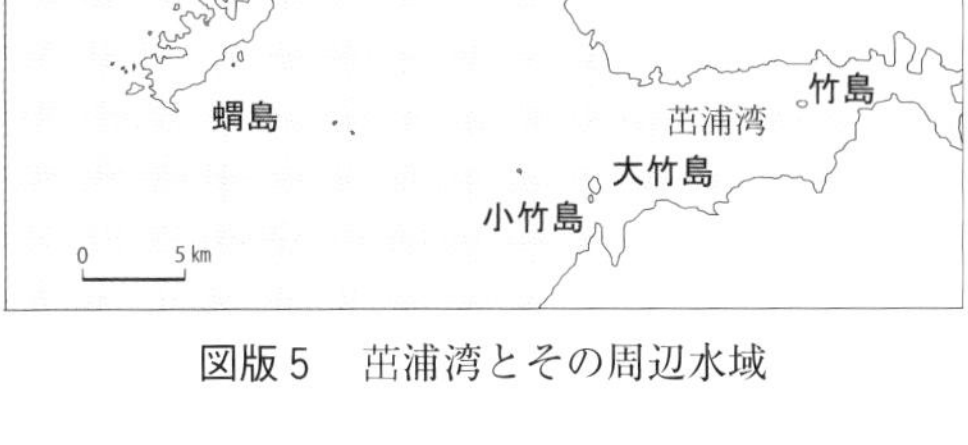

図版５　茁浦湾とその周辺水域

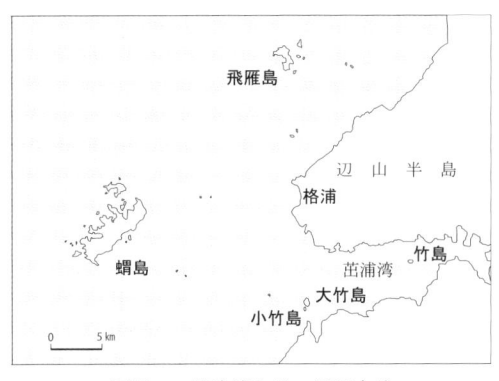

①竹島（陸地測量部５万分１地形図「茁浦」〈1918年〉にもとづき作成）

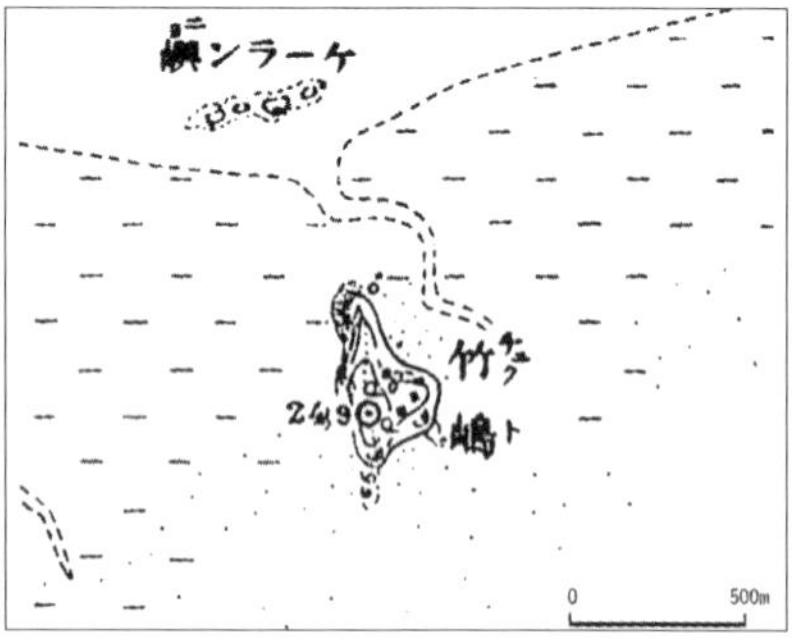

北東からの景観（2007.11.25）

②大・小竹島（陸地測量部５万分１地形図「蝟島」〈1918年〉にもとづき作成）

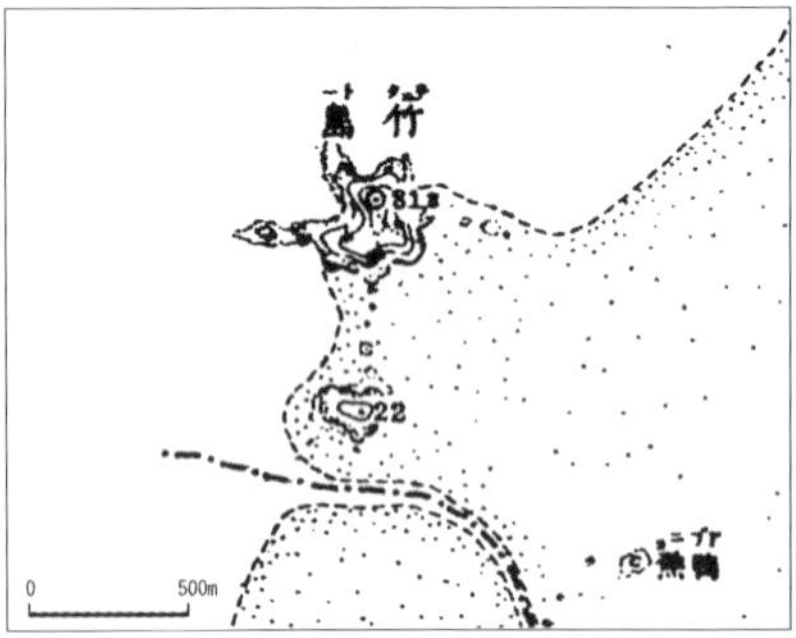

北方からの景観（2007.11.25）

図版６　竹島および大・小竹島

正反対になってしまう。これについて王文楚は『高麗図経』の誤りと断じるが[20]、そうであれば正しくは〝黒山は白山の西北〟と記すべきことになる。しかし方角を表す漢字を二字同時に変更するのは大きな字句操作になるし、徐兢の描写する白山の様相が蕎麦島に符合しない以上、首肯できない[21]。

次に、往路では六月四日に停泊する竹島についてみてみよう。内藤雋輔は、この島を『新増東国輿地勝覧』巻三四・全羅道・興徳県・山川に県の「水路七里」（約二・八km）にあると記す竹島に比定するが[22]、これは全羅北道辺山半島の南に広がる茁浦湾（熊淵《コムソ》 곰소 湾）の奥部に位置する竹島に相当する。王文楚も同じ茁浦湾奥の竹島に関する記事をあげながら、同時に同湾口にあるもう一つの竹島（大・

小竹島）についても言及し、両者を混同しているようだが、航路復元図をみるかぎり後者をとっているらしい。[23]いずれにせよ、これらの島々は、朝鮮半島本土の内湾にうかぶ小島（地図上の計測で周長一～二km程度）にすぎない（図版5・6）。

一方、徐兢が記す竹島の様相は、「其の山数重」にして、「山前に白石の焦数百塊有り」というもので（『高麗図経』巻三六・海道・竹島）、規模の大きさと地形の複雑さがうかがわれる。このことは、翌日停泊した苦苫苫（三字目の苫は島嶼の謂）について、「竹島を距つること遠からず、其の山相類す」とあることからも確認される（同前・苦苫苫）。徐兢によれば、苦苫苫（苦苫は現代朝鮮語音でコソム 고섬）という島名は、ハリネズミ（蝟）の刺を意味する高麗語に由来し、島の林木があまり大きくならずに繁茂する様子からの連想だという。[24]これは現代朝鮮語でハリネズミをコスムドチ 고슴도치 ということに通じるとみられるが、いずれにせよ、本島が辺山半島の西方沖合にうかぶ蝟島（図版5・7）に相当することは、前後の航程からみても間違いない。[25]すなわち竹島は蝟島と同じような島であるというわけだが、周囲三六km[26]で二〇〇m前後の山々が連なり海岸線の出入りも多い蝟島は、竹島の「其の山数重」という形容にもイメージが重なる。しかし茁浦湾の二ヶ所の竹島は、小規模なうえ扁

図版7　蝟島（陸地測量部5万分1地形図「蝟島」「旺嶝島」〈1918年〉にもとづき作成）

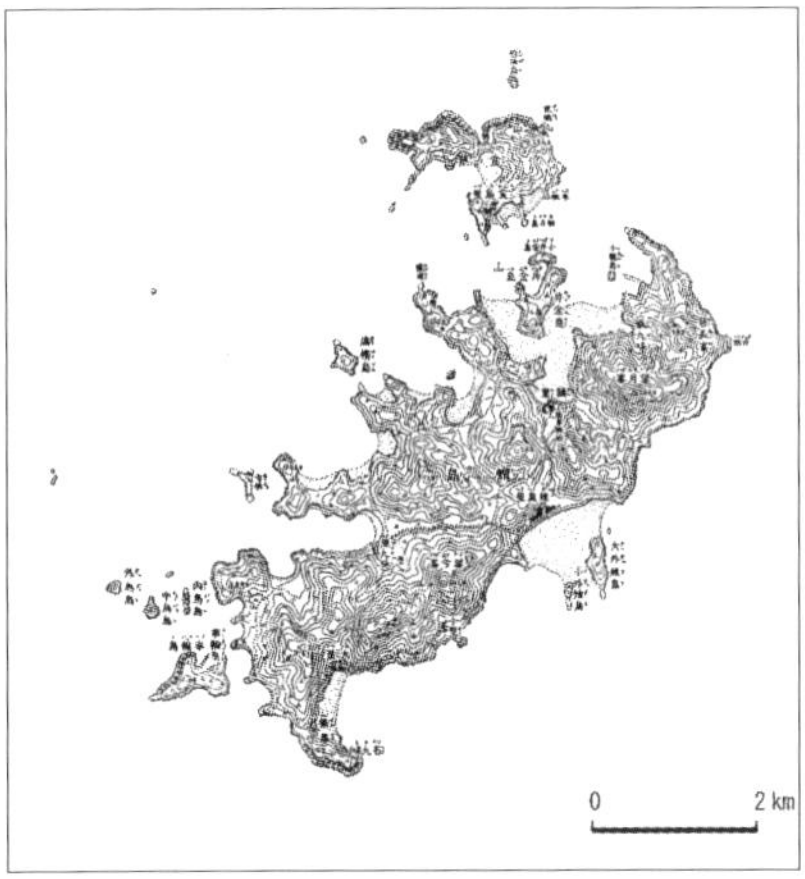

北方海上からみた景観（2007.11.25）

平・単調な地勢であり（図版6）、蛸島と相類するなどとは到底いえない。

以上のように、先行研究では、『高麗図経』にみえる島名を、歴史文献にみえる、あるいは現在における同一ないし類似の地名に単純にあてはめて理解するケースがままみられる。そして不合理な比定をおこなった際、その無理をうかがわせる情報が史料中に具体的に示されているにもかかわらず、これが看過・放置されているのである。

三　先行研究の課題②――航海の実際に対する認識

つづいて第二の問題点、航海の実際に対する認識不足ということについて考えてみよう。

『高麗図経』から話がそれるが、問題の所在を明らかにするため、まず十世紀後半～十一世紀初めにおける高麗―宋間の北方航路についてとりあげる（地名については図版8を適宜参照のこと）。

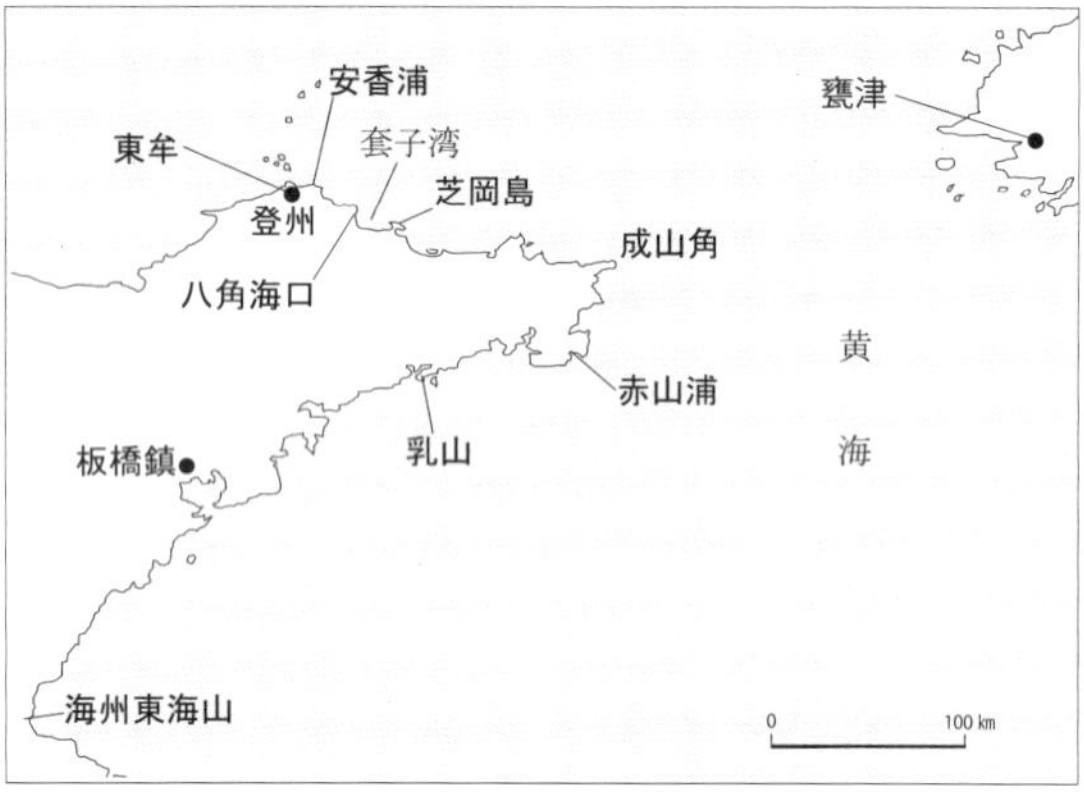

図版8　山東半島沿岸

当時の北方航路の宋側窓口は、一般に山東半島北岸の登州（現山東省烟台市蓬莱市）と認識されている。そのこと自体は、高麗使の来着情報がしばしば登州より宋の中央政府に報告され、また高麗使に対する各種応接が登州に指示されていることからも明らかである[27]。しかしこれは、登州の官衙が受け入れや取り次ぎの任をはたしたという意味である。ここからただちに、高麗との船舶往来そのものが、登州治直近の海港――現在は明代以来の遺構がのこる蓬莱水城の地――と、高麗側の港とをむすぶ単線上で展開していたとイメージしては、必ずしも適切ではない。

当時の北方航路の具体例としてよく引用される次の記事をみてみよう。すなわち『宋史』巻四八七・高麗伝にかかげる淳化四年（高麗・成宗十二／九九三）の遣使記事に、

正月、治遣使白思柔、貢方物、幷謝賜経及御製。二月、遣秘書丞直史館陳靖・秘書丞劉式為使、加治検校太師、仍降詔存問軍吏耆老。靖等自東牟趣八角海口、得思柔所乗海船及高麗水工、即登舟、自芝岡島順風泛大海、再宿抵甕津口登陸。行百六十里、抵高麗之境、曰海州、又百里、至閻州、又四十里、至白州、又四十里、至其国。治迎使于郊、尽藩臣礼、延留靖等七十余日而還、遺以襲衣・金帯・金銀器数百両・布三万余端、附表称謝。（正月、治（高麗成宗）が白思柔を遣使して方物を貢献し、あわせて経典と御製の下賜について謝意を表した。二月、秘書丞直史館陳靖・秘書丞劉式を使臣として遣わし、治に検校太師をくわえ、また詔を降して軍吏耆老を存問した。靖等は東牟より八角海口におもむき、思柔が乗ってきた海船と高麗の船員を得てただちに乗船し、芝岡島より順風を利用して大海に船出し、二泊で甕津口にいたって上陸した。〔そこから〕一六〇里の行程で高麗の境内にいたったが、〔そこを〕海州といった。また一〇〇里で閻州にいたり、また四十里で白州にいたり、また四十里でその国都にいたった。治は郊外に使臣を出迎え、藩臣の礼をつくし、靖等をひきとめること七十日余りで帰還させ、襲衣・金帯・金銀器数百両・布三万余端を送り、上表文を附して謝意を表した）

とある。これによると、このとき宋使の行程は東牟（現山東省烟台市蓬萊市）→八角海口（現山東省烟台市福山区八角）→芝岡島（現山東省烟台市芝罘島）→甕津（現黄海南道甕津郡）→海州（現黄海南道海州市）→閻州（現黄海南道延安郡／高麗時代の塩州）→白州（現黄海南道白川郡）ということだが、このうち海路は八角海口から甕津までであった。すなわち出港地が登州治の直近とはかぎらないのである。

また登州の管轄域は山東半島の東半一帯におよんでいた。そのどこに高麗船が到着しても、登州の官衙が応対して中央に情報が送られ、中央の指示も登州の官衙を通じて施行されることになったはずである。たとえば上掲史料にみ

える宋使陳靖・劉式が高麗より帰国した際の状況について、『宋史』高麗伝には、

先是、式等復命、治遣使元証衍送之。証衍至安香浦口、値風損船、溺所賫物。詔登州給証衍文拠遣還、仍賜治衣段二百疋・銀器二百両・羊五十口。（これにさきだち、式等が復命するにあたり、治は元証衍を遣わしてこれを送らせた。証衍が安香浦口にいたったところ、暴風にみまわれて船を壊し、持参品を沈めてしまった。登州に詔して証衍に〔海難被害の〕証明書を発給して帰還させることとし、そこで治に衣段二〇〇疋・銀器二〇〇両・羊五十口を賜った）

とある。このとき宋使を護送してきた高麗使元証衍が難船により航海を終えたのは、登州治ではなく安香浦なる地だった。この浦は登州治から一〇㎞ほど東方の沿岸とみられるが(28)、その後、登州の官衙が彼らを接遇したのである。すなわち、当時は技術的な限界から、つねに所期の港にたどりつけるとはかぎらなかったし、いったん他所に到着した後に目的港まで回航できるともかぎらなかったとみられる。ゆえに、史料で必ずしも明記されない船舶の発着地を厳密に考えるならば、登州治直近の海港のみではなく、周辺一定範囲の海岸線上のどこかであった可能性を、つねに考慮しなくてはならないのである。同様な状況は朝鮮半島側でも想定されよう。

また上記の北方航路記事を説明する際、多くの先行研究は、あらわれる地名を単純に列記するにとどまっている(29)。しかしそれだけでは具体的な航海状況の理解として十分ではない。山東半島の沿岸は、最東端の成山角をはじめ、多くの「石」「礁」「嘴（みさき）」「瀾（暗礁）」等の難所があり、航海に多くの困難をともなう水域だった(30)。そうした状況は日本の入唐僧円仁の『入唐求法巡礼行記』の記録にもよくあらわれている。

八三八年、遣唐使にしたがって入唐した円仁は、八三九年四月から六月にかけて海州東海山（現江蘇省連雲港市）より山東半島の南岸沿海を東南端の赤山浦（現山東省威海市栄成市石島鎮）まで航行した。しかしその旅は苦難の連続だった。航海初日から浅堆に乗りあげて航行不能となり（四月十一日）、牟平県陶村沖では濃霧のために停船をよぎなくさ

れた（四月十七日）。泊地をもとめて邵村浦にいたった際には潮流にはばまれて望んだ澳（入江）に入れず、ようやく停船した後も船を安定させることができなかった（四月十九・二十日）。ここではくわえて、風波のために纜や碇綱を断ち切られている（四月二十四日）。その後、乳山（現山東省威海市乳山市）まで移動したものの、順風が得られず、あるいは暗礁にはばまれて出航できず（五月二・三日）、動けない状態がしばらくつづく。纜が切れて船が漂流しかけるという危うい場面もあり（五月十九日）、くりかえし出航を試みるが、順風を得られずに失敗し、乳山近海を右往左往する（五月二十・二十一・二十五・二十七・二十八日）。やがて出航がかなうが、潮流におされて岩礁に接触するという危機に直面し（六月三日）、ようやく赤山浦にいたってからも風波にさえぎられてなかなか入港できないという始末だった（六月五・六日）。そのすえに円仁は何とか赤山法花院への上陸をはたすが、その後も大風のために停泊中の船舶が岩礁に接触して損壊したり、あるいは走錨を起こしたりする事態が発生している（六月二十三日）。

このような航海は決して特殊な状況ではなかっただろう。もちろん前掲九九三年の北方航路がトラブルつづきだったという証拠はない。しかし逆に順風満帆の航程だったとも決めつけられない。すなわち、窓口官衙から離れた八角海口で乗船したこと。そしてその後、套子湾対岸の芝岡島から放洋したことなどから、停泊時や出航時のトラブル、ないしその回避、また風待ち・補給その他の理由により、高麗使船が当初の停泊地（たとえば登州官衙の近傍）から山東半島北岸を漸次移動しつつ黄海横断の機会をまっていた可能性も、いったんは想定しておくべきなのである。

このように、実態としての航路を理解するためには、制度や一般論上の発着地を単純な線でつなぐだけですませるのは論外として、実例上の発着地や経由地を機械的に羅列するだけでも決して十分ではない。現実の航海における技術的な問題と、そこからもたらされる状況について、十分におもいをいたす必要があるのである。

以上をふまえつつ、徐兢一行の航海の実相を考えてみよう。彼らが乗り組んだ船は、外洋の高いうねりのなかで姿勢を安定させ、波を切って進むことができるように、龍骨（キール）を備えて船底が尖り、喫水の深い航洋船だった(31)。このような場合、徐兢自身も

海行不畏深、惟惧浅閣。以舟底不平、若潮落、則傾覆不可救。（航海に際して水深があることは恐れないが、ただ座礁することを危惧する。船底が平らではないので、もし〔座礁して〕潮がひけば、転覆して助からないのである）

と述べているように（『高麗図経』巻三四・海道・客舟）、外洋の深みよりも座礁した際にたちまち転覆する危険が憂慮される。当然、沿岸を航走する際には危険度が増す。徐兢一行の船は、客舟の場合、船体の長さ十余丈（三〇m余）、神舟にいたっては積載量がその三倍になる一回り大きな船だったから(32)、なおさらである。現場水域の潮流や海岸・海底の地形に対する知識が相対的に不足する外国の沿岸であれば、いっそう緊迫の度が増すだろう。

後代の事例だが、日本の遣明船の場合、中国浙江地方の沿岸に接近すると、しきりに水深をはかり、その動きも遅々としたものとなり、明側の官憲が速やかに船を進めるように督促しても、座礁の懸念を訴えて水先案内を懇請し、夜間は停船するなど、非常に慎重な操船ぶりとなる（策彦周亮『初渡集』巻上・天文八年（一五三九）卯月下旬〜五月前半）。

それは徐兢一行も同様であり、個別の計測場面は言及されないが、水深の探知に意を砕いたことは明記されている(33)し、中国近海であっても沿岸部では夜間は停泊している(34)。朝鮮半島に近づいてから、少なくとも竹島以降は昼間航走のみになっており、紫燕島（永宗島）から礼成港にいたる最終行程約五〇kmには、実に三日間を要している(35)。

周知のとおり朝鮮半島西岸部は、最大九m超（仁川附近）という世界有数の干満差をほこり、広大な干潟が発達し、複雑に入りくんだリアス式沈降海岸を形成している。大小の島嶼が数多く、とりわけ南部では稠密に分布し、航海に危険な浅堆や暗礁も多い。大きな潮汐と複雑な地形の作用により、急激で複雑な潮流を生じる場所も多々ある(36)。

陸地の目標物で位置を確認する地乗り航法により沿岸近くを航行する朝鮮時代の漕運船（税穀運搬船）は、通常危

険な夜間航走をせず、風待ちや潮待ちで航海に多大な日数を要した[37]。その苦心の様相は十九世紀後半の漕運記録『漕行日録』[38]にもよくあらわれているが、そのような慎重な運航にもかかわらず海難事故は多発していた[39]。

かかる朝鮮半島西方沿海の状況を念頭におくとき、たとえば内藤雋輔や王文楚が『高麗図経』の竹島に比定した茁浦湾の島々はふさわしい泊地だろうか。茁浦湾は広大な干出沙堆が発達し、最奥部の竹島はその直中、湾口の竹島もその西端にある。これらの島々は湾の南側に位置するが、小型船が利用できる狭い澪筋は湾の北側を通る[40]。十二世紀には近現代ほど堆積が進んでいなかったとしても、基本的に同様な環境だったであろう。湾口の大・小竹島は西側がかろうじて外海に面するが、最低水面下一m半程度しかなく[41]、仮にかつてもう少し水深があったとしても風波を避けられない。停泊適地とはいえず、実際これらの島々を当水域での避泊処とする記録は小型船に関してもみられない。まして宋の大型航洋船八艘が座礁の危険を冒してかかる干潟地帯の小島に停泊する必要性はまったくみいだせない。

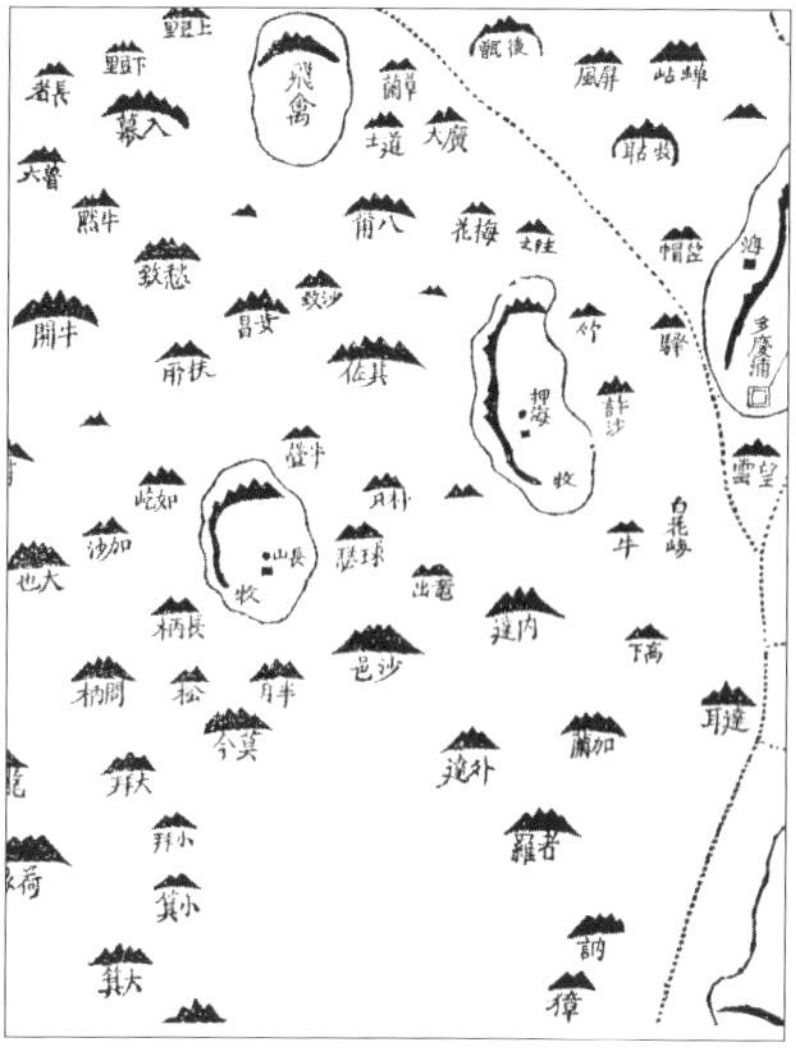
図版９　『大東輿地図』長山島附近

また徐兢一行が往路で大黒山島通過後にいたった月嶼について、王文楚は『新増東国輿地勝覧』巻三五・羅州牧・山川にみえる半月島に比定し、現在の前・後曾島だとする[42]（図版2参照）。ただ前・後曾島の周長は地図上の計測で各々二〇km前後にもなり、周囲十二里（四・八km）という半月島とは大きく異なるので、この比定には問題がある。半月島の位置について、王は州の西五十里（二〇km）の海中にあり水路で一〇〇里を超えるという『新増東国輿地勝覧』の記載を引くが、これは半月島をふくめて当時羅州に属した多島海の島々の分布を総括した記事である。

そこで金正浩の『大東輿地図』をみると、この水域の主要島の一つである長山島の南に半月島が確認される（図版9）。これは長山島の北方にいまもある同名の島にあたるとみて間違いない（図版2参照）。その周長（七㎞[43]）は『新増東国輿地勝覧』の記載とも大きく違わない。『大東輿地図』は長山島との位置関係を不正確に表示していることになるが、長山島の北東にある者羅島も『大東輿地図』では南東に表示されているので（図版2・9参照）、あり得ることである。

しかし半月島にせよ、曽島にせよ、その附近にいたるということは、水深が浅く障害物も多く、かつ複雑な潮流が予想される多島海域内に船を進めていったことになる。その場合、喫水の深い宋の大型航洋船が八艘の船団を組んで航行するうえで、技術上の困難が増すことはいうまでもない。しかもこのとき宋使一行は終夜にわたり航行をつづけているのである。一行は六月三日夕刻に大黒山島を通過してから、翌々日には苦苫苫（蝟島）に到達した。大黒山島から蝟島までは直線距離で約一二〇㎞である。この間の航行状況をみると、大黒山島の通過後、一行は夜を徹して船を進め、翌日夕刻に竹島に到着する。そしてその晩は竹島に停泊し、翌朝は朝のうちに蝟島を通過したが、逆風のためそれ以上進めず蝟島での停泊を余儀なくされたという。これを実航走時間（一日少々）で計算すると、半日で六〇㎞ほど進む速度だったことになる。もちろんこれは直線距離での計算であるから、実際にはより遠距離をより高速で走破したことになろうし、東に大きく回りこんで多島海域に入る針路をとったのであればなおさらである。

朝鮮時代の漕運船の航行速度については、平均で一日約三〇㎞という分析結果もあるが[44]、昼間航走が原則だったと考えられるため、実質的には半日あたりの移動距離となる。また最速例では六六㎞に達している[45]。すなわち、徐兢一行の宋使船団は、朝鮮時代の漕運船の平均速度の二倍、最速ケースと同等かそれ以上の高速航行を、夜間航行をふくめて実現したのである。もちろん宋使船と朝鮮時代の漕運船とでは、船体構造や運航技術にくわえて用務の違い(46)も考慮されるから、単純な比較はできない。実際、後述のごとく徐兢の船は一日（実質半日）で一〇〇㎞ほどを航破できたようであるから、速度自体はさほど異とするにあたらないかもしれない。ただしこれは追風など好条件下でのケースであるから、全羅道沿海において宋使船がかなりの高速で航行したことはいえるだろう。そしてそのような航海が、島嶼がひときわ稠密に分布する多島海域内において、外国の八艘もの大型航洋船によって、また夜間航走をふくめて、はたして可能だったのか、ただちには首肯できないのである。

このように先行研究においては、現場水域の状況や船舶の構造をふくめ、航海の現場で何が問題になるかという点が十分に考慮されていないため、ときに非現実的ともいえる航路比定をおこなうケースがみられる。

おわりに――本稿の分析手法

以上述べてきたように、高麗―宋間の航路に関する既往の学説は、多くの場合、史料記述を表面的になぞる水準にとどまってきた。今後、航路比定の精度を高めていくには、史料の一言一句をあらためて丹念に読みこんでいく必要があるが、その際には、航海がおこなわれた現場水域の自然条件や、そのなかで展開される人間活動の様相を、できるだけ具体的なレベルで理解する姿勢が肝要である。

そのため、オーソドックスな歴史文献のみならず、各種の地図・地誌などの地理資料を参照すべきことは当然である。さらには分析対象が海上航路であることから、近現代のデータにかぎられるが、海図・水路誌・潮流図をはじめ、歴史研究ではあまり目にすることのない海事資料も積極的に活用する必要があるだろう。

しかし、これらも人為的に編集・加工された二次的情報である以上、いかにすぐれた文字・図像資料であっても、情報の網羅性や精度にはおのずと限界がある。史料の記述内容を精確に理解しようとするうえで、かゆいところに手が届かない部分がどうしても出てくる。かかる制約を少しでも克服し、また文献資料での検討結果を補強・確認するため、このたびの研究で筆者がとくに重視したのは、フィールド調査である。すなわち、自分の脚で宋使船の経出地ないしその推定地を直接たずねて現場の状況を観察し、これを史料の記述と逐一対照していくのである。

むろん現状から九〇〇年近く前の状況を類推するには十分な慎重さを要する。とくに海岸線や干出沙泥堆の形成状況には干拓等の人為や海面高の推移、堆積・浸食に要する時間等が作用する。朝鮮半島沿岸の干出沙泥堆の現生堆積層は七〇〇〇年の歳月をかけて形成され[47]、大規模なものほど近千年間における急激な生成は想定しがたいが、それでも九〇〇年前と近現代の状況を単純に同一視はできない[48]。これにもとづいて立論する際には一定の留保条件がともなう。ただ焦点となる島嶼部の歴史地理分析に関しては現在まで比較的変化の少ない水際より上の陸上地形が重要であり、相対的に有効性が担保される。また現地をおとずれてはじめて知り得る地域住民の生活知・民俗知も、現場水域における人間活動を理解するうえで貴重な参考情報となる。

以上の作業は、あるいは他の分野ではごく当たり前のことであり、筆者が喋々するまでもないのかもしれない。しかし朝鮮史研究ではかかる当然の手続きが等閑視されてきたという事実を、まずは重くうけとめておきたい。

註

（1）　関係業績は多岐・膨大なので、ここではひとまず高麗—宋関係の諸相を包括的に論じた主要論考として、丸亀金作「高麗と宋との通交問題（一／二）」（『朝鮮学報』第一七／一八輯、一九六〇／六一年）、全海宗「対宋外交의 性格」（『한국사 4

――高麗貴族社会의 成立』국사편찬위원회、一九七四年）、同「高麗와 宋과의 관계」（『東洋学』第七輯、一九七七年）、羅鍾宇「高麗時代의 対宋関係」（『圓光史学』제三집、一九八四年）、全海宗「高麗와 宋과의 交流」（『国史館論叢』第八輯、一九八九年）、나종우「5대 및 송과의 관계」（『한국사15――고려 전기의 사회와 대외관계』국사편찬위원회、一九九五年）、楊渭生『宋麗関係史研究』（杭州大学出版社、一九九七年）、姜吉仲『高麗与宋金外交経貿関係史論』（文津出版社、二〇〇四年）、金渭顕「麗・宋関係와 그 航路考」（同著『高麗時代対外関係史研究』景仁文化社、二〇〇四年）をあげておく。

（2）金庠基「高麗前期의 海上活動과 文物의 交流――礼成江을 中心으로」（同著『改訂版 東方史論叢』서울大学校出版部、一九八四年）。ただし初出は一九五九年。

（3）李鎮漢「高麗前期 対外貿易과 그 政策」（同著『高麗時代 宋商往来 研究』景仁文化社、二〇一一年）。

（4）原美和子「宋代東アジアにおける海商の仲間関係と情報網」（『歴史評論』五九二号、一九九九年）、山内晋次「東アジア・東南アジア海域における海商と国家」（同著『奈良平安期の日本とアジア』吉川弘文館、二〇〇三年）、榎本渉「宋代市舶司貿易にたずさわる人々」（歴史学研究会編『港町の世界史③――港町に生きる』青木書店、二〇〇六年）、原美和子「宋代海商の活動に関する一試論――日本・高麗および日本・遼（契丹）通交をめぐって」（小野正敏・五味文彦・萩原三雄編『中世の対外交流――場・ひと・技術』高志書院、二〇〇六年）、榎本渉「明州市舶司と東シナ海海域」（同著『東アジア海域と日中交流――九～一四世紀』吉川弘文館、二〇〇七年）、同「宋代の「日本商人」の再検討」（同著『東アジア海域と日中交流』（前掲））、近藤一成「知杭州蘇軾の治績――宋代文人官僚政策考：下 その対高麗策」（同著『宋代中国科挙社会の研究』汲古書院、二〇〇九年）、参照。

（5）原美和子「宋代東アジアにおける海商の仲間関係と情報網」（前掲）、山内晋次「東アジア・東南アジア海域における海商と国家」（前掲）、原美和子「宋代海商の活動に関する一試論」（前掲）、近藤一成「知杭州蘇軾の治績：下 その対高麗策」（前掲）、参照。

（6）須川英徳「高麗後期における商業政策の展開――対外関係を中心に」（『朝鮮文化研究』第四号、一九九七年）二八～二九頁、榎本渉「宋代の「日本商人」の再検討」（前掲）、参照。

（7）高麗—宋間航路に関する先行研究としては以下の論考を参照。金庠基「麗宋貿易小考」（同著『東方文化交流史論攷』乙酉文化社、一九四八年）七八～八三頁、内藤雋輔「朝鮮支那間の航路及び其の推移に就いて」（同著『朝鮮史研究』東洋史研究会、一九六一年）、宋晞「宋商在宋麗貿易中的貢献」（同著『宋史研究論叢』第二輯、中国文化学院出版部、一九八〇年）一四〇～一四五頁、王文楚「両宋和高麗海上航路初探」（『文史』第一二輯、一九八一年）、申採湜「11～13世紀 東아시아의 文化交流——海路를 통한 麗・宋의 文物交易을 中心으로」（조영록編『中国과 東아시아世界』국학자료원、一九九七年）七四～七九頁、祁慶富「10～11세기 한중 해상교통로」（조영록編『한중문화교류와 남방해로』국학자료원、一九九七年）、李玉昆「《宣和奉使高麗図経》与宋代的海上交通」（『中国航海』一九九七年第一期）九一～九二頁、윤명철「서희의 송나라 사행항로（使行航路）탐구」（同著『한민족의 행양활동과 동아지중해』학연문화사、二〇〇二年）、金渭顕「麗・宋関係의 그航路考」（前掲）二〇九～二二三頁、金澈雄「高麗와 宋의 海上交易路와 交易港」（『中国史研究』第二八輯、二〇〇四年）一〇七～一一三頁、姜吉仲『高麗与宋金外交経貿関係史論』（前掲）三七二～三九〇頁、孫光圻『中国古代航海史（修訂本）』（海洋出版社、二〇〇五年）二八四～二八五頁。

（8）『高麗図経』宋故尚書刑部員外郎徐公行状。

（9）以上の行程については『高麗図経』巻三四～三九・海道、参照。

（10）『高麗図経』乾道三年（一一六七）付け徐蒧跋、および知不足斎叢書本『高麗図経』乾隆癸丑年（一七九三）付け鮑廷博跋。

（11）『景印宋本宣和奉使高麗図経』（国立故宮博物院、一九七四年）による。

（12）註（7）所掲の論考を参照のこと。

（13）内藤雋輔「朝鮮支那間の航路及び其の推移に就いて」（前掲）、王文楚「両宋和高麗海上航路初探」（前掲）。

（14）内藤雋輔「朝鮮支那間の航路及び其の推移に就いて」（前掲）四五〇頁。

（15）陸地測量部五万分一地形図「右水営」（一九一八年）、参照。

（16）韓国・国土地理情報院五万分一地形図「花源」（二〇〇四年）、参照。

（17）『韓国道路地図』（中央地図文化社、二〇〇一年）九八頁、参照。

(18) 王文楚「両宋和高麗海上航路初探」(前掲) 一〇〇頁。

(19) 韓国・国土地理情報院五万分一地形図「大黒山島」(二〇〇四年)、水路部『朝鮮沿岸水路誌』第二巻(水路部、一九三四年) 三九頁および図第15、参照。

(20) 王文楚「両宋和高麗海上航路初探」(前掲) 一〇〇頁。

(21) 白山は大黒山島の西北西近海に位置する紅島をさすと考えられるが(藤田明良「九世紀～十六世紀の黒山島と朝鮮国家——東アジア国家の島嶼支配に関する覚え書」(『新しい歴史学のために』№二三〇・二三一合併号、一九九八年) 三〇頁、註(17)、参照)、これについては第三章で詳論する。

(22) 内藤雋輔「朝鮮支那間の航路及び其の推移に就いて」(前掲) 四五一頁。なお内藤は、『新増東国輿地勝覧』が記す興徳県から竹島までの距離を「西十五里」とするが、誤りである。

(23) 王文楚「両宋和高麗海上航路初探」(前掲) 一〇〇・一〇五頁。

(24) 『高麗図経』巻三六・海道・苫苫苫に「麗俗、謂刺蝟毛、為苫苫〔衍字カ〕。此山、林木茂盛、而不大、正如蝟毛。故以名之(高麗の習俗ではハリネズミの刺毛を苦苫という。この島は林木が繁茂しているが大きくはなく、まさしくハリネズミの毛のようである。それゆえこのように名づけた)」とある。

(25) 王文楚「両宋和高麗海上航路初探」(前掲) 一〇〇頁、金渭顕「麗・宋関係와 그 航路考」(前掲) 二二一頁など参照。これについては第四章でさらに詳論する。

(26) 内務部地方局住宅指導課編『島嶼誌』(大韓地方行政協会、一九七三年) 三一九頁、参照。

(27) たとえば次のような事例がある。

淳化四年(九九三)、登州に詔し、遭難した高麗使元証衍らに文拠を給して遣還する(『宋史』巻四八七・高麗伝)。

咸平三年(一〇〇〇)、高麗の牙将朱仁紹の来訪を登州より以聞する(『続資治通鑑長編』巻四七・咸平三年十月庚午、『宋史』巻四八七・高麗伝)。

大中祥符八年(一〇一五)、登州に詔して海次に館を置かしめ、使者を待する(『宋史』巻四八七・高麗伝)。

天禧三年（一〇一九）、登州より高麗使崔元信の遭難を報告する（『続資治通鑑長編』巻九四・天禧三年九月辛巳、『宋史』巻四八七・高麗伝）。

天禧五年（一〇二一）、登州に銭十万を別給し、高麗朝貢使の費に充てる（『続資治通鑑長編』巻九七・天禧五年六月乙巳）。

(28) 唐の開成五年（八四〇）三月二日、日本の求法僧円仁は登州府治到着前、その東方の安香村にて斎をすませた（円仁『入唐求法巡礼行記』）。この安香村は現在蓬莱市中心部から一〇㎞ほど東方に位置する安香寺村に比定されるが（酒寄雅志「円仁の足跡を訪ねて——山東半島」（『入唐求法巡礼行記』に関する文献校定および基礎的研究』平成十三〜十六年度科学研究費補助金研究成果報告書〈基盤研究C⑵〉、代表：田中史生、二〇〇五年）二九頁）、二〇〇六年十一月十六日に筆者が現地を訪れた際にも、くわえて安香叢家なる地名があることを知った。おそらくはその一帯の沿岸が安香浦と推定される。

(29) ひとり内藤儁輔は、「登州を基点とし威海衛から山東半島の東端なる成山頭に出で、これより黄海を横切って朝鮮の甕津に至」ったと述べているが（前掲「朝鮮支那間の航路及び其の推移に就いて」三七五〜三七七頁）、威海衛、成山頭などの地名は史料に明示されない。山東半島北岸より朝鮮半島の黄海道にむけて東進する以上、おのずとその近海を経由するという判断か。蓋然性は認められるがもとより推測であり、このときこれらの地を目視しつつ航行したかどうかは不明である。

(30) 王賽時『山東海疆文化研究』（斉魯書社、二〇〇六年）三二四〜三三一頁、参照。

(31) 『高麗図経』巻三四・海道・客舟に、「上平如衡、下側如刃、貴其可以破浪而行也（上部は横木のように平らで、下部は刃のように傾いている。波を切って進むことができるのを重視しているのである）」とある。

(32) 『高麗図経』巻三四・海道・客舟に、「其長十余丈、深三丈、濶二丈五尺、可載二千斛粟。……若夫神舟之長闊高大、什物・器用・人数、皆三倍於客舟也（その〔客舟の〕長さは一〇余丈、深さは三丈、幅は二丈五尺であり、粟二〇〇〇斛を搭載できる。……神舟の規模が大きいことは、備品・人員の数量がみな客舟の三倍になる）」とある。

(33) 『高麗図経』巻三四・海道・客舟に、座礁・転覆の危険を述べて、「故常以縄垂鉛錘、以試之（ゆえにいつも縄で鉛の錘を降ろし、これ（浅瀬の有無）を調べる）」とある。

(34) 『高麗図経』巻三四・海道・招宝山、虎頭山、沈家門、梅岑。

(35) 『高麗図経』巻三六・海道・竹島～巻三九・海道・礼成港。

(36) 概況は吉田光男「一九世紀忠清道の海難——漕運船の遭難一九〇事例を通して」(『朝鮮学報』第一二一輯、一九八六年)五九～六〇頁に要領よくまとめられているが、具体的な状況については、農商工部水産局『韓国水産誌』第一輯（日韓印刷株式会社、一九〇八年）第一編・第七／十／十四章、朝鮮総督府農商工部『韓国水産誌』第三／四輯（朝鮮総督府印刷局印刷、一九一〇／一一年）、水路部『朝鮮沿岸水路誌』第二巻（水路部、一九三四年）、海上保安庁水路部『朝鮮半島沿岸水路誌』（海上保安庁、一九七七年）第四編、同『朝鮮半島沿岸水路誌』（海上保安庁、二〇〇一年）第六～八編、국립해양조사원『서해안항로지』（한국해양조사협회、二〇〇六年）などを参照。

(37) 以上の航海事情については、吉田光男「李朝末期の漕倉構造と漕運作業の一例——『漕行日録』にみる一八七五年の聖堂倉」(『朝鮮学報』第一一三輯、一九八四年)、同「一九世紀朝鮮における税穀輸送船の運航様相に関する定量的分析の試み——慶尚・全羅・忠清道の場合」(『海事史研究』第四八号、一九九一年)、参照。

(38) 韓国・国立中央図書館所蔵（請求記号 한古朝51—나216)。これに関する研究に吉田光男「李朝末期の漕倉構造と漕運作業の一例」(前掲)がある。

(39) 具体的状況の分析例に吉田光男「一九世紀忠清道の海難」(前掲)がある。

(40) 茁浦湾の環境については、朝鮮総督府農商工部『韓国水産誌』第三輯（前掲）四七三～四九一頁、水路部『朝鮮沿岸水路誌』第二巻（前掲）八四～八五頁、海上保安庁『朝鮮半島沿岸水路誌』(前掲、二〇〇一年)二四一頁などを参照。

(41) 韓国海図№三四四「안마군도 및 위도부근」(국립해양조사원、二〇〇三年)、参照。

(42) 王文楚「両宋和高麗海上航路初探」(前掲)一〇〇頁。

(43) 内務部地方局住宅指導課編『島嶼誌』(前掲)九六二頁、参照。

(44) 吉田光男「一九世紀朝鮮における税穀輸送船の運航様相に関する定量的分析の試み」(前掲)一一六～一一七頁。

(45) 吉田光男「一九世紀朝鮮における税穀輸送船の運航様相に関する定量的分析の試み」(前掲)一二四～一三五頁所掲の「別

表　税穀輸送船事例一覧」にみえる№一三八の海南田税船は、約三三〇㎞の距離を五日間で航走した。

(46)　実態とは必ずしも一致しないが、制度上、漕運船は沿海の各郡県を通過する際、その護送をうけて証明書（過界状）を発給しなくてはならず、また所定の鎮（水軍基地）を経由して人員確認（現点）をうけねばならなかった（吉田光男「李朝末期の漕倉構造と漕運作業の一例」（前掲）九三～九四頁、参照）。

(47)　高哲煥編『한국의 갯벌――환경、생물 그리고 인간』（서울대학교출판부、二〇〇一年）一五～一六頁、参照。

(48)　日本列島において十二世紀初頭はいわゆる平安海進のピークにあたるとされるが、朝鮮半島沿岸の海水準変動に関する研究（下記参照）によると、いずれも現在の海面高と同じか、数十㎝以内の幅でわずかに下回る程度とみつもられるようである。筆者が近現代の状況にもとづいて水深の適否を判断した宋使船航路に大きな見直しをせまるほどの影響はないとおもわれるので、本稿ではひとまず海面高の違いを捨象して論を進める。Bloom, A. L., Park, Y. A., "Holocene Sea-Level History and Tectonic Movements, Republic of Korea"（『第四紀研究』第二四巻第三号、一九八五年）、Park, Yong Ahn, Yi, Hi-Il, "Late Quaternary Climate Changes and Sea-Level History along the Korean Coasts", *Holocene Cycles: Climate, Sea Levels, and Sedimentation: Journal of Coastal Research Special Issue* No. 17, 1995、신동혁『한국서해안 가로림만 조간대 퇴적환경과 홀로세 해수면 변동』（仁荷大学校博士論文、一九九八年）。

【附記】　なお本研究の一部には、特定領域研究終了後に筆者がその成果を発展させるべく文部科学省科学研究費補助金（若手研究A）「中世朝鮮の国際関係と陸海交通路」をうけておこなった追加調査の結果も含まれている。

第一章　高麗における宋使船の寄港地「馬島」の位置

はじめに

徐兢一行は、往路の朝鮮半島沿海の航程において、高麗側が用意した三ヶ所の客館（迎賓施設）にたちより、接待をうけている。すなわち群山島の群山亭（六月六日）、馬島の安興亭（六月八日）、紫燕島の慶源亭（六月九日）である。復路に関しては客館での接待について明確な記述はないが、いずれの所在地にも停泊しており、何らかの接待をうけた可能性が高い。本章ではこのうち安興亭がおかれた馬島について位置比定を試みる。

徐兢一行がその復路において馬島に寄港したのは七月二十二日のことだったが、往路の六月八日における状況を、『高麗図経』巻三七・海道・馬島では次のように記している。

是日酉後、風勢極大、舟行如飛、自軋子苫一瞬之間、即泊馬島。蓋清州境也。泉甘艸茂、国中官馬、無事則群牧於此、因以為名。其主峰渾厚、左臂環抱。前一石觜入海、激水回波、驚湍洶涌、千奇万恠、不可名状。故舟過其下、多不敢近。慮触暗焦也。有客館、曰安興亭。知清州洪若伊、遣介紹与訳語官陳懿同来、如全州礼。岸次迓卒旗幟、与群山島不異。入夜然大火炬、熒煌照空。時風政作悪。舟中揺蕩、幾不可坐。使者扶持、以小舟登岸、相見如群山亭之礼。惟不受酒礼。夜分還使舟。（この日酉後、風が極めて強くなり船は飛ぶように進み、軋子苫から一瞬の間でたちまち馬島に到着して停泊した。けだし清州の境域である。泉はあまく草がしげり、国内の官馬は有事でなければここで群牧するので、これにちなんで島名とした。その主峰は厚くどっしりとして、左臂〔の山稜〕が抱きかかえるようにめぐっている。その前では岩石の一岬が海に入りこみ、海水と激しくぶつかって波をめぐらし、激しい潮流がわきたち、その非常に奇怪なさまは名状しがたい。ゆえに船が附近を通過する際、多くの場合あえて接近しない。暗礁に接触するのをおそれてである。客館があり安興亭という。知清州洪若伊が取次役を訳語官陳懿とともに遣わして来たが、〔その模様は〕全州での礼のごとくであった。岸で迎える兵卒や旗幟は群山島と違わない。夜に入り大いにかがり火がたかれ、煌々と空を照らす。このときちょうど風が悪くなった。船中は揺れ動き、ほとんど座っていられなかった。使者は助けあって小船で岸にあがり、〔知清州洪若伊と〕相見えたが、〔その模様は〕群山亭での礼のごとくであった。ただ酒礼はうけなかった。夜分に使船にもどった）

すなわち一行は「酉後」（十八時台）より強まった風にのって馬島についた。そこは清州の境域であり、飲用に適した水があって草がしげり、平時はここで官馬を牧養しているため馬島というのだという。その主峰はどっしりと厚く、左臂の山稜が抱きかかえるようにめぐっている。前方では岩石の岬が海に入りこみ複雑な波と潮流を生じ、暗礁もあって船の難所となっている。その地の客館を安興亭といい、清州の守令（長官）洪若伊が迎接したという。

この日一行は群山島（古群山群島の仙遊島一帯）につづいて停泊した横嶼（古群山群島北部の島嶼）をたち、(1) 紫雲苫、富用山（一名、芙蓉山）、洪州山、鵶子苫（一名、軋子苫）などを経由ないし望見しながら進んできた。そして馬島は、横嶼から一日程にあり、翌日そこからやはり一日で紫燕島（永宗島）に達していることから、古群山群島から永宗島にいたる航程の中間を大きく占めている忠清道の沿海にあったことが推定される。

このことは、馬島で宋使を迎接したのが清州（現忠清北道清州市）の守令だったことからもうかがえる。内陸にある清州の守令が宋使船を迎えたことは奇異にみえるかもしれないが、これは粛宗（在位一〇九五〜一一〇五）代に全州（現全羅北道全州市）・清州・広州（現京畿道広州市）の守令を宋使の道中接待役にあてたことによる。(2)

徐兢一行も群山島では全州、紫燕島では広州の守令に迎えられているが、これら三州には界首官という共通点がある。高麗の地方単位には、守令が派遣される主邑と派遣されない属邑の別があり、属邑はいずれかの主邑の守令によ り、あわせて管轄される。そして主邑のなかでも三京・三都護・八牧を界首官といい、周辺一定範囲（界内）の諸邑をひきいて代表する（領）ものとされた。広州・清州・全州はこの八牧に相当する。(3) 一一二三年当時に古群山群島を管轄した守令について明確な記録はないが、全州は同島最寄りの全羅道北部の諸邑を代表する界首官だったから、古群山群島はその界内にふくまれていたとおもわれる。永宗島は仁州（現仁川市）の所轄だったが、(4) 仁州は三京の一つである南京（現ソウル市）の界内にあり、位置的には比較的近いが広州の界内ではない。おそらくは副都として格づけの高い三京をのぞいた形で、寄港地最寄りの界首官が迎接にあたることとされたのであろう。そして清州は、忠清道の沿岸部全域を界内におさめ、その北方と南方の沿岸部はそれぞれ南京と全州の界内となる。したがって清州が迎接を担当した馬島は忠清道沿岸にあったとみて間違いない。問題は〝忠清道沿岸のどこにあったか〟である。(5)

一　従来説とその根拠

先学が馬島に比定したのも、いずれも忠清道沿岸の地だった。すなわち朝鮮時代に水軍の鎮がおかれた安興（現忠清南道泰安郡近興面程竹里安興）に比定する案と、海美（現忠清南道瑞山市海美面）の地に比定する案の二説がある（図版1）。このほか安眠島比定説もあるが、これは後述する『新増東国輿地勝覧』巻二〇・忠清道・海美県・山川・馬島の関係記事を曲解したもので問題にならない[6]。

このうち安興説は王文楚がその立場を明示している[7]。しかしこれは、馬島の客館である安興亭の名を現在確認できる地名に単純にむすびつけただけにすぎない。金庠基も同じ見解だった可能性があるが[8]、ラフな地図上の曖昧な表示であり、断言はできない。また民族文化推進会の『高麗図経』訳注では、馬島の個所で安興の地先に新津島とともにうかぶ同名の島の写真を掲載し、両者をむすびつけている[9]。しかしその他の論著では、内藤雋輔[10]以来、海美説をとるのが一般的である。かかる見解は、すでに一九〇八年刊行の『増補文献備考』巻三五・輿地考・関防・海路三・西海亭館にも次のように示されている。

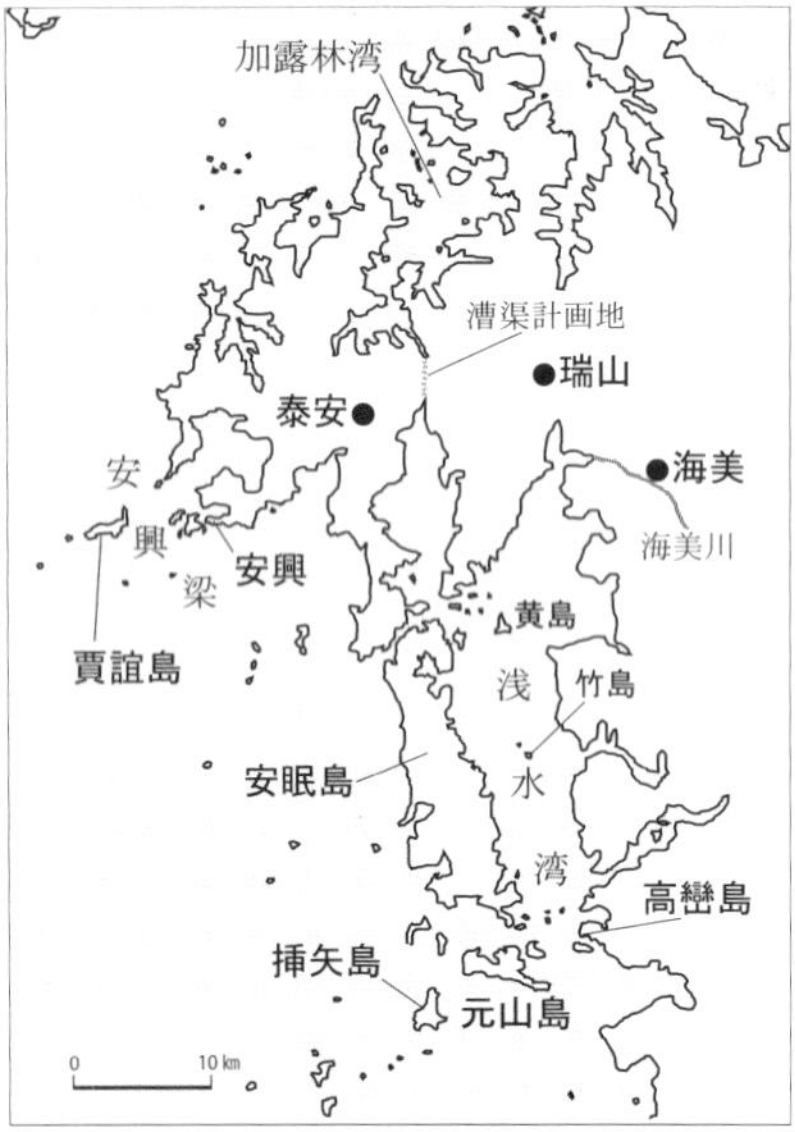

図版１　浅水湾・泰安半島水域

柳馨遠云、馬島、在海美県西十里陽陵浦。一統志云、
馬島、国中牧地、旧有客館、曰安興亭。輿地勝覧云、

安興亭、在海美県東十一里。世或以今泰安之安興鎮為此、誤也。（柳馨遠は「馬島は海美県の西方十里の陽陵浦にある」と述べる。一統志には「馬島は国内の牧地で、かつて客館があり、安興亭といった」とある。輿地勝覧には「安興亭は海美県の東方十一里にある」とある。世の中で、あるいは現在の泰安の安興鎮をこれにあてているのは誤りである）

すなわち、十七世紀の学者である柳馨遠の見解や、『大明一統志』、『新増東国輿地勝覧』の記事をひいて海美説を述べ、安興鎮に比定する見解は誤りであると断じている。

このうち柳馨遠の言及なるものは、その著『東国輿地志』[11]巻三・忠清道・海美県・山川・馬島の内容にもとづく記述とみられるが、当該記事は後述する『新増東国輿地勝覧』の馬島関係記事の引き写しにすぎない。また『大明一統志』には上記以外にも朝鮮半島の西方沿海の島嶼に関する記載がみられるが、いずれも『高麗図経』にもとづく記述である。これらの論拠に独自の史料的価値はない。しかし高麗史の基本史料となる『高麗史』や『新増東国輿地勝覧』などには、馬島を海美の地に比定させるだけの記載がたしかに存在する。

すなわち『高麗史』巻九・文宗世家・三十一年（一〇七七）八月辛卯には次のようにある。

羅州道祭告使大府少卿李唐鑑奏、中朝使命往来、高巒島亭、稍隔水路、船泊不便。請於洪州管下貞海県地、創置一亭、以為迎送之所。制従之。名亭為安興。（羅州道祭告使大府少卿李唐鑑が「中朝の使節が往来する際、高巒島亭は航路からやや離れているため、船舶の寄泊に不便です。洪州管下の貞海県の地に一亭を創建し、迎送の場とするよう要請します」と上奏した。〔王は〕制を下してこれにしたがった。亭を安興と名づけた）

この年、安興亭の設置が承認された経緯を記すが、「中朝」（宋）の使臣が高巒島亭に寄泊するのは航路からはずれて不便なので、洪州管下の貞海県（現瑞山市海美面）に安興亭を建造して送迎するというものだった。同一の記事は『高麗史』に続いて成立した『高麗史節要』巻五・文宗三十一年八月にもおさめられ、『東国通鑑』巻一七・同年月条にもほぼ同文でうけつがれている。

馬島の位置については、『新増東国輿地勝覧』巻二〇・忠清道・海美県・山川・馬島に、

在県西陽陵浦岸。○大明一統志、国中牧地、旧有客館、曰安興亭。〔海美〕県西方の陽陵浦岸にある。○大明一統志には「国内の牧地でかつて客館があり、安興亭といった」とある）

とある。『大明一統志』からの引用は『高麗図経』にもとづく記事にすぎないが、馬島は海美県西方の陽陵浦岸にあるという。一方、同書・海美県・古跡・安興亭には、

在県東十一里。高麗文宗三十一年、羅州道祭告使大府少卿李唐鑑奏、中朝使命往来、高巒島亭、稍隔水路、船泊不便。請於洪州管下貞海県地、創置一亭、以為迎送之所。制従之。〔海美〕県の東方十一里にある。高麗文宗三十一年、羅州道祭告使大府少卿李唐鑑が「中朝の使節が往来する際、高巒島亭は航路からやや離れており、船舶の寄泊に不便です。洪州管下の貞海県の地に一亭を創建し、迎送の場とするようねがいます」と上奏した。〔王は〕制を下してこれにしたがった）

とある。「高麗文宗」以下は前掲『高麗史』文宗世家等におさめる記事を転載したものとみられるが、安興亭は海美県の東方十一里にあるという。馬島とは県からの方角が逆になっている。

このような馬島・安興亭の関係記事は、『東国輿地志』以外の朝鮮後期の地理書にもみられる。『忠清道邑誌』(12)（英祖〜憲宗代）海美県・島嶼や『湖西邑誌』（一八七一年）(13)海美県・島嶼では、共通して「馬島、在県西五里（馬島は〔海美〕県の西方五里にある）」と記している。同じく『忠清道邑誌』海美県・古蹟と『湖西邑誌』海美県・古蹟、また『湖西邑誌』（一八九五年）(14)海美県・古蹟には、

安興亭、在県東五里。高麗太祖三十年、羅州道祭古大府小卿李唐鑑奏、中朝使奉命往来、高巒島、稍隔水路、船泊不便。請於洪州管下貞海県、剏有一亭、以為迎送之所。制従之。今為亭撤、址存。（安興亭は〔海美〕県の東方五

里にある。高麗太祖三十年、羅州道祭古大府小卿李唐鑑が「中朝の使節が命を奉じて往来する際、高巒島は航路からやや離れており、船舶の寄泊に不便です。洪州管下の貞海県に一亭を造ってあるので、これを迎送の場とするよう要請します」と上奏した。〔王は〕制を下してこれにしたがった。現在亭は撤廃されたが、遺址がのこっている）

とある。高麗太祖三十年創建の話は文宗三十一年の誤りで、この部分は前掲『高麗史』文宗世家等におさめる記事の不正確な転載だが、安興亭は海美県の東方五里に位置しており、その遺址がのこっていたという。

また金正浩『大東地志』巻五・忠清道・海美・山水・陽陵浦には、

西十里海辺。浦之西岸、有安興亭古址。高麗文宗三十一年、中国使命往来、以保寧県高巒島舡泊不便、移置貞海県、為迎送之所、名為安興亭。明一統志、国中牧地、旧有客館、曰安興亭。（〔海美県の〕西方十里の海辺にある。浦の西岸に安興亭の古址がある。高麗文宗三十一年、中国の使節が往来する際、保寧県の高巒島は船舶の寄泊に不便なので、貞海県に移設して迎送の場とし、安興亭と名づけた。明一統志には「国内の牧地でかつて客館があり、安興亭といった」とある）

とあり、また同じ山水条の馬島の項には、

陽陵浦西、一作桃李島。旧有牧場。（陽陵浦の西にあり、桃李島ともいう。かつて牧場があった）

とある。やはり『高麗史』文宗世家等におさめる記事と『大明一統志』がもとになる内容を挿入するが、安興亭は海美県の西方十里に位置する陽陵浦にあり、古址がのこっており、かつ馬島はその西方にあって桃李島という別名があるという。

なお同じく金正浩の『大東輿地図』では、海美の西方沿岸に陽陵浦を記し、附近の海中に馬島を図示している（図版2）。

これらの古記録をみるかぎり、邑治に対する安興亭の位置関係について違いはあるが、馬島と安興亭が海美県にあ

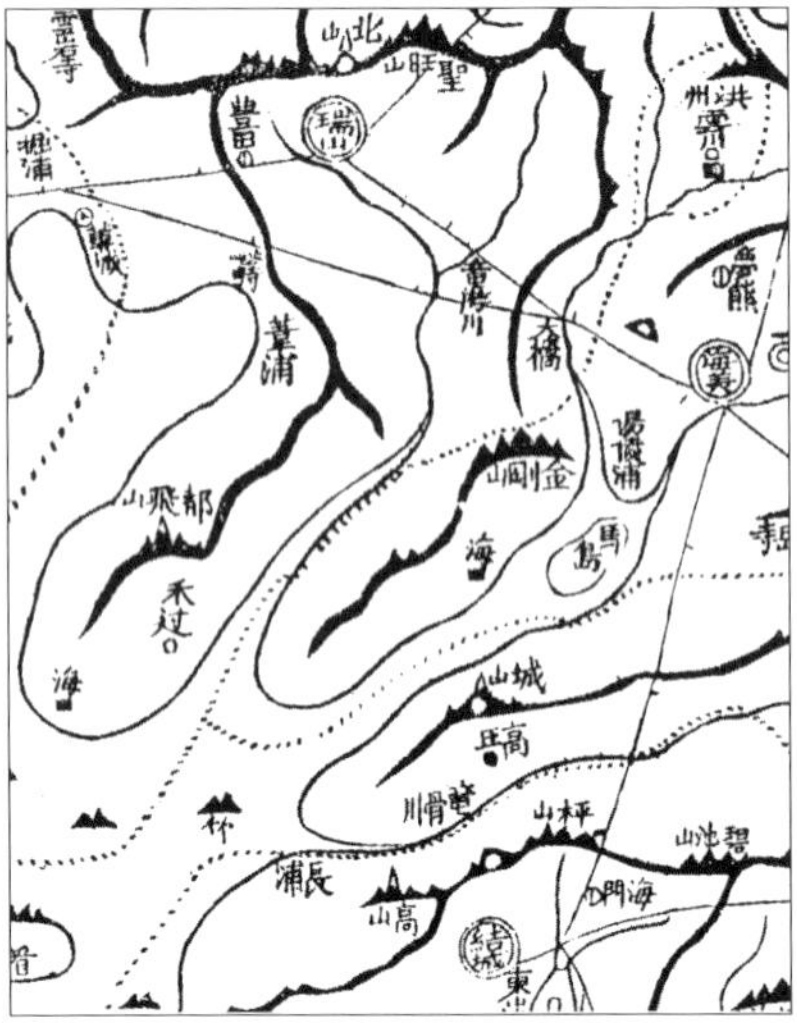

図版２　『大東輿地図』海美附近

るという点は一致している。とくに『高麗史』『高麗史節要』といった正史にそのような記載があることは、馬島＝海美所在説を動かぬものにしているかにみえる。しかし以下に述べるように、航海の実際という点を考えた場合、海美説にはただちにいくつかの疑問がうかびあがるのである（図版1を適宜参照のこと）。

二　海美説の疑問点

（1）　安興亭設置理由との矛盾

海美は浅水湾の最奥部に位置する。浅水湾は忠清南道の半島本土の沿岸（保寧、洪城、瑞山）と安眠島の間に挟まれ、東西に狭く（湾口部幅約二km）南北に細長い（約四〇km）水域である。安興亭創建以前に宋使船の寄港地とされていた高巒島は、その湾口をふさぐように横たわる元山島・孝子島とむかいあった半島本土側の地であり、現在の保寧市舟橋面高亭里一帯に相当する。『高麗史』地理志や『新増東国輿地勝覧』をはじめとする朝鮮時代の地理書にも保寧の属地として記され、史書にも水軍の拠点や流配地としてしばしば登場する。[15] 島といっても本土と完全な地つづきだが、かつては周囲に複数の入江が深く切れ込み、沿岸附近に小島（上・下松島など）が点在する複雑な海岸線をなしており、それら島のごとく海に突き出た一帯を高巒島と称したものらしい[16]（図版3）。

安興亭は、そもそも宋使船が高巒島に寄港するのが遠回りになるので、それを避けるために新設されたのであった。

ところが、安興亭が海美の地におかれたとなれば、宋使船は高巒島のかたわらを通過して浅水湾に入ってゆくことになる。それならば、当初の設置目的はまったく意味をなさなくなってしまう。

浅水湾内に船を進めるにあたって高巒島を経由することが不自然でないことは、他の政策案件を通じても確認される。すなわち高麗・朝鮮時代には、泰安半島西方沿海の難所（後述）を避けて漕運船を通すべく、浅水湾の北端から泰安半島を縦断して北方の加露林湾にぬける漕渠（運河）の開鑿がしばしば試みられたが[17]、このうち朝鮮太宗十三年（一四一三）に提案された計画では、漕運船団が漕渠にむけて浅水湾に進入する際、風待ちと運航調整のため、いったん高巒島に寄泊することが想定されているのである[18]。

図版3　高巒島（陸地測量部5万分1地形図「安眠島南部」「大川里」〈1919年〉にもとづき作成）

（2）　航行上の困難

浅水湾はその名のごとく水深が浅い。沿岸、とりわけ奥部には広大な干潟が広がり、湾口部には大小の島嶼・暗礁が密集するうえ浅堆が多く、また中央部の竹島から北部の黄島にかけての一帯には大きな干潟が広がり、暗礁も点在する[19]。宋使船の湾内航行がただちに不能ということにはならないが、多くの障碍をともなう。前述した朝鮮太宗朝の漕渠開鑿論では、安全のため湾内途中で大型の漕運船から小型船に荷を積み替えることが提案されている[20]。

浅海航行に適した朝鮮の平底船ですらそうであるから、船底が尖って喫水の深い宋の大型航洋船が、しかも干潟地帯である湾最奥部の海美にむかうのであれば、その航行には多大な困難が予想されよう。

しかし、そもそも開京に向かう船が浅水湾の奥に入ること自体、不自然である。結局漕渠の開鑿も失敗に終わったため、朝鮮時代におけるこの水域の航路としては、従来どおり浅水湾に入らず西北方にむかい、泰安半島を回りこんで京畿湾へと進むことになる[21]。現在、安眠島の北端と半島本土の間には水道が通じているが、ごく狭隘で干潮時にはほとんど干出するうえ[22]、これとても朝鮮時代に開鑿されたものであり、それ以前は陸繋していたという[23]。一一二三年当時、大型航洋船の航路として利用できる状態ではなかったはずである。したがって、宋使船が海美に寄泊した場合、再び長い距離を南下して浅水湾口を出なくてはならないことになる。

徐兢一行は馬島から紫燕島まで一日で航行した。正確には「辰」刻（七・八時台）に出航し、「申正」（十六時）に到着したというから、十時間にみたない航海である。このとき彼らが海美より南下して浅水湾を出て、安眠島を回りこんで西北方に向かい、さらに泰安半島を回りこんで紫燕島をめざしたとすれば、二〇〇km以上を移動したことになる。短時間でこのような長距離航海が当時はたして可能だったであろうか。とくにこの場合、船を段階的に一八〇度以上変針させてゆくことになるが、そのたびに都合よく風向きが変わることは期待できない。実際この日、徐兢一行ははじめから強い南風にみまわれており、浅水湾を南下した場合、十分な距離をかせげたはずもない。好条件に恵まれるケースが仮にあり得たとしても、それにもとづいて恒常的な航路を設定するわけにはいかないだろう。

（3）　海美地域の地理的環境との不一致

ところで、海美には安興亭里という集落がたしかに存在する。一九二六年の序をもつ『瑞山郡誌』[24]巻四・古蹟・安興亭では、既出の『新増東国輿地勝覧』の安興亭関係記事を提示したうえで、次のように記している。

按、今海美面山水里部落内、有旧名称安興亭里。其山古有安興寺。疑皆以安興亭之故得名。（考えるに、現在の海美面山水里の集落内に旧名を安興亭里と称するものがある。その山にはかつて安興寺があった。みな安興亭に由来して名づけられたことが疑われる）

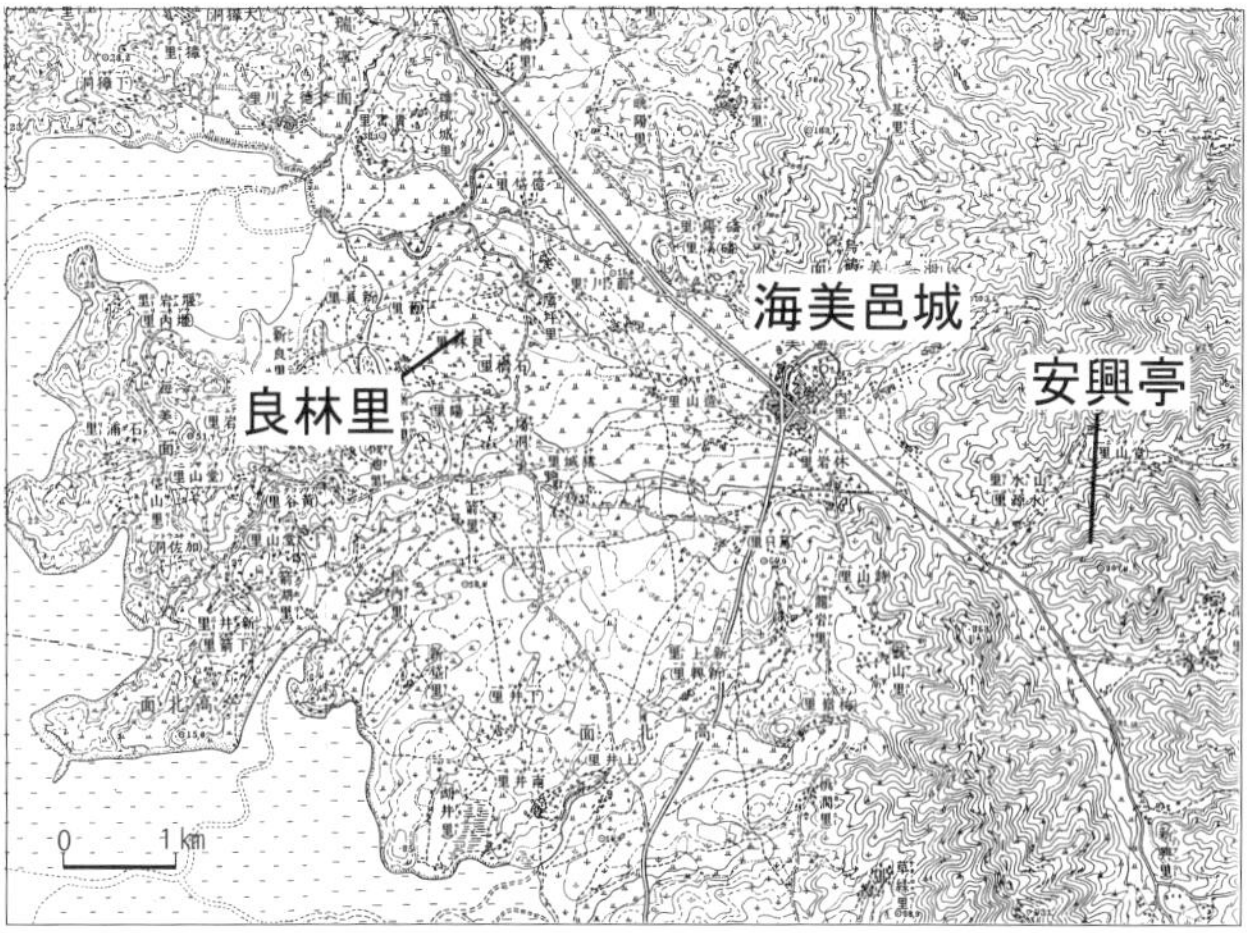

図版４　海美（陸地測量部５万分１地形図「瑞山」〈1919年〉「海美」〈1926年〉にもとづき作成）

すなわち安興亭里は山水里内にあり、そこにはかつて安興寺という寺があったが、これらの名称はくだんの安興亭にちなむものではないかというのである。『瑞山郡誌』ではこのように述べながら、つづく文章では、各種記録の記す安興亭の所在地が一定しないことから、慎重に断定を避けている。しかし一九九五年に刊行された泰安・安興鎮城の調査報告書では、上記の安興亭里を高麗の安興亭に積極的にむすびつけている[25]。

現在、海美の邑城から南東に進むと、一㎞ほどで徳山にむかう街道が渓谷にそって山地へと入っていく。その入口附近で北に入る支谷に山水里の中心集落があるが、そこから東に山すそを越えた位置にある小谷を小径にそって登っていくと、頂上附近で比較的広く開けた緩斜面に出る。ここが安興亭里であり（図版４・５）、かつてのものとの関係は不明ながら、その名も安興寺という新しい寺院と、数軒の民家があり、南方の眼下には渓谷をせきとめた

図版5　安興亭里（2006.12.25）

山水貯水池を見下ろす。集落背後の斜面には割合に広い平坦面が階段状に広がっている。二〇〇六年十二月二十五日にこの地を訪れた際、平坦面の地表には瓦片も確認されたが、あるいはここにかつて安興寺がたっていたのかもしれない。一隅にはこの地が『高麗図経』にみえる安興亭の所在地であることを記す現代の石標（建立者不明）もたてられている。朝鮮時代の地理書に海美の東方と記される安興亭の所在地は、まさにここであろう。一八七二年の「海美県地図[26]」でも、邑城の東方五里の山中に高麗時代の「安興亭」旧基を表示し、現場に塔がのこっていることを図示している。この塔は前述の安興寺に関わるものとみられるが、筆者は現地でその有無を確認できなかった。

しかし、この安興亭里を安興亭の所在地とみるには疑問がある。何といっても海岸から離れすぎている。最寄りの海岸は海美の邑城附近を西方に流れる海美川の河口になるが、現在その附近に良林里という地名があり、前出の「海美県地図」にも表示されている。邑治からの方角・距離（約三㎞）・立地と、地名音の類似から、朝鮮時代の地理書に邑治の西五里または十一里と記される陽陵浦はここに比定される。とすれば、海美邑城から安興亭里までは二㎞以上あるので、徐兢一行が迎接をうけるために安興亭里にいたるには片道五㎞以上、しかも最後はかなり急な山道を移動しなくてはならない。

しかし徐兢によれば、当日夜に入って馬島に到着した宋使一行は、上陸して接待をうけたのち、夜分には帰船した。

このような船旅の使客につかのまのもてなしをおこなう客館として、往復に一〇㎞もかかる深い山中を利用するであろうか。酒礼が省略された点をのぞき、安興亭では群山島と同様な接待がおこなわれたというが、そうだとすれば、使節団全員と船員（全員ではなかろうが）に対して饗応がなされたことになる（『高麗図経』巻三六・海道・群山島）。そのような大人数が安興亭里まで一夜のうちに往復するとなればおおごとである。しかし「小船で岸にあがり、（知清州洪若伊と）相見えた」という徐兢の書きぶりは、彼らが小船で上陸した後、ただちに接待をうけたことをにおわせる。また彼の説明をみるかぎり、安興亭はあくまで着船地である馬島におかれたと理解すべきであり、馬島の位置と安興亭の位置をそれぞれ別地とする朝鮮時代の地理書の記載は疑問である。安興亭里という地名が、そもそも高麗時代の安興亭への附会に起因するのか、それとは無関係の寺名に由来するのか、あるいはまた別の来歴を有するのか、いまのところさだかでない。しかし少なくとも、徐兢のいう安興亭の所在地でないことはたしかであろう。前述した二種の『湖西邑誌』や『忠清道邑誌』にいう当地の遺址なるものも、結局、寺院など別の建造物の痕跡にすぎないとおもう。

図版6　良林里の小地名と景観（韓国国立地理院5万分1地形図「洪城」〈2001年〉にもとづき作成）

（2006.12.25）

では金正浩が『大東地志』でいうように、陽陵浦附近に馬島と安興亭が存在したのか。問題の地は海美川河口部の沖積低地で現在は広大な水田地帯である（図版3・6）。『大東輿地図』では海美川河口に馬島を図示するが、これに相当する地形は確認できない。現状から判断するかぎり、島があったとしても中州のごときものだったはずである。徐兢がいうどっしりと厚い主峰、周囲をとりかこむ山稜、複雑な潮流を生ずる岩岬に相当する地形は存在しない。ただ現地にはセムマル 샘말、マルムドム 말무덤、アムマル 앞말、ノモンマル 너멋말 などの小地名があり[27]、馬（マル 말）との関連性を連想させる。あるいは馬島と呼ばれる中州が実在し、金正浩の時代には附近に何らかの建物址があったのかもしれない。しかし徐兢が描写する馬島の様相とは合致しないと判断せざるを得ないのである。

三　安興説の再検討

それでは馬島と安興亭をどこに比定すべきだろうか。ここであらためて泰安の安興が注目されるのである[28]（図版7）。まず『高麗史』巻一六・仁宗世家・十二年（一一三四）七月是月の次のような記事をみてみよう。

遣内侍鄭襲明、鑿河于洪州蘇大県。以安興亭下海道、為衆流所激、又有岩石之険、往往覆舟、或有献議、由蘇大県境鑿河道之、則船行捷利。遣襲明発旁郡卒数千人鑿之、竟未就。（内侍鄭襲明を遣わし、洪州の蘇大県（のちの泰安郡）において運河を掘削させた。安興亭下の海道は、様々な潮流が激しくぶつかるところで、また岩礁の危険があり、よく船舶が転覆するので、ある者が「蘇大県境から運河を掘削してこれを通れば、船舶の運航に大変便利である」と献議した。〔そこで〕襲明を遣わして近隣邑の兵卒数千人を徴発してこれを開鑿させたが、とうとう完成にいたらなかった）

前述した泰安半島を縦断する漕渠の開鑿がはじめて試みられた際の経緯を述べており、徐兢の使行からわずか十一年後にかかる。ここで漕渠開鑿の目的としては、「安興亭下の海道」が激しい潮流と危険な岩礁によって船舶の遭難があいつぐためであるとされている。

また高麗最末期にいたってつくりかけの漕渠を再工事した際の経緯について、『高麗史』巻一一六・王康伝では次のように記している。

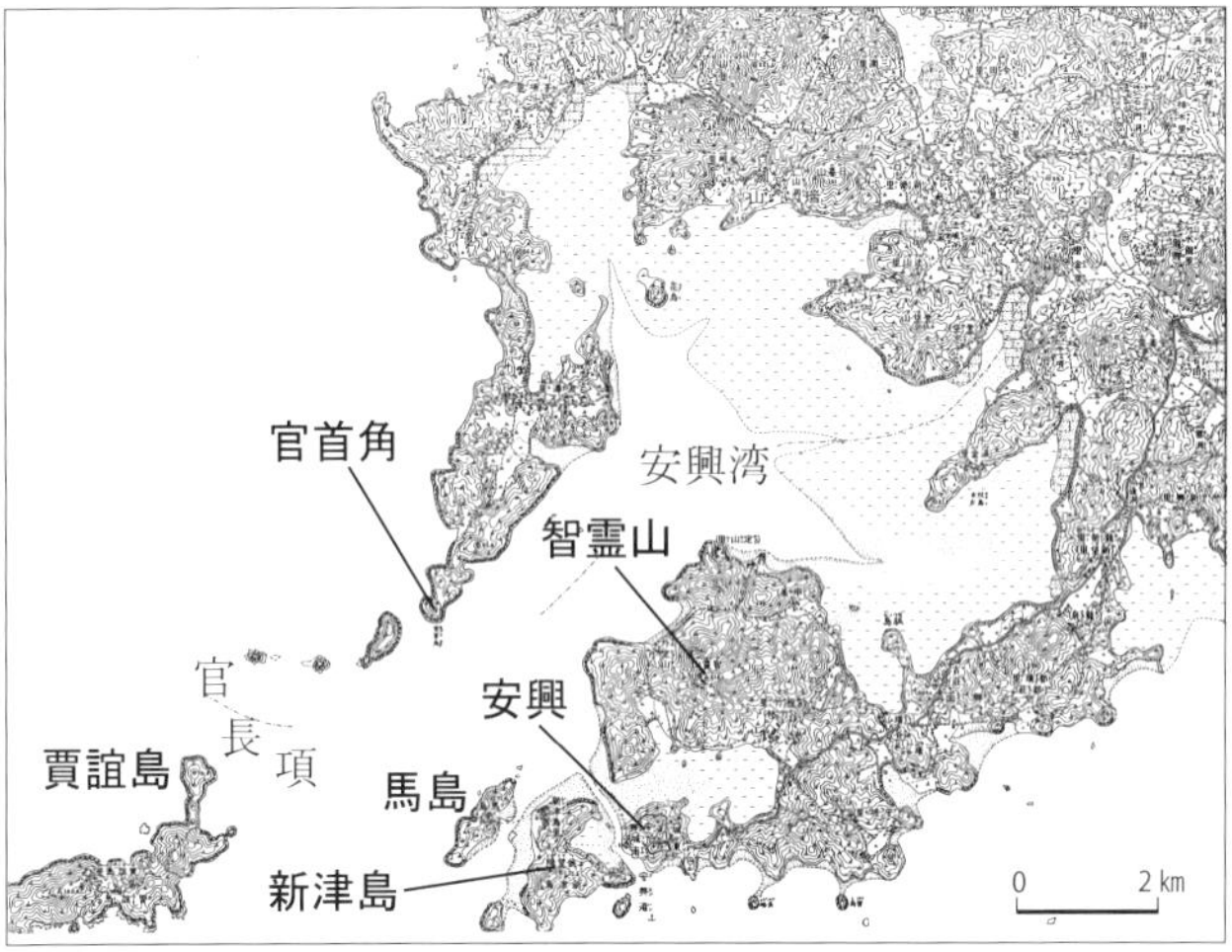

図版7　安興とその周辺（陸地測量部5万分1地形図「安興」〈1919年〉にもとづき作成）

康献議曰、楊広道泰安・瑞州之境、有炭浦従南流、至興仁橋百八十余里、倉浦自北流、至蓴堤城下七十里。二浦間、古有浚渠処。深鑿者十余里、其未鑿者、不過七里。若畢鑿、使海水流通、則毎歳漕運、不渉安興梁四百余里之険。請始役於七月、終於八月。於是発丁夫浚之、石在水底、且海潮往来、随鑿随塞、未易施功、事竟無成。

〔王〕康が献議して、「楊広道の泰安・瑞州の境において、炭浦は南から入りこみ興仁橋まで一八〇余里、倉浦は北から入りこみ蓴堤城下まで七〇里である。二浦の間にかつて運河の掘削をおこなった場所がある。十分に掘削した部分は十余里で、未完の部分は七里にすぎない。もし掘削を完了し海水を通せば、毎年の漕運は安興梁四〇〇余里の危険をわたらずにすむ。工役を七月に開始して八月に終えるよう要請する」と述べた。そこで人夫を徴発してこれを掘削したが、水底に岩石があり、また海水が出入りするため掘るはしから埋まっ

てしまい、なかなか成果があがらず、事業はとうとう完了しなかった）

すなわち漕運船が「安興梁四百余里之険」を通過しなくてもすむように漕渠を完成させようというものであった。この安興梁こそ、安興の前洋一帯、すなわち泰安半島西南部の沿海をさし、複雑なリアス式沈降海岸と、それがもたらす激しい潮流と暗礁によって、海の難所として知られた水域である。(29)朝鮮時代における漕渠開鑿論も、一貫して安興梁通過の危険をさけるために検討されたことであり、高麗仁宗朝のみ別の水域を問題にしたとは考えにくい。「安興亭下海道」とは安興梁をさすと考えるのが自然であり、航海において激しい潮流と危険な暗礁が懸念されるという自然環境も一致する。一方、浅水湾最奥部に位置する海美沿岸の状況とは大きく異なる。したがって、安興亭は安興梁附近に所在し、双方の名称は相互密接に関係すると考えられよう。

安興梁は海の難所であることからふるくは難行梁と呼ばれたが、人々がこれをきらって安興梁と呼ぶようになったという。(30)かかる名称変化がおこった時期はさだかでない。しかし上記の王康の漕渠開鑿建議は恭譲王代のことだから、(31)少なくとも高麗時代までであることは間違いない。高麗史料ではほかに十三世紀後半の元宗代の記事にみえる「安行梁」(32)と、十四世紀半ばの恭愍王代の記事に「安興」(33)とみえる地名も、それぞれ安興梁や安興の地をさすとみられるので、(34)高麗後期までには航海安全の縁起をかついだ名称変更が定着していたのであろう。(35)むしろ安興亭こそが安興なる名称の初見にも等しいのだが、宋使接待のために群山島に設けられた客館を群山亭といい、紫燕島のそれを慶源亭（慶源は仁州の別号）というように、他の二つの客館は、いずれもその所在地に関わる名称となっている。

これらのことから推して、十二世紀当時、すでに現在の安興の地名が生まれており、それにもとづいて客館が命名された可能性が高いとおもわれる。高麗前期には王都開京に税穀を海上輸送する漕運制が整備され、西海岸の海上交通がさかんになったので、それにともなって難行梁が強く意識され、縁起をかついだ安興梁・安行梁等の別名が早くから生まれていたのではないだろうか。『高麗図経』巻三三・舟楫・巡船をみると、群山島で宋使船を迎えた高麗の警備艇には、少なくとも九地域から召集された捕盗の官吏と兵士が乗り組んでおり、その一つに「安興」がふくまれている。その他の関係地は不明の一例をのぞき、みな現在の京畿・忠清道地域の諸邑なので（第二章参照）、この「安興」も同じ地域内の地名だとすれば、安興亭の所在地に相当する可能性も想定される(36)。

　安興の沿岸は宋使船の停泊地を想定するにも好都合である。安興は泰安半島の中心部から南西に細長く突出した安興半島の突端に位置するが、その西方前洋のすぐ近くには新津島が包みこむように向かいあっており、その間の水域は、風波を避け水深が得られる、この水域有数の錨泊好適地であった(37)（図版8）。二十世紀初めの記録では、安興（城南里・城東里）の地を次のように説明している(38)（傍点は原文のまま）。

> 曾て左道水軍僉使営を置かれし地なり。故に総称して安興鎮と呼ふ。其城南、城東と称するは城の南方及東方に位置するを以てなり。本面の西南端即ち所謂安興半島の岬端に在りて後に丘陵を負ひ、前岸は小彎入を為し、湾は西に面して口甚た広からす、且つ水浅しと雖も、其前面には新津島横はりて其間の水道は自然の好泊地を形成す、此水道は干潮時に於て尚ほ且つ水深二、三尋乃至四尋を保つ、故に大抵の船を容るるに足る、殊に位置は遠く洋中に突出して本道沿岸航路の要衝たるか故に通船の避泊地として重要なり、漁船其他の小帆船にして潮待ち又は風待ちの為寄泊するもの多し、但し此水道は南風を避くるに足らす、然れとも若し夫れ満潮に乗して対岸なる新津島の沿岸に据船せんか甚た安全にして漁船十数隻を容るるを

図版8　現在の安興港（内港）（2010.7.16）

得へきなり、水道に於ける潮流は漲落両潮共に稍ゝ急激なり、故に其盛んなるときは遡航すること困難なりと雖も繋船上大なる妨けあらす。

このような航海上の要地であるため、上掲記事でも言及されているように、朝鮮時代、少なくとも十六世紀初めまでにはこの地に水軍の拠点がおかれ、十七世紀半ば頃までに水軍僉節制使営が設置されたのである(39)。

また安興半島は、その主峰（現在は智霊山と表記）の名をとって、ふるくは「知霊山串」（串は岬の謂）と呼ばれたようだが(40)、『新増東国輿地勝覧』巻一九・忠清道・泰安郡・仏宇・安波寺には次のような記事がある。

在知霊山。高麗時、以水路険悪、漕運船屢敗、為建是寺、中遭倭寇、破壊殆尽。本朝　世祖朝、重建。（知霊山に所在する。高麗時代、水路が危険で漕運船がしばしば難破したので、そのためこの寺を建立したが、中途で倭寇にみまわれてほとんど破壊された。本朝の世祖朝に重建した）

高麗時代、智霊山には安興梁をゆく漕運船の安全祈願のために安波寺がたてられ、のちに倭寇に破壊されたが、朝鮮朝の世祖が重建したという。正確な創建年は不明だが、漕運制度が整備された高麗前期までさかのぼる可能性も十分考えられる。高麗時代にも安興半島の地が安興梁航海において重要な位置を占めたことがうかがわれよう。

くわえて安興半島一帯の地勢は、徐兢が描写する馬島の景観によく符合する。すなわち安興半島の主峰は前述の智霊山だが、高さは二〇〇mほどながら、幅と厚みがあって重量感のある山容である（図版9）。どっしりと厚い（渾厚）という馬島の主峰はこれに比定できよう。徐兢が山の高さについてはとくに触れていない点も、高さ自体は必ずしも顕著ではない実状を忠実に描写しているといえる。また智霊山からは低い山稜が半島の東から南へ弧を描いて包みこむようにのびている。現在その内側は水田や干拓地となっているが、かつては深く湾入した干出沙堆であった。馬島の主峰から左腕でだきかかえるように山稜がのびている地形（左臂環抱）とは、おそらくこれに相当するのであろう。

徐兢はまた、馬島の「前」で「一石觜」が海に入りこみ、複雑な潮流と波を生じ、附近には暗礁があるため船の難所であることを指摘する。これは安興半島の西方、安興湾の対岸をなす半島の突端、官首角（官長角）をさすと考えられる（図版10）。この岬と地先にある賈誼島との間の水道、官長項（関障項、冠丈項）は、ただでさえ危険な安興梁のなかでも、朝鮮半島沿岸の主要難所として名高く[41]、渦潮まで生じる激しく複雑な潮流にくわえ、危険な暗礁が多数存在するなど[42]、まさに徐兢が述べるとおりの状況である[43]。

なお徐兢は馬島について草がしげり泉があまいとも記している。植物の繁茂は安興半島の現状もそうであり問題ないとおもうが、安興について『韓国水産誌』では「飲料水は其量多からす、然れども漁船数隻の汲水に支えなし」と

①南方から

②西方から

図版9　智霊山（2006.12.24）

図版10　安興から官首角を望む（2006.12.24）

述べ、また対岸の新津島について「島内飲料水は二箇所に在りて水量稍〻多し」とある(44)。水質についてはいまたしかめるすべがないが、飲料水は入手できることがわかる。徐兢はまた馬島で官馬が放牧されていたと記す。高麗時代の安興半島の状況については他に関連史料を欠くが、『新増東国輿地勝覧』巻一九・忠清道・泰安郡・山川には、

知霊山串［在郡西二十五里］、大小山串［……］、梨山串［……］、薪串［……以上四串、倶有牧場］（知霊山串［郡の西方二十五里にある］、大小山串［……］、梨山串［……］、薪串［……以上四つの岬は、ともに牧場がある］）

とあり（［　］内は細註。以下同じ）、朝鮮前期、知霊山串（安興半島）に牧場が存在したことが確認される。朝鮮時代の官営牧場には西海岸の島嶼や串を利用するケースが多い(45)。高麗時代における串の牧場利用についてはわずかな史料しかないが、島嶼部の利用は、高麗時代はもとより新羅時代でも確認される。こうした牧場の立地は、一般的に農業などの生業には不向きである一方、閉鎖的空間であるため畜群を管理しやすいという地形的特徴を活かしたものと考えられるので、高麗時代でも知霊山串において牧場が営まれていたとして、何ら不思議ではない。

古群山群島より永宗島にむかって航海する際、安興はちょうど中間地点にあたる。徐兢一行は古群山群島より一日で馬島にいたり、翌日馬島から一日で紫燕島にいたったということであるから、航程としても自然である(46)。

以上の検討から、『高麗図経』にみえる馬島は、安興半島に比定できるであろう。半島を島と述べる点が不自然にみえるかもしれないが、前出した高巒島のごとく海中に深く突出した地形を島と呼ぶことはあり得るのであり、実際、『承政院日記』英祖元年（一七二五）正月庚戌の記事には「泰安之安興島」と表記されている。

前述のごとく安興の地先、新津島西隣に位置する同名の馬島に比定する説もあるが、地図や現地観察からもわかるように、こちらは単純な地形で規模も小さい。「主峰渾厚、左臂環抱」といい、また一定の面積を要する牧馬場がおかれたという徐兢の描写とは合致しない(47)。むろん名称の一致に何らかの相互関連性がひそむ可能性はのこるが、一対

一の対応関係は認めがたい。仮に馬島の名が本来高麗時代でも現在の馬島に関してのみ用いるべきものだったとしても、徐兢が描写したところは安興半島を広く見渡した景観に相当すると考えざるを得ないのである。

おわりに

本章では『高麗図経』海道にみえる馬島の位置について仔細に検討した結果、安興半島に相当する蓋然性が高いとの結論に達した。それでは、その地におかれた安興亭は、具体的にどの位置にあったのであろうか。

この問題については、まず一九五四年におこなわれた韓国・国立博物館（当時）の学術調査に際し、安興の地先にうかぶ新津島の西北岸において高麗青磁片や古瓦片が採集され、さらにクァンサト 관사터（官司または館舎の地の謂に通じる）という小地名が確認されたことから、そこを安興亭の候補地とする見解が出されている。(48) これに対して近年は、新津島西方の馬島で確認された年代不明の建物址をその跡地に比定する見解もある。(49)

ただしこれらの地に客館がおかれたとすると、宋使船は新津島と馬島の間の水道にそって停泊した可能性が高くなる。現在この水道は北端が築堤によって遮断され内湾化しているため（安興外港）、旧状をうかがいにくいが、少なくとも新津島側はかつて水深が浅く、また避風の便がなかったという。(50) 尹龍爀は馬島側の海岸を停泊地として推定するが、(51) ここも小規模で湾入の浅い地形なので（図版11）、八艘の大型航洋船を安全に収容できる船だまりとなり得たか、いささか疑問である。少なくとも、そのように良好な錨泊地がこの水道内に得られたのであれば、その後も安興梁航海における寄泊地として利用されそうなものだが、いまのところかかる事実は確認できない。前述のごとく、その役割で知られているのは、安興半島と新津島の間の水道である。

図版11　馬島の東岸（2010.7.16）

筆者としては、錨泊地としての適性から、やはり旧来の安興港（内港）を宋使船の停泊地として有力視したい。とすれば安興亭の位置は、安興という名称の一致と、客館が停泊地附近にあったとみられる点などから、まずは安興港沿岸の安興集落や、これと向かいあった新津島東岸の湾岸に求めるべきであろう。もちろん、馬島や新津島で確認された上記の遺物・遺構が安興亭に何らかの関係を有する可能性を現段階で排除するものではないし、あるいは停泊地と客館の位置が新津島の東岸と西岸にわかれるくらいの距離（直線距離で一㎞程度）は許容範囲かもしれない。いずれにせよ、安興亭の位置については、今後の考古学的調査に期待したい。

最後に、のこされた問題として、さきに紹介した『高麗史』文宗世家等の史書にみえる安興亭創設に関する記事の解釈がある。ここには亭を貞海県（現在の海美西部）下に設置することが明記されているのである。しかし徐兢の記述と航海上の問題点の検討から、安興亭の所在を現在の海美地域に比定するのはあまりに無理が大きいと判断せざるを得ない。

この問題については、現在の史料状況では具体的な根拠にもとづいて解決するのが難しいが、まずは次のような三通りの考え方が提出されるであろう。

Ａ　亭の創設を提案する段階では貞海県の地が選ばれたが、のちに変更された。

Ｂ　亭の設置を上奏した李唐鑑、もしくは『高麗史』やその典拠文献の撰者が、本来蘇大ないし蘇泰（いずれも高麗時代の泰安の邑名）とすべき地名を誤記した。

C　安興の地域は当時貞海県に所属するその飛地であった。

このうちAの可能性はただちに否定される。前述のように、高巒島への迂回を避けるという名目をとるかぎり、海美を想定するのはまったく不合理である。

Bについては、上奏者の地理認識に欠陥があったならば、その誤った提案が王の裁可を得、それがそのまま記録されたという点が不可解ではある。二次的・三次的な記録編纂時の誤記だとする場合、字形や音の類似による単純な誤りとはいいがたく、ともに洪州の属邑という共通点があるとはいえ、かように大きな誤りを犯すかが問題となる。

Cにあげた邑の飛地とは、高麗・朝鮮時代の邑にしばしばみられるもので、安興と貞海県の距離であれば位置的にも問題はない。ただし、前者の地が後者に属した時代があることを在証するものは、いまのところみつからない[52]。

結局可能性があるのはBかCであるが、Bの場合はかなり極端な状況を想定しなくてはならず、Cの場合は史料的な明証を欠く。しかし前者については、現段階で絶対にあり得ないと断言できるものでもなかろう。後者についても、高麗時代の史料が全体としてかぎられており、安興半島の地域が貞海県以外の邑の所属であったことを明確に証拠だてる史料もない以上、可能性がまったく排除されるわけではない。

このように、『高麗史』文宗世家等におさめる記事の解釈については、ひとまず両論併記にとどまらざるを得ないが、ただ徐兢の訪れた馬島が海美の地ではないという点は、もはや揺るがないと考える。

註

（1）　群山島が古群山群島にあたることはすでに定説だが、横嶼をふくむ関係地の具体的な位置比定については第二章を参照。

（2）　『高麗史』巻九六・呉延寵伝に「時王欲択人授全・清・広三州、令迎候宋使（ときに王（粛宗）は人を選んで全・清・広三州の任を授け、宋使を迎接させることにした)」とある。

(3) 以下、各界首官の管轄範囲に関する説明は、『高麗史』地理志の記載にもとづく。

(4) 『高麗史』巻五六・地理志・楊広道・仁州に「有紫燕島」とある。

(5) 筆者が本章のもととなる論考「高麗における宋使船の寄港地「馬島」の位置をめぐって──文献と現地の照合による麗宋間航路研究序説」(『朝鮮学報』第二〇七輯、二〇〇八年)を発表したのち、尹龍爀がこれをふまえつつ馬島・安興亭に関する議論をさらにふかめているので、あわせて参照されたい(윤용혁「고려시대 서해 연안해로의 객관과 안흥정」(『역사와 경계』七四、二〇一〇年))。なお筆者の見解と相違する部分については後述する。

(6) 祁慶富「10~11세기 한중 해상교통로」(조영록編『한중문화교류와 남방해로』국학자료원、一九九七年)一九〇~一九一頁。ここでは馬島が海美の西にある陽陵浦岸、すなわち浅水湾の北東岸附近にあるという史料を根拠としながら、そこから南西に離れた位置にあり浅水湾の対岸(西岸)をなす安眠島に比定する。なお조동원・김대식・이경록・이상국・홍기표訳『고려도경』(황소자리、二〇〇五年)四〇二~四〇三頁でも安眠島に比定するが、根拠を示していない。

(7) 王文楚「両宋和高麗海上航路初探」(『文史』第一二輯、一九八一年)一〇〇頁。

(8) 金庠基『新編高麗時代史』(서울大学校出版部、一九八五年)一五四頁。

(9) 민족문화추진회訳『고려도경』(서해문집、二〇〇五年)二六七頁。

(10) 内藤雋輔「朝鮮支那間の航路及び其の推移に就いて」(同著『朝鮮史研究』東洋史研究会、一九六一年)四五一頁。

(11) 韓国学文献研究所編『全国地理志』三(亜細亜文化社、一九八三年)所収。

(12) 韓国学文献研究所編『邑誌七──忠清道篇①』(亜細亜文化社、一九八四年)所収。

(13) 韓国学文献研究所編『邑誌八──忠清道篇②』(亜細亜文化社、一九八四年)所収。

(14) 韓国学文献研究所編『邑誌八──忠清道篇②』(前掲)所収。

(15) たとえば『高麗史節要』巻一九・元宗十三年(一二七二)九月(孤瀾島と表記)、『高麗史』巻一〇九・崔瀣伝(孤蘭島と表記)、同巻一二九・崔忠献伝(高鸞島と表記)、『朝鮮世宗実録』巻二九・七年(一四二五)七月戊寅、『朝鮮世祖実録』巻三・二年（一四五六）三月乙未など。

(16) 上・下松島を高巒島に比定する見解もあるが（李鍾英「安興梁漕渠考」（同著『朝鮮前期社会経済史研究』혜안、二〇〇三年）一六四頁、註（63））、『新増東国輿地勝覧』巻二〇・忠清道・保寧県・山川・松島に「潮退けば則ち高巒と連なる」とあるので、上・下松島とは区別され、干潮時にはこれと連接する半島本土の地をさすことがわかる。

(17) 泰安半島における漕渠開鑿事業については、李鍾英「安興梁漕渠考」（前掲）参照。

(18) 『朝鮮太宗実録』巻二五・十三年八月丙辰。なお李鍾英「安興梁漕渠考」（前掲）一六三～一六五頁、参照。

(19) 海上保安庁水路部『朝鮮半島沿岸水路誌』（海上保安庁、一九七七年）一〇九～一一〇頁、韓国海図№三二二一「천수만부근」（국립해양조사원、一九九九年）、海上保安庁水路部『朝鮮半島沿岸水路誌』（海上保安庁、二〇〇一年）二五七～二五九頁、국립해양조사원『서해안항로지』（한국해양조사협회、二〇〇六年）一〇八～一一一頁、参照。

(20) 『朝鮮太宗実録』巻二五・十三年八月丙辰。なお李鍾英「安興梁漕渠考」（前掲）一六三～一六五頁、参照。

(21) 吉田光男「李朝末期の漕倉構造と漕運作業の一例——『漕行日録』にみる一八七五年の聖堂倉」（『朝鮮学報』第一一三輯、一九八四年）八〇～九〇頁、長森美信「朝鮮近世海路の復元」（『朝鮮学報』第一九九・二〇〇輯合併号、二〇〇六年）一五七～一六〇頁、参照。

(22) 水路部『朝鮮水路誌（第二改版）』（水路部、一九〇七年）一七〇～一七一頁、同『朝鮮沿岸水路誌』第二巻（水路部、一九三四年）一一五～一一六頁、韓国海図№三二二一「천수만부근」（前掲）、국립해양조사원『서해안항로지』（前掲）一一二頁、参照。

(23) 泰安の郷吏房景齡が忠清道監営に献議した事業であるという（『輿地図書』忠清道・泰安・古跡・安眠串、成海応『研経斎全集』巻五〇・山水記上・記湖中山水・安眠島、『大東地志』巻五・忠清道・瑞山・山水・安眠串、『万機要覧』軍政編四・海防）。なお尹龍爀は、本事業を許可した忠清道観察使を、一六三八・三九年に在任した金堉と推定している（尹龍爀「서산・태안 지역의 漕運관련 유적과 高麗 永豊漕倉」（『百済文化』第二二輯、一九九一年）二一一～二一三頁）。

(24) 『韓国近代邑誌3——忠清道3』（韓国人文科学院、一九九一年）所収。

(25) 李南奭・徐程錫『安興鎮城』(公州大学校博物館・泰安郡、一九九五年)一一六頁。
(26) 『朝鮮後期地方地図――忠清道篇』(서울大学校奎章閣、一九九八年)所収。
(27) 韓国・国土地理情報院五万分一地形図「洪城」(二〇〇五年)、参照。
(28) 筆者が本章のもととなる論考(前述)を二〇〇八年に発表したのち、韓国・国立博物館(現在の国立中央博物館の前身)が一九五四年に西海岸で実施した考古・民俗・言語調査の報告書(金載元編『韓国西海島嶼』(国立博物館、一九五七年)二四～二八頁)にも、馬島の位置に関する記述があることを知った。『高麗図経』の関係史料の読解については詳細を記さないが、基本的には筆者と同様な理解とみられる。本報告書において注目されるのは、現地で確認された遺物・地名情報だが、これについては後述する。
(29) 安興梁の自然環境については、李鍾英「安興梁漕渠考」(前掲)一四九～一五三頁において概況を要領よくまとめている。
(30) 『新増東国輿地勝覧』巻一九・忠清道・泰安郡・山川・安興梁「在郡西三十四里。古称難行梁。海水険、漕船到此屢敗、人悪之改今名(〔泰安〕郡の西方三十四里にある。かつては難行梁と称した。潮流が危険であり、漕運船がここにやってきてはよく難破するので、人々がこれを嫌って現在の名称にあらためた)」。
(31) 『高麗史節要』巻三五・恭譲王三年(一三九一)七月。
(32) 『高麗史』巻二七・元宗世家・十三年(一二七二)六月戊子に「全羅道指揮使報、三別抄賊船六艘、過安行梁而上。京城洶懼(全羅道指揮使が「三別抄の賊船六艘が安行梁を通過して北上している」と通報した。京城は恐れおののいた)」とある。
(33) 『高麗史』巻三八・恭愍王世家・元年(一三五二)三月乙卯に「金暉南及副使張成一、与賊戦于窄梁・安興・長巖、獲賊船一艘。王除暉南左常侍、成一中郎将(金暉南と副使張成一が窄梁・安興・長巖で賊と戦い、賊船一艘を捕獲した。王は暉南に左常侍、成一に中郎将を授けた)」とあるが、窄梁(江華水道)と長巖(現忠清南道舒川郡)といった関連地の位置からみて、ここでいう「安興」は泰安の安興に相当すると考えられる。
(34) 安興梁を安行梁と称する例は朝鮮時代にもある(たとえば『朝鮮世宗実録』巻五一・十三年(一四三一)正月甲申など)。
(35) 朝鮮前期にかかる名称変化が生じたとする見解もあるが(李南奭・徐程錫『安興鎮城』(前掲)一一二頁)、高麗時代の史料を参照していないことから生じた誤解である。

(36) この場合、泰安の安興が郡県等の行政単位ではない点が他と異なるが、かかる名称の邑は他地域を含めて存在しない。ただ漕倉（漕運の積出港）の一つとして全羅道には安興倉（保安郡（現全羅北道扶安郡）の管下におかれた）も存在した。地域を京畿・忠清道に限定しなければ、ここでいう「安興」がそれに該当する可能性も排除できない。

(37) 現在は新津島とその西方に隣する馬島を築堤により連結することで新港を造成している（安興外港）。旧港（内港）のほうは沿岸の干拓・造成にともなって船だまりの面積と水深をだいぶ失った模様だが、それでも最深部で最低水面下約一二mを保っている（韓国海図No.三五五「안흥항」（국립해양조사원、二〇〇六年）参照）。

(38) 朝鮮総督府農商工部『韓国水産誌』第三輯（朝鮮総督府印刷局印刷、一九一〇年）七八三～七八四頁。

(39) 李南奭・徐程錫『安興鎮城』（前掲）一一一～一一四頁、参照。

(40) 『新増東国輿地勝覧』巻一九・忠清道・泰安郡・山川。

(41) 『万機要覧』財用編・漕転。

(42) 水路部『朝鮮水路誌（第二改版）』（前掲）一六六～一六七頁、水路部『朝鮮沿岸水路誌』第二巻（前掲）一二三頁、韓国海図No.三三四「격렬비열도에서 안도」（국립해양조사원、一九八一年）、吉田光男「一九世紀忠清道の海難――漕運船の遭難一九〇事例を通して」（『海事史研究』第四八号、一九九一年）六二～六三頁、海上保安庁水路部『朝鮮半島沿岸水路誌』（前掲、二〇〇一年）二六二～二六三頁、参照。

(43) この「一石觜」について尹龍爀は、前述した現在の馬島の南端部（竹島）に比定する（윤용혁「고려시대 서해 연안해로의 객관과 안흥정」（前掲）五〇頁）。ただし尹は当該の地形が「觜」（くちばしのように突き出た地形）と表現されることに注意をはらっていない（官首角のことは十九世紀後半の漕運記録である『漕行日録』でも「石角」と記される）。また少なくとも本稿で利用した各種の海事資料では、馬島の北岸水域については岩礁に関する情報を載せる場合がある反面（水路部『朝鮮水路誌（第二改版）』（前掲）一六七頁、水路部『朝鮮沿岸水路誌』第二巻（前掲）一二四頁）、南岸水域の潮流や岩礁については何ら注意を喚起するところがない。馬島の南端部を「一石觜」に比定するならば、徐兢の記載に符合するような

自然条件の存在を具体的に示す必要があろう。

(44) 朝鮮総督府農商工部『韓国水産誌』第三輯（前掲）七八五・七九〇頁。

(45) 以下、朝鮮歴代王朝の馬政については、南都泳『韓国馬政史』（한국마사회・마사박물관、一九九六年）、参照。

(46) この場合、古群山群島→安興、安興→永宗島という各一〇〇㎞前後の行程を、それぞれ一日で航走したことになる。

(47) 近年、尹龍爀も『高麗図経』の馬島を現在の馬島に比定しているが（윤용혁「고려시대 서해 연안해로의 객관과 안흥정」（前掲）四五〜五一頁）、『高麗図経』の地勢描写との対応関係については具体的な解釈が示されていない。

(48) 金載元編『韓国西海島嶼』（前掲）二四〜二八頁。なお李鍾英「安興梁漕渠考」（前掲）一五〇頁、註（9）でも、根拠を示さないが、安興亭の位置を新津島の西岸と推定している。

(49)『高麗青磁宝物船』本文編（문화재청・국립해양문화재연구소、二〇〇九年）六一〜六二頁、윤용혁「고려시대 서해 연안해로의 객관과 안흥정」（前掲）五一〜五二頁。

(50) 朝鮮総督府農商工部『韓国水産誌』第三輯（前掲）七九〇頁、参照。

(51) 윤용혁「고려시대 서해 연안해로의 객관과 안흥정」（前掲）五一頁。

(52) なお李唐鑑の上奏文において、貞海県自体が洪州守令の管下にある属邑であることが明示されているので、蘇泰県が貞海県下の属邑であった可能性は排除される。

第二章　高麗の宋使迎接施設「群山亭」とその周辺

はじめに

本章では、徐兢一行が朝鮮半島沿海での航程において利用した三ヶ所の客館のうち、群山島の群山亭について検討する。宣和五年（一一二三）五月十六日に明州を出航した徐兢一行は、六月二日より朝鮮半島西方沿海を北上していたが、六月六日に群山島に到達した。この群山島については、はやくから全羅北道の西方海上にうかぶ古群山群島に比定されており(1)、そのこと自体に異論はない。だが数多くの島々からなる古群山群島のなかで群山亭がどこにあったのか、より具体的な位置比定はいまだ試みられていない。

本章ではこの問題について、二〇〇七年十一月二十三・二十四日に実施した現地調査の成果をふまえつつ検討を進めていきたい。なお、以下の行論にあらわれる地名については図版１を適宜参照されたい。

図版１　群山島関係図

一　徐兢が描く群山島での迎接

『高麗図経』巻三六・海道・群山島には、群山島における宋使迎接の模様について詳細な記録がみえる。長い文章なので、A～Iに段落を区切って全文を掲げよう。

A　六日丁亥。乗早潮行。辰刻、至群山島抛泊。其山十二峰相連、環遶如城。（〔宣和五年六月〕六日丁亥。早潮に乗って進んだ。辰刻、群山島に到着して停泊した。その山は十二の峰が相連なり、城壁のようにとりまいている）

B　六舟来迓、載戈甲、鳴鐃歛角為衛。別有小舟、載緑袍吏。端笏揖於舟中、不通姓字而退、云群山島注事也。（六艘の船が出迎えたが、戈甲で武装した兵士を載せ、鐃を鳴らし角笛を吹きつつ護衛した。これとは別に小船があり緑袍を着た吏を載せていた。〔彼は〕笏をただして船中から揖をおこない、姓字を名乗らずに退いたが、群山島の注事だという）

C　継有訳語官閤門通事舎人沈起来参、同接伴金富軾・知全州呉俊和遣使来、投遠迎状。使副以礼受之、揖而不拝、遣掌儀官相接而已。継遣答書。（ついで訳語官の閤門通事舎人沈起が来参し、同接伴金富軾・知全州呉俊和が遣使して遠迎状をとどけてきた。使副は礼をもってこれを受領し、揖をしたが拝はおこなわず、掌儀官を遣わして応対するにとどめた。つ

いで返書を送った）

D　舟既入島、沿岸秉旗幟列植者百余人、同接伴以書送使副及三節早食。使副牒接伴、送国王先状。接伴遣采舫、請使副上群山亭相見。（船が島に入ったところ、沿岸には旗幟を手にしてならべたてている者が一〇〇人余りいた。同接伴が書状を通じて使副と三節に朝食を送ってきた。使副は接伴に牒を送り、国王への先状を送りとどけた。接伴は采舫を遣わし、使副に群山亭に上がって会見するように要請してきた）

E　其亭瀕海、後倚両峰、相並特高、壁立数百仞。門外有公廨十余間。近西小山上、有五龍廟・資福寺。又西有崧山行宮、左右前後、居民十数家。（その亭は海辺にあり、背後は二つの峰によっているが、〔その嶺は〕相並んでひときわ高く、数百仞にわたって壁のようにそびえている。門外に十余間の官衙がある。西方の近くの小山には五龍廟と資福寺がある。またその西には崧山行宮があり、左右前後には住民が十数家ある）

F　午後、使副乗松舫至岸、三節導従入館。接伴・郡守、趨廷設香案、拝舞望闕拝舞、恭問聖体畢、分両阼升堂〔使副居上〕、以次対、再拝訖、少前叙致、復再拝就位。上中節、堂上序立、与接伴揖〔国俗皆雅揖〕。都轄前、致辞再拝、次揖郡守如前礼、退就席。（午後、使副は松舫に乗って岸にいたり、三節が前後につきしたがい入館した。接伴と郡守が庭に走り出て香案を設け、拝舞して望闕して拝舞し、つつしんで聖体を問安すると、二手の階段に分かれて堂に上がった〔使副が上位につく〕。〔堂上では〕序列にしたがって向きあい、再拝すると、やや進み出て言葉を述べ、また再拝して座位についた。上・中節が堂上で序列にしたがってたち、接伴と揖をおこなった〔〔高麗の〕国俗ではみな優雅な揖をおこなう〕。都轄が進み出て言葉を述べて再拝し、次に郡守に対してさきの礼と同様に揖をおこない、退いて席についた）

G　其位、使副倶南向、接伴・郡守、東西相向。下節・舟人、声喏于庭、上節分坐堂上、中節分両廊、下節坐門之両廂、舟人坐于門外。供張極斉粛、飲食且豊腆、礼貌恭謹。地皆設席。蓋其俗如此、亦近古也。（その座位は、使副

がともに南を向き、接伴・郡守は東西に向かいあった。下節と船員は庭で挨拶をした。上節は堂上に分かれて座り、中節は両廊に分かれ、下節は門の両廂に坐し、船員は門外に坐した。飾り付けは大変おごそかでつつしみ、飲食もまた豪勢であり、礼儀をもって恭謹な態度でふるまった。地面にはみな席を設けてある。〔高麗の〕習俗としてそのようにするのであろうが、〔中国の〕古代〔の習慣〕に似ている）

H　酒十行、中節・下節、第降殺之。初坐、接伴親斟以奉。使者復醻之。酒半遣人致勧。三節皆易大觥。（酒を十回にわたってふるまうが、中節・下節は序列が下るにしたがってこれを減らす。初坐では接伴がみずから酒を注いで奉り、使者はまたこれに返礼する。酒が半ば進んだところで人を遣わしてさらに勧める。三節はみな大きな盃に取り替えた）

I　礼畢、上中節、趨揖如初礼。使副登松舫、帰所乗大舟。（〔会見の〕礼がおわると、はじめの儀礼のように上・中節が走り出て揖をおこなった。使副は松舫に乗りこみ、乗っている大船に戻った）

まず本節では、基本史料である右の記事内容に補足をくわえつつ、群山亭における宋使迎接の模様をみていく。

徐兢一行はこの前日、苦苫苫（辺山半島沖の蝟島）に停泊したが[2]、明くる六月六日、「早潮」（速い潮流または朝潮）に乗って船を進め、「辰刻」（七・八時台）には群山島に到着して停泊した（A）。現在この水域では、最強時でところにより一ノット台後半から二ノットを超える張潮流が北東方向に流れる[3]。宋使船は、おそらくこうした潮流を利用して、蝟島からその北東二〇㎞余りの位置にある古群山群島まで、比較的短時間で航行したのであろう。

群山島では十二の峰が相連なって城壁のごとく周囲をとりかこんでいたという（A）。六艘の船が宋使船を出迎え、武装兵が鐃や角笛を鳴らしつつ警護にあたったが（B）、この高麗船について、徐兢は『高麗図経』巻三三・舟楫・巡船において次のように語っている。

高麗地瀕東海、而舟楫之工、簡略特甚。中安一檣、上無棚屋、惟設艣柁而已。使者入群山門、有此等巡船十余隻。

皆挿旌旗、舟人邏卒、皆箸青衣、鳴角撃鐃而来。各於檣之杪、建一小旆、書曰洪州都巡、曰永新都巡、曰公州巡検、曰保寧、曰懐仁、曰安興、曰暨川、曰陽城、曰慶源、皆有尉司字、実捕盗官吏也。自入境以迄回程、迎至餞行於群山島、望神舟入洋、乃還其国。（高麗の地は東海に瀕するが、船舶の造りはきわめて簡略である。中に帆柱を一本すえ、船上には屋根がなく、ただ艪や舵をとりつけたのみである。使者が群山島の門口に入った際、これらの巡船十余隻があった。みな旗をさし、船員と兵卒はみな青い服を着て、角笛をならし鐃をうちつつやってきた。それぞれ帆柱の先端に小旗をたて、〔そこには〕洪州都巡、永新都巡、公州巡検、保寧、懐仁、安興、暨川、陽城、慶源と記してあり、すべてに尉司という字があったが、これは捕盗の官吏のことである。〔それらの巡船は宋使船の〕入境時より帰還時にいたるまで群山島で送迎をおこない、神舟（宋使の主船）が海にでてゆくのをみとどけてから帰国した）

すなわち、一本の帆柱と艪・舵を設置しただけの簡素なつくりであって、洪州（現忠清南道洪城郡）、永新（現京畿道平沢市）、公州（現忠清南道公州市）、保寧（現忠清南道保寧市）、懐仁（現忠清北道報恩郡）、安興（現忠清南道泰安郡か）[4]、暨川（不明）、陽城（現京畿道安城市）、慶源（現仁川市）など、主として現在の京畿道・忠清道の諸地域から召集された捕盗の官吏と兵士が乗り組んでいた模様であり、宋使船の帰国時にも群山島で迎送にあたったことがわかる。

また徐兢は、『高麗図経』巻一三・兵器・胡笳において、これらの巡船で用いられた楽器についても別記しているが、次のように辛辣に評している。

胡笳之制、上鋭下豊。其形差短。使者初至群山島、巡尉将迎、舟卒服青衣而吹之。其声嗚咽、不成曲調、惟覚群喿如蚊虻之音。（胡笳（管楽器の一種）のつくりは上部が鋭くて下部が厚い。形はやや短い。使者がはじめ群山島に到着して巡尉がまさに出迎えようとする際、舟卒が青衣を着てこれを吹いた。その音色はむせび泣くようで旋律をなさず、ただ群れ騒ぐさまは蚊虻の羽音のようにおもわれた）

徐兢はさらに別の個所で、これら巡船の乗組員がいわゆる高麗の五方旗のうち黄色の中央旗（他は黒色の北方旗、赤色の南方旗、青色の東方旗、白色の西方旗）の一種で、諸色が混じって光沢があり、四隅に雲気が描かれた旗を掲げていたことを記してもいる(5)。

宋使船の前にはつづいて別の小船もあらわれた。そこには緑袍を着た群山島の注事（あるいは主事（官衙の事務職）の誤りか）がおり、船中より揖をおこない、姓字を通じずに退いた（以上B）。ついで訳語官である閤門通事舎人（朝会・儀礼を掌る閤門の正七品官(6)）の沈起が参じ、また同接伴（接待担当官の一人）の金富軾と知全州（全州の守令（牧使））の呉俊和が遣使して遠迎の状を送ってきた。宋の使副は掌儀官を介して受領し、返状を送った（以上C）。

『三国史記』編纂責任者として名高い金富軾について徐兢は、この時通奉大夫・尚書礼部侍郎・上護軍・賜紫金魚袋だったことを別に記している(7)。ただし通奉大夫という位階は宋の文散官・寄祿官にあるが、高麗には存在しない。単なる誤記か、高麗側か宋側に何らかの理由があってこのように表記されたのかは不明だが、礼部侍郎（正四品）という職との対応と名称の類似から、当時の高麗文散階のうち通議大夫（正四品下）に相当するものと考えられる。

ただ『高麗史』巻九八・金富軾伝によると、彼が礼部侍郎に任じられたのは翌仁宗二年（一一二四）のことだった。この直前の職歴は、『高麗史』巻一五・仁宗世家・睿宗十七年（一一二二）九月乙亥に「宝文閣待制」（従四品相当(8)）という館職の叙任が伝えられるのみである。詳細は不明だが、『高麗史』本伝の記述が正確であれば(9)、一一二三年の宋使接待時の職位は、その役目にふさわしい高位職を臨時にあたえた借職のごときものだったと考えられる。

また全州牧使が群山島で宋使の道中接待にあたったのは、全州・清州・広州の守令が最寄りの客館で宋使の中間迎接にあたるという粛宗代の規定にもとづくものである（第一章参照）。

やがて宋使船は群山島に入津した。沿岸には一〇〇余人がいならび旗幟をかかげていたという（以上D）。このときの旗幟について、徐兢は別の個所で、前述した五方旗のうち、黄色無紋の中央旗があったと伝えている。[10]

その後、金富軾が朝食を送りとどけてきた（D）。この高麗側による食事提供について、徐兢は、紫衣に幞頭を着け、あるいは烏帽を着けた持書の吏が関与していること。麺など十余品の献立であり、海産物が美味だったこと。器には金銀を多用して青陶（青磁）をまじえ、黒漆を施した木製の盤櫝（膳のたぐいか）が用いられたこと。宋使船が岸近くに停泊していないので、人を遣わして船で送られてきたこと。慣例として三日間は供給されるが、風待ちなどで延泊しても追加支給されないこと、を別に記している。[11]

一方、宋の使副は富軾に文書を送り、高麗王に対する先状（さきぶれの書状か）を送付した。さらに富軾は采舫（彩色を施した舟艇か）を遣わし、群山亭での会見を要請してきた（以上D）。亭は海辺にあって背後は両峰により、その山は相並んでひときわ高く、数百仭にわたり壁のごとくそびえたっていた。門外には十余間の官衙があり、近くの西の小山には五龍廟と資福寺があって、また西には崧山行宮がある。周囲には十数軒の民家があったという（以上E）。この群山亭と五龍廟、資福寺、崧山行宮の位置については後節で詳論する。

「午後」（十二時台）、使副は松舫に乗って上陸し、他の使節団員もこれにしたがって群山亭に入った。接伴の金富軾と郡守（知全州のことだろう）は庭に走り出て香案を設け、拝舞と望闕礼（宋帝に対する遙拝）をおこない、皇帝を問安した。ついで使副を上位にして堂に上り（以上F）、対面礼がおこなわれたが、その際、使副は南面し、高麗側の接伴と郡守が東西に向かいあい、宋使の上節（上級員）は堂上に分坐し、中節（中級員）は両廊に分かれ、下節（下級員）は門の両廂に坐し、船員は門外に坐した（G）。まもなく床に席を設けて饗宴がはじまり、酒杯が交わされる（H）。これが終了すると、使副は松舫を利用して自分たちの使船にもどった（I）。

この松舫について、徐兢は別の個所で、群山島の船であり、船体は真っ直ぐであること。茅をふいた五間の船室が

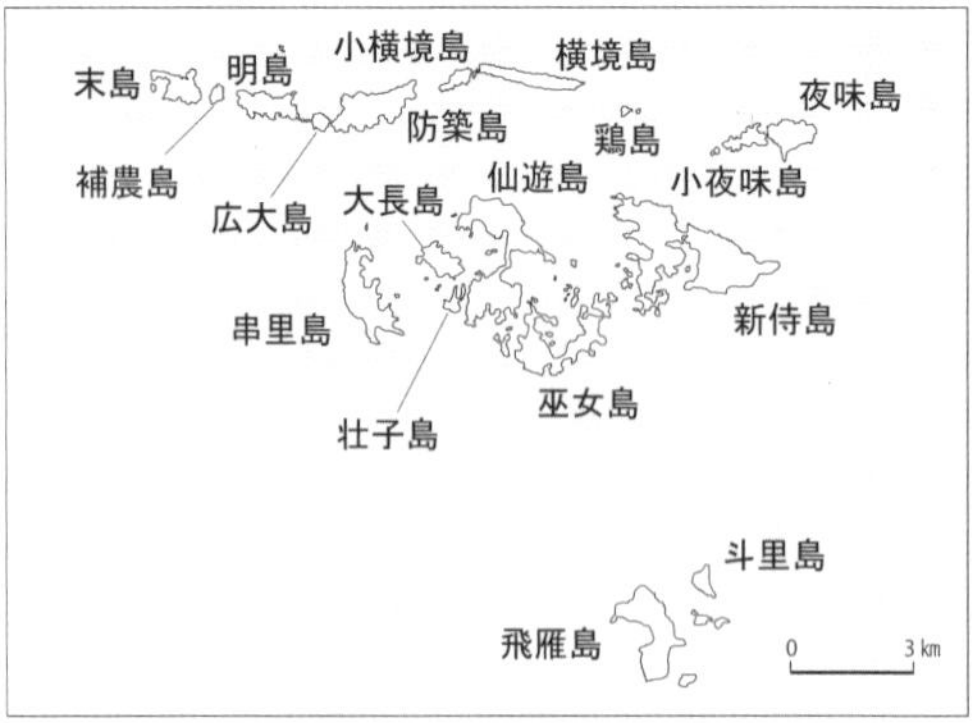

図版2　古群山群島

あり、前後に小部屋を設け、榻（腰掛け）をおき簾をかけ、中の二間に錦の褥《しとね》をしいた豪華な造りであり、使副と上節のみが搭乗したことを記す⑿。一方、中節と下節は幕船という舟艇を利用したようで、その船は群山島のほか馬島と紫燕島にもあり、青布を長竿で支えて四辺の軒を采縄（彩色された縄か）で張った天幕を設けたものだったという⒀。

この他にも徐兢は、群山島でみた旂旆（旗の一種）の造りについて、〝赤い薄絹を用い、順に竿につなげていき、竿の先端には白羽で飾りをつける〟と記している⒁。

二　群山島と群山亭

古群山群島は、錦江河口の群山港⒂から南西方向に海路を五〇kmほど進んだ位置にあり、大小様々な十二の有人島と五十余りの無人島からなる⒃（図版1）。最高点でも一五〇m程度とさほど高くはない丘陵性の地形だが、複雑で険しい海岸線と、風化・浸食によって生まれた奇峰・奇岩や海蝕洞に富み、全羅道有数の景勝地として名高い。

徐兢は群山島の景観について、前述のごとく「十二峰相連、環遶如城（十二の峰が相連なり、城壁のようにとりまいている）」と記す。図版2を巨視的にみれば、南方に五、六km離れた飛雁島・斗里島等の別群をのぞいた群島の中心島嶼群全体が環状に配列しているようにおもわれるかもしれない。しかし実際にはこの中心島嶼群も南北二群にわかれ、その間は幅二・五km以上の水道（古群山水道）となっている。北部諸島は末島（クッソム 끝섬）・明島（パルグンノル 밝

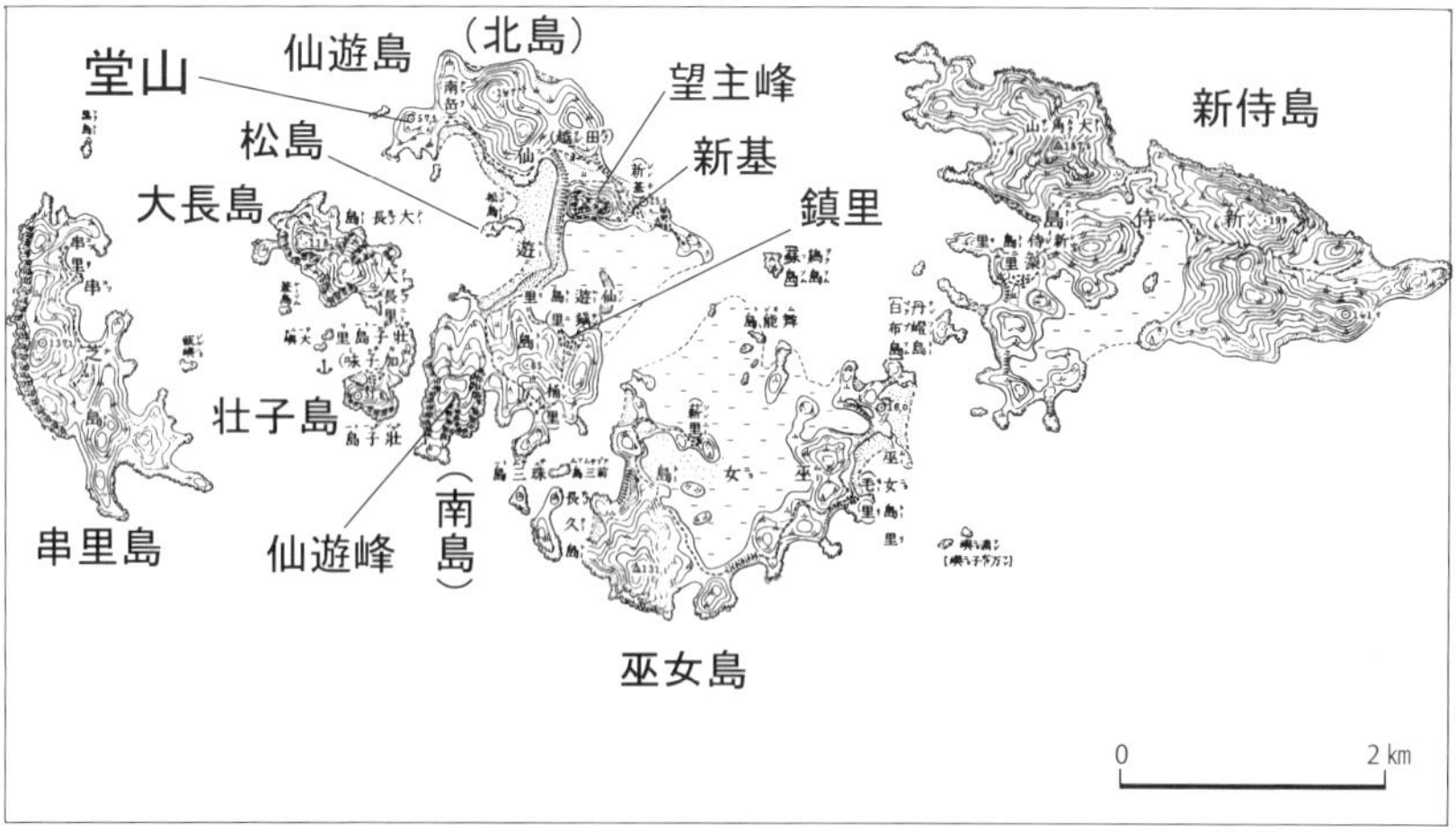

図版3　古群山群島 中心島嶼群の南部諸島（夜味島一帯を除く）（陸地測量部5万分1地形図「壮子島」〈1918年〉にもとづき作成）

은널）・防築島（パンジュックム 방축금）・横境島（ピッケンイ 비껭이）等からなり、東西に直線状に島嶼がならぶ。一方、南部諸島は仙遊島・巫女島（ソドゥリ 서드리およびモゲミ 모개미）・壮子島（カジェミ 가재미）・大長島（チャンジェミ 장재미）・串里島（コッチ꽂지）・新侍島（チップングム 짚은금）・夜味島（ペミ 배미）等からなる（（ ）内は在来地名[17]）。

このうち南部諸島は大きく二重の環状地形を呈する（図版3）。すなわち仙遊島・巫女島とその属島である舞能島・タクソム 닭섬・アプソム 앞섬 等が内郭を形成し、その外側を新侍島とその属島が覆うように外郭をなす。このうち仙遊島は古群山群島の主島であり、二つの島（北島・南島）が陸繋砂州により連接された特異な地勢をなし、これにより東南向きの広い内湾を形成している。仙遊島の東南に隣接する巫女島も北側の海岸線が大きく複雑に凹入し、これらが環状地形の内郭を構成する。

現在この内郭の東西を占める湾入部には干出沙泥堆が広がるが、その間に深さの得られる水域が北東から南西方向にむかって貫き、古群山群島のなかでも中心的な船着場と、その船道として利用されている。一八七二年に作成された「全羅道万頃県古群山鎮地図[18]」

では、この部分に「内洋水深十五丈。来往船隻、皆為留泊候風処（内洋は水深が一五丈ある。往来する船舶はみな停泊して風待ちの場所に利用する）」と記載する。堆積が進んで水深がかなり浅くなっている現状からみて、[19]十九世紀で十五丈もの水深があったとは信じがたいが、[20]それだけ各種船舶の停泊に十分な水深が得られたということであろう。朝鮮前期の『新増東国輿地勝覧』巻三四・全羅道・万頃県・山川でも、群山島について「有澳、可以蔵船、凡漕運往来者、皆候風于此（入江があって船を泊めることができ、漕運で往来する者はみなここで風待ちをする）」と記している。こうした錨泊地としての好条件のもと、朝鮮時代には仙遊島に水軍の鎮（古群山鎮）がおかれ、現在も島の中心集落の名称（鎮里）と、往時の軍官の善政碑、また官衙跡にその名残をとどめている。

ここで朝鮮史料における「群山島」の地理的範囲を確認しておくと、通常は古群山群島のなかでも一部のみをさし、とりわけ北部諸島とは区別されるようである。すなわち『新増東国輿地勝覧』巻三四・全羅道・万頃県・山川では、群山島とは別に横建島（横境島）や、現在名未詳の周辺島五つ（蝸歩島・宮地島・望地島・許内島・家外島）をあげる。また朝鮮後期の『大東地志』全羅道・万頃県・古群山島鎮では、群山島とは別に横建島（横境島）、蘭末島（末島）、防築仇未島（防築島）、深仇未島（新侍島）、毛果仇未島（巫女島）[21]、十二峰（防築島～末島間の連山）[22]などの島名をあげる。同じ撰者の『大東輿地図』でも、群山島の北に横建、蘭末、十二峰、および夜味（夜味島）の島々を表示する。こうした朝鮮後期の地誌や地図において、群山島はいずれも古群山鎮の所在地として記されており、少なくとも狭義には仙遊島をさすことがわかる。ただし古記録における島名は、上記の「十二峰」もそうであるように、常に単独の島をさすとはかぎらず、地勢的に近接・連続した複数の島を総称する場合もある。群山島についても、仙遊島に隣接する島々を含めて大くくりに指称するケースを想定しておくのが無難だろう。

以上のように、徐兢が描写する群山島の景観は、古群山群島のなかでも中心島嶼群の南部諸島、とりわけ筆者がい

①仙遊島北島からの景観（右手前が仙遊島南島と陸繋砂州、左手奥が巫女島）

②北方海上からの景観（右手前が仙遊島、左手奥が巫女島）

図版４　仙遊島・巫女島とその属島からなる環状地形（2007.11.23）

うところの内郭に合致する。実際、現場水域を実見したところ、北方に大きく口を開いた外郭部分は、〝城壁のごとくとりかこむ〟というイメージからはほど遠い。それよりは、船舶の出入口附近まで島や岬がかこみこんでいる内郭部分の景観（図版４）こそが、やはり相応しいとおもう。徐兢のいう「十二峰」に相当する山はいちいち特定すべくもないが、周囲は起伏に富んだ丘陵性地形であり、比較的顕著な山塊だけでその程度の数に達する。宋使船がこの水域に入ることは錨泊という目的に合致し、徐兢のいう群山島の地理的範囲が仙遊島やその附近の狭い範囲にかぎられる場合にも矛盾しない。また前述のごとく、宋使船が岸近くに停泊せず、陸上との往復や物資のやりとりに別船を利用したのは、干出沙泥堆をさけて内郭中央部の水面を船だまりとして利用したためと考えられるだろう。

それでは次に、群山亭の位置はどのように考えられるだろうか。前述のごとく、徐兢はこれについて「瀕海、後倚両峰、相並特高、壁立数百仞（海辺にあり、背後は二つの峰によっているが、〔その嶺は〕相並んでひときわ高く、数百仞にわたって壁のようにそびえている）」と記している。そこで、このような立地と形状に該当する地点を仙遊島とその周辺一帯より検索すると、仙遊島を代表する景勝地である望主峰の存在が浮かび上がってくる（図版３・

図版5　南西からみた望主峰（2007.11.24）

5。以下、仙遊島内と近辺の地名については図版3を適宜参照のこと[23]。

望主峰は、仙遊島北島の南岸、陸繋砂州附近の内湾に面した位置にある。酸性火山岩からなる不毛の急崖もあらわにそびえたつ双峰の岩山であり、高さ一一〇mに達する。望主峰より高い山は仙遊島内でほかにもあるが、海岸沿いにその奇容をさらしている望主峰は、海上から非常にめだち、実際より大きな山塊にもみえる。数百仞という文言を額面どおりに解釈した場合の高さ（数百m）にはおよばないが、徐兢が正確な計測をおこなったわけではないだろうから、大雑把な印象や誇張的表現とみてよいだろう。

南島の中心集落である鎮里も、前に海をひかえ、背後に樹木に覆われた二こぶの丘陵（東山・西山という[24]）を負っているが、高さ八〇m程度で傾斜もなだらかであり、「壁立数百仞」という形容にはほど遠い。群島内の他の島々をふくめて、かかる条件に合致する地形は他にみいだしがたいのである。

ところで、現在仙遊島内にたつ観光案内板に「望主峰由来」と題するものがあり、山にまつわる伝説[25]とともに、『高麗図経』から群山亭の位置する「両峰」に関する一節を引用紹介している。すなわち案内板の作成者も「両峰」を望主峰に比定しているわけだが、ただ群山亭の位置については直接言及していない。だが徐兢の記録どおりであれば、海岸に瀕して背後に望主峰が迫る狭いエリア、つまり内湾に面したその南麓に位置したことになるであろう。これは想定される宋使船の停泊位置からみても自然である。

望主峰の南麓は、その東・西では干出沙泥堆がきりたった山肌まで迫り、満潮時には冠水する。しかし二つの巨大な岩塊をつなぐ鞍部の直下は、緩斜面が扇状に広がりつつ海にくだっている（図版6）。筆者が現地を訪れたところ、草が密生して遠目にはわかりづらいが、テラス状の平坦地が広がっているようである。必ずしも広い面積とはいえないかもしれないが、徐兢のいう「堂」「庭」「両廊」「門」「両廂」を有する亭館と、「十余間」の「公廨」を想定するのも、無理ではないようにおもわれる。

現在この地には舗装された海岸道路が通っているが、本来、望主峰の急崖と干出沙泥堆に囲まれて集落地からは孤立した場所であった。ところがこのたびの現地調査において、その海岸に大量の陶磁片と瓦片の散布を確認した。

このうち陶磁片（図版7）については、表面採取で確認される類型をできるだけ網羅的に——調査者は専門家では

①西方からの景観

②現場近景

③望主峰上からの景観

図版6　望主峰南麓の状況（2007.11.23）

図版7　望主峰南麓で採取された青磁片の一例（2007.11.23）

図版9　望主峰南麓で採取された瓦片の一例（2007.11.24）

図版8　天目釉陶片（2007.11.23）

ないので精度は保証しかねるが――整理した写真等データを朝鮮陶磁史の専門家である片山まび氏（東京芸術大学／当時・大阪市立東洋陶磁美術館）に照会したところ、一部に祭器とみられる十九世紀頃の白磁・青花がある一方で、十二世紀～十三世紀前半を中心に、十一世紀末～十四世紀にわたるとみられる高麗青磁が多数あり、盒子や筒形盞などの高級器種も含まれるようだとの示教をうけた。こうした青磁片の散布は緩斜面上でも一部確認している。また一点のみだが十三世紀頃の中国（河南または福建？）で焼かれた天目釉鉢片の可能性が指摘される遺物もあった（図版8）。

また瓦片（図版9）は量的に陶磁片ほどではないが、朝鮮考古学者の高正龍氏（立命館大学）にデータを照会したところ、正確な編年は難しいが、統一新羅期から朝鮮初期にかけて使用された魚骨紋（綾杉紋）の平瓦があり、高麗時代を中心に朝鮮初期まで使用された中板・長板の叩板を用いたものがあるようだとの示教をうけた。

もちろん上記の高麗青磁片を現時点で群山亭に短絡させることはできない。古群山群島は朝鮮半島の域内海上交通の要衝でもあるため、青磁運搬船が附近で遭難して積載物が漂着した可能性も皆無ではないからである。(26)しかし高麗―宋通交がおこなわれた時期のものかもしれない遺物が大量に散布し、そこに高級品もふくまれるであろうことからは、これらが宋使船への供食に用いられた「青陶」や、群山亭に宋使を迎えて開かれた饗宴に関わる物証である可能性も、当然想定される。魚骨紋瓦片の存在も、現時点では群山亭との関係を断言できないが、少なくとも、高麗時代ないしこれに前後する時期の建造物がこの地に存在した可能性を示唆している。いずれにせよ、本格的な学術調査をおこなう必要があり、韓国の関係機関がすみやかに着手することを希望したい。

以上のように、群山亭の所在地は仙遊島の望主峰南麓と推定され、現地にはそれを裏づけるかもしれない遺物の散布が確認されるのである。

三　五龍廟・資福寺・崧山行宮

群山島には群山亭以外に五龍廟・資福寺・崧山行宮といった信仰施設があったという。前掲した『高麗図経』の群山島記事では、五龍廟と資福寺は「近くの西の小山」にあるとし、崧山行宮は「西」にあるというが、何を基準とした位置関係であるかがわかりにくい。一見、群山亭を基準とした説明におもえるのだが、話の流れとしては群山亭に上陸する前段階で語られるので、宋使船の停泊位置からの見え方を述べている可能性も考えられるのである。

そこで『高麗図経』巻一七・祠宇・五龍廟の記事をみると、

五龍廟、在群山島客館之西一峰上。旧有小室、在其後数歩。今新制、独有両楹一室而止。正面立壁、絵五神像。舟人祠之甚厳。又其西南大林中、有小祠。人謂崧山神別廟云。（五龍廟は群山島の客館西方の一峰上にある。古い小室がその数歩後方にある。現在つくりを新たにしたが、ただ正面一間の一室があるだけである。正面に壁をたて五神像を描いている。船員はこれを大変厳粛に祀っている。またその西南の大林中に小さな祠がある。人々はこれを崧山神の別廟だという）

とあり、各施設の位置関係がより明確になる。すなわち五龍廟は（したがって資福寺も）群山亭の西の小山上にあり、崧山行宮は五龍廟の西南の大林中にあったことになる。

このうち五龍廟はかつて小室がもう一つあったが、徐兢一行が群山島を訪れた当時は一間分の建物があり、正面の壁に神像が描かれ、船員のあつい信仰対象になっていたという。書きぶりからすると徐兢は廟を実見したようだ。

一方、崧山行宮は崧山神の別廟だというが、この崧山神について『高麗図経』巻一七・祠宇では、高麗王都開京の王宮の北にあり、国家祭祀の対象となっている崧山廟のことを記録している。これは一名を崧山・神嵩ともいう開京の鎮山松嶽を祀る松嶽山祠にほかならない(27)。すなわち崧山行宮とは松嶽山神を祀る分廟のごときものだったのである。

ところで五龍廟は現在も仙遊島内に史跡として存在し、航海安全に関わる伝承をもち(28)、二十世紀半ばまで世襲の巫堂により堂山祭や別神祭がとりおこなわれてきたという(29)。しかしその位置は群山亭の西ではなく、望主峰の東麓の稜線（堂山とも呼ばれる(30)）上（上廟）と、その下の海辺（下廟）である（図版10）。現在下廟は失われ、上廟も改築されているが、前出した一八七二年の「全羅道万頃県古群山鎮地図」でも現在の上廟と同じ位置に五龍廟を表示している。

では『高麗図経』の記録が誤謬なのであろうか。五龍廟の位置が高麗時代より変化していないとすれば、やや手狭ではあるが、上廟と同じ稜線上に資福寺があったとの想定もまったく無理とはいえないだろう。しかし崧山行宮の位置が五龍廟の西南の大林中であるという点は問題になる。現在の五龍廟の西南は海だからである。その対岸にある仙遊島の南島が大林に相当する可能性もないではないが、『高麗図経』における徐兢の表現法として、海を隔てた位置にみえる独立丘陵や島[31]であれば、島、嶼、苫、山、峰などとあらわすはずである。大林という表現からは、そこが五龍廟のある小山からひとつながりの地形であることを示唆するとおもわれるのである。『高麗図経』巻一七・祠宇・五龍廟に崧山行宮の情報が併記されたのもそのためではなかろうか。

　もし崧山行宮の位置が五龍廟の「東南」の誤りであれば、そこにはヤンデンイッサン 양댕잇산 とよばれる岩岬[32]が海に突き出ている（図版11）。しかし現にそうであるように、木立があっても大林といえるほどではない。また「北西」や「北東」の近隣にも大林とよぶに相応しい場所はない。いずれにせよ、そうした解釈の場合、五龍廟・資福寺のみならず、崧山行宮の方位に関しても、『高麗図経』の用字は東西や南北の別を二重、または三重に誤っていることになってしまう。

　では『高麗図経』の記す五龍廟・資福寺の位置が正しいとすれば、どのように考えられるであろうか。まず望主峰の西はすぐ海になるが、海岸近くに松島がある[33]（図版12）。ただこれは干潮時にのみ仙遊島に陸繋する小嶼である。多少

①位置

②現在の上廟

図版10　現在の五龍廟（2007.11.23）

図版11　五龍廟からみたヤンデンイッサン（2007.11.23）

図版12　仙遊島北島の山々と松島（手前海中の木立のある島）（2007.11.24）

樹木が生えているが、ほとんど岩礁に近い。徐兢は資福寺に関連して、本殿と門・廊のほかに建物がなく、住僧も二、三人にとどまると述べているが(34)、それでも本殿と門があり、僧侶が常住する寺院を神廟と併設するのであれば、松島はあまりに手狭である。またこの場合も、海を隔てた別の場所に崧山行宮のある大林を想定するほかないという問題が生じる。

そこで群山亭の「西」という方位表示を、真西のみではなく、北寄りや南寄りのエリアまでふくまれるとゆるやかにとらえればどうであろうか(35)。まず西北には仙遊島北島の山々が連なるが（図版12）、望主峰に近いものは望主峰と同等かそれ以上の高さがあり、小山とはいえない。北西端の堂山一帯は大きさとして適当であり、地名的にも何らかの信仰と関係がありそうだが、島内ではもっとも離れた位置になり、「近く」の小山という説明にあわない。また五龍廟の位置をこれらの山稜に比定した場合、西南側はすぐ海におちこむので、崧山行宮のある大林を想定しにくい。

一方、望主峰西南の比較的近い位置には仙遊島の南島がある。島全体としては西南から南南西寄りの位置になるが、望主峰と向きあう鎮里の集落は低くなだらかな丘陵（東山・西山）を背負い、小山といって違和感はない（図版13）。

ここはかつて古群山鎮がおかれた場所であり、寺院と祠廟を同時におくには十分な空間がある。しかもこの丘陵の背後は西南方向に奥行きがあり、そこには島と同名の仙遊峰がそびえ（図版14）、その麓には森林が広がっている（図版15）。五龍廟の西南にあったという「大林」を想定するには好都合である。仙遊峰は高さ一〇〇mほどだが、頂上附近は岩盤がむきだし、みる角度によってはテーブル状の奇容を呈し、神仙が遊ぶという山名も首肯される。山神信仰の場である崧山行宮の位置をその山中や山麓に比定できれば、仙遊峰の存在が廟祀に関わる可能性も考えられる。

ただこのように比定する場合、高麗時代より名前が伝わる五龍廟のごとき重要な信仰施設が、南島から北島へと大きく位置を変えたことになり、この点を疑問視するむきも出てこよう。しかし移転がまったくあり得ないとはおもわ

図版13　望主峰下よりみた南島（正面の集落が鎮里）（2007.11.24）

図版14　北東からみた仙遊峰（2007.11.24）

図版15　仙遊峰下の森林（2007.11.24）

ない。たとえば倭寇の活動により島内社会が混乱した際や、古群山鎮の開設[36]、その他の契機によって地域住民の生活に大きな断絶・変化が生じたとすれば、その可能性を想定しやすいだろう。その場合にも望主峰のような特異な地形の場所であれば、新たな信仰の場として成立しやすいとおもう。

現在五龍廟がある集落を新基　셋터《セット》という。前近代の史料では直接確認できていないが、越智唯七『新旧対照朝鮮全道府面里洞名称一覧』（中央市場、一九一七年）には仙遊島里内の旧地名としてあらわれ、日本統治下で行政区画が大きく改編される前から存在したことがわかる[37]。しかしその地名からは、島内で比較的新しく生まれた集落であることがうかがわれるので、その発生と、現位置の五龍廟との間に何らかの関係がある可能性も考慮する必要があろう。

五龍廟・資福寺・崧山行宮の位置についてはひとまず以上のように考えられるが、仮定条件をできるだけ少なく見積もるならば、五龍廟が群山亭の「西」にあるという方位説明を緩やかにとらえ、三施設がすべて南島内に所在したとみるのが、現時点でもっとも有力だろう。次に、五龍廟の位置の誤表示と、「大林」という地形表現の特殊な用法を想定することになるが、現在の五龍廟の位置に高麗時代の五龍廟と資福寺、南島に崧山行宮を想定するあたりまでが許容範囲かとおもう。この問題については今後精密な史跡調査を通じて具体的に解明されることを期待したい。

四　横　嶼

群山島に関連して、『高麗図経』巻三六・海道では群山島の次の条に記載される横嶼についても考察しておきたい。すなわち、当該の条文には、

横嶼、在群山島之南。一山特大。亦謂之案苫。前後有小焦数十繞之。石脚一洞、深可数丈、高闊称之。潮至拍水、

声如雷車。（横嶼は群山島の南にある。一山はとくに大きい。またこれを案苫という。前後に数十の小礁があってこれをとりまいている。岩山のすそに洞窟が一つあり、深さ数丈ほどで、高さと広さもこれに匹敵する。海水が押しよせると水を打ち鳴らし、その音は雷鳴のようであった）

とある。横嶼は群山島の南にあり、一山はとくに大きく案苫といい、まわりを岩礁がとりまいている。岩脚（岩山のすそ）に一洞（海蝕洞であろう）があり、潮水が打ちよせて雷鳴のような音を轟かせているという。

本島については、さらにその次の条である巻三七・海道・紫雲苫にも次のように記されている。

七日戊子。天日晴快。早全州守臣、致書備酒礼、曲留使者。使者以書固辞乃已。惟受所饋蔬茹魚蛤等、因以方物酬之。午刻、解舟、宿横嶼……（〔六月〕七日戊子。天候は快晴。早朝に全州の守臣が書を送って酒礼を用意し、使者をひきとめた。使者は書を送って固辞し、〔この件は〕沙汰やみとなった。ただ送ってきた野菜・魚介等を受けとり、そこで方物でこれに酬いた。午刻、船を解纜し、横嶼に停泊した……）

すなわち、群山島停泊の翌朝、全州の守令が酒礼を設けて宋使を慰留しようとしたが、宋使側はこれを謝絶して、提供された食事の代価を送り、「午刻」（十一・十二時台）に出航して横嶼まで船を進めて停泊したという。

これらの記事には二つの不審点がある。第一に横嶼は群山島の南にあるというが、開京にむかい北上中の宋使船が南方に逆進するのは不自然な操船であること。第二に徐兢は地名を時系列にそって列記しているはずだが、横嶼に停泊したのが六月七日であるにもかかわらず、前日に相当する個所に横嶼を説明する条文をいれていることである。

前者の問題については、すでに指摘があるように(38)、横嶼の方位を『高麗図経』が誤記したもので、正しくは群山島の「北」とあるべきところだろう。徐兢は『高麗図経』巻三九・海道・礼成港で開京から明州への帰路について概述しているが、そこでは七月二十四日に横嶼を過ぎてから群山島に入り停泊したとしている。横嶼が群山島の南にあるとすれば、帰国のため朝鮮半島沿海を南下する際にも、いったん群山島の南方まで進んでから北に後もどりしたことになる。このような不自然な操船を往路・復路ともにおこなう必要性は説明しがたい。しかし横嶼が群山島の北にあったならば、往路・復路ともに針路にそった自然な航程だったことになり、疑問はなくなる。

後者の問題については、〝徐兢はすでに六日の段階で群山島につづいて横嶼を目にしたため、みたところを当日の記事としたが、船がその地に宿泊したのは翌日だった〟と考えれば、状況を整合的に理解できるとおもう。この場合、横嶼は、苫苫苫（蝟島）から北上してきた宋使船が群山島を視認して停泊するまでの間にその詳細を観察できる群山島の至近、それも前述の議論をふまえれば北方至近にあったことになる。実際、宋使船は七日にはかなり遅く「午刻」に群山島を出航し、他の島嶼の通過記録もないまま、その日のうちに横嶼にいたっており、短時間・短距離の移動だったことが示唆される。群山島に到着した宋使船は、前述した内郭部分に入津するにあたり、北側の開口部（図版3参照）から進入したと考えられるので（南側にも狭窄水道があるが、小島や岩礁がたちふさがり大型航洋船の通過はむずかしい）、徐兢は乗船がそちらに回りこむ際に、群山島の北方水域にある島嶼を目睹したのであろう。

以上の条件をふまえ、朝鮮史料でいう群山島が仙遊島をさすか、これを中心とする地理認識であって、北部諸島とは区別される傾向があり（前述）、これに関する徐兢の描写範囲も内郭部分にとどまることを想起すれば、横嶼は仙遊島の北に位置する北部諸島に比定するのがふさわしい（図版2・16）。古群山群島北方の比較的近い位置には飛鷹島、箕篖島、十二東波島なども点在するが、それでも一〇km以上離れており、仙遊島附近から島の様相を仔細に観察できる距離ではない。そして徐兢が横嶼の一山として案苫という島名（苫は島の謂）をあげたことからすれば、横嶼は単独の島をさすのではなく、横境島、小横境島、防築島、広大島、明島、補農島、末島などが東西に直線状にならんだ島嶼群全体をさすととらえるべきだろう[39]。横嶼という名称もこの特徴的な島々の配列に由来する可能性が高い。

案苦はなかでもとくに大きい島だというので、おそらく水平方向からみた幅と実面積にくわえ、標高もある防築島をさすと考えられる。急崖をともなう険しい岩石海岸にかこまれ、顕著な海蝕洞もあり（現在「独立門岩」と通称されるものなど）、徐兢の描写にも背馳しない。『大東地志』全羅道・万頃県・古群山島鎮でも、この地の「十二峰」（防築島～末島間の連山）について、「峰下有石穴通穿、形如石門（峰の下に石穴があって貫通しており、石の門のような形である）」と記している。

おそらく徐兢一行は、潮位・潮流・風向などの関係で群山島から早朝の出航がかなわなかったため、その日ひとまず横嶼まで船を寄せて停泊したのであろう。近現代の水路誌や海図では、横境島や小横境島の南側が、北風を避ける場合の好錨地であるとする(40)。ただし徐兢は当日の風向等を記録していないため、具体的な停泊位置は特定しがたい。

なお南部諸島のなかでも夜味島とその属島は仙遊島より北側に位置するが、仙遊島からみてむしろ東に偏しており、地勢的にも北部諸島のような史料記述との対応は指摘しがたい。横嶼に相当する可能性は低いとおもわれる。ただいずれにせよ、横嶼が古群山群島北縁の島嶼であることはたしかであろう。

図版16　東方からみた北部諸島（右から横境島・小横境島・防築島）（2007.11.23）

おわりに

本章では『高麗図経』におさめられた古群山群島の関係記事について歴

史地理的な検討をおこなった。得られた結論を整理すると次のようになる。

①群山島に関する一二峰が城壁のようにとりまいているとの形容は、仙遊島と巫女島およびそれらの属島が水域を環状にとりまいた地勢を表現したものであり、宋使船はそのなかに停泊したと推定される。

②群山亭は仙遊島北島の望主峰南麓に位置したと考えられ、現地には高麗青磁片や古瓦片の散布が確認される。

③五龍廟と資福寺の位置は、仙遊島の南島、もしくは現在五龍廟がある望主峰の東麓と推測され、現時点では前者の可能性が高いと考えられる。

④崧山行宮は仙遊島の南島にあったと考えられる。

⑤横嶼は古群山群島の中心島嶼群のうち北部諸島をさすと考えられる。

註

（1）すでに十六世紀前半の『新増東国輿地勝覧』巻三四・全羅道・万頃県・山川・群山島において古群山群島を説明するなかで、『高麗図経』の「群山島」関係記事にもとづく『明一統志』の文章を紹介している。

（2）『高麗図経』巻三六・海道・苦苦苫。なお苦苫苫については第四章で詳論する。

（3）『조류도（군산항 부근）』（국립해양조사원、二〇〇〇年）、参照。

（4）具体的には安興半島に相当する可能性がある。この問題については第一章における安興亭の位置をめぐる議論全般とあわせて、特に四九頁および註（36）での所論を参照。

（5）『高麗図経』巻一四・旗幟・五方旗に「……中央之旗、黄色一旒、亦無絵繍。唯群山島・紫燕島、祗迓信使、列於海岸、則有之。又有一等、雑采間錯、中有転光、四角絵雲気。諸州巡尉戦船邏兵執之（……中央の旗は黄色の一旒であり、これもまた縫い取りはない。ただ群山島と紫燕島において〔高麗側の人々が〕国信使をつつしんで迎えて海岸に整列した際、これがあった。また一種があって、様々な色彩が混じり、なかにきらめきがあり、四隅には雲気を描いている。諸州巡尉の戦船の邏兵がこれを手にしていた）」とある。

（6）『高麗史』巻七六・百官志・通礼門。

（7）『高麗図経』巻八・人物・同接伴通奉大夫尚書礼部侍郎上護軍賜紫金魚袋金富軾。

（8）『高麗史』巻七六・百官志・宝文閣に「加置待制官、班視給舎（くわえて待制官を置き、班次は給事中と中書舎人（ともに従四品）に準じる）」とある。

（9）朝鮮初期に編まれた『高麗史』の紀年は踰年称元法によるが、高麗時代に一般的だった即位称元法を用いた記事原典の紀年を『高麗史』撰者が変換し忘れたとすれば、金富軾は一一二三年に礼部侍郎に就任したことになる。いまのところ蓋然性が高いともいえないが、そのような事態を想定できるとすれば、宋使を迎えた際の職位は正式なものだったことになる。

（10）註（5）所掲史料。また『高麗図経』巻一四・旗幟・序にも「余有五方中旗、自上群山島、已見之（そのほかに五方中旗があり、群山島に上陸して以来、すでにこれを目睹した）」とある。

（11）『高麗図経』巻三三・舟楫・饋食に「使者入境、而群山島・紫燕洲三州、皆遣人饋食。持書之吏、紫衣幞頭、又其次則烏帽。食味十余品、而麵食為先、海錯尤為珍異。器皿多用金銀、而雑以青陶、盤檀皆木為之、而黒漆。神舟泊不近島、必遣介、乗舟饋献於使者。故事、送三日、若過期、風阻未行、則饋食不復至也（使者が入境すると、群山島・〔馬島・〕紫燕洲の三州では、みな人を遣わして食事を送る。持書の吏は紫衣・幞頭を着用し、また次位の者は烏帽を着用する。料理は十品余り、麵料理がさきに出て、海産物が非常に珍しかった。器皿には多く金銀を用い、青磁をまじえ、盤檀はみな木で造り黒漆を施してある。神舟は島に近づかずに停泊したので、必ず使いを送り、船を利用して使者に〔食事を〕送献した。慣例では三日間〔食事を〕送り、もし期日が過ぎて風に阻まれ出立できなければ、食事の提供はもはや来ないのである）」とある。

（12）『高麗図経』巻三三・舟楫・松舫に「松舫、群山島船也。首尾皆直、中為舫屋五間、上以茅覆。前後設二小室、安榻垂簾、中敞二間、施錦茵褥。最為華煥、唯使副与上節乗之（松舫は群山島の船である。船首と船尾はみな真っ直ぐで、中ほどに五間の船室をつくり、上は茅で覆ってある。前後に小室を二つ設け、腰掛けをおいて簾を垂らし、中の二間を覆って錦のしとねを施してある。もっとも豪華であり、ただ使副と上節だけがこれに乗る）」とある。

（13）『高麗図経』巻三三・舟楫・幕船に「幕船之設、三島皆有之。以待中下節使人也。上以青布為屋、下以長竿代柱、四阿各以采縄係之（幕船の設備は三島（群山島・馬島・紫燕島）すべてにある。これで中・下節の使人に応対するのである。上は青布を屋根とし、下は長竿で柱の代わりとし、四辺の軒はそれぞれ采縄でつないである）」とある。

（14）『高麗図経』巻一〇・儀物・旂旆に「旂旆之制、以絳羅為之。次第相属、繫於竿上。又於其杪、以白羽為之飾。自群山島已見之（旂旆の形式は、赤い薄絹でこれをつくる。順につなげていき、竿の上にむすぶ。またその先端は白羽で飾る。群山島からすでにこれを目睹した）」とある。

（15）朝鮮初に水軍営がおかれてこの地に群山の名称が生じた結果（『朝鮮世宗実録』巻一五一・地理志・全羅道・関防、『新増東国輿地勝覧』巻三四・全羅道・沃溝県・関防）、本来の群山島がやがて古群山とよばれるようになったのである。以上については芸能民俗研究室編『古群山群島』（韓国国立文化財研究所、二〇〇〇年）一一～二七頁、参照。

（16）芸能民俗研究室編『古群山群島』（前掲）一～四頁。以下、古群山群島の自然環境については本書を参照。

（17）以上、各島の在来地名については、芸能民俗研究室編『古群山群島』（前掲）三五三～三五五頁、参照。

（18）『朝鮮後期地方地図——全羅道篇』（서울大学校奎章閣、一九九六年）所収。

（19）韓国海図№三三五「고군산군도 및 부근」（국립해양조사원、二〇〇六年）の表示では、最低水面下二mをきるほどになるらしい。なお付近の蝟島では満潮時の潮位が四～六m台なので（국립해양조사원『二〇〇七년 조석표（한국해안）』（국립해양조사원、二〇〇六年）一一八～一二〇頁、参照）、満潮時には最大で八mを超える水深が得られるとみられる。

（20）一丈には十尺相当の場合と一尋相当の場合があるが、前者では十五丈で約四五mにもなり、後者でも二〇m台になる。

（21）以上、古記録にみえる島名の比定については、芸能民俗研究室編『古群山群島』（前掲）三五三～三五五頁を参照。

（22）十二峰の地理的範囲については、前出の「全羅道万頃県古群山鎮地図」に図示された十二峰に、防築仇味里と末島里が表示されていることにもとづく。

（23）祁慶富「10～11세기 한중 해상교통로」（조영록編『한중문화교류와 남방해로』국학자료원、一九九七年）では、群山亭

の位置について沃溝一帯のどこかとしている（一八九頁）。しかしこれは、古群山群島に宋使船が到着した後、高麗側の接待をうけるため小船で二〇km以上離れた朝鮮半島本土まで往復したと解釈するもので、現実の地理を無視した曲解である。

(24)　芸能民俗研究室編『古群山群島』（前掲）三七一・三七三頁、参照。

(25)　参考までに、案内板に記載された伝説とは、①「古群山に流された忠臣が山上で都の主君を懐慕して岩上に足跡を残した」、②「北方から古群山にやってきて国を治めるという伝説の王をまちつづけた若い夫婦が岩と化した」というものである。

(26)　実際、古群山群島附近では現在までに飛雁島・十二東波島・夜味島の近海において大量の高麗青磁をはじめとする海底遺物が韓国・国立海洋遺物展示館（現・国立海洋文化財研究所）により調査され、報告書として『群山飛雁島海底遺蹟』（二〇〇四年）、『群山十二東波島海底遺蹟』（二〇〇五年）、『群山夜味島水中発掘報告書』（二〇〇七年）が刊行されている。

(27)　『新増東国輿地勝覧』巻四・開城府上・山川・松嶽、同書巻五・開城府下・祠廟・松嶽山祠。

(28)　その伝承とは〝宮闕用の青瓦を積んだ船が島に立ち寄った際、風がおさまらず（あるいは順風にもかかわらず）船が進まなくなり、船長の夢に五龍廟の神があらわれて瓦を要求したので、それをおさめたところ無事に航海できた〟というものである。芸能民俗研究室編『古群山群島』（前掲）二〇四～二〇五頁、参照。

(29)　芸能民俗研究室編『古群山群島』（前掲）一五六～二一〇頁、参照。

(30)　芸能民俗研究室編『古群山群島』（前掲）三七三頁、参照。

(31)　南島が北島とは別個の島にみえたか否かは、当時における陸繋砂州の発達具合によろう。

(32)　芸能民俗研究室編『古群山群島』（前掲）三七一・三七三頁、参照。

(33)　さらに西には大長島もあるが、距離がはなれているうえ、望主峰以上の高さもあるので「小山」とはいえない。

(34)　『高麗図経』巻一七・祠宇・王城内外諸寺に「又紫燕島、有済物寺、群山島、有資福寺。殿与門廡之外、亦無堂室。其徒三二人而止爾。凡此者、以其屋宇隘陋且多、故略其図、而載其名焉（また紫燕島に済物寺があり、群山島に資福寺がある。本殿と門・廊のほかには堂室がない。その僧徒は二、三人にとどまる。およそこれら〔の地方寺院〕は建物が狭隘で、また数が多いので、それゆえ図は省略して名称を記載する）」とある。

（35）崧山行宮の位置が「西」「西南」と二様に記されることも、「西」が大まかな方位表示である一例かもしれない。ただ前述のごとく、それぞれ異なる地点からみた方位を示す可能性も皆無ではない。

（36）高麗後期以降の本島の歴史については、芸能民俗研究室編『古群山群島』（前掲）一四～二七頁、参照。

（37）新基の地名は陸地測量部五万分一地形図「壮子島」（一九一八年）にも表示されている。

（38）王文楚「両宋和高麗海上航路初探」（前掲）一〇〇頁、祁慶富「10～11세기 한중 해상교통로」（前掲）一八九頁。

（39）祁慶富「10～11세기 한중 해상교통로」（前掲）は横境島に比定する（一八九頁）。

（40）水路部『朝鮮沿岸水路誌』第二巻（水路部、一九三四年）九二頁、海上保安庁水路部『朝鮮半島沿岸水路誌』（海上保安庁、二〇〇一年）二四六頁。なお韓国海図№三三五「고군산군도 및 부근」（前掲）、参照。

【附記】仙遊島で確認した遺物のデータについて、筆者は二〇〇八年三月十八日に韓国木浦の国立海洋遺物展示館（現・国立海洋文化財研究所）を訪ねて通報している。

第三章　黒山諸島水域における航路

はじめに

宣和五年（一一二三）五月十六日に明州を出航して東シナ海をおしわたってきた八艘の宋使船は、六月二日より朝鮮半島南西近海の島々に接近し、半島沿岸部での北上を開始する。

本章では、この朝鮮半島近海における最初の二日間の航程を検討する。すなわち、『高麗図経』巻三五では、徐兢一行が六月二日に「夾界山」に達し、翌三日夕刻までに「五嶼」「排島」「白山」「黒山」を通過したことを以上の地名順に記録しているが、便宜上、以下の行論ではこれらの位置比定を「黒山」から逆順に進めてゆく。なお舞台となる黒山諸島水域の位置図（図版1）と同水域内の地図（図版2）をあらかじめ掲げておくので、適宜参照されたい。

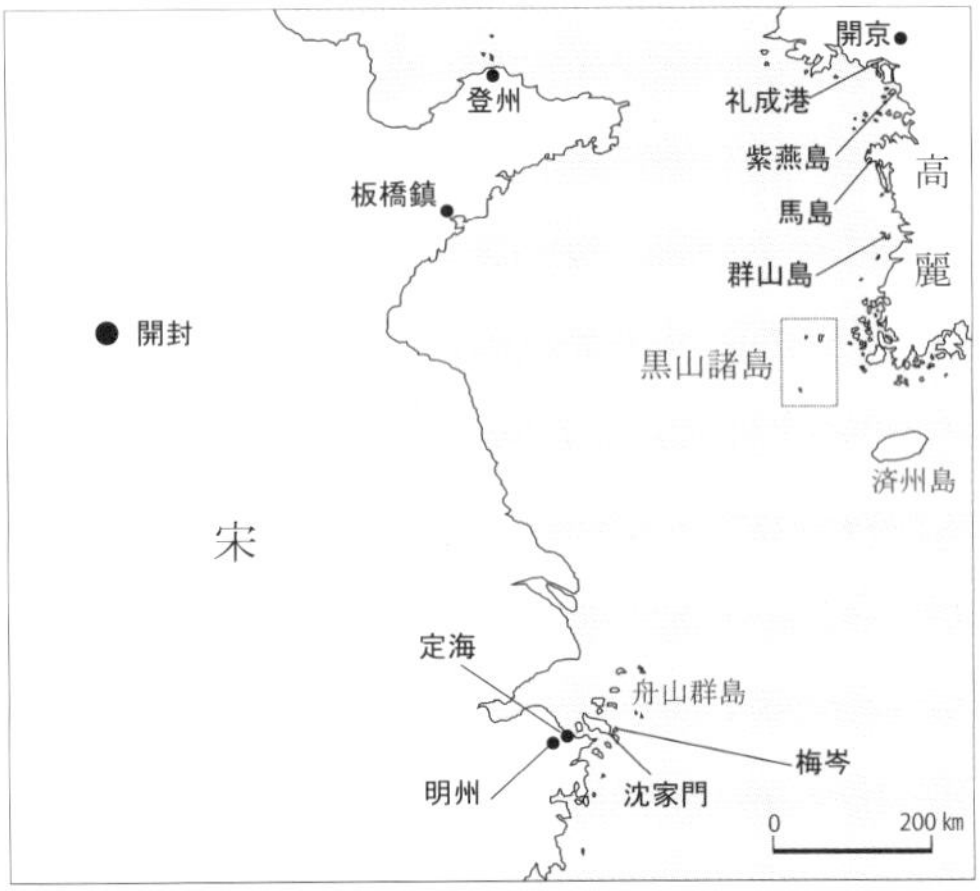

図版1　黒山諸島位置図

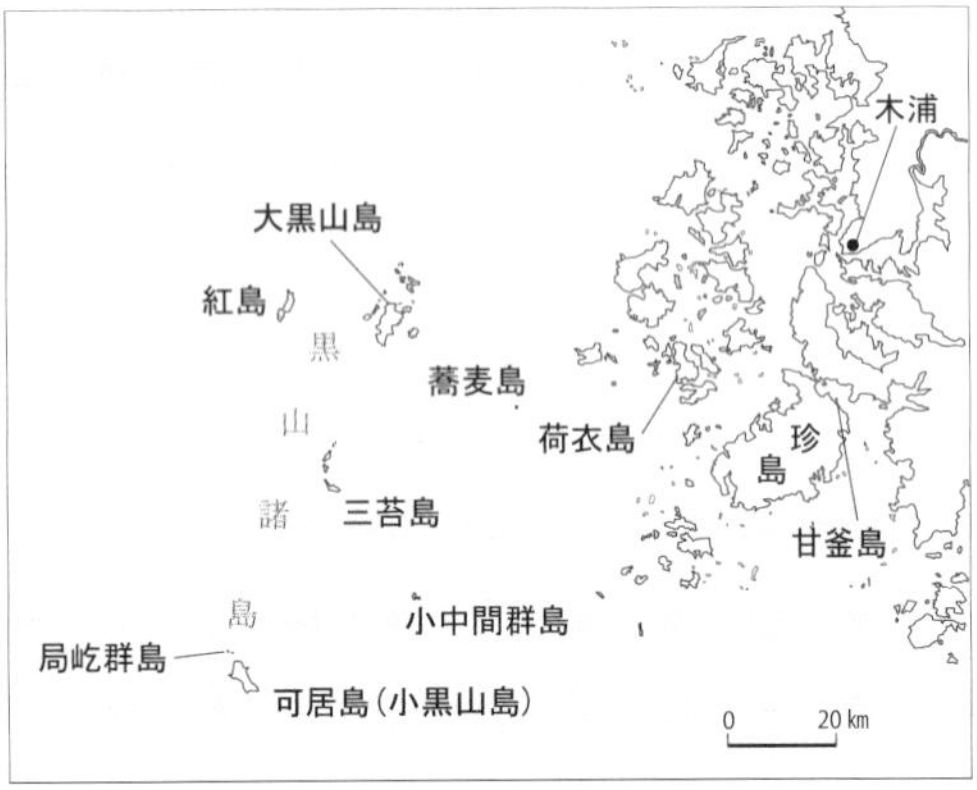

図版2　黒山諸島とその周辺

一　黒山

『高麗図経』巻三五・海道・黒山には次のように記されている。

黒山、在白山之東南、相望甚邇。初望極高峻、逼近見、山勢重複。前一小峰、中空如洞、両間有澳、可以蔵舟。昔海程、亦是使舟頓宿之地、館舎猶存、今取道、更不拋泊。上有民居聚落。国中大罪得貸死者、多流竄於此。毎

中朝人使舟至、遇夜於山顚、明火於烽燧、諸山次第相応、以迄王城、自此山始也。中後、舟過。〔黒山は白山の東南にあり、ごく近くに相望む。はじめ望見するときわめて高峻であり、接近して見ると山並みが重畳としている。〔島の〕前にある一小峰は洞窟のように中空で、それと本島との間に入江があり、船を泊められる。往時の航海でも使船の一時寄泊地であり、館舎がまだ残っているが、今回の航程ではまったく寄泊しなかった。〔島の〕上には民家の集落がある。〔高麗〕国内で大罪を犯して死罪を免れ得た者は、多くがここに流配される。いつも中朝の使船がやってくると夜には山の頂きで烽燧に明火をともし、諸島が順番に呼応して王城まで到達するが、それはこの島からはじまるのである。中後に船が通過した〕

これによると、徐兢一行は、六月三日の「申後」（十六時台）に黒山を通過したとのことだが、この島に関する徐兢の詳細な記述内容は次のように整理できる。

①白山の東南方の間近に所在する。
②地勢は高峻であり山並みが重畳と連なる。
③島の前には洞窟のごとく中空になった小峰があり、それと本島との間が湾をなして船だまりとして利用できる。
④その船だまりは往時より中国の使船が寄泊する場所であり、応接のための館舎がいまも存在する。
⑤島民の集落がある。
⑥大罪を犯した者の流刑地である。
⑦中国の使船がいたると山頂の烽燧に明火をともし、島々を中継して王都までむすぶ。

この黒山が前近代の朝鮮史料でいう黒山島、すなわち現在の大黒山島（図版3）に相当することは、論者の認識が一致している。筆者も同意見だが、しかし史料の語る状況を仔細に検証する作業はこれまで必ずしも十分ではない。

朝鮮半島の西南水域のはずれに黒山という島があることは、すでに日本の入唐求法僧円仁が、八四七年の帰国時に

「武州（現光州）西南界」の多島海域で停泊した「高移島」（一説に荷衣島）[1]に関連して、「嶋之西北、去百里許、有黒山（島の西北方、去ること一〇〇里ほどの位置に黒山がある）」と記している（『入唐求法巡礼行記』大中元年九月四日）。高麗史料にも「黒山島」の名が散見されるが、初見例では毅宗代（一一四六～七〇）のはじめころに王弟大寧侯暻を誣告した散員鄭寿開が「黒山島」に流配されていることから[2]、徐兢が訪れた十二世紀前半の高麗でも黒山島という名称が通用していたことは確実である。

　徐兢は朝鮮半島西岸の島嶼名を記す際、高麗での呼称と宋の船員が用いる呼称を弁別するケースがあるが、黒山についてはその違いを明記していない。しかし黒山がそれ以前から中国船の寄泊地であり、館舎まで設けられていたことからすれば、高麗での島名が宋の船員に周知されていたとみて問題なかろう。

　また上記の鄭寿開のエピソードもそうであるように、高麗史料では多くの場合、黒山島は流刑地として登場する。

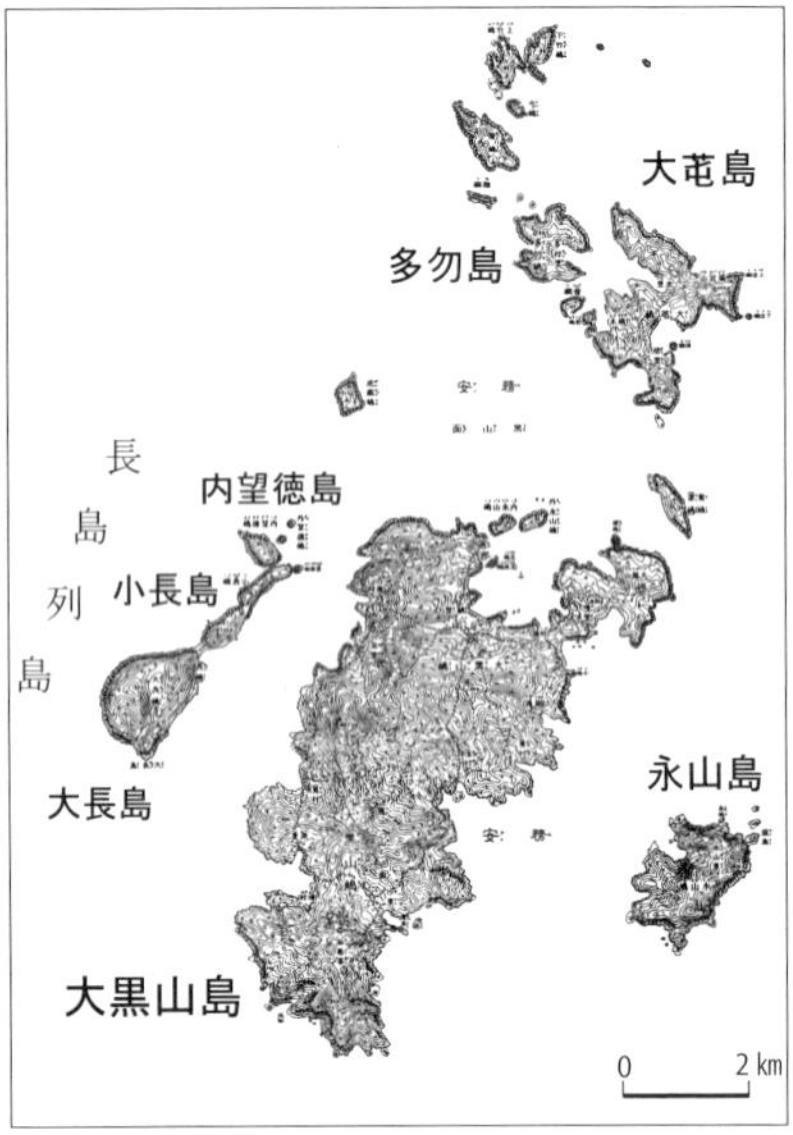

①大黒山島とその属島（陸地測量部５万分１地形図「大黒山嶋北部」「大黒山嶋南部」〈1918年〉にもとづき作成）

②西南からみた大黒山島（2007.6.14）

図版３

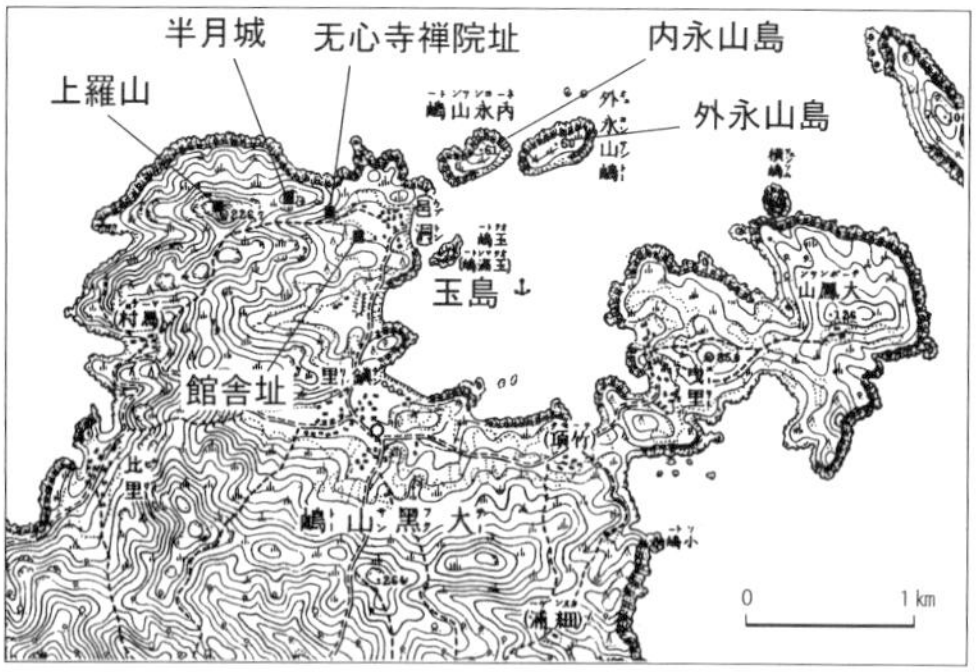

①邑洞とその周辺（陸地測量部５万分１地形図「大黒山嶋北部」〈1918年〉にもとづき作成）

②海岸からみた邑洞（2007.6.13）

図版４

このことは徐兢の記述のうち⑥の内容と一致する。さらに②に関する「極高峻」「山勢重複」という描写も、二〇〇〜四〇〇ｍの峻険な山稜が重畳とかさなる大黒山島の地勢を的確に表現している。

以上により、徐兢が目睹した黒山は、通説のとおり黒山島、すなわち現在の大黒山島とみてよいと判断される。

そして徐兢の記述内容④にいう黒山島の「使舟頓宿之地」として注目されるのが、大黒山島の北部湾内北西岸に位置する邑洞集落である(3)（図版４）。本湾は峻険な海岸線にかこまれた黒山島では例外的な好錨地の一つであり、朝鮮後期に設置された鎮は現在黒山面事務所が所在する湾南岸の鎮里におかれた。また近代以降に開発され、現在木浦とむすぶ定期船が接岸する埠頭は湾東岸の曳里にある。これに対して邑洞は現在の島の行政・交通の中心から離れた位置になるが、集落内の地表からは新羅末のものと推定されるチュルム・ムニ 주름 무늬（縦縞模様）陶器や、蛇の目高台青磁、高麗時代の緑青磁・象嵌青磁、宋の同安窯系青磁などが多数採取されたほか、多くの瓦片や門柱石などもみつかっている。また集落西南の山すそ（ヘネジゴル 해내지골）には整形された石材で三〜五段の基壇を造成した建物址がのこる。集落西方の谷（タプサ

ンゴル　탑산골）の入口には石灯籠がのこる寺院址があり、新羅末のものと推定される「无心寺禅院」銘瓦や高麗時代の瓦・磚が採取されている。

　このように新羅末～高麗時代のものである（もしくはそのようにみられる）遺物が多量かつ集中的に散布しており、逆にそれ以降の遺物があまり確認されない状況から、邑洞こそ、徐兢がいう中国使船の寄泊地にほかならず、建物址はその客館、もしくはかつて設置されていたという黒山県の治所ではないかと推定されている。无心寺禅院の存在も、海上交通拠点の形成と仏教集団の関係を考えるうえで興味深い素材である(4)。

　また邑洞の西には標高二三〇ｍほどの上羅山の尖頂がそびえている。この山頂からは大黒山島の北方・西方の海上をみわたすことが可能であり、徐兢がいう明火をともした烽燧の場はここにあったと推定される。また近年の調査により、新羅末～高麗時代の陶磁器片が多数採取され、くわえて鉄製の馬像が発見された。このような鉄馬は同じ全羅道の島嶼・沿岸部をはじめとする他の史跡地でも確認されており、祭祀具とみられる(5)。そこで、上羅山頂は祭祀場でもあり、具体的には航海に関わる祈りの場であったと推定されている。

　さらに、上羅山頂からは邑洞集落の北側にむかって山稜がのびるが、集落北西の峰に山城址がある。北側は自然の断崖をそのまま利用し、他の三面は石壁をめぐらせ、その形状から半月城と呼ばれている。遺構そのものから年代を比定するのは困難だが、館舎址、无心寺禅院址、烽燧および祭祀場などと相互関連性を有し、これらが新羅末～高麗時代におけるひとまとまりの港湾関係遺跡群を構成しているものと推定されている。

　ところで、徐兢の記述内容③における船だまり前の「中空」な「一小峰」について、藤田明良は、大黒山島北部湾内の邑洞集落前にうかぶ小島オクソム　옥섬（玉島）に比定する(6)（図版５）。邑洞住民によると、たしかに島には穴があるとのことだが、周囲を観察するかぎり、外からみて島自体が中空とイメージされるような顕著な地形は確認され

ない。また本島は標高一二mに過ぎず、(7) 島というよりも岩礁に近い小規模地形であり、「峰」という表現には必ずしもふさわしくない。そもそもこのとき、徐兢は大黒山島に寄泊していないが、オクソムは北部湾の西側湾口をふさぐようにならんでいる内・外永山島や大黒山島本島の稜線にさえぎられて湾外からは目視しにくい位置にあるので、徐兢はオクソムを満足にみていない公算が大きい。

島の地勢が徐兢の記述とあわないことについては、この部分が不確かな伝聞による記事と仮定することで一応解決するかもしれないが、むしろ筆者は、前述の内・外永山島を「一小峰」に比定すべきと考える（図版6）。両島はそれぞれ六四m、五九mの高さで、(8) 北側に複数の大きな海蝕洞がうがたれ、とりわけ外永山島のものは巨大である。それ

図版5　西からみたオクソム（2007.6.13）

①北からみた内永山島（2008.5.29）

②北からみた外永山島（2008.5.29）

図版6

自体が洞窟のようにみえる「小峰」とは、内・外永山島をひとくくりにとらえたか、いずれか一方（とくに外永山島）をさすとみればしっくりくる。これらの島は湾外を航行しつつ視認できるので、〝伝聞による描写〟という仮定も不要になる。すなわち徐兢は、湾の外側を、内・外永山島ごしに邑洞沿岸の内湾をかいまみつつ、航行していったと考えられるのである。

二　白　山

前掲した黒山条の記述内容①によると、黒山は白山の東南方近海にあるということであるから、白山は大黒山島の西北方近海にあるということになる。本島について、『高麗図経』巻三五・海道・白山では次のように記録している。

是日午後、東北望一山。極大連亘如城。日色射処、其白如玉。未後、風作、舟行甚快。（この日の午後、東北に一島を望見した。極めて大きく、ながながと連なるさまは城壁のようである。日光が射し照らしたところが玉のように白い。未後に風がおこり、船足が非常に速くなった）

すなわち六月三日の「午後」（十二時台）、徐兢は白山を視認したが、極めて大きく、城壁のようにながながと横たわり、日光のあたったところが玉のように白く照り映えていたという。

大黒山島の西には大長島・小長島・内望徳島などからなる長島列島が南北に連なっているが（図版3①）、大黒山島からわずか一～二㎞ほどの位置に隣接する属島である。徐兢一行がこれらを「午後」に望見し、「未後」（十四時台）より順風を得ながら、「申後」（十六時台）になってようやく大黒山島に到達するような距離ではない。そもそも、これらの島がみえたときには、同時に大黒山島が間近にそびえていたはずである。

この白山は、祁慶富と藤田明良が指摘するように、[9] 紅島に比定すべきであろう（図版7）。紅島は大黒山島の西方やや北寄り、一八kmほど離れた位置にある。北北東—南南西方向に細長くのびた周囲三六・八kmの島で、[10] 二、三〇〇m台の山稜が連なり、海岸線は高峻な断崖が囲繞する。そのような急斜面と断崖が延々とつづく様相は、「ながながと連なるさまは城壁のようである」という描写にも相応しい。本島の高麗側における呼称は確認できず、朝鮮時代の地理書ではもっぱら「紅衣島」と記している。[11] 現在の紅島という地名は、島が夕日に紅く染まる様子にちなむと説明されるが、[12] 藤田が指摘するように、珪岩・砂岩からなる岩肌むき出しの断崖が真昼の陽光に白々と照り映えるさまこそ、〝玉のように白い〟という形容に対応しており、白山という呼称の由来となるものであろう。

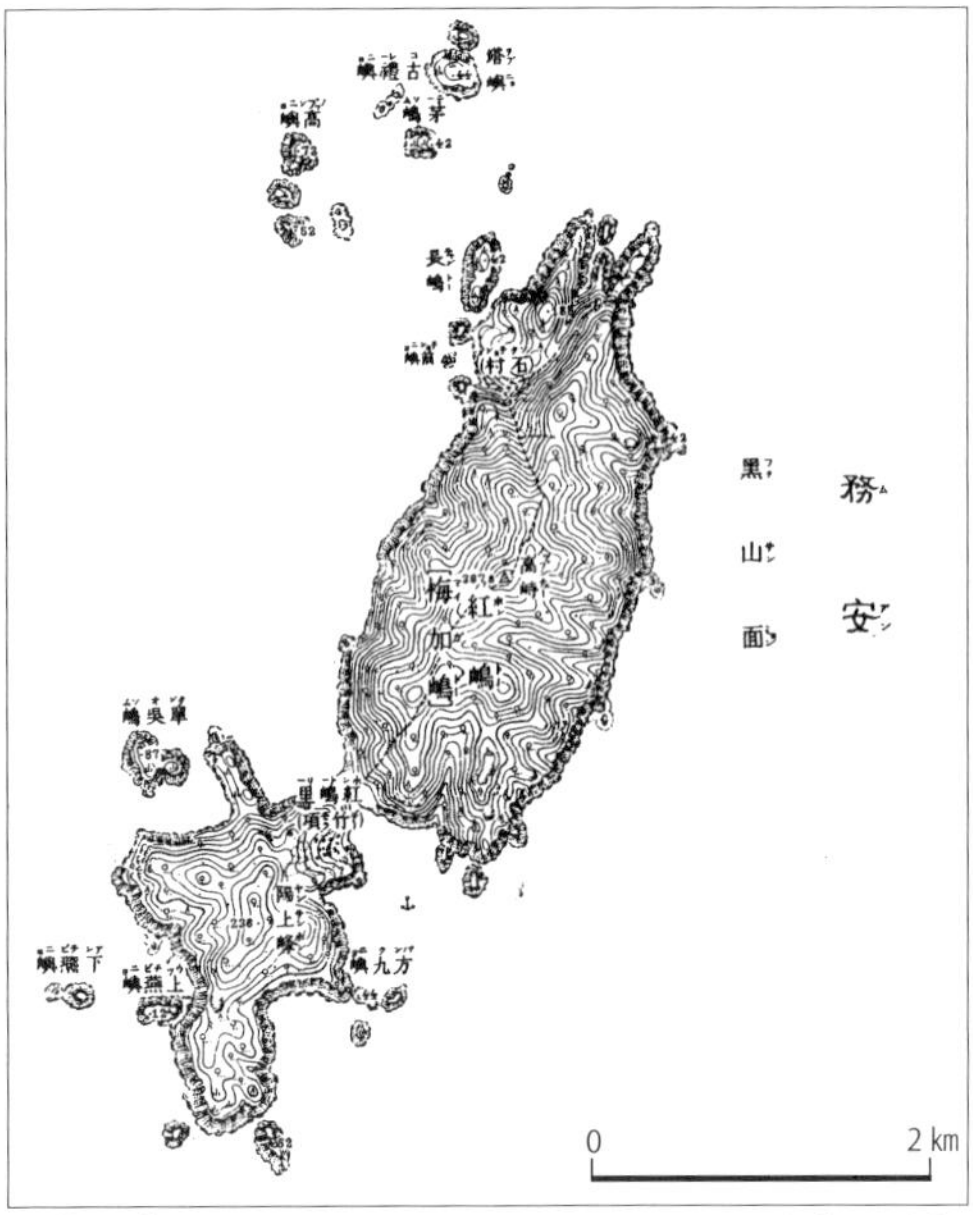

①紅島（陸地測量部5万分1地形図「梅加島」〈1918年〉にもとづき作成）

②東南からみた紅島（2007.6.14）

図版7

一方、王文楚は白山を大黒山島の東南約三〇㎞の位置にある蕎麦島（メムルド 매물도）に比定する。[13] 王は、朝鮮半島沿岸を南北に移動した徐兢一行が往路では白山→黒山、復路では黒山→白山の順に通過することから、白山は黒山の南にあるはずであるとし、黒山の位置を「白山の東南」とする徐兢の記述は誤りと断じたのである。しかし筆者が序章で指摘したように、蕎麦島は周囲約一㎞の円錐状の小島であり、城壁が連綿とつづくかのごとき白山の景観には合致しない。ゆえに、大黒山島に対する方角をあらわす漢字を二字とも誤りとみなし、正反対の方角を想定することは躊躇せざるを得ない。

紅島が大黒山島の西方に位置することは、一見、往路の白山→黒山という通過順には矛盾するようだが、実地に則して考えてみれば十分に首肯される。この日、徐兢一行は黒山諸島水域を南方から進んできたわけだが、白山（紅島）をまず「東北」方に望んだ。つまり同水域の西辺海上を進んできたのであり、そうであれば、大黒山島よりさきに紅島を目視することはまったく不自然ではない。そしてその後、東よりに変針して大黒山島の北部湾の前洋を通過していったと考えられる。復路では以上の逆に針路をとると、大黒山島→紅島の順に船を進めていくことができる。

このように、『高麗図経』に記された航程と地勢の両面から、問題なく白山を紅島に比定することができる。

三　排　島

『高麗図経』巻三五・海道・排島には次のように記されている。

是日巳刻、雲散雨止、四顧澂霽。遠望三山並列、中一山如堵。舟人指以為排島、亦曰排垜山。以其如射垜之形耳。

（この日巳刻、雲が散って雨がやみ、周囲が澄んで晴れわたった。三島が並列するのを遠望したが、そのなかの一島は垣のよ

うであった。船員は指さして排島といい、また排㙮山といった。あづちのような形ゆえである）

すなわち徐兢一行は、六月三日の「巳刻」（九・十時台）、三つの島が並列するさまを遠望したが、そのなかの一島は垣のような形であったという。船員たちは、そのあづちのような形にちなんで排島または排㙮山と呼んでいたというが、あるいは、これは「三山」の総称で、全体がそのような地勢であるというのかもしれない。

この排島について、かつて内藤雋輔は、『新増東国輿地勝覧』巻三七・全羅道・珍島郡にみえる甘排島（甘釜島）に比定した[14]。しかしそれが位置的・地形的に不当であることは、すでに序章で具体的に指摘したとおりである。

垣やあづちという形容からは、急斜面や懸崖が海岸にせまり、かつ水平方向に長さのあるテーブル状ないし土手状の台地地形が連想されるが、そのような地勢をそなえ、三島が並列する島嶼群を大黒山島と紅島の南方近海に検索すると、大黒山島の南南西二〇kmあまりの位置にある三苔島がうかびあがる（図版8）。すなわち三苔島では上苔島・中苔島・下苔島の三つの主要島が南北方向に連なっている。その海岸線はいずれも急崖でかこまれ、とくに上苔島と中苔島は南北に細長い台地地形をなし、下苔島もその北部から南部にかけて南北に細長くのびる台地地形を有する。

図版8　①三苔島（陸地測量部5万分1地形図「下苔嶋」〈1918年〉にもとづき作成）

これらが「三山並列」とみえるのは東方もしくは西方から望見した場合であり、その際、遠景ではいずれも垣やあづちのような形にみ

②西北からみた上苫島（2007.6.14）

③東南からみた中苫島（2007.6.14）

④南西からみた下苫島（2007.6.14）

図版８

え得る（図版９）。排島や排垜山という呼称が「三山」全体をさすならば、まさに相応しい命名である。それが「三山」のうち一島の呼称ならば特定は難しくなるが、垂直方向の起伏と海岸線の出入が小さい、より典型的なテーブル状の地形が垣のように細長く伸びる点で、上苫島のことをさす可能性が高いようにおもわれる。ただし「中一山」が並列する「三山」のうちの中央の島をさす場合は、中苫島に相当することになろう。

一方、祁慶富は、この排島を三苫島の南東約二五㎞の位置にある小中間群島に比定している。[15] 小中間群島では主島である晩才島の周囲に十個余りの小島が点在するが（図版10）、主島と属島の規模が大きく異なる一方、属島の多くは似たような大きさで、それが環状に点在する。そのため、属島のうち二島だけがとくにめだち、離れた位置から主島

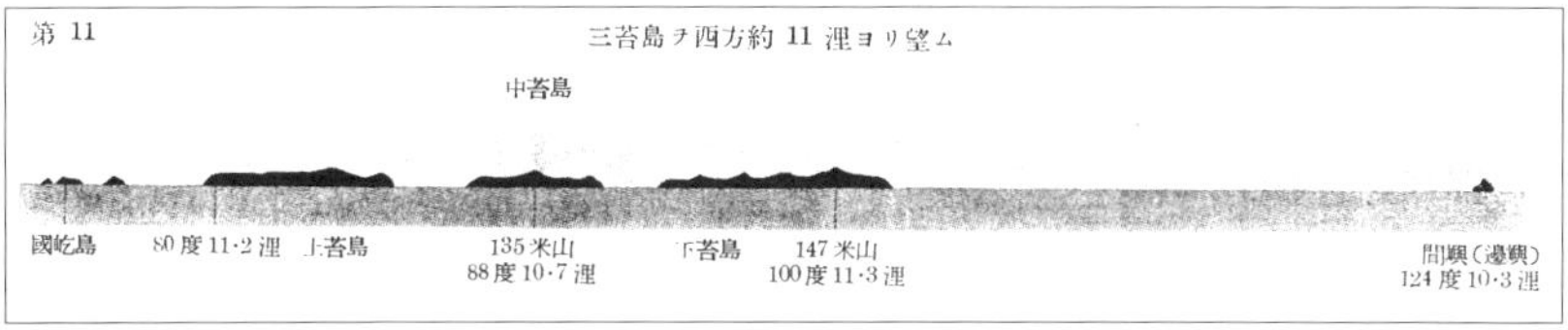

図版９　西方11浬からみた三苔島（『朝鮮沿岸水路誌』第２巻（水路部、1934年）第11図）

とともに「三山並列」という形にみえることはまずないとおもわれる。またこれらの島々の地勢は、いずれも垣やあづちという形容に相応しいとはいいがたい。

以上の検討により、排島は三苔島に比定するのが適当と考えられる。紅島に対して南西方向より接近したことからみて、徐兢の乗船は三苔島の西方海上を北上していったと推定される。図版９は西方一一浬（約二〇km）からの景観であるが、そのまま北上すれば紅島を東北に望む位置に出るうえ、黒山諸島の南端である可居島（小黒山島）附近からほぼまっすぐ北上する航路にもなるので、後述する「五嶼」「夾界山」の比定のうえでも好都合である。徐兢の乗船はまさにこの附近の水域を通過したのではないだろうか。

本島の高麗側における呼称は不明だが、一八七二年の「全羅右道羅州地方黒山島地図」(16)では、「大黒山島」と「可佳島」（可居島）の間に「苔沙上島」「苔沙中島」「苔沙下島」という三島を表示しており、三苔島に相当することがわかる。朝鮮時代の地理書等にみえる「苔士島」(17)もこれらにあたるとみられ、十九世紀初めの牛耳島住人文淳得の琉球・呂宋漂流体験を丁若銓が記録した「漂海始末」（李綱会・丁若銓『柳菴叢書』(18)所収）にも「苔士島」が「大黒山の南数百里に在」ると記される。里程をそのまま受けとると現在の黒山諸島水域をはずれてしまうが（一朝鮮里＝約〇・四km）、一九二〇年序刊の『続修羅州志』山川（註（11）参照）には「可佳島」が「苔士島」より南方にあるとしているから、「漂海始末」の示す里程は不正確であり、「苔士島」が三苔島に相当することは間違いない。

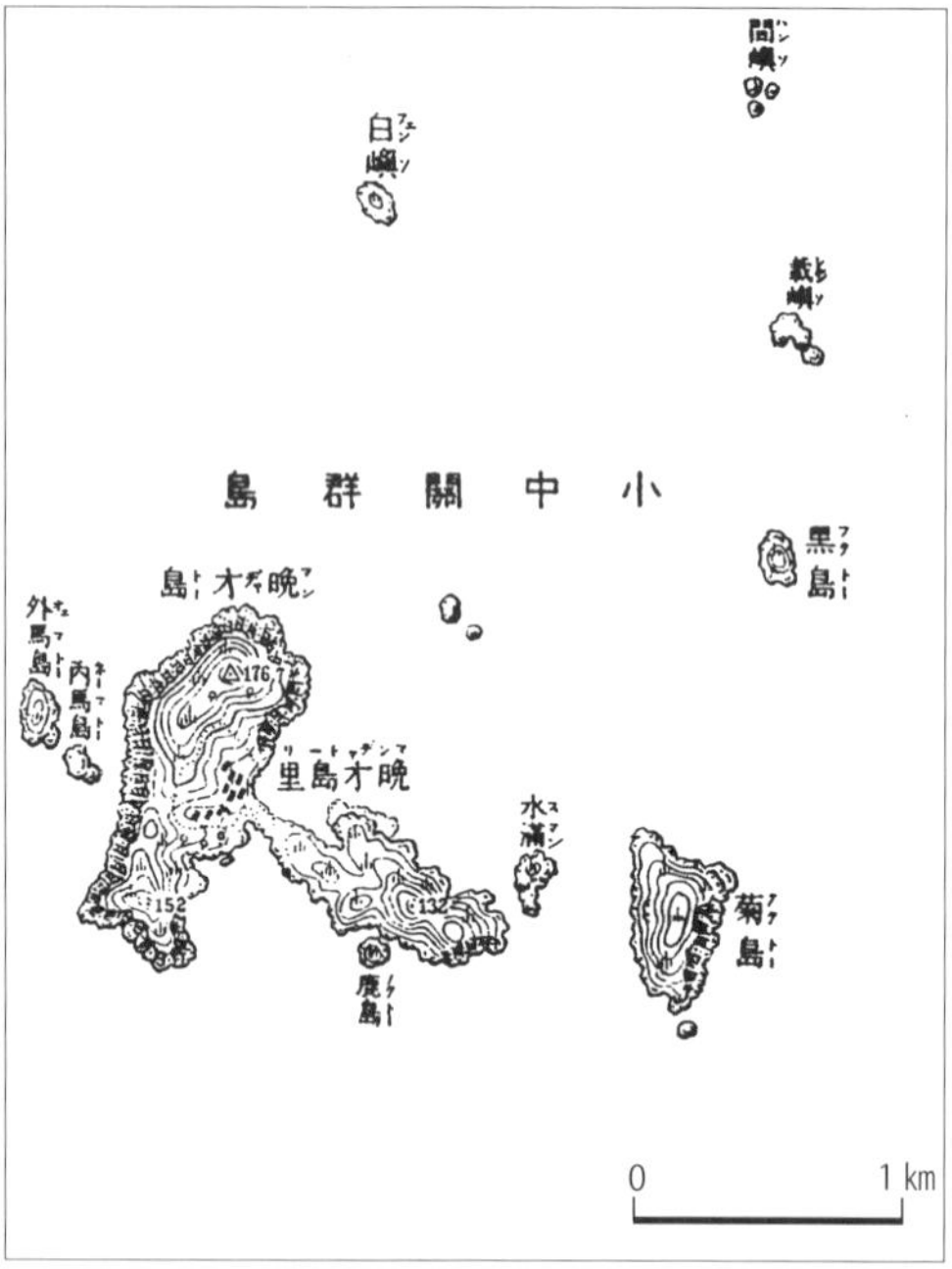

①小中間群島（陸地測量部５万分１地形図「小中間群島」〈1918年〉にもとづき作成）

②北からみた小中間群島（2007. 6 .14）

図版10

四　五　嶼

『高麗図経』巻三五・海道・五嶼には次のようにある。

五嶼、在処有之、而以近夾界者為正。定海之東北、蘇州洋内、群山、馬島、皆有五嶼。大抵篙工、指海山上小山為嶼。所以数処五山相近、皆謂之五嶼矣。三日甲申、宿雨未霽。東南風作、午後、過是嶼、風濤噴激久之。峭岸巖巉、亦甚可愛。（五嶼というものはいたるところにあるが、夾界山に近いものを主とする。定海県の東北、蘇州の沖合、群山、馬島にもみな五嶼がある。およそ船頭は海島のなかの小島をさして嶼という。何ヶ所かの五島はたがいに接近しあっているので、みなこれを五嶼というのである。三日甲申、前夜からの雨がいまだあがらない。東南の風がおこり、午後にこの嶼を通過したが、風濤が激しく吹きあがってこれをおおっていた。高々と険しい島であり、これまた大変すばらしい）

すなわち五嶼は「夾界」（夾界山）に近く、一ヶ所に集まった五つの小島からなるという。後述のように夾界山は可居島に比定できるので、五嶼は可居島附近にあったことになる。徐兢一行は六月三日の「午後」（十二時台）にここを通過したという。その時点の情景を述べた「風濤噴激久之」の一節は「風濤噴激すること之を久《ひさ》しうす」とも読めるが、島を通過する程度の短時間に一定の風波がつづくのは当然であり、これをあえて「ながらく吹きあがっていた」と強調するのは奇妙である。少なくとも『高麗図経』海道でこのような描写はほかにはない。久にはおおう、ふさぐという意味もあるので、ここでは強風と荒波で吹きあがった水しぶきが島々をおおうかにみえたことをいうのではなかろうか。そうであれば五嶼は波しぶきをかぶるかにみえる程度の小島だったことになるが、一方では「峭崒巖巉（高々と険しい）」ともいう。おそらく地形の険しさが高々とそびえたつような印象をあたえたのだろう。

この五嶼について王文楚は、三苫島の主要三島に同群島の南端と北端をなす間嶼・弁嶼をあわせたものと比定する[19]。しかしこの間嶼・弁嶼は三苫島の中心島嶼群からそれぞれ南西に四・五浬（八・三km）、北東に四浬（七・四km）と離れた位置に孤立するうえ、主要三島とは比較にならない高さ五〇m前後の岩礁にすぎない[20]（図版11）。少なくとも上苫島のすぐ北には国屹島・外島など標高一〇〇m程度の、より規模の大きな属島も連なるので[21]（図版8①）、船乗りたちがあえて間嶼・弁嶼を三苫島の主要三島にあわせてひとかたまりの五島と認識したとは考えにくい。

これに対して祁慶富は、個々の島の比定については主要三島にふれるのみだが、やはり五嶼を三苫島にあてている[22]。その一方で前述のごとく、彼は排島を三苫島の東南に位置する小中間群島に比定してもいる。『高麗図経』海道での

①間嶼（2007.6.14）

②弁嶼（2007.6.14）

図版11

島の記載順と航程を逆に想定することになるが、これは五嶼の通過が「午後」（十二時台）であるのに対し、排島を遠望したのがそれ以前の「巳刻」（九・十時台）と記される点を整合的に解釈しようとしたものだろう。

　しかし前述のごとく、排島に関する徐兢の描写は小中間群島の地勢には合致せず、三苔島にこそふさわしい。また徐兢がいう他所の五嶼の多くは具体的な位置を特定しかねるが、少なくとも定海（現寧波市鎮海区）の東北にあるものは、金塘山の北、舟山の西北近海にあって五嶼または五峙とよばれる群島をさすとみられ（図版12）、南宋代の『開慶四明続志』巻五・烽燧にも「烈港山、有人煙、西北取五嶼山、約一潮可到（烈港山（金塘山）[23]は住民がおり、西北方は五嶼山に向かい、およそ一潮で到達できる）」とある。

　この五峙は主島の大五峙でも面積〇・一四㎢、標高四六・六mにすぎないが、他の島々にいたってはこれよりはるかに小さい[24]。一方、三苔島の主要三島は、最も小さい中苔島でも大五峙の六倍、上苔島と下苔島ではそれぞれ九倍、十五倍の面積を有し[25]、標高も一五〇m内外である。これらを五峙と同様に「小山」とみなすのはいささかためらわれる。「小山」という形容も所詮は主観をふくむものだろうが、少なくとも夾界山附近の五嶼が吹きあがる波しぶきでおおわれるかのようにイメージされる程度の大きさだったとすれば、これを三苔島に比定するのは無理がある。

では五嶼の通過時刻（午後）がその後に言及される排島の望見時刻（巳刻）より遅い点はどのように考えられるだろうか。まず他の部分では時系列にそって航程を記す『高麗図経』海道——道中記録として自然な筆法である——が、

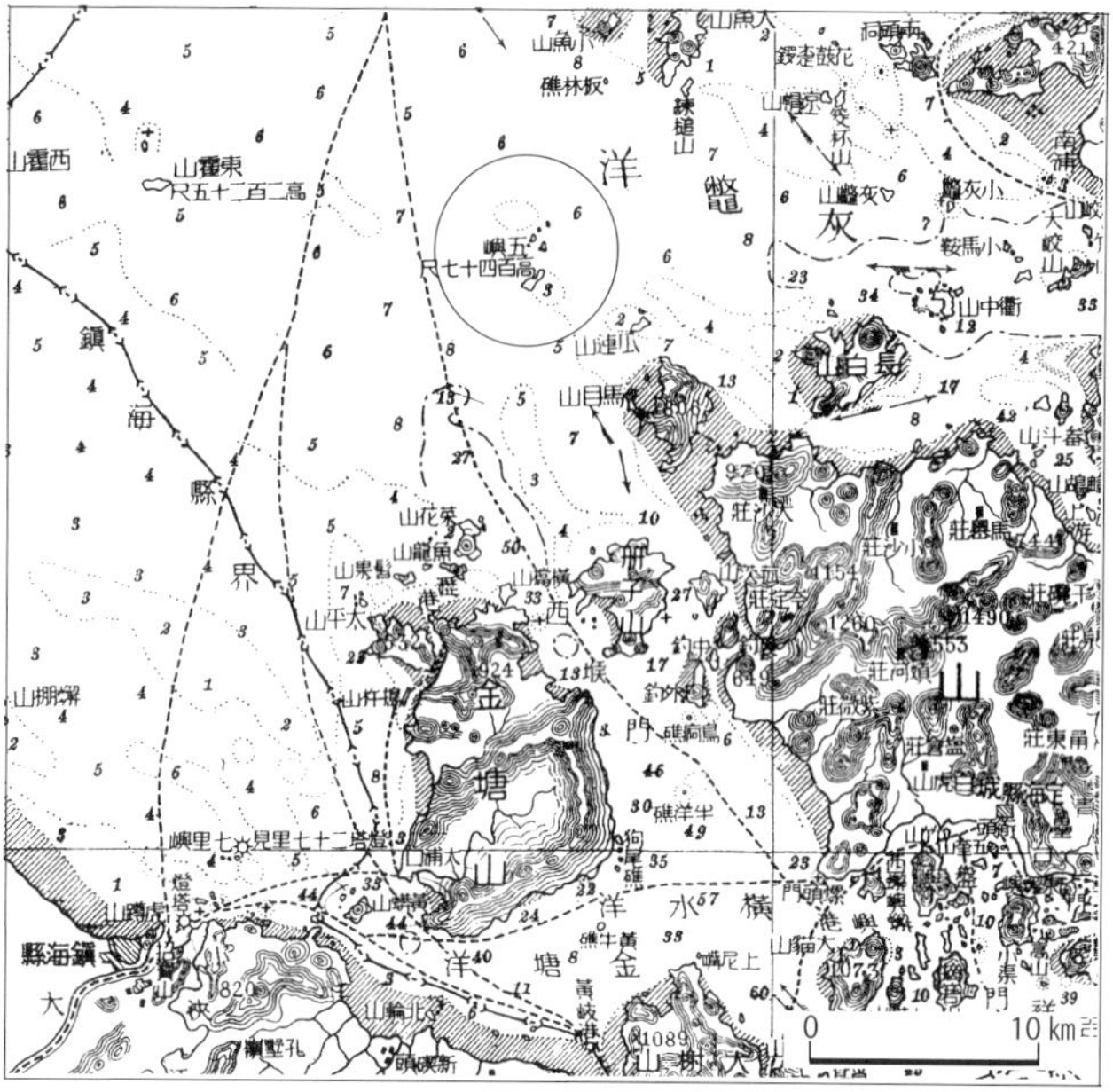

図版12　五峙〈○で囲んだ部分〉
（『民国定海県志』（中国地方志集成・浙江府県志輯38、上海書店、1993年）定海県総図にもとづき作成）

この部分のみ時系列を無視して記事を配列したというのはやはり不自然であろう。また五嶼条では、六月一・二日の航程を記した前条（夾界山条）をうけ、ここで日付が六月三日に入ったことを記しているので、五嶼条と排島条の配列が単純に前後転倒しているということはあり得ない。では本来排島条に記載されるべき日付が五嶼条に錯入したかというと、みられるように当該文言は五嶼に関する一連の説明記事のなかにごく自然に挿入されており、かかる想定もにわかに首肯しがたい。そのようなことがおこったとする場合、本来は排島条が五嶼条の前にあってここに六月三日の日付が記されるべきところ、日付の錯入とともに条文の配列もいれかわり、

にもかかわらず、その結果生じる時刻表示の矛盾は放置されるという、それぞれ質の異なる三重の誤りを想定することになる。それよりは、あくまで五嶼↓排島という航程順に記事が配列されており、時刻についてのみ誤記があると考えたほうが自然であろう。

実は『高麗図経』海道では、巳刻と午刻を誤記した箇所が他にもある。すなわち六月九日、「辰」刻（七・八時台）に「馬島」（安興）を発った徐兢一行は、「巳刻」（九・十時台）に「九頭山」を遠望した後、「午刻」（十一・十二時台）に「唐人島」を通過したと記されているが、その次に記される「双女焦」の通過時刻は「巳刻」、さらにその次に記される「大青嶼」の通過時刻は「午刻」と記されているのである。徐兢は「双女焦」について「舟自唐人島、継過此焦（乗船は唐人島に続いてこの島を通過した）」と明記しているから、その通過時刻は明らかに矛盾している。巳と午のとりちがえが撰文から版刻にいたるどの過程で、なぜおこったのかは不明だが、正しくは「唐人島」の通過が巳刻であるか、「双女焦」の通過が午刻であるか、またはその両方という、少なくとも三通りの可能性がある。

これを六月三日の航程にあてはめると、五嶼通過が「巳後」の間違いか、排島望見が「午刻」の間違い、あるいはその両方という見方が可能である。ただどちらか一方の誤記とみることには疑問もある。この場合、五嶼を「巳後」か「午後」に通過したとすれば、必然的に排島の望見時刻もそれぞれ「巳後」か「午後」になるはずだが、後から通過するほうをあえて「巳刻」、「午刻」と大雑把に記したことになり、不自然である。少なくとも『高麗図経』にかかる表記例はほかにない。一方、五嶼と排島の各条がともに「午」と「巳」を逆に記しているならば、五嶼通過が「巳後」、排島望見が「午刻」となり、航程としては自然である。ただかかる二つのミスが都合よく同時に生じるだろうかという気もする。もちろん絶対にあり得ないことではないかもしれないし、可能性としては五嶼の通過時刻が正しくは「卯後」（六時台）である――くずした書体では卯の偏の部分が午と似る場合がある[26]――との想定もあり得よう。

いずれにせよ六月三日にはまず五嶼を通過し、ついで排島を望見する航程だったことは間違いないと考える。

そこで、三苫島以南の水域において五つ（もしくはそれ以上）の小島が集まっている場所をあらためて検索すると、小中間群島と局屹（九窟）群島をあげることができる。ただし小中間群島を五嶼に比定した場合、主島の晩才島がやや大きすぎるとおもわれるほか、次のような不審点が生じる。まず後述のごとく西方から「夾界山」（可居島）に接近した徐兢一行がそのまま同島の東方にまわりこんでいったことになる。これ自体はあり得ないことではないが、そうだとすると、その後一行は白山（紅島）を東北方に望む位置に進んでいるので、一日のうちに黒山諸島の東方水域から西方水域に大きく位置を変えたことになる。この水域の島々の名称を把握している宋の船員は、各島の位置関係も当然承知していたであろうから、この日東南風をうけつつ北方の大黒山島方面にむかった船舶の動きとしては奇妙な大まわりである。そのように変針した場合、当日は日中に三苫島附近を通過するはずだが、前述のごとく排島については遠望したと記されるのみである。三苫島附近を通過しても気づかないような視界不良のなかで西進したとすると、途中で視界が好転して三苫島を視認できなければ、遠方の外洋まで出てしまったり、あるいは島に接近しすぎて座礁したりする危険性もあり、運に頼りすぎた針路法といわざるを得ない。何より徐兢一行は帰路でも白山通過後に五嶼をへて夾界山にいたった（『高麗図経』巻三九・海道・礼成港）。何らかの事情で一度は不自然な迂回路をとったとしても、それをくりかえす可能性は低いとおもう。以上の点から五嶼を小中間群島に比定するのは難しい。

五嶼は可居島の北北西近海にうかぶ局屹群島に比定するのが自然であろう（図版13・14）。本群島は主島である大局屹島（一三〇m）のほか、小局屹島（四九m）、介隣嶼《ケリンヨ》 개린여（六七m）、シンヨ 신여（二一m）、チャグンヨ 작은여（一二m）などの小島・岩礁からなる。数的にはこれだけでも五島となるが、あるいは南東のはずれにある斗億嶼《トウオクソ》 두억서（二六m）を一島に数えるかもしれない。[27] いずれにせよ、定海沖の五峙と比較した規模と景観や、険しくそびえ

図版13　可居島と局屹群島
（陸地測量部５万分１地形図「小黒山嶋」〈1918年〉にもとづき作成。小礁であるシンヨとチャグンヨについては原図に記載がなく、位置のみを○で表示）

るとはいいながら、あくまで波しぶきをかぶるかのようにイメージされる「小山」であるという地勢のうえでも、これらが五嶼にふさわしい。なお各島の地形からみて、これらが垣やあづちのような排島に該当する可能性はなかろう。

ここで局屹群島の通過前に三苔島を遠望できるか否かを確認しておきたい。標高xmの目標物が海上で視認できる限界距離ykmをみちびく計算式は$y = 2.083\sqrt{x} \times 1.852$であり(28)、局屹群島と三苔島の距離約四〇kmをyの値として計算すると、xは約一〇八mとなる。すなわち局屹群島からは、標高一五〇m前後である三苔島の主要三島のせいぜい一〇八mを超える一部の頂部がみえるだけで、島全体が垣やあづちのような姿にみえることはないだろう。そもそも前述のごとく、三苔島が「三山並列」し、垣やあづちのようにみえるのは、東寄りないし西寄りの位置から望見した場合である。南南西方向にある局屹群島からそのような姿を目視するのは難しく、局屹群島以南の水域からであればなおさらである。やはり五嶼を通過した後に排島を遠望したという航程であったことが確かめられる。

さて五嶼を局屹群島に比定できるとすれば、さきにみた各島の通過時刻問題はもう少し明らかになるだろう。史料原文の記載にしたがうならば、徐兢はこの日五嶼の通過と同じ「午後」に白山（紅島）をも望んだことになるが、双方は六〇㎞以上へだたっている。紅島の最頂点は約三六〇ｍなので、前述の計算式を用いると、理論上、局屹群島からは紅島の標高二四二ｍ以上の頂部しかみえないはずである。長大な城壁のごとしと形容された白山の地勢を視認するには、紅島をとりかこむ急斜面と断崖が視界におさまる位置まで十分接近する必要があるだろうが、朝鮮半島沿岸における徐兢一行の航行速度は快調に航走した日で平均時速一〇㎞前後であり、この日もせいぜい同程度だったとみられるので、[29] 同じ「午後」のうちに局屹群島を通過して紅島まで接近するのは到底不可能である。五嶼の通過を「午後」とする記述は誤りに違いない。[30] またこれが正しくは「巳後」だとしても、この日船足が速まるのが「未後」以降だったことも勘案して（白山条）、局屹群島から紅島附近までせいぜい二時間余りで到達するのは、やはり困難といわざるを得ない。しかもこの場合、排島（三苫島）の望見が史料記述のとおり「巳刻」であれば、前述のごとく「巳後」より後の時刻を「巳刻」と記す点が不自然であり、これが「午刻」の誤りだとすると、二つの条文に連続して時刻の誤記を想定することになる。そこで、五嶼の通過時刻のみを朝の早い時間帯（あるいは卯後か）に修正し、他は原文のまま「巳刻」に排島を

①南からみた局屹群島（2008.5.27）

②北からみた斗億嶼（2008.5.26）

図版14

望見し、「午後」に白山を望見したとみつもるのが、史料操作と航程理解の両面においてもっとも無理が少ないであろう。

五　夾界山

『高麗図経』巻三五・海道・夾界山には次のように記されている。

六月一日壬午、黎明霧昏。乗平南風。巳刻、稍霽。風転西南、益張野狐驃。午正、風厲。第一舟大檣、砉然有声、勢曲欲折。亟以大木附之、獲全。未後、東北望天際、隠隠如雲。人指以為半托伽山、不甚可辨。入夜風微、舟行甚緩。二日癸未、早霧昏曀。西南風作。未後、澂霽。正東望一山如屛。即夾界山也。華夷以此為界限。初望隠然、酉後、逼近。前有二峯、謂之双髻山。後有小焦数十、如奔馬状。雪浪噴激、遇山濺瀑尤高。丙夜、風急雨作。落帆徹篷、以緩其勢。（六月一日壬午、明け方は霧で暗かった。おだやかな南風に乗った。巳刻に少し晴れた。風向が西南に転じ、野狐驃をはり増した。正午、風が激しくなった。第一船の大檣が壊れそうに音をたて、いまにも曲がって折れそうだった。あわててこれに大木をあてがい、ことなきを得た。未後に東北の空の際を望んだところ、雲のように不鮮明だった。人々は指さして半托伽山だといったが、あまりよく見分けられなかった。夜になって風が弱まり、船足は大変ゆっくりになった。二日癸未、早朝、霧で暗く曇っていた。西南の風がおこった。未後によく晴れた。正東に屛風のような一島を望んだ。すなわち夾界山である。華夷はこれをもって境界とする。最初のうちはぼんやりとみえたが、酉後に接近した。前に二峯があり、これを双髻山という。後ろに小礁が数十あり、疾走する馬の姿のようだ。白波が吹き上がり、山にぶつかって高々と降り注ぐ。真夜中に風が強まり、雨が降ってきた。帆をおろして篷を撤去し、勢いを弱めた）

明州を出航してから五月二十九日に舟山群島をぬけ、大洋をおしわたってきた徐兢一行は、六月二日の「未後」（十四時台）、真東に夾界山を視認し、「西後」（十八時台）にこれに接近した。島は屏風のようで、前に二峰からなる双髻山があり、後ろには数十の小礁があったという。

本島は江南から朝鮮半島西南部にむけて東シナ海を北上してきた船舶が最初にであう島であり、〝華夷の界限〟とあらわされる。王文楚はこの島を朝鮮半島沿海の島嶼中、最西南端、つまり江南に最も近い位置にある可居島（小黒山島）に比定したが、[31]正鵠を射た見解であろう（図版13・15）。可居島は『新増東国輿地勝覧』（巻三五・羅州牧・山川）以降の朝鮮時代の地理書類では「可佳島」「可嘉島」「佳嘉島」などと表記されるが、[32]その位置について『大東地志』巻一二・羅州・山水・可佳では「紅衣之西北、為入中国水路之終境（紅島の西北にあり、中国に向かう航路のさいはてである）」と記す。紅島の西北とは明らかに誤りだが、「入中国水路之終境」とは徐兢のいう〝華夷の界限〟という点に符合する。[33]夾界山（境界に接した、または境界にはさまれた島）という島名は、こうした立地に由来するのであろう。

徐兢の乗船は夾界山を真東に望んだ。つまり真西から接近したわけだが、その際に島は屏風のようにみえたという。可居島は北北西—南南東方向に三〇〇〜五〇〇m台の急峻な山稜が連なりのびる島で、急斜面が高い断崖絶壁となって海に落ちこみ、とくに東・西方向から望見した場合、屏風のようにそびえるとの形容にふさわしい景観となる。

島の前の「二峰」という「双髻山」については、双髻のような二こぶの頂

図版15　西南からみた可居島（2008.5.26）

図版16　東南からみたソングンヨ（2008.5.26）

図版17　南からみた納塘末頂部（2008.5.26）

きをもつ地形をあらわすとおもわれる。島に西方から接近する際に視認したはずなので、その方面に双峰の地形を検索すると、第一案としては島西部の項里附近で北西に突出した納塘末の岬の先端にある岩礁ソングンヨ 성근여 に相当する可能性がある（図版16）。二塊の大きな岩礁が日本でいう夫婦岩のごとくあいならび、大きい方の標高は五〇ｍ近くに達する。[34] また第二案として納塘末そのものをさす可能性があるかもしれない。この岬の稜線にはいくつかのこぶがあるが、とくになかほどに標高一二〇ｍに達するものがならぶ。これらは必ずしもきわだって顕著な凹凸ともいえないが、西側からみると草地のなかに岩肌を露出した二こぶの頂部がうかびあがる（図版17）。ただし現地で実見した印象として、より顕著なランドマークという点ではソングンヨに軍配があがるようにおもわれる。その後ろにあって「奔馬の状」を呈する「小焦数十」とは、可居島の海岸線を囲繞する岩礁に波が次々に打ち砕けるさまを、疾走する馬の足もとで土が蹴上げられるさまにたとえたのではないかとおもう。

　ところで徐兢一行は、前述のごとく翌朝になって局屹群島を通過したとみられるので、夕刻に可居島に接近した後、附近で一晩を明かしたことになる。しかし真夜中に風雨が強まったので帆をおろしたことから、夾界山の沿岸に繋留ないし投錨したわけではないことがわかる。[35]しかも夜半まで帆をあげていたということは、一見、船を進めるつもりだったかのようで、停留という行為に矛盾する。進もうとして途中から逆風にふきもどされたならば、『高麗図経』海道の他の個所でもそうであるように、徐兢がかかる重大な状況変化を記録から漏らすとは考えにくい。あるいは同水域における南方向への落潮流[36]に逆らって進むだけの風力が得られなかったのであろうか。しかしその場合、当日帆をあげていた夜更け前はむしろ漲潮の時間帯であり、風が強まり帆を落とした夜半頃に落潮をむかえたとみられるので、[37]帆の操作は矛盾する。つまり徐兢の乗船は可居島の沖合で、当初は帆をあげたまま、意図的に停留していた可能性が高い。

船を進めなかったのは、おそらく島嶼・岩礁の点在するこの水域を夜間航行する危険を避けたのであろう。当時の船舶として常識的な判断だが、くわえて陰暦二日の夜では新月を過ぎたばかりで月明かりも足りない。またこの日未後に夾界山を望んだ時点では晴れていたが、島が「隠然」とみえたということから、必ずしも万全の視界ではなかったようであるし、深夜には風雨に見舞われているので、夕刻にはその兆候が出ていたかもしれない。

ところが可居島は断崖・岩礁にかこまれ錨泊地にとぼしい。[38]現在は南端の大里に定期船が発着する港湾が整備されているが、ここが安定した機能を発揮しているのは現代になって大規模な防波堤が築かれたからで、それ以前は着船にも難があった。[39]西岸では納塘末の北側が入江となり、項里の船着場もあるが、これは小型船の接岸用である。沿岸は岩肌むきだしの断崖がそのまま海中に落ち込んで急傾斜をなし、たちまち水深三八ｍに達する。[40]このような海底地形では錨が安定せず、走錨の恐れがあるが、とりわけ徐兢一行が本島にいたった際には上記のごとく波が岸に荒く打ちつける状態だったというから、せまい入江内で八艘の大型船が岸近くに投錨するのは危険が予想される。

そこで宋使船は島の沖合に停留したとみられるが、帆をあげたままだったことについては、海上で帆に風をうけながらその力を利用して船を安定させて停留するヒーブツー（heave to）に類した操船をおこなっていた可能性が考えられないだろうか。[41]一般的な西洋帆船のヒーブツーでは複数ある帆のはりかたを各々違えて船を前進させる力とこれを打ち消す力が拮抗するように調整し、またその際、風圧による横流れを抑えるために龍骨をもつ船体が有利となるが、宋使船も複数のマストと刃のように尖った船底を備えていた。[42]宋船がかかる技術を保持していたことを明記する史料はみいだせなかったが、当時すでにさまざまな風向に対応して希望の方向に船を進める高度な操帆術を獲得していたので、[43]ヒーブツーは必ずしも無理な想定ではないとおもう。[44]むしろ夾界山における徐兢の乗船の動きこそがその証左ではなかろうか。夜半には風が限度を超えて強まったため、帆を落として安全を確保したのであろう。

なお六月一日未後に徐兢の乗船で話題となった「半托伽山」については、黒山諸島水域にむけて北上中の船舶から可居島到達の前日に東北方向にみえたということから、済州島をさす可能性が高い（図版1参照）。ただ済州島を「半托伽山」ないしこれに類する用字で表記した例は他にみいだせない。一見すると、「托伽」という部分が朝鮮・中国・日本の古文献で「耽羅」、「耽牟羅」、「都耽羅」、「儋羅」、「乇羅」、「毛羅」[45]、「託羅山」[46]などと表記される同島の古名に対応するようにもおもわれるが、半托伽とは、仏教の十六羅漢のうち第十尊者であるPanthakaの漢字表記に相当する。ここで注目されるのは、十四世紀の入元日本僧の記録において、済州島が羅漢の聖地として日中間を往来する船舶の信仰対象にされているという榎本渉の指摘である。[47]具体的には第六尊者である跋陀羅Bhadraの住処とされ、尊者が異なるが、羅漢信仰との関わりという点で見事に符合する。榎本は済州島に対する跋陀羅聖地視の年代幅の評価について慎重な態度を示しているが、『高麗図経』の「半托伽山」が半托伽尊者に由来する済州島の異称であるとすれば、羅漢信仰とのむすびつきは少なくとも十二世紀前半にさかのぼることになる。

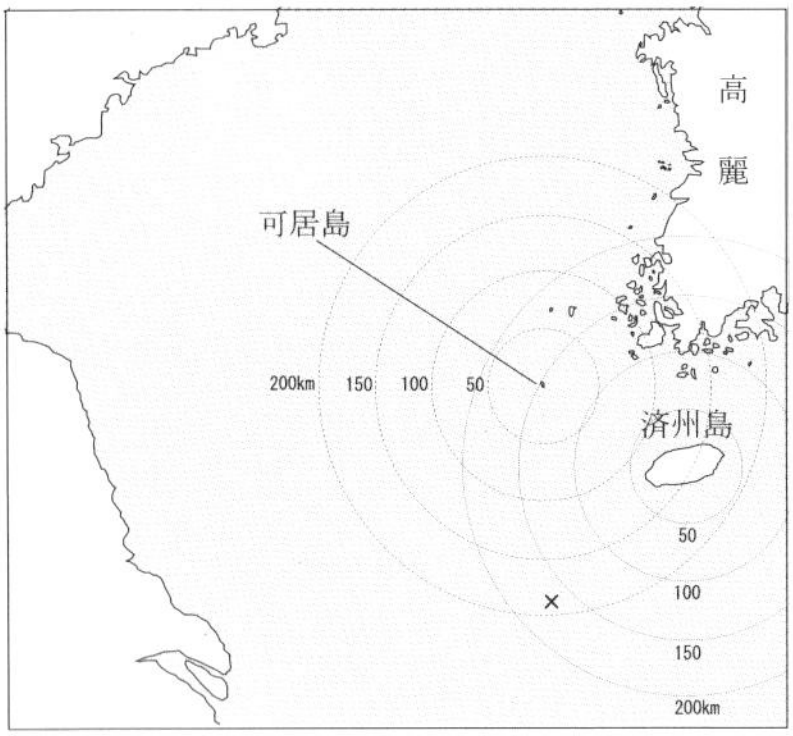

図版18　北東方に済州島を目視できる限界位置（×印）

徐兢が実際に「半托伽山」を視認したのかどうかは本人にもさだかではなかったようだが、みえたにせよ、水平線上におぼろげに姿をみせた状態だったわけである。そこで、済州島の最高峰漢拏山の一九五〇mという標高を前掲の計算式に代入して視認可能な限界距離を算出すると、理論上は漢拏山頂から約一七〇kmとなる。実際にはもっと接近しなければよくみえないだろうが、この程度の距離から済州島を東北に望んだとすると、このとき徐兢の乗船は、可居島のおよそ南方二〇〇km近く離れた位置にあったことになる（図版18）。

おわりに

これまでの分析をふまえ、黒山諸島水域における徐兢の乗船の動きを整理すると、次のとおりである。

①六月一日未後（十四時台）、一行は半托伽山（済州島）の南西一七〇km未満、可居島の南方二〇〇km近く離れた海上を航行しつつ前者の島を望見した可能性がある。

②六月二日未後（十四時台）、真東に夾界山（可居島）を望む位置に達し、酉後（十八時台）に接近。そのまま附近の海上で停留しつつ夜を明かした模様。

③六月三日朝（あるいは卯後（六時台）か）に五嶼（局屹群島）を通過。

④同日巳刻（九・十時台）に排島（三苔島）の西方海上を航行しつつ同島を遠望。

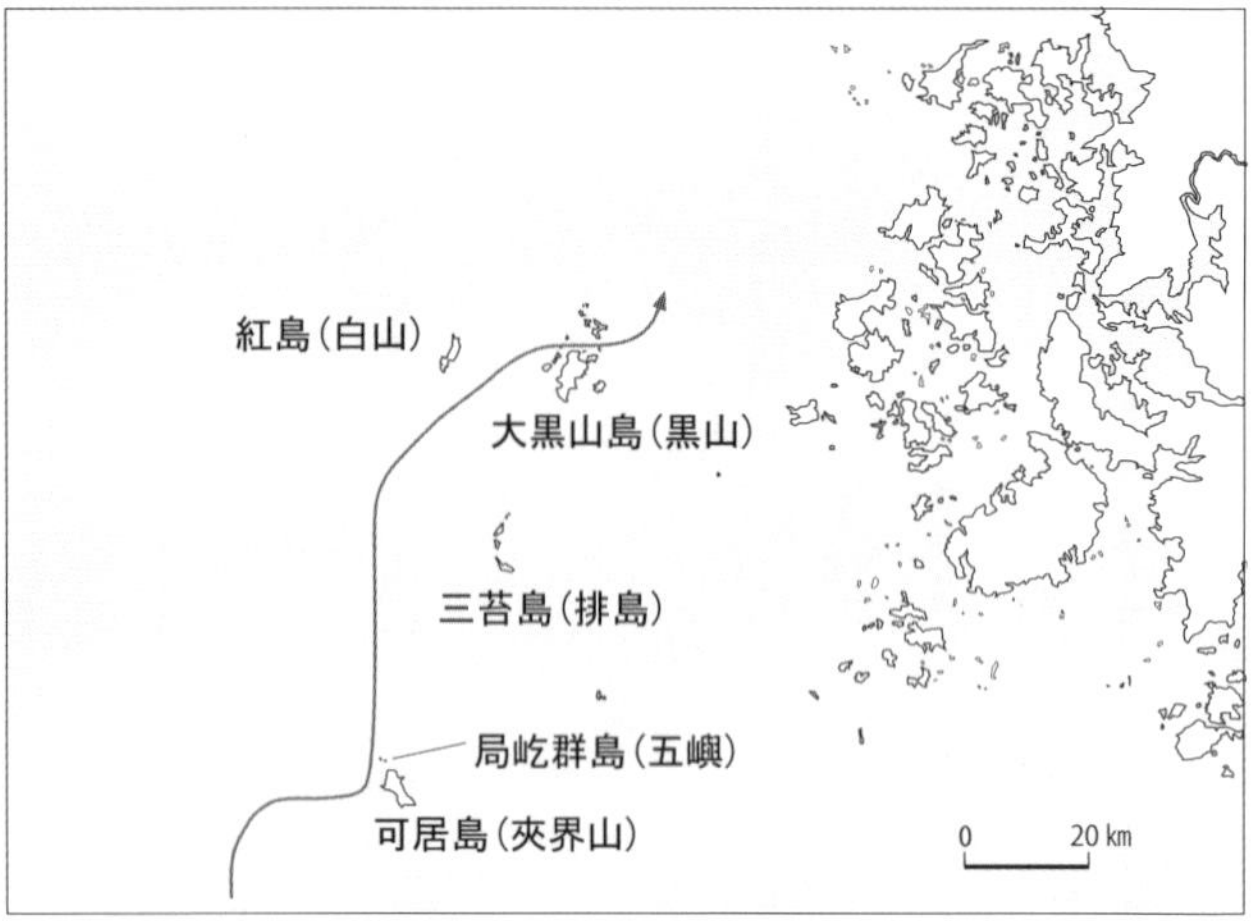

図版19　黒山諸島水域における宋使船の推定航路（概念図）

⑤同日午後（十二時台）、東北方に白山（紅島）を視認。
⑥同日申後（十六時台）、黒山（大黒山島）を通過（北部湾前を通過）。

なお紅島近海から大黒山島までの航路について、記録にもとづく復元は不可能だが、紅島の西側にまわりこむのではなく、東側水域を進んだと考えるのが自然であろう。また現在、可居島～大黒山島間をむすぶ高速船は大黒山島と長島列島と間の水道（長島水道）を通過するが、小長島の南東端と大黒山島の間は礁脈によって連接され、水深がごく浅く、潮流が強いときには激しく波立って船舶の航行に大きな支障が生じる(48)。特殊な事情がないかぎり、宋使船がここを通過することはなかったものとおもう。

以上の推定航路を図示すると図版19のごとくであるが、本章の分析に敷衍して、最後にいくつか問題提起をしておきたい。

黒山諸島水域で徐兢一行は危険をさけて夜間航行を実施しなかったとみられるが、翌日、六月三日から四日にかけてはこれをおこなっている（『高麗図経』巻三五・海道・月嶼～巻三六・海道・檳榔焦）。これは前述のごとく、大黒山島からさきの航程では島々に明火がともされ、これが灯台の役割をはたしていたからであろう(49)。とはいえ、大小さまざまな島嶼が密集し、暗礁・浅瀬が点在する多島海附近の夜間航行は、やはり危険をともなうことではなかったかとおもわれる。しかし徐兢らはあえて大黒山島に寄泊せず、これを実施した。このことは、方角と現在地さえ確認できれば一定の安全航海が可能な程度にまで、宋の船員が朝鮮半島近海の状況を熟知していたことを意味するのではないだろうか。

また黒山諸島水域において、大黒山島に明火の起点および宋船の寄泊地と応接施設が設けられたこと、そして可居島が華夷の境界と認識されることは、高麗—宋間の往来における大黒山島・可居島経由の航路の定常性を示唆する。しかも『高麗図経』巻三九・海道・礼成港によると、徐兢一行は帰路においても黒山↓白山↓五嶼↓夾界山と往路の経由地をまったく逆にたどっている。全羅道沿岸から大黒山島と可居島に直行するのであれば、黒山諸島の東方水域を通過することも考えられそうだが、実際には大黒山島から西方の紅島方面にまわりこんで南下したわけである。この水域における宋船の具体的な航海事例は徐兢のケースしか判明しないので断定はできないが、黒山諸島の西方水域を通過する上記の航程が標準経路だった可能性も想定できよう。大黒山島の航海祭祀の場にして烽燧の設置地点と考えられる上羅山頂が島の北方と西方の水域を監視するのに好都合な位置にあることも示唆的である。

ただ江南より東シナ海を越え、面的に巨大とはいえない可居島に正確にアプローチするには、その手前で船の位置を確認できないと難しい部分もあるかとおもわれる。方位磁針（指南浮針）や天体観測（視星斗）[50]により出航地から可居島にむけて船の向きを一定に保っても、風や潮流・海流によりズレが生じ得るからである。そこで位置確認にうってつけなランドマークとして、周辺水域では面積・標高ともに随一の巨島、済州島が注目される。前述のように済州島を東北方に望んだ位置からまっすぐ北に進むと、ちょうど可居島の近海に出られるわけだが、「半托伽山」が済州島であるとして、その可視・不可視が徐兢の乗船で話題となったのは決して偶然ではないかもしれないのである。

すなわち、江南を発した船舶が黒山諸島にむかってゆく際、とりわけ航路が東方・南方にずれた場合など、まず済州島を視界におさめる確率が高くなる。そこで、この島を〝あて山〟として黒山諸島にアプローチする針路を最終調整するような段取りが、常法とまでいえるかどうかは別にして、あらかじめみこまれていた可能性は考えられないだろうか。日中間を往来する船舶によって済州島が羅漢信仰の対象とされたのは、江南と九州北部をむすぶ航海において同島が重要なランドマークであったことに由来するとみられるが(51)、済州島をめぐる航海信仰と針路法のむすびつきは、高麗—宋間の航海でも同様だったかもしれないのである。以上の推論は今後さらに検証してゆく必要があるが、もしこれに大過なければ、済州島は、当時の東シナ海航路における高麗ルートと日本ルートの、単なる象徴ではなく、航法上実質的な意味での分岐点だったことになる。

なお可居島附近でヒーブツーをおこなった可能性も、航海技術史上、注意される点である。

以上のように、航路とそこでの船舶の動きを詳細に究明することは、その航海を可能にした技術・知識と、それを保持する船舶関係者の性格を明らかにするための重要な手がかりとなり得るのである。

註

（1）小野勝年『入唐求法巡礼行記の研究』第四巻（鈴木学術財団、一九六九年）三〇九～三一〇頁。

（2）『高麗史』巻九〇・宗室伝・大寧侯暻、『高麗史節要』巻一一・毅宗五年閏四月。

（3）邑洞遺跡群に関する以下の叙述については、最新の調査報告書である『흑산도 상라산성 연구』（목포대학교 도서문화연구소・신안군、二〇〇〇年）を参照。なお筆者も二〇〇七年六月十三日に現地を訪問して遺構や採取遺物を直接確認した。

（4）このテーマは朝鮮史に関してまだ十分に深められていないが、新羅末の海上勢力である張保皐が山東半島の拠点港である赤山（現山東省威海市栄盛市石島鎮）に法花院を建立したことは有名である。また高麗時代にも漕運（税穀の水上輸送）の難所である安興梁（泰安半島近海）の航海安全を祈願して、附近の智霊山に安波寺を建立している（『新増東国輿地勝覧』巻一九・忠清道・泰安郡・仏宇・安波寺）。

（5）新羅末のものと推定される珍島・鉄馬山城（『珍島邑城・鉄馬山城地表調査報告』（木浦大学校博物館・全羅南道珍島郡、

一九九二年）参照）、および霊岩・月出山祭祀遺跡（『霊巖月出山祭祀遺蹟』（木浦大学校博物館・霊巖郡、一九九六年）参照）で発見された。また製作年代は不明だが、霊光・鞍馬島でも鉄馬が祀られており、中国より漂着したという伝承をもつ（表仁柱「全南 霊光郡 鞍馬島 堂祭 考察」（『한국민속학』二六집、一九九四年）参照）。さらに新安・荏子島在住の金栄泰氏（一九三七年生）によると、荏子島東隣の水島でも朝鮮戦争のころまでは鉄馬が祀られていたという（二〇〇八年十一月二十三日調査）。海神祭祀で名高い扶安郡格浦の水聖堂にも鉄馬にまつわる伝承がある（全北郷土文化研究会編『扶安郡誌』（扶安郡庁、一九九一年）一一九〇～一一九一頁、参照）。鉄馬信仰の広がりは全羅道にとどまらず、忠清道でも一九五四年時点における保寧・元山島での祭祀事例が報告されているほか（金載元編『韓国西海島嶼』（乙酉文化社、一九五七年）九九頁）、内陸部を含むその他地域の城郭遺跡で遺物の発掘例がある（강봉룡「한국 서남해 도서・연안지역의 鉄馬信仰」（『島嶼文化』제二七집、二〇〇六年）八七～八八頁、註（23）、参照）。なお上記の강論文は鉄馬信仰に関する先駆的考証であるが、その地理的分布と歴史的・社会的実態に関するいっそう本格的な研究がまたれる。

（6）藤田明良「九世紀～十六世紀の黒山島と朝鮮国家――東アジア国家の島嶼支配に関する覚え書」（『新しい歴史学のために』№二三〇・二三一合併号、一九九八年）三〇頁、註（18）。

（7）水路部『朝鮮沿岸水路誌』第二巻（水路部、一九三四年）二六頁、参照。

（8）水路部『朝鮮沿岸水路誌』第二巻（前掲）二六頁、参照。

（9）祁慶富「10～11세기 한중 해상교통로」（조영록編『한중문화교류와 남방해로』국학자료원、一九九七年）一八七頁、藤田明良「九世紀～十六世紀の黒山島と朝鮮国家」（前掲）三〇頁、註（17）。

（10）内務部地方局住宅指導課編『島嶼誌』（大韓地方行政協会、一九七三年）九〇八～九〇九頁、参照。

（11）『新増東国輿地勝覧』巻三五・全羅道・羅州牧・山川、柳馨遠『東国輿地志』巻五上・羅州牧・山川（『全国地理志』三、亜細亜文化社、一九八三年）、『輿地図書』全羅道・羅州牧、『海東地図』（서울大学校奎章閣、一九九五年）、金正浩『大東輿地図』、同『大東地志』巻一二・全羅道・羅州・山水・島嶼、一八七一年頃撰『湖南邑誌』羅州牧・島嶼（『邑誌』四、亜細亜文化社、一九八三年）、一八七二年作「羅州地図」（『朝鮮後期地方地図――全羅道篇』서울大学校奎章閣、一九九六年）、

年代未詳『羅州牧邑誌』羅州牧・島嶼（『朝鮮時代私撰邑誌』二九、韓国人文科学院、一九九〇年）、一九二〇年序刊『続修羅州志』山川（『韓国近代邑誌』三八、韓国人文科学院、一九九一年）など。

(12) 朴鍾善編『新安郡郷土誌』（在京新安郡郷土誌資料編輯委員会、一九九〇年）五〇五頁、新安郡誌編纂委員会編『新安郡誌』（新安郡、二〇〇〇年）九六四～九六五頁、参照。

(13) 王文楚「両宋和高麗海上航路初探」（『文史』第一二輯、一九八一年）一〇〇頁。

(14) 内藤雋輔「朝鮮支那間の航路及び其の推移に就いて」（同著『朝鮮史研究』東洋史研究会、一九六一年）四五〇頁。

(15) 祁慶富「10～11세기 한중 해상교통로」（前掲）一八六頁。

(16) 『朝鮮後期地方地図――全羅道篇』（前掲）所収。

(17) 『海東地図』（前掲）錦城県、『大東地志』巻一二・全羅道・羅州・山水、一八七一年頃撰『湖南邑誌』（前掲）羅州牧・島嶼、一八七二年作「羅州地図」（前掲）、年次未詳『羅州牧邑誌』（前掲）羅州牧・島嶼など。

(18) 최성환編『柳菴叢書』（新安文化院、二〇〇五年）所収。

(19) 王文楚「両宋和高麗海上航路初探」（前掲）一〇〇頁。

(20) 水路部『朝鮮沿岸水路誌』第二巻（前掲）二四～二五頁、국립해양조사원『서해안항로지』（한국해양조사협회、二〇〇六年）六五頁、参照。

(21) 水路部『朝鮮沿岸水路誌』第二巻（前掲）二四頁、국립해양조사원『서해안항로지』（前掲）六五頁、参照。

(22) 祁慶富「10～11세기 한중 해상교통로」（前掲）一八六頁。

(23) 藤善眞澄「入宋路をめぐり」（同著『参天台五臺山記の研究』関西大学出版部、二〇〇六年）一八二～一八三頁、参照。

(24) 定海県志編纂委員会編『定海県志』（浙江人民出版社、一九九四年）七五～七六頁、参照。なお大五峙以外の島々とは、龍洞山、小五峙山、北饅頭山、半辺山、鴉鵲山、無毛山のことである。ただし『定海県志』に記す龍洞山の標高・面積は、大五峙のデータが錯入しているようである。

(25) 内務部地方局住宅指導課編『島嶼誌』（前掲）九一〇～九一二頁、参照。

(26) 法書会編輯部纂・高田竹山監修『五體字類』(改訂第三版、西東書房、二〇〇一年)六三・六五頁、参照。

(27) 各島の標高は主として국립해양조사원『서해안항로지』(前掲)六三頁による。ただしシンヨに関しては、介隣嶼について「南方約一八〇mに高さ一一mの白色の岩礁がある」と附記される岩礁に相当する。また本書に記載のないチャグンヨについては韓国・国土地理情報院五万分一地形図「小黒山島」(二〇〇五年)による。

(28) 藤善眞澄「入宋路をめぐり」(前掲)一六〇～一六一頁、参照。ただし藤善が掲げる$y=2.083\sqrt{x}$という数式は浬単位の数値を出すものなので、ここでは一・八五二を乗じてkm換算とした。なおこれは眼高・視力・視界を考慮しない理論値である。

(29) 『高麗図経』海道によると、徐兢一行は横嶼(古群山群島)→馬島(安興)間約一〇〇kmの航程を半日で走破した(横嶼・馬島の位置については第一・二章参照)。また馬島→紫燕島(永宗島)間の一〇〇km余りの航程は八時間前後で走破しているが、これは出発時より強い追風をうけての航走である。六月三日当日の場合、徐兢一行は白山望見から黒山通過まで(紅島南方近海から大黒山島の北端まで三〇km前後)船足が速まってゆくなかで航走したが、四時間前後を要している。

(30) 白山望見の時刻「午後」が誤っている可能性は、その後の航程が「未後」に風が強まり、「申後」に黒山を通過するという自然な時間経過であるため、考えにくい。

(31) 王文楚「両宋和高麗海上航路初探」(前掲)一〇〇頁。

(32) たとえば註(11)・(17)所掲の文献を参照せよ。

(33) なお現在の可居島という島名は、一般的には住むのに適当な島であることに由来すると説明される(朴鍾善編『新安郡郷土誌』(前掲)五一三頁、新安郡誌編纂委員会編『新安郡誌』(前掲)九六六頁、参照)。

(34) 국립해양조사원『서해안항로지』(前掲)六三頁、納塘末の項目、参照。

(35) 船を完全に停泊させた場合、『高麗図経』では通常「抛泊」と明記される。

(36) 水路部『朝鮮沿岸水路誌』第二巻(前掲)二一一頁、海上保安庁水路部『朝鮮半島沿岸水路誌』(海上保安庁、二〇〇一年)二一〇頁、『조류도(흑산제도 부근)』(국립해양조사원、二〇〇二年)、국립해양조사원『서해안항로지』(前掲)六一頁、参照。なお流速は最強時ところにより二ノット内外に達する。

（37）　徐兢一行は翌六月三日夜半すぎに全羅道西方沿海で落潮流にみまわれる（『高麗図経』巻三六・海道・檳榔焦）。この水域に対して可居島附近の潮汐変化は二、三時間ほど早まるとみられ（국립해양조사원『한국해양환경도』（국립해양조사원、一九九八年）等潮時図（三六頁）参照。なお국립해양조사원『二〇〇七조석표（한국연안）』（국립해양조사원、二〇〇七年）所載の大黒山島と木浦・蝟島・群山の潮汐をくらべると一～二時間差となる）、また朝鮮半島西岸での潮汐変化は、翌日には一時間前後遅れた形であらわれる（上掲『二〇〇七조석표（한국연안）』参照）。一方、潮流変化については、大黒山島附近で高・低潮時の二～三時間遅れで転流となるが、その北方水域（賈誼島まで）では高・低潮時の〇～一時間遅れで転流になるという（국립해양조사원『서해안항로지』（前掲）一一頁。なお各水域の潮流の詳細について『조류도（어청도에서 안마군도 서부）』（국립해양조사원、二〇〇〇年）、『조류도（흑산제도 부근）』（前掲）参照）。以上のデータを総合すると、一一二三年六月二日の可居島附近では、翌日の全羅道西方沿海よりも一、二時間ほど早く潮流が変化し、つまり夜半前後に落潮をむかえるはずなので、それ以前の約六時間は逆に漲潮だったことになる。

（38）　近現代の水路誌でも、北端の岬の西方に若干の錨地が得られることを記すのみである（水路部『朝鮮沿岸水路誌』第二巻（前掲）一一一～一一二頁、海上保安庁水路部『朝鮮半島沿岸水路誌』（前掲）一一〇頁）。

（39）　水路部『朝鮮沿岸水路誌』第二巻（前掲）二〇頁、参照。

（40）　韓国海図№三四七「맹골군도에서 소흑산도」（국립해양조사원、二〇〇六年）、参照。

（41）　帆船のヒーブツーについては、杉浦昭典『帆船——その艤装と航海』（舵社、一九七二年）四二～四三頁、参照。

（42）　宋使船の船体構造については『高麗図経』巻三四・海道・客舟に詳しい説明がある。

（43）　孫光圻『中国古代航海史（修訂版）』（海洋出版社、二〇〇五年）三五四～三五五頁、参照。なお中国伝統船の帆の技術史的位置について、ジョセフ・ニーダム『中国の科学と文明　第一一巻——航海技術』（坂本賢三・橋本敬三・安達裕之・松木哲訳、思索社、一九八一年）二五三～二八九頁、参照。

（44）　ただし可居島近海では最強二ノット内外の潮流（前述）を考慮した操船になろう。

（45）　以上の地名表記は、高橋亭「済州島名考」（『朝鮮学報』第九輯、一九五六年）、参照。

(46)　戒覚『渡宋記』永保二年（一〇八二）九月十六日。

(47)　榎本渉「日宋・日元交通における高麗――仏教史料を素材として」（平成十五～十九年度科学研究費補助金研究成果報告書〈特定領域研究・特別研究促進費〉『中世港湾都市遺跡の立地・環境に関する日韓比較研究』代表：村井章介、二〇〇八年）一〇一～一〇四頁。

(48)　水路部『朝鮮沿岸水路誌』第二巻（前掲）三六～三七頁、海上保安庁水路部『朝鮮半島沿岸水路誌』（前掲）二一三頁、국립해양조사원『서해안항로지』（前掲）七三頁、参照。現場の状況は筆者も目撃した（二〇〇七年六月十三・十四日）。これらの水路誌では礁脈の最浅部を水深五m内外と表示するが、日本統治期にはここに水中橋の建設が試みられ、途中で放棄されたという（고동률『홍도와 흑산도』（대원사、一九九八年）四五～四六頁、参照）。上記の水深はこの工事の結果である可能性もあるが、日本の韓国併合前の水路部『朝鮮水路誌（第二改版）』（水路部、一九〇七年）でも、「West-island（長島列島――引用者註）ト大黒山島トノ間ナル水道ハ浅堆アリテ殆ト之ヲ横断スルカ故ニ小船ノ外通航スルヲ得ス」とあり（二八八頁）、航行上の障碍は同様だったことがわかる。

(49)　この明火は、宋使船の到来を王京に通報するための烽火とおもわれるかもしれないが、それならば時刻に関係なく火をたくはずである。夜間の作業としてのみ述べる徐兢の説明が正確であるならば、当然並行して宋使船の到来を伝える合図ともなるが、夜間航路標識としての役割が第一義であったことになろう。

(50)　これらの方法は徐兢の乗船でも使用された（『高麗図経』巻三四・海道・半洋焦）。

(51)　榎本渉「日宋・日元交通における高麗」（前掲）九九～一〇四頁、参照。

第四章　全羅道沿海における航路

はじめに

本章では、高麗に向かう往路において黒山諸島を通過した徐兢一行が群山島に到着するまでの航程、すなわち全羅道沿海での航路について分析してゆく。

宣和五年（一一二三）六月三日の「申後」（十六時台）に黒山（大黒山島）を通過した徐兢一行は、四日朝までに月嶼、闌山島、白衣島、跪苫、春草苫、檳榔焦を通過した。そして同日「午後」（十二時台）に菩薩苫を通過したのちに竹島

図版1　全羅道沿海

に停泊し、翌五日には苦苦苦にいたり、六日朝に群山島（古群山群島）に到着した。以上の航程にあらわれる月嶼、闌山島、白衣島、跪苫、春草苫、檳榔焦、菩薩苫、竹島、苦苦苦という経由地の比定が本章の課題となる。ただし行論の便宜上、これらを①月嶼・闌山島・白衣島・跪苫、②春草苫・檳榔焦・菩薩苫、③竹島、④苦苦苦の四群にわけ、さらに『高麗図経』海道での掲載順ではなく、④③①②の順序で検討してゆく。

なお舞台となる水域の地図を図版1として掲げておくので、以下で言及する関係各島の位置を適宜確認されたい。

一　苦苦苦

徐兢一行が六月五日に到達した苦苦苦について、『高麗図経』巻三六・海道・苦苦苦には次のように記されている。

五日丙戌。晴。明過苦苦苦。距竹島不遠、其山相類。亦有居人。麗俗、謂刺蝟毛、為苦苦苦［衍字カ］。此山、林木茂盛、而不大。正如蝟毛、故以名之。是日、拋泊此苫。麗人挐舟、載水来献。以米謝之。東風大作、不能前進、遂宿焉。

（五日丙戌。晴れ。明け方に苦苦苦を通過した。竹島からは遠く離れておらず、その島はたがいに似ている。ここにもまた住民がいる。高麗の習俗ではハリネズミの刺毛を苦苫という。この島では林木が繁茂しているが大きくはない。まさにハリネズミの毛のようであり、そこでこのように名づけた。この日、この島に停泊した。高麗人が船をひき、水を載せて献上してきた。米でこれを謝した。東風が大いにおこり、前進することができず、そのままここに宿泊した）

すなわち徐兢一行は、五日の朝方にいったんは同島を通過したのだが、逆風にはばまれてそれ以上進めず、ここに停泊することになったという。

この苦苫苫はすでに先学により蝟島（図版2）に比定されている。（1）そのことは島名の苦苫が高麗語でハリネズミ（蝟）の刺毛をさすという徐兢の説明からも示唆されるが、実際、現代朝鮮語でハリネズミ（朝鮮棲息種は学名 *Erinaceus amurensis koreensis*、図版3）をコスムドチ 고슴도치 といい、十六世紀の字書『訓蒙字会』では蝟をコスムドッ 고슴돝 と記す。すなわち苦苫（現代朝鮮語 고섬《コソム》／中期朝鮮語 고셤、現代漢語音 kushan／近古漢語音 k'uʃɪem）（2）とはコスム 고슴 の音写とみられるのである。筆者もまた苦苫苫を蝟島に比定する立場だが、史料記述をさらに詳しく検討して

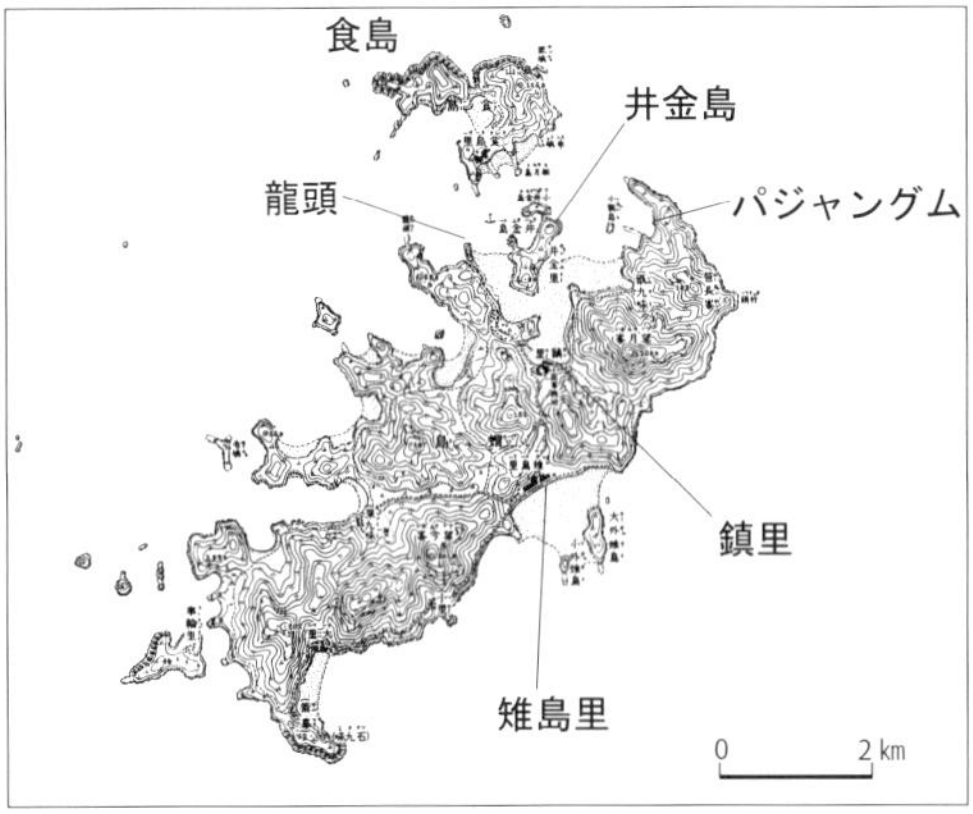

①蝟島の地勢（陸地測量部5万分1地形図「蝟島」「旺嶝島」〈1918年〉にもとづき作成）

②蝟島北岸の景観（2007.11.24）

図版2

図版３　朝鮮産ハリネズミ（『한국의 포유동물』（동방미디어、2004年）より）

みよう。

苦苫苫到着の翌日、徐兢一行は「早潮」（朝潮または速い潮流）に乗って船を進め、「辰刻」（七・八時台）に群山島に到達した（『高麗図経』巻三六・海道・群山島）。後述のようにこの時期、全羅道沿海では夜半すぎに落潮を迎えたとみられるので、約六時間後の朝方は逆に漲潮となる。宋使船はこれを利用して航走したようだが、現在のデータによると、古群山群島の周辺では最強時で一・五ノット（時速約二・八km）前後～二ノット（時速約三・七km）超の東北向の漲潮流が発生する。(3) 実際には潮まかせに流されるわけではなく、わずかであれ風力を利用し、または艪走を併用するなどして、もう少し速度が出たであろうが、いずれにせよ苦苫苫は、時速数km程度の速度で、朝方の漲潮の数時間のうちに古群山群島まで到達できる位置にあったことになる。

また一行が東北向の潮流を利用して古群山群島にむかったこと、そして六月五日には苦苫苫通過後に東風のため進航がさまたげられたことから、古群山群島は苦苫苫からみて東寄りの位置にあったこと、換言すれば苦苫苫は古群山群島から西寄りの位置にあったことがうかがわれる。さらに徐兢は、群山島と苦苫苫の間に他の島があったとは記載していない。徐兢がすべての経由地を記録したという絶対の保証はないが、苦苫苫と古群山群島の間にはめだった陸標がなかった可能性がひとまず想定されよう。

以上のような苦苫苫の立地条件が、古群山群島の南西に二〇kmほど離れた位置に隣する蝟島に適合することは明らかだが、さらに苦苫苫それ自体の様相について徐兢の記すところを蝟島と対比してみよう。

蝟島という島名について、現在は一般に〝島の形がハリネズミに似るため〟と説明される。(4) 蝟島を俯瞰すると、南・東側の海岸線は比較的単調であるのに対し、北・西側は複雑に岬が入り組んでいるため、前者をハリネズミの腹、後者を刺毛におおわれたその背に形容するのはひとまず首肯できる。しかし苫苫苫に関する徐兢の説明はやや異なっている。すなわち島上には木々が繁茂しているが、大きく育たないため、ちょうどハリネズミの刺毛のようにみえ、そこから島名がついたというのである。

このような山林の様相は、現在の蝟島におけるマツを主とする山林の生育状況ともよく符合する（図版4）。もとより自然科学的な分析を経ていない段階で現在の植生を九〇〇年近く前の状況にむすびつけるには慎重であらねばならない。ただ少なくとも島民の話では、(5) それらのマツは年数を経ていない幼木というわけではなく、通常は高木にならないまま成熟するという。おそらくマツの品種や、気候、土壌などが関係しているのであろう。また記憶されている範囲では、近い過去に伐採や植林などで島全体の植生が一変したという事実はないという。

図版4　蝟島の山林（2007.11.25）

十二世紀前半の蝟島の植生が現状と類似しておれば、そこから短い刺毛をびっしりと生やしたハリネズミのすがたを連想することは納得できる。蝟島の山々は稜線が比較的なめらかな曲線を描くので、この点もハリネズミの背を想起させる部分であろう。むしろ数本の岬が不規則に突出する西・北側の海岸線を、短い刺毛が毛さきをそろえて密生するハリネズミの背にたとえるほうが、難があるようにおもわれる。もとよりこれは筆者の主観にすぎない。

両説が併存したのかもしれないし、高麗に伝わる地名由来と宋の船員たちの由来解釈に違いが生じていたのかもしれない。ただいずれにせよ、苫苫苫の植生に関する徐兢の記述は、当時の蝟島の実情とも符合する可能性が考えられる。

次に注目されるのは、徐兢一行が苫苫苫に到着した際、島民が水を提供し、穀物と交換したということである。高麗史料で蝟島が人間活動の場としてあらわれるのは、一二三〇年に同島に流配された李奎報の記録が確実な初見であり（関係史料では猬島と記される）[6]、その際彼は、蝟島を「烟火の地」、すなわち人が生活を営む地とうたっている[7]。高麗前期にはすでに同様な状況であったとみてよいとおもう。

蝟島がうかぶ七山灘は、全羅道南部沿岸の多島海の北方から蝟島周辺にかけて広がる比較的島嶼の少ないひらけた水域である。かつてイシモチ等の好漁場として知られ、蝟島には少なくとも朝鮮時代より波市（漁期にのみ島嶼に発生する漁獲物の集散市場）がひらかれた[8]。民俗学者の徐鍾源は、七山灘のなかでも蝟島に波市が成立した理由の一つとして、豊富な水資源をあげている[9]。すなわち七山灘は広大な好漁場だが、島嶼も少なく、海上における給水ポイントが不足する。そうしたなかで例外的な場所が蝟島であり、ここに船舶が集う好条件が存在するというのである。かつて波市がたったパジャングム 파장금 と雉島里の集落には、ふるい共同井戸がいまものこる。

このように七山灘における船舶の給水地であるという点も、苫苫苫を蝟島に比定する際に有利な材料となる。臨時に寄泊した船舶に対して住民が水を提供することは決して特殊な現象ではないが、一一二三年における苫苫苫住民の行動は、七山灘における給水地としての蝟島の役割が、この時代すでに機能していたことを示すものかもしれない。

以上の符合からも苫苫苫は蝟島に比定できるとおもうが、ここで注意したいのは、このときの宋使船の寄泊は逆風にともなう予定外の行動であり、それも一泊したにすぎないということである。突然姿をみせた外国船に対し島民がただちに水を提供して穀物と交換したことは、他の記録にはのこらないものの、当時頻繁に行き交ったであろう商船をふくむ宋船[10]と苦苫苫住民との間で、しばしば同様な接触がおこなわれていたことを意味するのではなかろうか。『高麗史』巻三三・船楫・供水によると、大洋を横断してきた宋船に対し、高麗人たちは飲料水の不足をみこして大甕に水を入れ、船をたたきながら出迎えて、茶や米と交換したという。このように明白な商業的意図のもとで物々交換がおこなわれた場所については明記されないが、少なくとも蝟島がその現場であった公算は大きいとおもわれる。あるいは他の停泊地でも、同様な光景がくりひろげられたのではないだろうか。

なお蝟島での錨泊地については確かなことがわからない。現在本土との連絡船の発着港は北端のパジャングムにあるが、これは現代に整備されたものである。朝鮮後期の蝟島鎮の船だまりは、鎮の官衙がおかれた北岸の鎮里からやや西側、龍頭（ヨンモル 용멀）の岬と井金島が内湾を形成し、沖合に食島をひかえた水域におかれている[11]。同じ場所が一九一八年の陸地測量部五万分一地形図「蝟島」でも錨地と表示され、近代の水路誌では適度な水深があって南風・西風を避けるのによいとされる[12]。徐兢一行の乗船は喫水の深い大型航洋船で、船体の長さが約三〇mの客舟六艘と、さらにひとまわり巨大な神舟二艘からなる[13]。これら八艘の船団の停泊地としてはここが有力候補になろう。

少なくとも島の南岸は海岸線が単調で、候補地にはなりにくいとおもわれる。中心集落の雉島里はかつて波市がさかえたところだが、それも一九二〇・三〇年代のことであり、やがて漁船の大型化とともに集落の前面に広がる干出沙堆が障碍となって衰退にむかったという[14]。また近現代の水路誌が、蝟島東方の水域について水深の浅さと暗礁・干出岩の多さを指摘し、大型船舶の航行を戒めていることも注意される[15]。

ところで祁慶富は、苦苫苫を前出の食島に比定し、竹島を蝟島にあてている[16]。しかし高麗前期に蝟島本島は竹島と呼ばれ、属島である食島が蝟島と呼ばれたが、朝鮮時代までに前者が後者にかわって蝟島と呼ばれるようになったとの理屈は、あまりに突飛で具体的証拠もなく、首肯できない。そもそも徐兢一行は帰路の八月八日に東北の順風にのって苦苫苫を通過した後、夜に入ってからも航海をつづけ、翌朝に竹島を通過した(17)。しかし食島と蝟島は一㎞ほどに近接しており、前者から後者までの移動にこれほど時間を要するはずがない。祁慶富説は不当であろう。

二　竹　島

つづいて、徐兢一行が蝟島到着の前日に寄泊した竹島について話を進めよう。『高麗図経』巻三六・海道・竹島には次のように記されている。

是日酉後、舟至竹島拋泊。其山数重、林木翠茂。其上亦有居民、民亦有長。山前有白石焦数百塊。大小不等、宛如堆玉。使者回程至此、適値中秋。月出夜静、水平明霞、映帯斜光千丈、山島林壑、舟楫器物、尽作金色。人人起舞弄影、酌酒吹笛。心目欣快、不知前有海洋之隔也。（この日の酉後、船は竹島に到達して停泊した。その島は地形が数重に重なり、林木が青々と茂っている。その上にも住民がおり、住民のなかには長もいる。島の前には白石の岩礁が数百塊ある。大小さまざまで、あたかも盛り上がった玉のようである。使者の帰路、ここに到着したところ、おりしも中秋であった。月が出て夜は静まりかえり、海は波平らかで明るく霞んでいた。斜めにさしこむ月光が千丈にわたって映え、山島と林谷、船と器物はみな金色に染まった。人々が舞いはじめてその影を楽しみ、酒を飲んで笛を吹きならした。心にも目にも喜ばしく、目の前に海があって本国から遠く隔たっていることを忘れるおもいだった）

この竹島については、蝟島の東南方、本土沿岸の茁浦湾（熊淵《コムソ》 곰소 湾）内にうかぶ竹島に比定する説もある(18)。茁浦湾の竹島といっても、湾央部に位置する竹島と、湾口附近にならぶ大・小竹島があるが、この比定案が不当であることは序章でも論じたとおりである。すなわち茁浦湾の竹島は広大な干出沙泥堆のなかにあり、喫水の深い大型航洋

船の停泊には適さない。また徐兢のいう竹島は地勢が数重にかさなるといい、前掲・苦苫苫条では蝟島――周囲三六kmで標高二〇〇m前後の山稜が北東―南西方向に列なり西・北部に複雑な海岸線を有する――がこれに類似するとも記されているが、茁浦湾の竹島はいずれも周囲一、二kmの円形の小島であり、単調・平板な台地をなすにすぎない。

そこで竹島は蝟島より南側にあってこれと類似した島であり、地勢が重畳としていること。六月五日には夜間竹島に停泊した徐兢一行が朝のうちに蝟島まで到達したことから、両島はあまり離れていないこと[19]。かつ徐兢が竹島につづく経由地として苦苫苫を記すことから、両島間にはめだった陸標が他に存在しない可能性が考えられること。以上の条件を勘案すると、竹島の候補地としては蝟島の南西約三〇kmにある鞍馬島をあげることができる（図版5）。

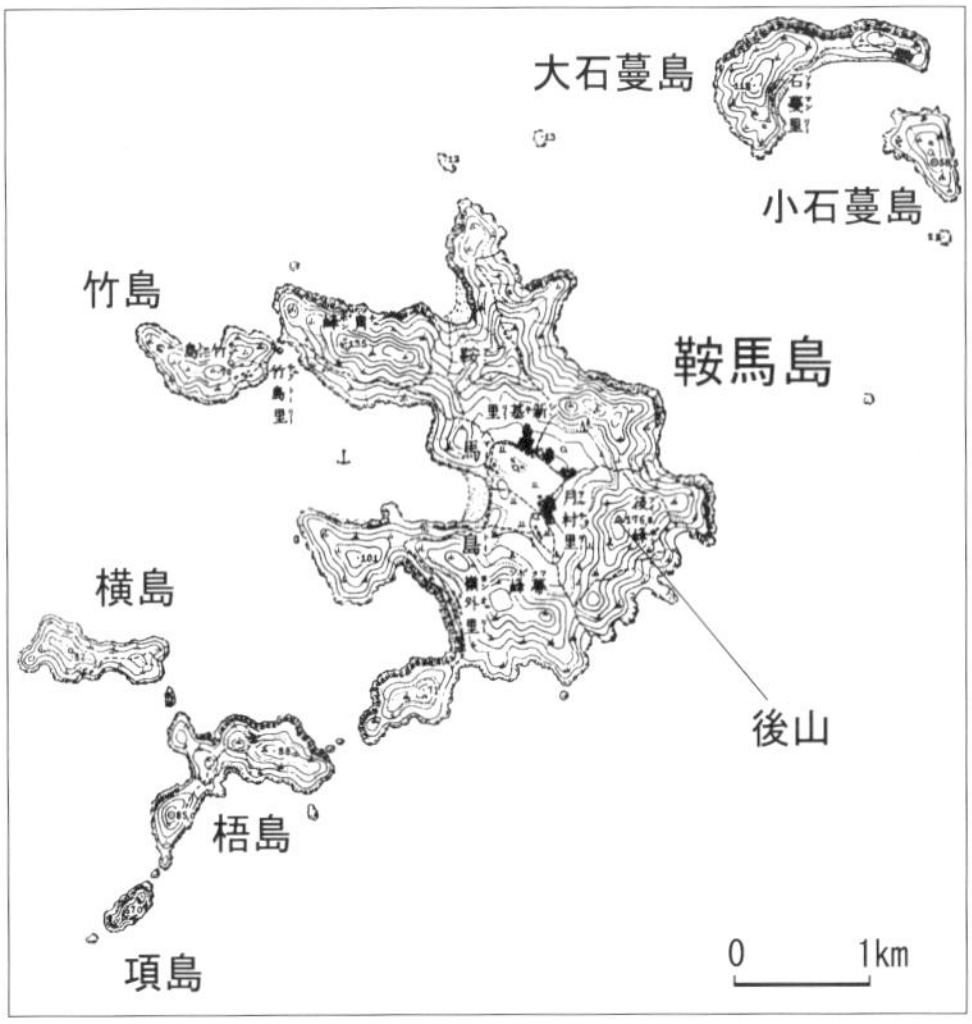

①鞍馬島の地勢（陸地測量部5万分1地形図「松耳嶋」〈1917年〉「鞍馬嶋」「大飛雉嶋」〈1918年〉にもとづき作成）

②南東からみた鞍馬島（2008.7.26）

図版5

三〇㎞という距離はやや離れすぎているように感じられるかもしれないが、両島はたがいに目視できる位置にある。そして、このときの宋使船は、順調ならば平均時速一〇㎞前後のペースで航走できたとみられ[20]、前述のごとくおもに潮流にたよった航走でも、蝟島～古群山群島間の約二〇㎞を朝のうちに移動できた。六月五日の航海は途中から風にはばまれたものの、出航時に関しては不利な状況が記されておらず、高速とはかぎらないまでも、ある程度の速度を得たとおもわれる。また朝方に航行したのであれば、翌六日と同様に東北向の漲潮流が発生する時間帯であるから、鞍馬島から東北向の蝟島に向かうには船足を速める好条件となる。

鞍馬島は周囲三五㎞[21]で、標高百数十mの山稜が鋸歯状に列をなす。海岸は東側が比較的単調であるのに対し、西側は四本の岬が突出し、これに梧島・項島・横島・竹島などの属島が隣接する複雑な地勢である。蝟島よりひとまわり小さく、蝟島の山稜の列なりが直線的であるのに対し、東側にややはりだすように配列しているが、垂直方向・水平方向のいずれからみても、まずはよく似かよった地勢といえる。まさしく山稜が幾重にか列なるのだが、あるいは附近に点在する属島をふくめた全体的な景観としてそのようにとらえられるかもしれない。いずれにせよ、地勢や立地条件からみて、徐兢のいう竹島は鞍馬島に比定して問題ないとおもわれる。

ところで鞍馬島の属島の一つに、西岸の鞍馬港の湾口にうかぶ、その名も〝竹島〟（以下混同をさけるため本島に関しては〝　〟を附す）がある。徐兢のいう竹島は高麗での島名か、宋の船員が独自に用いた呼称なのか確認できず[22]、〝竹島〟との関連性も不明だが、興味深い符合である。もっとも〝竹島〟自体は何ら複雑な地形ではないので、徐兢の描写はあくまで主島である鞍馬島一帯の全体的な景観に関するものとみなくてはならないが、仮に相互に関連性があるとすれば、鞍馬島の旧称が属島にのこった可能性や、徐兢が属島の名を主島に対して用いた可能性が考えられよう。

竹島という名称からは植物のタケとの関連性が連想されるが、少なくとも〝竹島〟の名はタケが多いことに由来するという。[23] 一方、鞍馬島については、筆者が二〇〇八年七月二十五・二十六日にたずねた際、大きくめだつほどではないが、ところどころにタケの群落を確認した。ただし生活の場となる島の西部を中心に多くの面積が牧地と農地に利用されているため、過去の植生を類推するのは難しい。一九三六年の記録によると、当時本島には火田（焼畑）が多かったらしい。[24] また『朝鮮太宗実録』巻三三・十七年（一四一七）正月戊申と同巻三四・同年九月丁巳には「安馬島」での馬牧に関する議論がみえ、『朝鮮世宗実録』地理志・全羅道・霊光郡には「安馬島」が牧場として記載される。高麗時代の同島については記録がなく、当時の島名も不明だが、上記のような後代の土地利用の結果、鞍馬島の植生は現在までに大きく変化した可能性がある。そこで、ほとんど接するように隣りあう〝竹島〟に島名由来となるほどタケが繁茂しているのであれば（筆者が目睹した範囲ではシノダケに似た径の細いタケの群落がみられる）、かつて鞍馬島にも広範にタケが生育し、そこから竹島という呼称が生まれた可能性は必ずしも排除できないとおもう。

また徐兢は、竹島沿岸に大小の白石の岩礁があり、盛り上がった玉のようだと述べる。鞍馬島の沿岸はほとんどが岩礁でかこまれているが、表面の質感が比較的なめらかな印象をあたえる灰白色、乳白色、黄白色のものが多く、それら大小の岩塊が群集ないし凝集したようにみえるところもある（図版6）。あるいはこうした海岸部の地形・地質を描写したものだろうか。

図版6　鞍馬島の海岸（2008.7.26）

徐兢一行が鞍馬島に停泊したとすると、錨泊地としては、深い入江をなし〝竹島〟がその入口をふさぐ現在の鞍馬港内がふさわしいだろう。近現代の水路誌もここを好錨地とする。[25] 小型船は他の入江も利用可能というが、逆に

いえば大型船にはここが最適ということである。徐兢は竹島に住民がいることを記し、実際に目睹した公算が大きいが、鞍馬島の集落地はちょうどこの湾の奥に位置する。なお二十世紀前半の水路誌では〝竹島〟の東端とむかいあう鞍馬島の海岸に、周年涸れず飲用に適した湧水があることを記す(26)。これは現在も利用されているモクセム 목샘 という泉である(27)。徐兢との関わりをただちに指摘できるわけではないが、錨泊地として有利な条件ではある。

前近代の史料で鞍馬島が航路上の要地として注目されることはなく、漁撈活動以外では管見で一五五九年に「倭船」十七隻が来泊したという事実がみられる程度である(28)。しかし徐兢一行は往路のみならず、前述のごとく復路でも竹島を経由している。しかもこのときは風向きにめぐまれず、八月八日に苦苫苫を通過した後、翌朝に竹島を通過し、「辰巳刻」には黒山を視界におさめる位置まで進んだが、逆風にふきもどされ、いったん群山島までひきかえしている。その後十六日に出発すると、夜になって再び竹島に到着し、風待ちのため二日間にわたって停泊している。このことは、高麗—宋間の南方航路における竹島経由ルートの定常性を示すものであろう。

これに関連して注目されるのは鞍馬島の堂祭神話である。伝承によると、〝かつて島の老女の夢に唐の将軍があらわれて来島を告げ、自らを山上に祀ることを求めた。そこで村人が海岸にゆくと、お告げどおりに櫃が漂着しており、なかから髪の毛、中国の銭貨が入った財布、三体の鉄の馬、衣服、そして祭祀の次第を記した書物が出てきた。そこで村人は鉄馬を祭堂に祀るようになった〟という(29)。

この祭堂は島の中央にそびえる後山《トイッサン》 뒷산 にあり、実際三体の鉄製馬像（現在は逸失）が祀られてきたという。こうした信仰対象としての鉄馬は朝鮮半島西海岸の諸処で確認され、海洋・航海にまつわる祈りの具として注目される(30)。それが鞍馬島にも存在するわけだが、いまのところ他所では未確認の特徴として、中国の武将のかたしろとして中国銭とともに海岸に打ち上げられた櫃から登場し、中国からの漂着が示唆されるところが興味深い。もっとも伝承の成

立時期は不明であるし、朝鮮の神話には新羅の脱解尼師今や金官加耶の首露王妃の誕生譚[31]をはじめ、海の彼方から聖者がやってくるというモチーフがしばしばみられるので、ここでいう中国も海の彼方にある聖者や神の出身地を象徴する符号にすぎないかもしれない。しかし一方では、現実における海を通じた本島と中国のつながりを下敷きにしている可能性も考えられる。むろん仮にそうだとしても淵源が高麗時代にさかのぼるとはかぎらないが、朝鮮半島をめぐる海域交流の歴史のなか、本島には意外なプレゼンスがあったかもしれないのである。

なお蝟島の南方にある主要島としては鞍馬島の南東一〇kmの位置に松耳島もある（図版7）。しかし海岸線の出入りが少なく、山並みも鞍馬島や蝟島のように一線上にはならばず、くわえて垂直方向の起伏にとぼしいので、遠景では島全体が台地状にみえる。地形として蝟島に類似するのはやはり鞍馬島である。また松耳島の周囲は北側をのぞいて水深がごく浅く[32]、徐兢一行の八艘の大型航洋船が風波を避けるのに十分な入江がない。風待ち港・退避港として利用するには鞍馬島

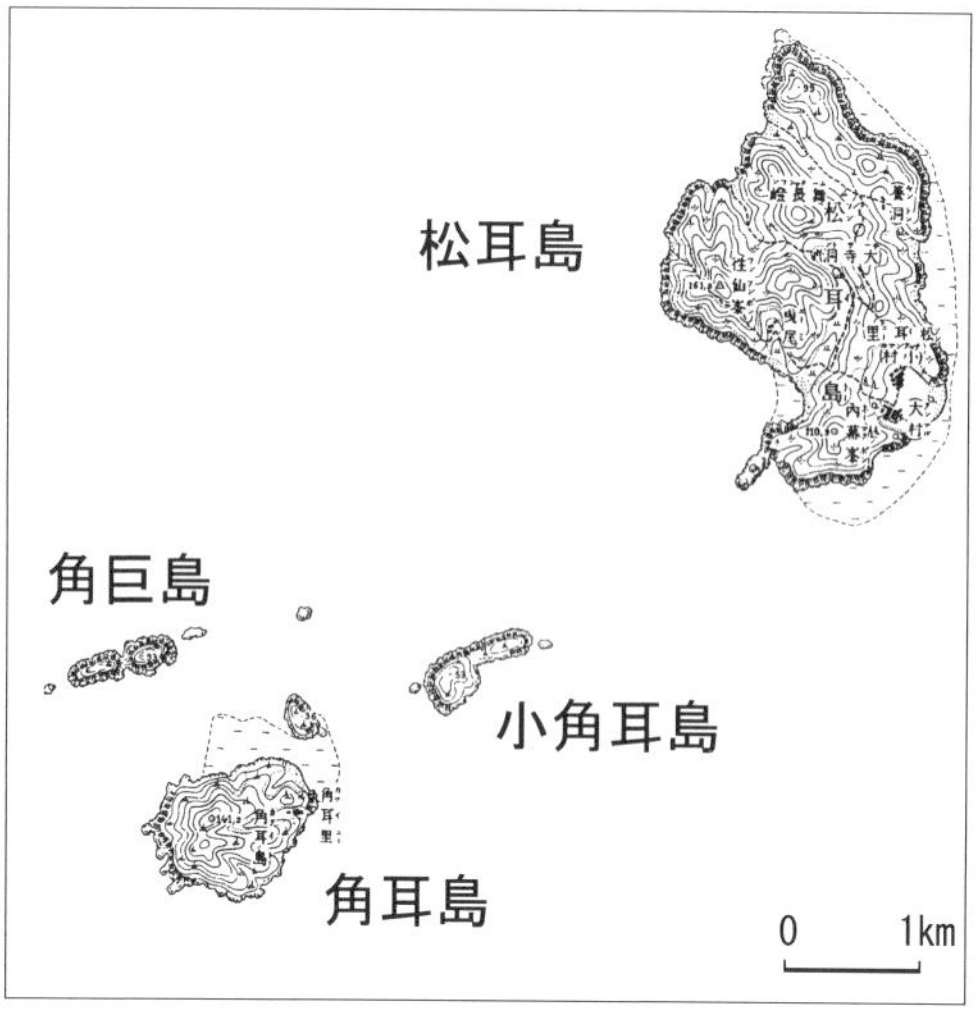

①松耳島と角耳島（陸地測量部５万分１地形図「松耳嶋」〈1917年〉にもとづき作成）

②西からみた松耳島（2008.7.26）

図版７

と比べてはるかに条件が劣る。以上の点から筆者は竹島を松耳島に比定する考えはとらない。

三　月嶼・闌山島・白衣島・跪苫

本節では前節から時間をさかのぼり、徐兢が六月三日夕刻に黒山（大黒山島）を通過後、夜半までに通過した月嶼・闌山島・白衣島・跪苫の四島を検討する。まず『高麗図経』巻三五・海道の関係条文を掲載順に提示する。

・月嶼二、距黒山甚遠。前曰大月嶼、回抱如月。旧伝上有養源寺。後曰小月嶼、対峙如門、可以通小舟行。（月嶼二つは黒山から大変離れている。前のものは大月嶼といい月のように抱きめぐっている。古い伝承によると島上には養源寺があるという。後ろのものは小月嶼といい〔大月嶼と〕門のように対峙しており、〔間を〕小さな船で通過することができる）

・闌山島、又曰天仙島。其山高峻、遠望壁立。前二小焦、如亀鼈之状。（闌山島は天仙島ともいう。その山は高峻で、遠望したところ壁のようにそびえている。前の二つの小礁は亀のような形である）

・白衣島、三山相連、前有小焦附之。偃檜積蘇、蒼潤可愛。亦曰白甲苫。（白衣島は三島が相連なり、その前には小礁が附属している。低く伏したビャクシンと密生した芝草が青々としてみずみずしく、すばらしい。白甲苫ともいう）

・跪苫、在白衣島之東北。其山特大於衆苫、数山相連。碎焦環遶、不可勝数。夜潮衝激、雪濤奔薄。月落夜昏、而濺沫之明、如火熾也。（跪苫は白衣島の東北にある。その島は他の多くの島よりとりわけ大きく、数山が相連なっている。割れた岩礁が数えきれないほどとりまいている。夜の潮が激しくぶつかり合い、白く泡立つ波が激しくせまった。月が沈んで闇夜であったが、火がおこったかのように飛沫が明るかった）

はじめに徐兢が黒山につづいて通過した月嶼について検討する。本島は黒山からかなり離れており、大月嶼と小月嶼が小船で通りぬけるような近距離で門のように対峙しているという。大月嶼は月が抱きめぐるような地形だというが、これは三日月状に湾曲した地形をいうのだろう。大月嶼と対をなす小月嶼も同様な地形だったと推測される。

本島について王文楚は、『新増東国輿地勝覧』巻三五・羅州牧・山川にみえる半月島に比定し、現在の前・後曾島であるとする[33]。しかし序章で指摘したように、半月島は前・後曾島のことではなく、現在も多島海内に存在する同名の島である。その半月島も三日月型の地形ではなく、これを月嶼に比定するには無理がある。

そもそも半月島を経由したのであれば、徐兢一行は、大小多数の島嶼や岩礁・暗礁が密集して水深も浅く、大きな潮汐といりくんだ地形が生みだす速く複雑な潮流も懸念される多島海の直中に船を進めていったことになる。この場合、鞍馬島・蝟島方面にむかうルートとしては東に遠回りすることになる。徐兢らは三日「申後」（十六時台）に黒山を通過したのち、翌日「酉後」（十八時台）に竹島（鞍馬島）に到達したが、大黒山島―半月島―鞍馬島を直線でむすんだ距離は約一三〇kmであるから、少なくとも半日に六〇kmを進む速度だったことになる。しかし島嶼などの障碍物をさけながら船を進めた場合、実際の移動距離は上記の数値を大きく上回るはずであり、速度も朝鮮時代の漕運船（税穀輸送船）の半日あたり六六kmという最速例[34]と同等か、それ以上とみつもられる。しかも後述のように宋使船はこの夜、夜半頃から朝までは落潮流のためほとんど前に進めず、その後も風が弱いなかで満足な速度を出せなかったらしい。とすれば、六月三日の夜半前に黒山から月嶼をへて跪苫を通過するまではいっそうの高速航行だったことになる。

前述のごとく宋使船は好条件下では平均時速一〇km前後で航走できたので、速度そのものは必ずしも異とするにあたらないが、それでもかなりの高速には違いない。そのような航海が障碍物のとりわけ多い多島海において、夜間航行をふくめ、喫水の深い大型航洋船が八艘の船団を組んだ状態で可能であったとは、にわかに信じがたい。

一方、王文楚が半月島と誤認した前・後曾島にしても三日月状の地形はみいだせない。朝鮮時代の船舶は曾島とその北方に連なる沙玉島・水島の附近を通過して七山灘と多島海を往来したので[35]、航路としてはふさわしいかにもみえる。しかしそのような観点で前・後曾島を月嶼にあてはめると、ここでも夜間に島嶼密集エリアに船を進めていったことになってしまう。そしてこの後につづく各島、すなわち壁のようにそびえる闌山島、三島が並列する白衣島、その東北に位置する大島である跪苫に相当する島嶼をみいだせなくなる。

ここで徐兢の記述にたちかえると、彼は黒山から月嶼までの航程に関して途中に他の島嶼があるとは言及していない。徐兢が通過した島を漏らさず記録したという絶対の保証はないが、月嶼にさきだち多島海の島嶼密集エリアを通過したならば、そのことにまったくふれないともおもえない。このことは月嶼を多島海の直中の半月島に比定しがたいという点とも合致する。無理のない移動距離と速度、および夜間航行における危険回避という点から、やはり徐兢一行は多島海内に遠回りせず、その外側の水域を北上したのであり、月嶼もそのエリアにあると考えるべきだろう。

そこで当該水域に三日月状の島が近距離でならんでいる個所を検索すると、大黒山島から東北に六〇㎞ほど進んだ位置に浮かぶ大許沙島と小許沙島の存在が注意される（図版8）。周辺の島々とあわせて図示した図版9（以下、本節で言及する各島の地勢については本図を参照されたい）をみてわかるように、両島は鏃型をした小島であり、東南部の海岸線は丘陵の斜面が深く弧を描き、まさしく三日月状の地形をしている。

現在両島は無人島となっている。一見居住に適した島とはおもえないが、以前には住民もおり、一九三六年の民俗調査記ものこされている[36]。ただそれでも養源寺なる寺院まであったとはにわかに信じがたいが、これは一一二三年の時点ですでに「旧伝」であり、はじめから信憑性に問題があるのかもしれない。

さて、月嶼を大・小許沙島に比定できるならば、つづく闌山島、白衣島、跪苫は、島名の由来や現在の島名とのつながりは不明ながら、次のように考えられよう。

まず、壁のように高くそびえるという闌山島は、大・小許沙島の南南東約五kmの位置にある扶南島に相当しよう（図版10）。本島は北側から西側にかけて切り立った断崖絶壁をなし、高所では一〇〇mをこえる。また闌山島には亀のような二つの附属礁があるというが、扶南島の西南には、まさしく水面に浮かぶ亀のような形をした大ササプ사삽島と小ササプ島がある（図版11）。

図版8　南東からみた大・小許沙島（2008.11.24）

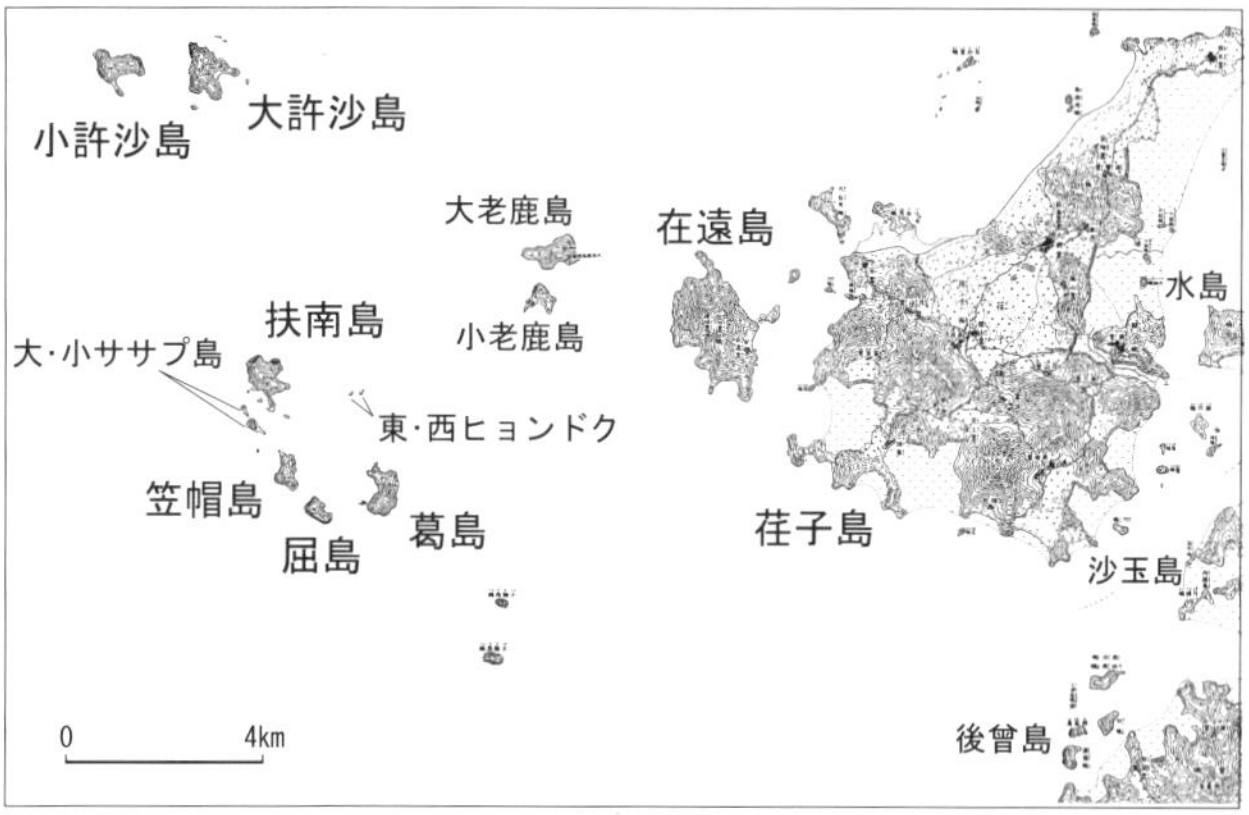

図版9　荏子島西方の島嶼群
（陸地測量部5万分1地形図「扶南群島」〈1917年〉「智嶋」〈1918年〉にもとづき作成）

次に三山が相連なるという白衣島は、扶南島の南から南東にかけてならぶ笠帽島・屈島・葛島に比定したい（図版12）。島前に「小焦」が付随するというが、これは三島の海岸附近の岩礁、あるいは北側にある東ヒョンドク현덕・西ヒョンドクという岩礁に相当するとおもう。徐兢は白衣島について低く伏すように生えた「檜」（ビャクシン）と芝草の繁茂を指摘する。筆者が二〇〇八年十一月二十四日に

図版10　北西からみた扶南島（2008.11.24）

図版11　南東からみた大・小ササプ島（2008.11.24）

図版12　北東からみた笠帽島・屈島・葛島（2008.11.24）
※笠帽島（右端）の手前に東・西ヒョンドクがかさなっている

この水域で実地調査をおこなった際、笠帽島・屈島・葛島には上陸しなかったが、草地が多いことは望見できた。そして扶南島ではビャクシンの類、いわゆる香木（ヒャンナム 향나무）の一種が地をはうように繁茂しているのをみた（図版13）。一九三六年の大許沙島の民俗調査記にも「真柏（ビャクシン―引用者註）が自生してゐる」と記されるので、[37]このあたりの島嶼の特徴とみられる。近傍の上記三島も同様な状況であり、徐兢の記述はそれをさしている可能性がある。もっともこのとき徐兢は海上を航行中だったから、島上の灌木の種類を具体的に識別できたとは考えにくい。船員からの伝聞を実景にかさねて記したのだろうか。

最後に跪苫であるが、白衣島の東北にあり、他の島々よりひときわ大きく、数島が連なっているという。白衣島の比定に問題がなければ、笠帽島・屈島・葛島の東北には在遠島がそびえ、その背後には荏子島の山々がみえかくれし、手前には大・小老鹿島が浮かんでいる（図版14）。他の島々よりとりわけ大きいという点は、標高二四四ｍの顕著な頂きをもつ在遠島によくあてはまるが、数島が相連なるとされることから、荏子島の山稜や大・小老鹿島をふくめた島嶼群としてとらえるべきかもしれない。割れた岩礁がとりまいているという記述も、在遠島や大・小老鹿島の海岸線の描写として不自然な点はない（図版15）。徐兢一行が跪苫附近を通過した際のこととして、潮がぶつかりあい波立つ様子が描かれている。在遠島周辺では強潮時に三ノット前後もの潮流が発生するが、大・小老鹿島との間の在遠西水道ではとりわけ強い[38]。筆者も二〇〇八年十一月二十四日に潮が激しく波立ちつつ流れるなか、この水道を小船で通過

図版13　扶南島に自生するヒャンナム（2008.11.24）

図版14　扶南島からみた在遠島と大・小老鹿島（2008.11.24）

図版15　在遠島の海岸（2008.11.24）

した。徐兢のみた光景も、あるいは同様なものだったのであろうか。

四島の比定案は以上のとおりだが、これらの島々は一線上に規則的に並んでいるわけではないので、徐兢一行の航跡を具体的に説明する必要があるだろう。これについては次のように考えると整合性がとれるとおもう。すなわち徐兢一行は、黒山通過後、北東向に進み、西寄りの方角から大・小許沙島と扶南群島の間の水域に進入した。そして左舷側に大・小許沙島南岸の三日月状の海岸線と、右舷側に扶南島西・北岸の断崖をあいついで望み、直後に扶南島の南東に列なる笠帽島・屈島・葛島を北方から望見する。それから在遠島附近にいたったのであろう。

大黒山島から荏子島西方の島嶼群までは六〇㎞ほどだが、一行はこの日「未後」（十四時台）以降は便風を得ている（『高麗図経』巻三五・海道・白山）。「申後」（十六時台）に大黒山島を通過した後も時速一〇㎞前後の快速を維持したとすれば、六時間前後ののち、すなわち二十二時前後には荏子島西方に到達できる。一行はその日夜半頃には跪苫のさきの春草苫に到達したので（後述）、月嶼から跪苫まではせいぜい二時間前後で通過したと考えられる。

実際、大・小許沙島から在遠島までは一〇㎞ほどで、しかも前述のごとくこのあと一行は夜半すぎに落潮を迎えるので、この水域を通過した夜半前は逆に北向から東北向の漲潮流[39]が発生する時間帯である（徐兢のいう激しい潮流に相当しよう）。くわえてこのときなお順風だったとすると、この水域を東寄りから北寄りの方向に進んでいたとみられる徐兢一行の船足は相当に速かったはずである。月嶼から跪苫にいたる航程について、徐兢は「海道」の叙述スタイルとしては例外的に時間の経過を明記しない。時系列で記事が配列されていることは間違いないとおもわれるが、徐兢一行がこれらの島々を夜半前のごく短時間のうちに立て続けに通過していったことが関係するのではなかろうか[40]。

四　春草苫・檳榔焦・菩薩苫

跪苫を通過した後、徐兢一行は春草苫・檳榔焦へと船を進め、翌四日には菩薩苫をへて竹島に到達する。まず『高麗図経』巻三六・海道の春草苫と檳榔焦の各条をみてみよう。

・春草苫、又在跪苫之外。舟人呼為外嶼。其上皆松檜之属、望之鬱然。夜分風静、舟行益鈍。〔また春草苫は跪苫の外にある。船員は外嶼と呼ぶ。その上〔に生えているの〕はみなマツやビャクシンの類であり、望見したところ鬱蒼としている。夜半に風が静まり、船足がますますにぶった〕

・檳榔焦、以形似得名。大抵海中之焦、遠望多作此状。唯春草苫相近者、舟人謂之檳榔焦。夜深潮落。舟随水退、幾復入洋。挙舟恐懼、亟鳴櫓、以助其勢。黎明尚在春草苫。四日乙酉。天日晴霽、風静浪平、俯視水色、澄碧如鑑、可以見底。復有海魚数百。其大数丈、随舟往来。夷猶鼓鬣。洋洋自適、殊不顧有舟楫過也。〔檳榔焦は形状が似ているのでこのように名づけられた。およそ海中の岩礁は遠望すれば多くの場合このような形状をなす。ただ春草苫に近いものだけは船員が檳榔焦とよぶ。夜が深まって潮が落ちた。船は潮水にしたがって後退し、再び外洋に入りそうになった。船をあげて恐れおののき、急いで艪を動かして船足を助けた。黎明になってもまだ春草苫のところにいた。四日乙酉。太陽があらわれて晴れわたり、風は静かで波は穏やかだった。のぞきこんで海水の色をみたところ、鏡のように澄んだ碧色で、海底をみることができた。また数百の海魚がいた。その大きさは数丈であり、船について行き来していた。ゆっくりと鰭を動かしている。ゆったりと気ままであり、船が通過することをとくに気にしていなかった〕

両記事によると、春草苫と檳榔焦はたがいに近い位置にあるという。夜半頃には春草苫に到達したが、風が弱まったために船足がにぶり、さらに落潮が重なったため、一行は翌朝までほとんど附近で足踏み状態になる。

　春草苫の位置は跪苫の外と説明されているが、跪苫よりも外洋に位置するという意味であろう。しかも宋の船員がこれを外嶼と呼んだことからすると、跪苫との相対的な位置関係にとどまらず、周辺島嶼のなかでももっとも外洋に近い位置にあることが考えられる。このことは、一行が檳榔焦附近で落潮流に見舞われた際、あやうく「洋」に引き戻されそうになったということからも確認される。「洋」は単に岸辺や港湾に対して海上を意味する語でもあるが、ここでは宋使船がすでに航海中であるから、陸地から離れた水域の謂にとるべきである。徐兢はその際の人々の恐怖心を強調しているが、これは檳榔焦から先の外洋にはもはや目印となるような島嶼が存在せず、いったん引き離されると船の位置を見失う恐れがあったことを示唆しよう。

　そこで在遠島から鞍馬島にいたる水域において、もっとも外洋にあり、複数の島が接近しているところを検索すると、大許沙島の北方約七㎞に位置する大飛雉島と小飛雉島をあげることができる（図版16）。檳榔焦は文字どおりヤシ

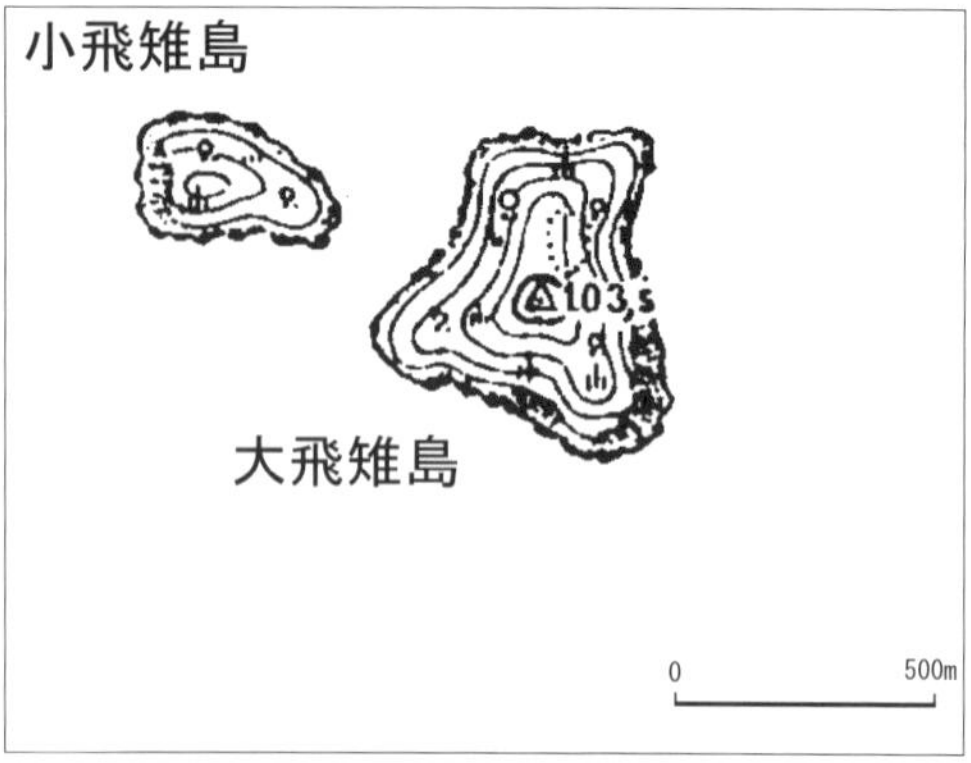

①大飛雉島と小飛雉島（陸地測量部５万分１地形図「大飛雉嶋」〈1918年〉にもとづき作成）

②南からみた大・小飛雉島（2008.11.24）

図版16

科の高木である檳榔（学名 *Areca catechu*）のような形であるというが、上記の二島のうち東側の大飛雉島は、中心部から三方向に岬がのびた地形をしている。これは幹頂から葉柄が放射状にのびるヤシ類に形容することができ、檳榔焦はこれに相当しよう。そうすると必然的に西側の小飛雉島が春草苫に相当することになる。

ただ徐兢によると、春草苫はマツやビャクシンの類が生えて鬱蒼とした様子の島だったという。これに対して近代の水路誌では、大・小飛雉島の植生について雑草が生えている程度としている。(41) しかし植生はさまざまな原因により変化し得る要素でもあるし、徐兢は闇夜のなかで海上より望見した印象を語っているだけである。詳細を直接視認したわけではなく、船員からの伝聞などを根拠にしているのであろう。いまのところ春草苫の植生の問題は決定的な矛盾にはならないものとみておきたい。

なお檳榔焦附近で朝を迎えた後も風は依然として弱く、一行は速度をあげられなかったが、こうしたなかで彼らは数百頭で群泳する体長「数丈」の「海魚」を目撃したという。体長が正確ならば六mから一〇m台にもなるが、船上の観察者が水中の物体をみた場合、光の屈折による錯覚もあって大きさを過剰にみつもることもあり得る。実際には数mにすぎなかった可能性もあるだろう。数百頭という群れの規模も、実際には数十頭程度だったかもしれない。しかしそれでも、高い群集性をもつ大型生物にはちがいない。そのかぎりではアカシュモクザメ（朝鮮名ホンサルクィサンオ 홍살귀상어、学名 *Sphyrna lewini*）といった一部の大型サメ類も想定できるが、しかし徐兢のみた生物は船につきまとうような行動をとり、警戒心を示さなかった（人間の目からそのようにみえた）という点が注意される。こうした習性は一部のクジラ類について知られており、ここでいう「海魚」もその一種である可能性が高いとおもう。

朝鮮半島沿海のクジラ類に関する研究蓄積は浅く、(42) 今後新知見が増えていくことが予想されるが、①これまでに朝鮮半島西方沿海の、とくに南部水域で確認され、②体長が丈余（三m以上）に達し、③数十頭以上の群れを形成する

ことがあり、④船首波に乗ったり船舶に関心を示して接近したりする習性をもつものをあげると、もっとも適合的なものとして、体長三・八m（最大——以下同じ）で数百頭規模の群れをつくることもあるバンドウイルカ（朝鮮名クンドルゴレ 큰돌고래、学名 *Tursiops truncatus*）をあげることができる。また同じく体長三・八mのハナゴンドウ（朝鮮名クンモリドルゴレ 큰머리돌고래、学名 *Grampus griseus*）も、数百頭規模の群れを形成することがあり、まれではあるが船舶に近づいたり船首波に乗ったりするケースがあるという。最近忠清南道でストランディングが報告されたコビレゴンドウ(43)（朝鮮名トゥルスェゴレ 들쇠고래、学名 *Globicephala macrorhyncus*）は体長七mに達し、数十頭以上の群れを形成することがあり、船舶に対してスパイホップ(44)をおこなうことが知られている。シャチ（朝鮮名ポムゴレ 범고래、学名 *Orcinus orca*）は体長九m、ときに数十頭の群れを形成し、船舶に好奇心を示すこともあるという。ただし朝鮮半島西方沿海では近年はじめて確認された珍しい種である(45)。体長二m台のものをふくめると、マイルカ（朝鮮名チャムドルゴレ 참돌고래、学名 *Delphinus delphis*(46)）やカマイルカ（朝鮮名ナットルゴレ 낫돌고래、学名 *Lagenorhynchus obliquidens*）など、候補はさらに増える。

現在のところこれ以上の種の特定は不可能である。こうしたクジラ類は複数種で混群を形成するものもあるので、徐兢のみた生物群を一種類に限定すること自体、無意味である可能性もある。ただ大・小飛雉島の東北一五㎞にある鞍馬島にはコレ 고래（クジラ類）にまつわる地名がのこされており(47)、その周辺水域でそれらの棲息・回遊がみられたことがうかがわれる。また上記の種には主として沖合から外洋にかけて棲息するものが多い（バンドウイルカはとくに大きな群れを形成する場合）。さらに徐兢はこのとき海水の透明度が高かったことを記している。水質はときどきで変化し得る要素ではあるが、一般論として干潟の発達した全羅道の海岸近くの浅海では濁度が高い。これらのことも、宋使船が外洋に近い水域を航行していた蓋然性を高めてくれよう。

最後に、徐兢一行が竹島到着の直前に通過した菩薩苫について検討しよう。『高麗図経』巻三五・海道の本条には次のように記されている。

是日午後、過菩薩苫。麗人謂、其上曾有顕異、因以名之。申後風静、随潮寸進。（この日の午後、菩薩苫を通過した。高麗人がいうには、その上でかつてめだった異変があり、これに因んで名づけたとのことである。申後、風が静まり潮流にしたがって少しずつ進んだ）

六月四日の「午後」（十二時台）、一行は菩薩苫を通過した。その島ではかつて特異な現象がみられたので高麗人がこのように名づけたという。大・小飛雉島から鞍馬島まで直線でむすんだ場合、その間には鞍馬島の附属島があるのみだが、一行が竹島に到着したのは菩薩苫を通過してから約六時間もすぎた「酉後」（十八時台）であった。風が弱く漸進するだけだったとはいえ、菩薩苫を鞍馬島の附属島に比定するのは無理がある。

だが東寄りのコースをとると、東方に上・下落月島、角耳島とその附属島、および松耳島を望みながら進むことになる。菩薩苫はそのいずれかに比定できるとおもうが、このうち落月島は規模も小さく、航路からもっとも東方・南方に離れているので、ひとまず除外してよかろう。そこで問題は角耳島（図版7①・17）と松耳島のいずれであるかだが、朝鮮史料において菩薩やこれに類した島名をこの水域に確認することはできず、現状では判断しがたい。島の規模からいえば松耳島が重視されるが、西方からは角耳島のほうが手前にみえる。両島の西方には広大な角耳沙堆がひろがっ

図版17　北からみた角耳島（中央）とその属島（2008.7.26）

ており(48)、徐兢一行が通過した際にもこれらの島々にあまり近づけなかった可能性が高いので、あるいは遠景で、両島がひとかたまりの島嶼群にみえたかもしれない。

島名の由来となる菩薩苫の「顕異」については具体的な内容が伝わっていない。しかし徐兢は、航海途上で船員たちが「蛤窟龍祠」を祀った際におきた「神化」や、帰国時に遭難の危機を救った「福州演嶼神」の神異についても、「顕異」と述べている（『高麗図経』巻一七・祠宇・蛤窟龍祠、同巻三九・海道・礼成港）。菩薩苫の場合も、「顕異」に対して高麗人が「菩薩」という神仏を意識したことからすれば、やはり同じような航海安全守護に関わる超常体験（と認識されるもの）だった可能性が高いとおもわれる。

民俗資料にみられる朝鮮の海上超常体験談としては、船幽霊（ホッペ 헛배）や鬼火（トケビプル 도깨비불）とよばれる火の玉遭遇譚が数多く伝えられている(49)。荒天時に出現することが多いといい、遭難の原因ともされるが、逆に荒天を知らせる予兆とされる場合や、闇夜で船を目的地まで導くインド（引導か）プル 인도불 と呼ばれるものなど、航海守護とむすびつくケースもある。

火の玉現象そのものについては、高麗時代の文献でも、前出の李奎報の詩に、雨模様の夕暮れ時、川辺の林間にあらわれた「鬼火」をうたったものがある（『東国李相国全集』巻六・古律詩・江頭暮行）。ただし、こうした文芸作品中の「鬼火」表現は、死者、廃墟、人里離れた山林・荒野などに関する心象のレトリックとして用いられるケースが朝鮮時代の文献にしばしばみられ、必ずしも実景（と認識されたもの）とはかぎらない。しかし金允安（一五六〇～一六二〇）の詩に荒天時に出現する「鬼火」の様子を具体的に描写したものがあり（『東籬先生文集』巻二・鬼火）、洪萬選（一六四三～一七一五）の『山林経済』雑方や徐命膺（一七一六～八七）の『攷事新書』巻一四・日用門下には、中国の『説郛』からの引用だが「夜行辟鬼火方（法）」（夜道で鬼火との遭遇を避ける方法）が記されている。こうした火の玉現象に対する認識は、遠い過去にさかのぼってたしかにあったとおもわれる。

航海安全に関わる同様な伝承は、他の地域にも神火・神光という形で存在する。ふるく日本では、海上からめだつ諸山に、夜間航行中、神火・神光があらわれて船を導き、遭難から救うという神火信仰があり、中国の媽祖信仰にも同様な霊験譚がある(50)。ヨーロッパの航海者たちが大気中の放電現象であるセントエルモの火を航海守護神にむすびつけて理解したことは有名である。菩薩苫の「顕異」も、あるいはそのようなものだったのかもしれない(51)。

おわりに

以上述べてきた一一二三年における徐兢一行の全羅道沿海での航程を整理すると、次のとおりである（図版18）。

①六月三日、申後（十六時台）、黒山（大黒山島）を通過。
②同日夜（二十二時前後か）、月嶼（大・小許沙島）、闌山島（扶南島）、白衣島（笠帽島・屈島・葛島）、跪苫（在遠島。あるいは荏子島、大・小老鹿島をふくむか）を通過。
③夜半、春草苫（小飛雉島）・檳榔焦（大飛雉島）に到達するも朝まで前進できず。
④六月四日、午後（十二時台）、菩薩苫（松耳島か角耳島、もしくは両方）を通過。
⑤同日酉後（十八時台）、竹島（鞍馬島）に到着して停泊。
⑥六月五日、朝のうちに苦苫苫（蝟島）を通過するも、逆風のため進めず同島に停泊。
⑦六月六日、辰刻（七・八時台）、潮流に乗って群山島（古群山群島）に到着。

みられるように、大黒山島と古群山群島の間を最短距離で直線的にむすぶコースに近い。このように朝鮮半島本土

図版18　全羅道沿海における宋使船の推定航路（概念図）

に接近せず、多島海の外側の水域を進んだとみられる点は、朝鮮時代の域内航路[52]との大きな違いである。現場水域に対する知識や船舶・航海技術の違いが関係してこよう。そのことは航海が夜間をふくめておこなわれたことにもあらわれている。これは大黒山島からさきの島々に明火がともされ、これが灯台の役割をはたすことで可能だったとみられるが[53]、暗礁・浅瀬・潮流など微視的な制約条件を考えれば、針路がおおまかにわかれば誰にでも夜間航海が可能になるものではなかろう[54]。逆にいえば、方角と現在地さえ把握すれば一定の安全航海が可能なほど、宋使船の運航関係者が現場水域を熟知していたことが示唆される。

またこのような航程を支える臨時の寄泊地として鞍馬島と蝟島が浮上した。前者については朝鮮海事史上注目されたことのない島嶼の、国際航路における意外なプレゼンスの可能性が示唆された。後者については、蝟島が七山灘における給水ポイントとして機能し、宋船と島民が頻繁に接触した可能性を指摘した。

日宋貿易では主要な窓口港である博多にくわえ、途上にある九州北部沿岸の諸浦や五島列島にも宋船が寄泊した。こうした宋船を利用して渡海した日本僧成尋は、肥前松浦郡の壁島（佐賀県唐津市加部島）において宋船と人々のあいだでさかんに物品取引がおこなわれたことを記している（『参天台五臺山記』巻一・延久四年（一〇七二）三月十五～十七日）。むろん社会状況が異なる日本列島の事例から単純に類推するわけにはいかないが、小規模とはいえ中継地における人的交流も、高麗―宋通交のひとこまとして注意をはらう必要があるだろう。少なくとも海や島嶼社会の歴史という観点において、その意義は決して小さくない。

註

（1）王文楚「両宋和高麗海上航路初探」（『文史』第一二輯、一九八一年）一〇〇頁、李玉昆「《宣和奉使高麗図経》与宋代的海外交通」（『中国航海』一九九七年第一期）九一頁、金渭顕「麗・宋関係와 그 航路考」（同著『高麗時代対外関係史研究』景仁文化社、二〇〇四年）二二一頁。

（2）藤堂明保・加納喜光編『学研新大漢和字典』（学習研究社、二〇〇五年）一四六九・一四七二頁、参照。

（3）『조류도（군산항 부근）』（국립해양조사원、二〇〇〇年）、参照。

（4）たとえば 국립해양조사원『서해안항로지』（한국해양조사협회、二〇〇六年）九五頁、参照。

（5）鎮里在住のイム・チェヨン 임채영 氏（一九六六年生）の情報提供（二〇〇九年五月二十九日・六月十四日）、およびノングム 논금 集落のホワイト・ペンション 화이트 펜션 主人（当時）の談話（二〇〇七年十一月二十五・二十六日）による。とりわけイム氏には蝟島の自然環境に関する情報収集に多くの助力を得た。この場をかりて謝意を表したい。

（6）李奎報『東国李相国全集』巻一七・古律詩「庚寅十一月二十一日、将流猬島、路次扶寧郡、寓宿故人資福寺堂頭宗誼上人方丈。明日作詩二首示之。時尚書左丞宋恂、知御史台事王猷等、皆同流于各島」。

（7）李奎報『東国李相国全集』巻一七・古律詩・舟行。

（8）蝟島波市の専論として、박광순「蝟島의 조기波市에 관한 一考察」（『韓国島嶼研究』第一一輯、二〇〇〇年）、徐鍾源『蝟島 조기 波市의 民俗学的 考察——일제강점기 조기파시를 중심으로』（高麗大学校碩士論文、二〇〇四年）、参照。

（9）徐鍾源『蝟島 조기 波市의 民俗学的 考察』（前掲）四九頁。

（10）高麗—宋間の船舶往来が『高麗史』等の編纂史料に記される以上に高頻度だったことについては、李鎮漢「高麗時代 宋商貿易의 再照明」（同著『高麗時代 宋商往来 研究』景仁文化社、二〇一一年）六九～八〇頁、参照。

（11）「扶安蝟島鎮地図」（『朝鮮後期地方地図——全羅道篇』（서울大学校奎章閣、一九九六年）所収）、参照。

（12）水路部『朝鮮水路誌（第二改版）』（水路部、一九〇七年）二三四～二三五頁、同『朝鮮沿岸水路誌』第二巻（水路部、一九三四年）八五～八六頁。

（13）徐兢一行の船団編成については、『高麗図経』巻三四・海道の神舟・客舟条に詳しい。

（14）徐鍾源『蝟島 조기 波市의 民俗学的 考察』（前掲）五三～五五頁、参照。

（15）水路部『朝鮮水路誌（第二改版）』（前掲）二三四頁、同『朝鮮沿岸水路誌』第二巻（前掲）八六頁、海上保安庁水路部『朝鮮半島沿岸水路誌』（海上保安庁、二〇〇一年）二四四頁、국립해양조사원『서해안항로지』（前掲）九五頁。

（16）祁慶富「10～11세기 한중 해상교통로」（조영록編『한중문화교류와 남방해로』국학자료원、一九九七年）一八八～一八九頁。

（17）『高麗図経』巻三九・海道・礼成港。

（18）内藤雋輔「朝鮮支那間の航路及び其の推移に就いて」（同著『朝鮮史研究』東洋史研究会、一九六一年）四五一頁。

（19）蝟島通過の時間帯を示す「明」は日中も意味するが、『高麗図経』では、島々の通過時刻は刻限や時間帯が具体的に記されており、かかる大まかな表現はそぐわない。

（20）第三章、一二一頁、註（29）、参照。

(21) 内務部地方局住宅指導課編『島嶼誌』(大韓地方行政協会、一九七三年) 六二三頁、参照。
(22) 朝鮮における鞍馬島の初出史料は後述する『朝鮮太宗実録』の記事とみられ、そこではすでに「安馬島」と記される。
(23) 영광군지개정판발간편찬위원회／문화공보실編『霊光郡誌』下巻 (霊光郡、一九九八年) 二〇九八〜二〇九九頁、参照。
(24) アチック・ミューゼアム編『朝鮮多島海旅行覚書』(アチック・ミューゼアム、一九三九年) 二三頁。
(25) 水路部『朝鮮沿岸水路誌』第二巻 (前掲) 八二頁、海上保安庁水路部『朝鮮半島沿岸水路誌』(前掲) 二四〇〜二四一頁。
(26) 水路部『朝鮮水路誌 (第二改版)』(前掲) 二三九頁、同『朝鮮沿岸水路誌』第二巻 (前掲) 八三頁。
(27) 二〇〇八年七月二十五日調査。なお前掲『霊光郡誌』下巻、二〇九八頁、参照。
(28) 『朝鮮明宗実録』巻二五・十四年 (一五五九) 六月戊申。
(29) 鞍馬島の堂祭とその神話については表仁柱「全南 霊光郡 鞍馬島 堂祭 考察」(『한국민속학』二六집、一九九四年)、参照。
(30) 第三章、一一八〜一一九頁、註 (5)、参照。
(31) 『三国遺事』巻一・紀異・第四脱解王および同書巻二・紀異・駕洛国紀、『三国史記』巻一・新羅本紀・脱解尼師今。
(32) 水路部『朝鮮水路誌 (第二改版)』(前掲) 二四四〜二四五頁、同『朝鮮沿岸水路誌』第二巻 (前掲) 七八〜七九頁、参照。
(33) 王文楚「両宋和高麗海上航路初探」(前掲) 一〇〇頁。
(34) 吉田光男「一九世紀朝鮮における税穀輸送船の運航様相に関する定量的分析の試み」(『海事史研究』第四八号、一九九一年) 一二四〜一二五頁所掲「別表 税穀輸送船事例一覧」の№一三八。
(35) 長森美信「朝鮮近世海路の復元」(『朝鮮学報』第一九九・二〇〇輯合併号、二〇〇六年) 一六六〜一六七頁、図2、参照。
(36) アチック・ミューゼアム編『朝鮮多島海旅行覚書』(前掲) 二八〜三五頁。
(37) アチック・ミューゼアム編『朝鮮多島海旅行覚書』(前掲) 三三頁。
(38) 『조류도 (목포항 및 부근)』(국립해양조사원、二〇〇一年)、参照。
(39) 『조류도 (목포항 및 부근)』(前掲)、参照。
(40) 跪苫条では跪苫附近を通過した際、月が没して闇夜だったと記す。一一二三年六月三日の在遠島附近での月の入り時刻を正確に割り出すのは難しいが、参考までにカシオ計算機の高精度計算サービスKeisan（http://keisan.casio.jp）の「月の出月の入り計算」や北海道大学情報基盤センターの暦情報データベース（http://www.hucc.hokudai.ac.jp/~x10508/srss.html）を利用し、一定の精度が得られる二十世紀以降について毎年陰暦六月三日の月の入り時刻を算出すると（在遠島上の観測点を東経一二六・〇一一六三度、北緯三五・〇九〇六九度に設定）、日本標準時（南北朝鮮の標準時も同じ）で二十一時台を中心にこれを若干前後する範囲におさまる（厳密には在遠島は日本標準時子午線から三六分遅れの時差がある）。一一二三年六月三日でも同様な時間帯だったであろう。跪苫条では闇夜にもかかわらず波しぶきが明るくみえたと述べており、必ずしも跪苫最接近の時点で月が没したことを意味しないが、いずれにせよ上記の荏子島西方島嶼群への到達推定時刻とも矛盾しない。

（41）『朝鮮水路誌（第二改版）』（前掲）二四九頁、『朝鮮沿岸水路誌』第二巻（前掲）七七頁。

（42）朝鮮半島沿岸のクジラ類については、朴九秉『増補版　韓半島沿岸捕鯨史』（民族文化、一九九五年）、김장근・이장욱・백철인・손호선編『한반도연안 고래류』（국립수산진흥원、二〇〇〇年）、윤명희・한상훈・오홍식・김장근・박정길（원병오監修）『한국의 포유동물』（동방미디어、二〇〇四年）参照。また本文で言及する各種クジラ類の一般的生態については、アンソニー・マーティン『クジラ・イルカ大図鑑』（粕谷俊雄監訳、平凡社、一九九一年）、Pieter A. Folkens, Randall R. Reeves, Phillip J. Clapham, Brent S. Stewart, James A. Powell, *Guide to Marine Mammals of the World*, Alfred A. Knopf, 2008, William F. Perrin, Bernd Würsig, J. G. M. Thewissen ed., *Encyclopedia of Marine Mammals, Second Edition*, Academic Press, 2009、笠松不二男・宮下富夫・吉岡基（大隅清治監修）『新版　鯨とイルカのフィールドガイド』（東京大学出版会、二〇〇九年）も参照。

（43）『韓国日報』電子版二〇〇八年九月二十三日付け記事「심해성 들쇠고래、서해서 죽어나는 깨닭은（深海性のコビレゴンドウが西海で死んでしまう理由とは）」（http://news.hankooki.com/ArticleView/ArticleView.php&url=society/200809/h2008092302595122040.htm&ver=v002）。ストランディングStrandingとは水中生物が座礁すること。

（44）Spy Hop。クジラ類が体をたてて水面上に顔を突き出し、周囲を観察する行動。

（45）『한겨레신문』電子版二〇〇一年五月二十二日付け記事「서해안에 범고래 등 대량서식 확인（西海岸でシャチ等大量棲息確認）」（http://www.hani.co.kr/section-005000000/2001/05/005000000200105222025095.html）。朝鮮後期の学者李圭景（一七八八〜?）もシャチ（長酥被／長藪被）を「東海」の生物と説明する（『五洲衍文長箋散稿』巻二一・鯨鰐辨証説）。

（46）朴九秉『増補版　韓半島沿岸捕鯨史』（前掲）二四〜二六頁ではマイルカの棲息データについて不確実さを指摘しているが、近年の調査や混獲報告によって朝鮮半島西方沿海での棲息・回遊が確認されている（『국제신문』電子版二〇〇六年十一月六日付け記事「해양부 고래관광 타당성 용역 발주（海洋部、クジラ観光妥当性サービス開始）」（http://www.pusan-news.co.kr/news2006/asp/news.asp?gbn=v&code=1200&key=20061107.22014212516）、『스포츠 조선』電子版二〇〇七年三月二十一日付け記事「수온상승으로 서해안 돌고래 출몰잦아（水温上昇で西海岸でイルカの出没頻繁）」（http://sports.chosun.com/news/news.htm?name=/news/life/200703/20070322/73v70002.htm））。

（47）新基里にコレグミ 고래구미（コレミ 고래미）、また梧島にコレギミ 고래기미 という入江があり、いずれもコレが蝟集した場所とされる（영광군지개정판발간편찬위원회／문화공보실 編『霊光郡誌』下巻（前掲）二〇八九・二〇九二頁、参照）。

（48）韓国海図№三四三「임자도 및 부근 제도」（국립해양조사원、二〇〇五年）、参照。

（49）亀山慶一「韓国の漁業民俗」（同著『漁民文化の民俗研究』弘文堂、一九八六年）三三六〜三三七頁、『어촌 민속지――경기도・충천남도 편』（국립민속박물관、一九九六年）第四章第六節、参照。

（50）藤田明良「日本近世における古媽祖像と船玉神の信仰」（黄自進主編『近現代日本社会的蛻変』中央研究院人文社会科学研究中心・亜太区域研究専題中心、二〇〇六年）一八一〜一八二頁、参照。

（51）火の玉遭遇譚に関連して松耳島の西岸にあるシンゲ 싱개 という海岸を紹介しておく。これは地相が悪く荒天時に鬼火がでることにちなむ地名だという（前掲『霊光郡誌』下巻、二〇八七・二〇九二頁、参照）。単なる伝説なのか、プラズマ説が有力視される自然現象としての火の玉現象に由来するのかはともかく、かかる発光現象が地名として定着するほど、地域住民の意識に根をおろしてきた事実が重要である。もちろん現状ではそれが高麗時代にさかのぼり、さらに菩薩苫の「顕異」にまでつながる保証は何もないが、参考までに附記しておく。

(52) 長森美信「朝鮮近世海路の復元」(前掲)、参照。
(53)『高麗図経』巻三五・海道・黒山。なお第三章、九〇〜九一・一一六頁、参照。
(54) とくに在遠島の西方水域は海底地形が複雑で潮流や風波の状態が航行に影響しやすいという。二〇〇八年十一月二十四日に筆者が実地調査をおこなった際にも、木浦でのチャーター船に水先案内として現地島民に同乗してもらった。

第五章　忠清道沿海における航路

はじめに

本章では、宣和五年（一一二三）六月八日に横嶼（古群山群島の北部島嶼——第二章参照）を出航した宋使船が、同日、馬島（安興半島——第一章参照）に到着するまでの航程を検討する。問題となる水域はおおむね現在の忠清道沿海に相当する。厳密には一部に全羅道沿海もふくまれ、一方では馬島からさきの航程に関しても一部が忠清道沿海にかかるが、後者については次章で京畿道沿海における航路を検討するなかであわせて論じることにする。

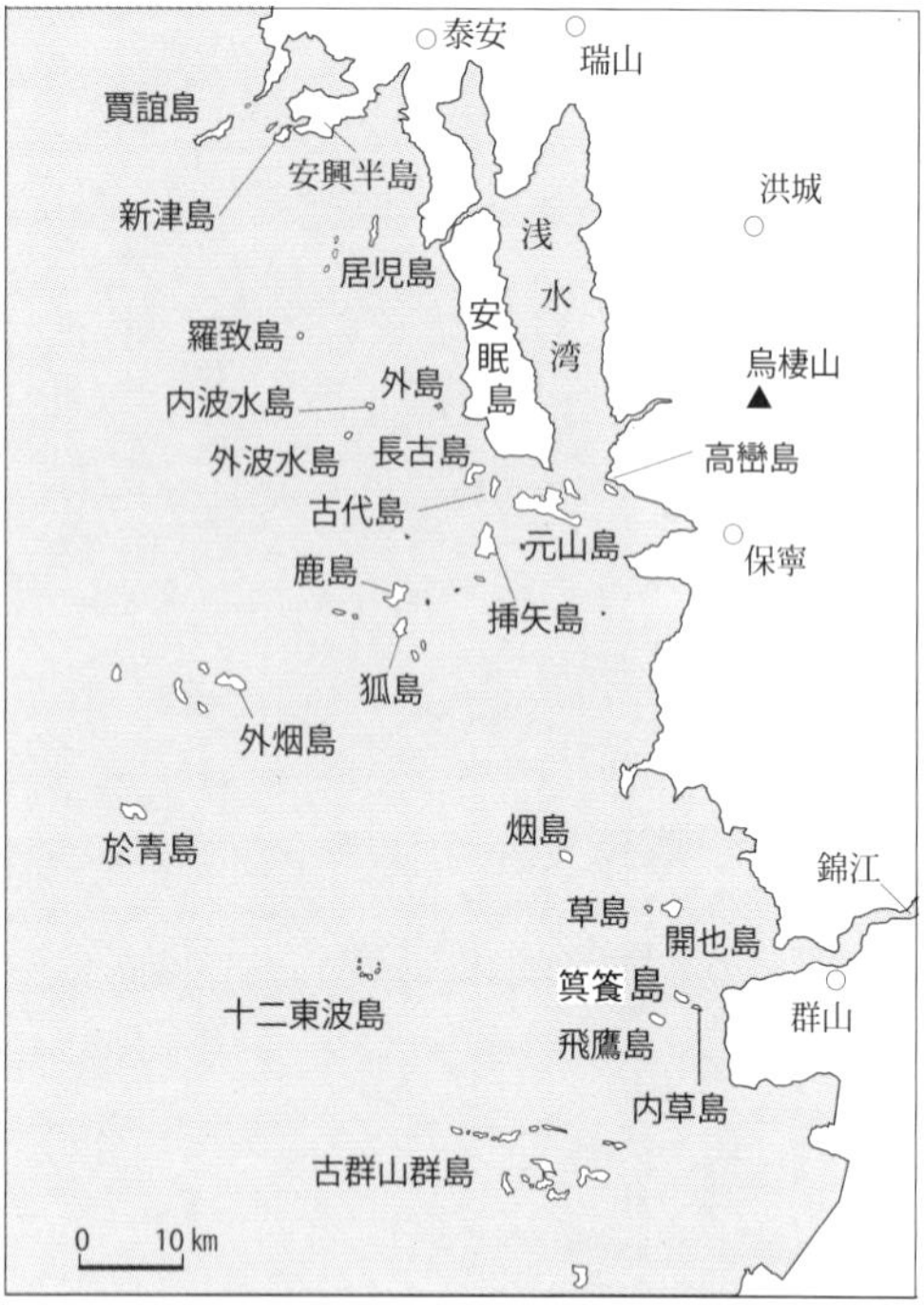

図版1　忠清道沿海要図

なお『高麗図経』海道のなかでも当該の航程に関する記事は、陸標を現地比定するうえでの参考情報がとりわけかぎられ、確度の高い議論がそもそも難しい。しかし本稿では少しでも研究を前進させるため、あくまで船舶運航上の蓋然性を評価しつつだが、可能なかぎり具体的な試案を提示する。

六月八日早朝に古群山群島を離れた徐兢らは、同日夕刻に安興半島に到達するまでに紫雲苫、富用山、洪州山、鵶子苫を通過した。以下ではこれら個別の陸標を通過順に検討する。関係地については図版1を参照されたい。

一　紫雲苫

『高麗図経』巻三七・海道・紫雲苫には次のように記されている。

七日戊子。天日晴快。早全州守臣、致書備酒礼、曲留使者。使者以書固辞、乃已。惟受所饋蔬茹魚蛤等、因以方物酬之。午刻、解舟、宿横嶼。八日己丑、早発。南望一山、謂之紫雲苫。横巘差畳。其後二山尤遠、宛如双眉凝

翠焉。（〔六月〕七日戊子。天候は快晴。早朝に全州の守臣が書を送って酒礼をととのえ、使者をひきとめた。使者は書を送って固辞し、それで沙汰やみとなった。ただ送ってきた野菜・魚介等を受領し、そこで方物をもってこれに酬いた。午刻、船を解纜し、横嶼に停泊した。八日己丑、早朝に出発した。南方に一山を望んだが、これを紫雲苫という。横たわった峰はやや重畳としている。その後ろの二山はさらに遠く、あたかも濃い翠色の双眉のようであった）

六月八日の早朝、横嶼を出発した徐兢一行は、その後南方に紫雲苫を望見した。時間は明記されないが、後述のように紫雲苫望見後、富用山を「午後」（十二時台）に通過したので、おおむね午前中の時間帯だったとみられる。馬島（安興半島）への到着は「酉後」（十八時台）からほどなくだったが、この最終段階で宋使船は強風をうけ飛ぶように疾走した（『高麗図経』巻三七・海道・馬島）。一方、それ以前については速度の増減に関する記載がなく、おおむね安定した速度を維持したと考えられる。そうすると徐兢が紫雲苫を目視したであろう午前中は、この日の移動時間のおおむね前半に相当することになり、移動距離のうえでもこの日の航程のおおむね前半に相当する蓋然性が高い。

古群山群島から安興半島にいたる航路の中間点は、複雑な迂回ルートをとらないかぎり、浅水湾口からその南西部にかけてちらばる外烟列島の南方近海にあたる。その日の最終段階で短時間ながら増速し、時間あたりの距離を多少かせいだであろうことからすれば、午前中の航程は距離上の中間点よりも南方にとどまった可能性もある。

古群山群島からこの中間点までにあるおもな島嶼としては、水域の東側では半島本土附近に南から飛鷹島、箕篒島、内草島、開也島、竹島、烟島などがならび、西側では南から十二東波島、於青島、外烟島とその属島群がならぶ。

このうち西側の諸島は紫雲苫の比定候補からはずしてよかろう。この後述べるように、徐兢がつづいて通過した富用山には高麗政府の備蓄倉庫がおかれていたといい、また洪州山はその近隣に洪州の治所があるという。これらの記述が正確である保証は必ずしもないが、少なくとも如上の認識を徐兢がうけいれる前提として、それらの場所は上記のような政府の行政活動拠点をおく場所として違和感のない半島本土か、これにごく近い島嶼であったことが示唆される。それゆえ、宋使船が古群山群島を出発してから北西方の外洋水域にむかい、本土から直接視認できない遠島附近を通過しながら、その後、わざわざ東寄りに大きく針路をかえ、短時間のうちに本土附近まで移動したとは考えにくい。

では水域東方の島々のうち紫雲苫に相当する可能性があるのはどれか。あくまで『高麗図経』の記事に大きな誤謬・漏落がないと仮定しての話だが、徐兢の描写に、北側から紫雲苫をみた場合、遠く背後に双眉のような島影がみえるとある点が手がかりになる。こうした表現は横に細長く伸びた二つの島影がならぶさまを意味するとおもわれる。

かかる三島の組み合わせを上記の島々にあてはめると、まず飛鷹島が紫雲苫であり、その北東三、四㎞にある箕箵島と内草島が双眉のような島に相当する可能性が考えられる（図版２）。現在後二者は埋立てにより陸地化しているが、標高七〇ｍほどの幅広の円錐台状の小島である飛鷹島の北東になだらかな低丘が広がる箕箵島と内草島がならぶ。しかし飛鷹島の背後に他の二島を望むには南から西寄りの位置より目視する必要があり、北側からみたという徐兢の記述には一致しない。また飛鷹島からこれら二島までの距離は近く、遠くに望むという印象にはそぐわない。

もう一つの可能性は紫雲苫を烟島にあて、開也島と竹島を双眉のような島に比定するというものである（図版３）。烟島は標高一八八ｍ、顕著に隆起した島で、南北方向からは円錐状、東西方向からは台形状にみえる。その南東一〇㎞弱の位置にならぶ開也島と竹島は、最頂部でいずれも六〇ｍ前後の平坦に広がった地形をなし、それらが烟島附近からみて海上にならぶすがたは、まさに双眉のようである。この場合、北寄りの位置から紫雲苫ごしに望むとそのようにみえるという徐兢の記述にも一致する。

峰がやや重畳としているという紫雲苫自体の地勢については解釈が難しいが、より小規模で変化にとぼしい飛鷹島の地形にはあまり符合しないとおもわれる。これが烟島だとすると、南北方向からは二つのピークがかさなってみえ、西方から望むと正面の山塊の両脇から背後の山すそがとびだしてみえる。

徐競が述べる地勢説明は如上の烟島の景観には直接対応していないかもしれない。また北方に航行していた徐競が紫烟苫を進行方向とは逆に北側からふりかえって望見したという点を疑問視し、船からみた島の方位が誤記されているとみるむきもあるかもしれない。それでも、紫雲苫を烟島に比定するほうが史料解釈上の不合理が少なく、特別な史料操作をくわえる必要もないので、筆者としてはこちらの説を第一候補に考えたい。

現在、烟島（ヨンド 연도）の名称由来は、〝中国大陸に近くその煙がみえる〟[1]、〝島の形が蓮（ヨン 연）の花に似る〟[2]、

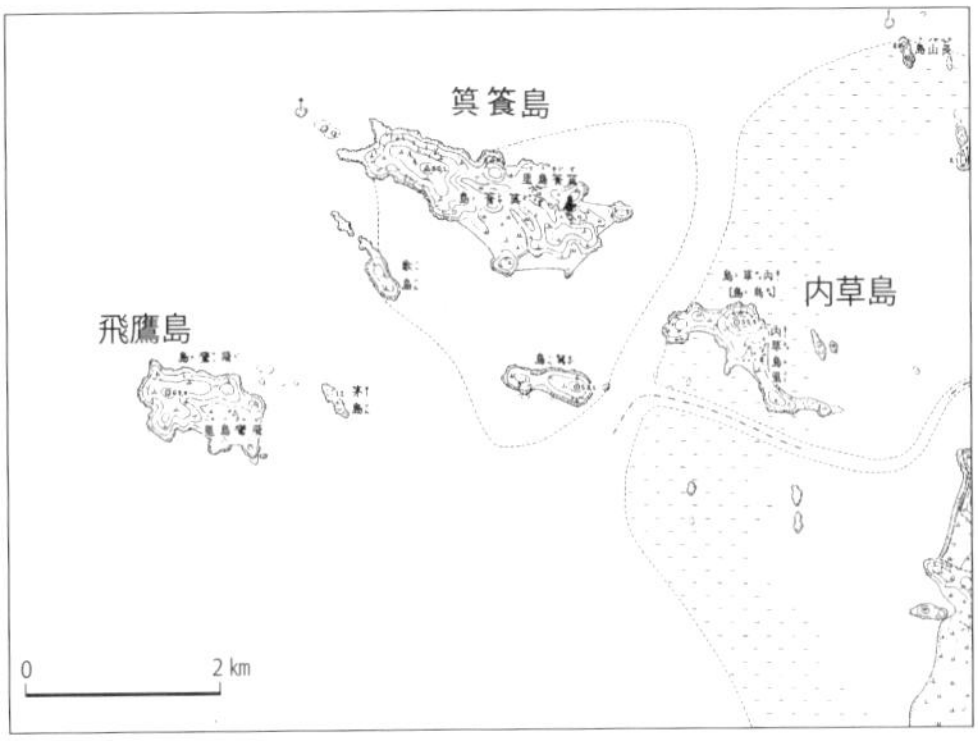

①飛鷹島とその周辺（陸地測量部 5 万分 1 地形図「群山」〈1925年〉にもとづき作成）

②西からみた飛鷹島（2007.11.24）

③北からみた箕簑島・内草島一帯（2011.5.29）

図版 2

〝烽火をたいた場所〟(3)などと多様に説明される。少なくとも朝鮮前期の『新増東国輿地勝覧』巻一九・忠清道・舒川郡・山川ではすでに「烟島」と記しているが、十九世紀後半の漕運実務記録『漕行日録』（序章参照）では、「烟島」の朝鮮固有語名を「ナッショム 낫셤」と記す。これは文字どおり煙《ネ》（現代朝鮮語 내／中期朝鮮語 늬）の島《ソム》（섬）の訛音と考えられるので、朝鮮時代までに煙とのむすびつきで地名が認識されていたことは間違いない。

一方、徐兢がいう紫雲苫の紫雲は紫色の瑞雲を意味する。徐兢は名称の由来を何も語らず、高麗での名称か、宋の船員による別称かも不明である。島からそうした雲気がたちのぼるということならば、烽火をたく場所という意味での烟島ともつながってくる。ただし烟島に烽火台が設けられたという事実は、少なくとも公的なものとしては高麗・

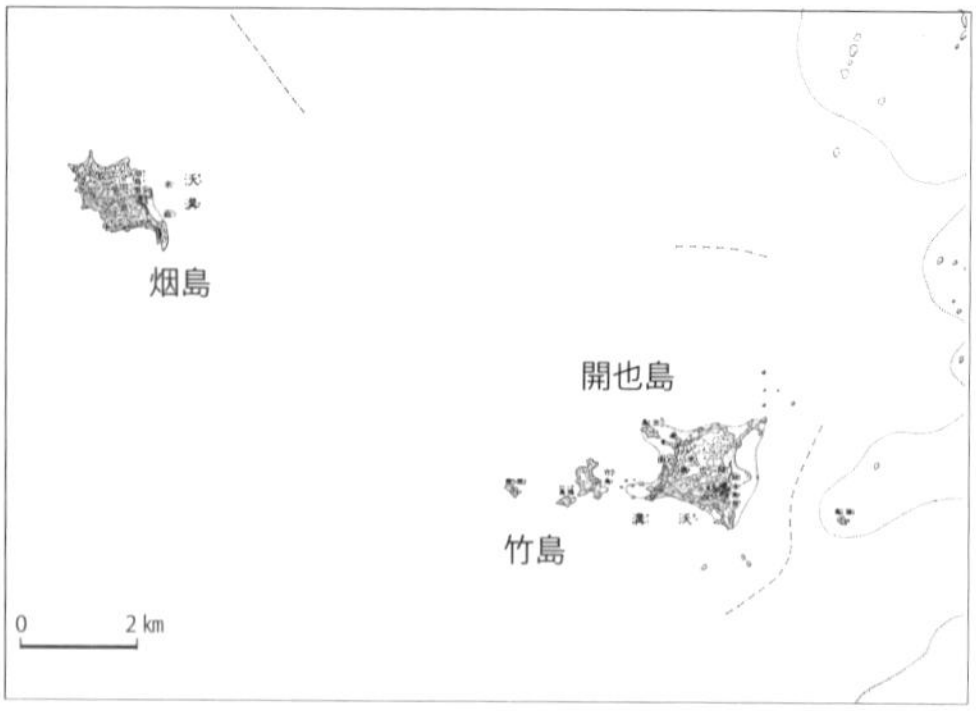

①烟島とその周辺（陸地測量部5万分1地形図「烟島」〈1919年〉「舒川」〈1925年〉にもとづき作成）

②南からみた烟島（2011.5.29）

③西からみた烟島（2011.5.30）

④南からみた開也島・竹島（2011.5.29）

図版3

朝鮮時代を通じていまのところ確認できない。別の理由から煙に由来する島名がついた可能性もあるが、高麗人自身の呼称を確認できないため、朝鮮時代以降にいう烟島と紫雲苫との間に名称上の関連性があるか否かは判断できない。

二　富用山

『高麗図経』巻三七・海道・富用山には次のように記されている。

是日午後、過富用倉山。即舟人所謂芙蓉山也。其山在洪州境内、上有倉廩、積穀且多云。以備辺鄙非常之用、故以富用名之。（この日の午後、富用倉山を通過した。すなわち船員がいう芙蓉山である。その山は洪州の境域内にあり、上には倉庫があって穀物を大量に備蓄している。辺境の緊急時の必要に備えるので、そこでこれを富用と名づけている）

紫雲苫を望見した後、徐兢一行は「午後」（十二時台）に富用山（富用倉山）を通過した。この富用山は洪州（現忠清南道洪城郡）の域内にあり、地方緊急用の食糧備蓄庫がおかれているため、このように呼ばれるという。徐兢は『高麗図経』巻一六・官府・倉廩でも富用倉について触れており、開京の右倉とあわせて「不常発、以儲兵革水旱之備（通常は発出せず、戦争・水害・旱魃のそなえを貯蔵する）」と記している[4]。すなわち富用倉の備蓄目的である「辺鄙非常之用」とは「兵革水旱之備」を意味するのである。

ただし当時の朝鮮半島中西部沿岸に軍事的緊張は存在せず、軍需物資を主眼とする備蓄施設の必要性は想定しがたい。少なくともそうした目的をもつ倉庫の存在は、ほかの史料では示唆されない。しかし飢饉・災害時の賑恤穀については、具体的な設置個所は不明ながら、すでに十世紀末の段階で各地に義倉がおかれている[5]。徐兢は高麗の地方倉庫に関して富用倉だけをあげ、ほかに同様な機能をもつ倉庫があるとは述べていない。しかし寺院・祠廟に関してもそうであるように、宋人である徐兢は、高麗の地方事情については、みずからのかぎられた見聞の範囲内で言及している。富用倉もまた各地に複数存在する義倉の一つだった可能性は十分に考えられる。

先行研究のなかには、この富用山を高麗時代の税穀集積・積出港である十三ヶ所の漕倉の一つ、芙蓉倉にあてる説もある(6)。しかし芙蓉倉を管轄したのは霊光郡（現全羅南道霊光郡）であり(7)、古群山群島以北に位置するはずの富用山とはまったく位置があわない。徐兢は『高麗図経』巻一六・官府・倉廩において、宋の船員たちが富用倉を「芙蓉」倉と呼ぶのは間違いであるとも記している。いかなる意味で間違いなのかは明記されないが、あるいは富用倉が漕倉の芙蓉倉とは無関係であることに関係するのかもしれない。

ただ文宗二十一年（一〇六七）には高麗北西部での飢饉に際し、同じ地方におかれた漕倉である安瀾倉から賑恤穀を発出した例がある(8)。漕倉にも緊急用の備蓄機能があらかじめ想定されていた可能性がある。その意味では、古群山群島から安興半島にいたる航路に近い位置にある唯一の漕倉として、鎮城倉の存在も注意される。しかしこれは海上航路から離れた錦江下流部におかれた(9)。また紫雲苫が烟島だとすれば、鎮城倉はそれより南であり、航程にあわない。さらに、徐兢一行が「午後」の段階でようやく錦江附近を通過したとすれば、その日の総移動距離の五分の一にもならず、残り時間で安興半島まで到達するのは難しくなる。

富用山はやはり烟島よりも北方に比定したほうがよい。この日の総所要時間のおよそ半ばである「午後」に通過したことからすれば、半島本土寄りの水域を北上する航程の半ばに位置する浅水湾口近傍に求めるのがふさわしいだろう。また国家の備蓄倉庫が半島本土から離れた孤島や、沿岸間近でもごく小さな島に設置された可能性は低い。仮に倉庫の存在が不正確な情報だとしても、そのことについて聞きおよびつつ当該地点を目視した徐兢にとって不自然さのない場所だったのであろうから、富用山は半島本土の沿岸や、これにごく近接した主要島にあてるべきである。

さらには富用山が洪州の域内にあるという点も注意される。洪州という狭義の邑は、管区が拡大した朝鮮時代でも、海には浅水湾の奥部で面するのみである。このような場所に徐兢が目睹した富用山があったはずはない。しかし高麗前期において洪州の守令（地方長官）は守令がおかれていない周辺の諸邑（属邑）をあわせて管轄しており、その管轄区域の南限は浅水湾口を扼する保寧県（現忠清南道保寧市）におよんでいる。[10]

如上の立地条件に該当し、かつ歴史上、王朝政府が物資の集積をともなう形で活動拠点をおいたことを確認できる場所としては、元山島と高巒島をあげることができる（図版4）。

このうち高巒島については、第一章で触れたように島嶼ではなく本土側の土地（現保寧市舟橋面高亭里一帯）である。

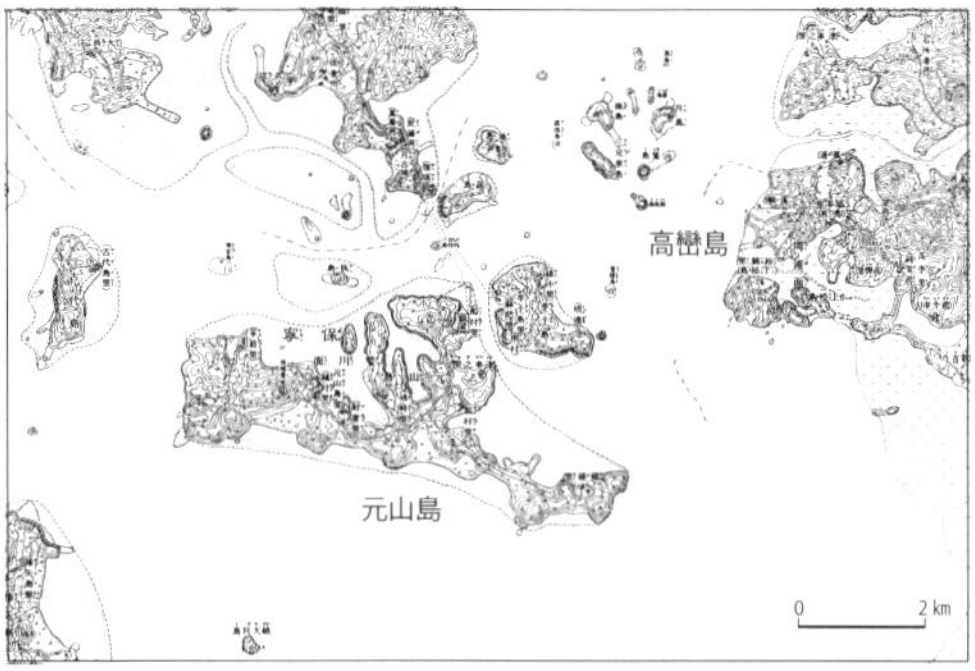

①浅水湾口一帯（陸地測量部5万分1地形図「安眠島南部」「大川里」〈1919年〉にもとづき作成）

②南からみた元山島（2010.7.15）

③南方海上から高巒島を望む（2010.7.13）　※手前は松島

図版4

高麗前期には宋使船の中間迎接のために亭館が設けられた時期もあるが、その後は流刑地か外冦被害地として登場することが多く、少なくとも高麗後期には水軍が駐屯している。一方、元山島については高麗時代の記録をみいだせないが、朝鮮時代には牧馬場や水軍の鎮に利用され、備蓄倉庫もおかれている[11]。

ただし両地とも高麗時代における備蓄倉庫の存在は確認できない。高麗時代における政府の活動拠点として史料上確認できる点では高巒島が有力視されるが、安興半島方面へとぬける航路上の通過地点として、高巒島はやや東北方の奥まった位置にある。これを遠望する位置では、手前に元山島の島影が長々と横たわっている。その点では元山島を富用山に比定するのが穏当であるようにもおもわれるが、確実とはいえない。ただ、両者のうちいずれかが富用山に相当する公算が大きいだろう[12]。現段階ではひとまず両論併記としておきたい。

三　洪州山

『高麗図経』巻三七・海道・洪州山には次のように記されている。

洪州山、又在紫雲苫之東南数百里、州建其下。又東一山産金、盤踞如虎、謂之東源。小山数十環拱如城。其山上有一潭淵、澄可鑑、不可測。是日申刻、舟過。（洪州山はまた紫雲苫の東南数百里にあり、〔洪〕州〔の治所〕はその麓にたてられている。また東に一山があって金を産出し、虎のように盤踞しており、これを東源〔山〕という。数十の小山が城壁のようにとりまいている。その山上には淵が一つあり、鏡のように澄んでいるが、深さははかりしれない。この日申刻に船が通過した）

富用山の通過後、徐兢一行は「申刻」（十五・十六時台）に洪州山を通過した。その位置は紫雲苫の「東南数百里」

というが、忠清道沿海を北上中の宋使船が通過地点のはるか南方水域をその後に通過するはずはないので、方角は明らかな誤りである。史料のとおり洪州（現忠清南道洪城郡）方面にあったならば「東北」とすべきだが、「数百里」（当時の一中国里は約〇・五五㎞）という距離も額面どおりならば少なくとも一〇〇㎞を超え、この日の出航地である古群山群島から到着地の安興半島までの距離を超えてしまう。誇張された数値だろう。

前述のように「午後」（十二時台）に通過した富用山が高巒島だとすれば、宋使船はその後五時間前後と少々の時間で五〇㎞ほど移動し、「酉後」（十八時台）からほどなく安興半島に到達したことになり、平均時速はおよそ一〇㎞前後となる。富用山が元山島だとすると、移動時間は四〇㎞ほどとなり、平均時速はおよそ八㎞前後となる。この日の最終段階で短時間ながら増速したことからすると、それ以前の時間あたりの移動距離は多少短くなるかもしれないが、富用山を通過してから「申刻」に洪州山を通過するまでのおよそ三、四時間の移動距離は、高巒島近海起点の場合三〇～四〇㎞程度、元山島近海起点の場合二四～三二㎞程度と推算される。これはいずれのケースでも、南北二〇㎞に細長く伸びた安眠島の西方水域に優々到達できる距離である。

当該水域附近には、ほかにも古代島、長古島、外島、内波水島、外波水島、羅致島、居児島などがある。そのいずれかを洪州山を比定するならば、古代島以下の島々はいずれも小島で、海上のやや離れた位置にあるため、徐兢が得た情報の正確性はともかく、附近に州の治所があると彼が認識するには無理がある。そうすると、高麗時代には陸繋していた大島である安眠島（朝鮮前期までは安眠串とよばれた）を選ぶほかない（図版5）。高巒島が富用山である場合、元山島が洪州山にあたる可能性も問題になるが、前述のごとくこの場合、富用山から洪州山までの移動距離は三〇～四〇㎞程度となる。高巒島を望見する位置から元山島を通過するまでは一〇㎞も移動すればよく、やや近すぎる。

安眠島の海岸線は複雑に出入りするが、一〇〇ｍ未満の低丘がなだらかに連続する地勢で、朝鮮時代には牧場や伐木地とされた。朝鮮後期の『大東輿地図』によると、当時島の大半は瑞山郡（現忠清南道瑞山市）に属し、北端が洪州牧や泰安郡（現忠清南道泰安郡）に分属した。高麗時代には安眠所がおかれ、その所属邑は不明だが、上記三邑のいずれか、またはその複数に分属した可能性が高い。このうち瑞山は高麗前期には富城県といった。『高麗史』巻五六・地理志・楊広道・富城県には仁宗二十二年（一一四四）に県令をおくとあり、一一二三年の徐兢来訪時は守令が赴任しない属邑だった。(13) これが所属した主邑は不明だが、主邑としての富城県の属邑となった蘇大県、すなわちのちの泰安郡は、それ以前、顕宗代（十一世紀初）以降は運州（のちの洪州）の属邑だった。そこで属邑だった当時の富城県も洪州に属した可能性が考えられる。(14) だとすると、安眠所も広義には洪州牧の守令の管下にあった可能性が想定される。

①安眠島（陸地測量部５万分１地形図「安眠島北部」「安眠島南部」〈1919年〉にもとづき作成）

②東からみた安眠島の海岸線（2011.5.31）

図版５

また『高麗史』巻一六・仁宗世家・十一年（一一三三）二月乙巳には、

遣韓惟忠・尹彦頤如宋謝恩。行至洪州海上、遇風幾覆、貢篚霑湿、不達而還。（韓惟忠・尹彦頤を宋に遣わして謝恩することにした。一行が洪州の海上にいたった際、悪風に遭遇して転覆しそうになり、献上品の箱が濡れてしまったので、〔宋に〕到達することなく引き返した）

とある。この「洪州海上」がさす水域の具体的範囲は不明だが、宋にむかう航洋船が通過する水域である以上、洪州最寄りの浅水湾内だけではなく、その外側の水域をふくむことは明白である。とすれば、その附近に位置するとりわけ大きな陸標として、安眠島を〝洪州の山〟と呼んでも不思議ではなかろう。

図版6　安眠島南方海上からみた烏棲山（2010.7.13）

以上のように、安眠島が洪州という地名とのむすびつきで認識された可能性は、いちおう想定可能である。もちろん安眠島そのものに洪州の治所があったわけではなく、この記述は不正確ないし大雑把な情報といわざるを得ないが、考え得る航路附近のどの地点を洪州山に比定したところで状況は同じである。

ここで注意されるのは、洪州山の東には虎が盤踞するような姿をした東源なる山があるということである。洪州山が安眠島だとすれば、その東方には浅水湾をはさんで保寧から洪城にかけての山並みが列なるが、西側から安眠島ごしに東方を望んだ場合、七九〇mの標高をほこる烏棲山が雄大なすがたをみせている（図版6）。これは海上から顕著にめだつ陸標であり、さらに離れた安興半島附近の海上からも安眠島ごしに視認できる（二〇一〇年七月十六日現地確認）。安眠島が洪州山であれば、東源山は烏棲山に相当する可能性が高い。李敏寧の

『洪城郡誌』[15]（一九二四年序）巻上・山岳・烏棲山にも、「忠清西部之巨嶽、西海船舶之羅針（忠清道西部の大山であり、西海を往来する船舶の目印である）」と記されており、この山が航海におけるかっこうの陸標とされていたことがわかる。
また徐兢は東源山で金がとれると記すが、実際、洪城やその周辺地域は朝鮮半島でも有数の産金地であり、すでに十三世紀後半、元に献納するために採金をおこなった事実がある。[16]金が採取できることは、おそらくそれ以前から知られていたであろう。烏棲山そのものも金を埋蔵し、近代以降にも採掘事業がおこなわれた実績を有する。[17]
解釈に悩ましいのは、東源山について言及した一文のつづきである。数十の小山が城壁のようにとりまいているといい、山中に鏡のごとく清らかな淵があるというが、洪州山と東源山のどちらに関する記述か曖昧である。機械的にはひとまず次の八通りの読みかたが可能である。

〈A〉洪州山の周囲を数十の小山がとりまき、東源山上に淵がある。
〈B〉洪州山自体、小山が列なりめぐるような地勢であり、東源山上に淵がある。
〈C〉洪州山の周囲を数十の小山がとりまき、洪州山上に淵がある。
〈D〉洪州山自体、小山が列なりめぐるような地勢であり、その上に淵がある。
〈E〉東源山の周りを小山がとりまき、東源山上に淵がある。
〈F〉東源山自体、小山が列なりめぐるような地勢であり、その山上に淵がある。
〈G〉東源山の周りを小山がとりまき、洪州山上に淵がある。
〈H〉東源山自体、小山が列なりめぐるような地勢であり、洪州山上に淵がある。

このうちまず〈A〉と〈B〉は、短い条文のなかで記述対象が洪州山→東源山→洪州山→東源山とくりかえし入れ替わることになり、漢文の表現としてまずあり得ない。また東源山自体が環状の小山群であるという理解も、虎のように盤踞するという描写にあわないので、〈F〉と〈H〉も除外できる。さらに、安眠島はそれ自体長々と低丘がつらなった地勢であり、そのまわりをさらに小山や小島がとりまいているとは認識しがたいので、〈C〉も除外できる。〈G〉のように解釈した場合、本条では冒頭で洪州山の位置情報を記した後、東源山について産金の事実、地勢、名称、周辺地形と多岐にわたり説明したうえ、最後に再び話題を洪州山にもどし、一項目だけ淵の情報を追加するという文章構成をとったことになる。これもまた不自然な筆運びである。

そこで可能性は〈D〉か〈E〉にしぼられる。まず〈D〉は、洪州山が安眠島である場合、実際の地形は必ずしも山並みが弧を描くような配置ではないが、海上から望見した印象として必ずしも大きな無理はないかもしれない。ただし、宋使船まで伝聞が広まるような著名な淵が同島に存在したという事実や伝承はいまのところ確認できない。

一方、〈E〉については、東源山が烏棲山である場合、その周囲は確かに低山にかこまれている。これらの山々は、安眠島南端附近の海上からであれば、おおむね問題なく視認できる。西方から安眠島ごしに望見する場合でも、遠ざかった位置からであれば、ある程度目視可能である（二〇一〇年七月十六日現地確認）。あるいは、烏棲山の前に安眠島の低丘や近海の諸島が列なるすがたをふくめた描写とみることができるかもしれない。

山中の淵については烏棲山西南側の山中、保寧市青所面清淵里にあるヨンモッ 용못（龍淵）という淵が注目される[18]（図版7）。これは烏棲山を流下する渓流中にあり、『新増東国輿地勝覧』巻二〇・忠清道・保寧県・山川に「県の北十五里に在」る「天旱禱雨之処」と記す「龍淵」に相当する（現在保寧市の中心は大川だが、旧県治は現在の周浦面）。その名のとおり龍が出現したという伝説をもち、いまなお地域住民が祭祀を維持しているが、朝鮮前期にはすでに霊験ある淵として広く知られていたのである。高麗時代にさかのぼる由緒をもつ可能性は十分にある。

東源山について徐兢が伝える産金や淵の話は一見不確かな風聞にもおもえるが、このように事実として認定するこ

図版７　龍淵（2011.5.31）

とも可能である。ところで洪州の邑治が洪州山下にあるという点で一考を要するのは、洪州邑治の南方約一〇㎞に位置する烏棲山こそが洪州山に相当する可能性である。この場合、東源山はさらに東方に求めねばならない。烏棲山の東方にも金を産出する青陽地域の山稜が列なっているが、いずれも盤踞する虎、小山がとりまく、といった地勢描写に該当し得るかは疑わしい。少なくともこれらの山々は、海上からはみえなかったはずである。しかしその地勢に関する徐兢の書きぶりは、彼が実際に目睹した他の陸標と同様であり、ここだけが伝聞による記述とは考えにくい。東源山が烏棲山東方の山をさす可能性をあえて想定すべき必要性は低いだろう。

筆者は以上の検討から、徐兢が外烟列島のラインを通過してその北方水域に出た後、東方に安眠島の低い島影と、そのむこうにそびえる烏棲山の姿を望見したものと推定する。

ところで尹龍爀は、徐兢が洪州山の次に通過した鴉子苫について、これを安眠島に比定している。[19]しかしそのようにみた場合、それ以前に通過した紫雲苫、富用山、洪州山は、筆者の推定よりも南方に比定しなくてはならなくなり、比定すべき陸標候補の検出が困難になる。なお尹自身はこれらの比定作業をおこなっていない。

四　鴉子苫

『高麗図経』巻三七・海道・鵶子苫には次のように記されている。

鵶子苫、亦名軋子苫。麗人謂笠為軋。其山形似之、因以得名。是日酉刻、舟過。（鵶子苫は軋子苫ともいう。高麗人は笠のことを軋という。その島の形がこれに似ているので〔このように〕名づけられた。この日酉刻に舟が通過した）

徐兢は高麗人が笠を軋というとするが、字義上の相関性はなく、漢字語としての異表記とは考えがたい。一一〇三年に高麗を訪れた宋使の書状官孫穆が著した『鶏林類事』には、笠を意味する高麗語について「笠曰蓋渇音」とある。これは笠のことを蓋と表記し、訓としては渇と発音するという意味だと考えられる。したがって軋は笠を意味する高麗語の音価をあらわすと考えられるが、宋人による記録であるから、漢語借音により表示したことになろう。

『鶏林類事』が記す笠の訓「渇」は、朝鮮前期の『訓蒙字会』に記された笠の訓カッ 갇（現代語では 갓）に相当するという。[20] 実際、渇の漢語音は隋唐代には kʻat といい、元代までに ko に変化した。[21] 北宋代の音が隋唐代に近ければ、まさしく渇はカッ 갇 の音に対応する。一方、軋の漢語音は隋唐代に Δt といい、元代までに ia に変化した。北宋代の音が隋唐代に近ければカッの音にも多少類似する。これに対し軋子苫の一名鵶子苫の鵶は隋唐代に ·a といい、元代までに ia に変化した。徐兢が本条の表題に掲げる地名として鵶子苫をとりながら、鵶ではなく軋について笠を意味する高麗語に相当すると述べることから、北宋代、鵶と軋の発音は異なり、軋は Δt に近い音だったと考えられる。またそうすると、漢語音にもとづく軋子苫という島名は宋人による表記ということになる。

前述のごとく尹龍爀は鵶子苫を安眠島にあてたが、これは朝鮮時代、安眠島南部に要児梁戍という水軍の拠点がおかれていたことにもとづき、軋《アル》（알）と要児《ヨア》（요아）の音が近いとするものである。[22] しかしこの音価の比較はただちに首肯できるほど近いとはいえない。そもそも前述のごとく、軋子苫の軋は高麗語を漢語音によって写したものとみるべきであるから、朝鮮漢字音における比較は直接の根拠とならない。

少なくとも鵶子苫を安眠島に比定した場合、前述のごとく前後の航程の整合的な理解が難しくなる。さらには名称以前に、徐兢が鵶子苫について述べるように、安眠島が笠のごとき形をしているか、あるいは島全体を象徴し得るものとして、そのような特徴をもつ顕著な地形をふくんでいるか、考える必要がある。しかし低丘がなだらかに連続する安眠島の地勢にそれをみいだすのはいささか無理がある。

安眠島の西方海上から安興半島までの水域にあるおもだった島嶼のうち、徐兢の描写に該当し得るものを検索するならば、居児島がもっとも適当ではないかとおもう（図版8）。同島は丸い皿や鉢をふせたような形をした三つの低丘が連接しており、それぞれの丘を笠にみたてることは可能である。同様な地形としてはやや外洋に離れた位置にある

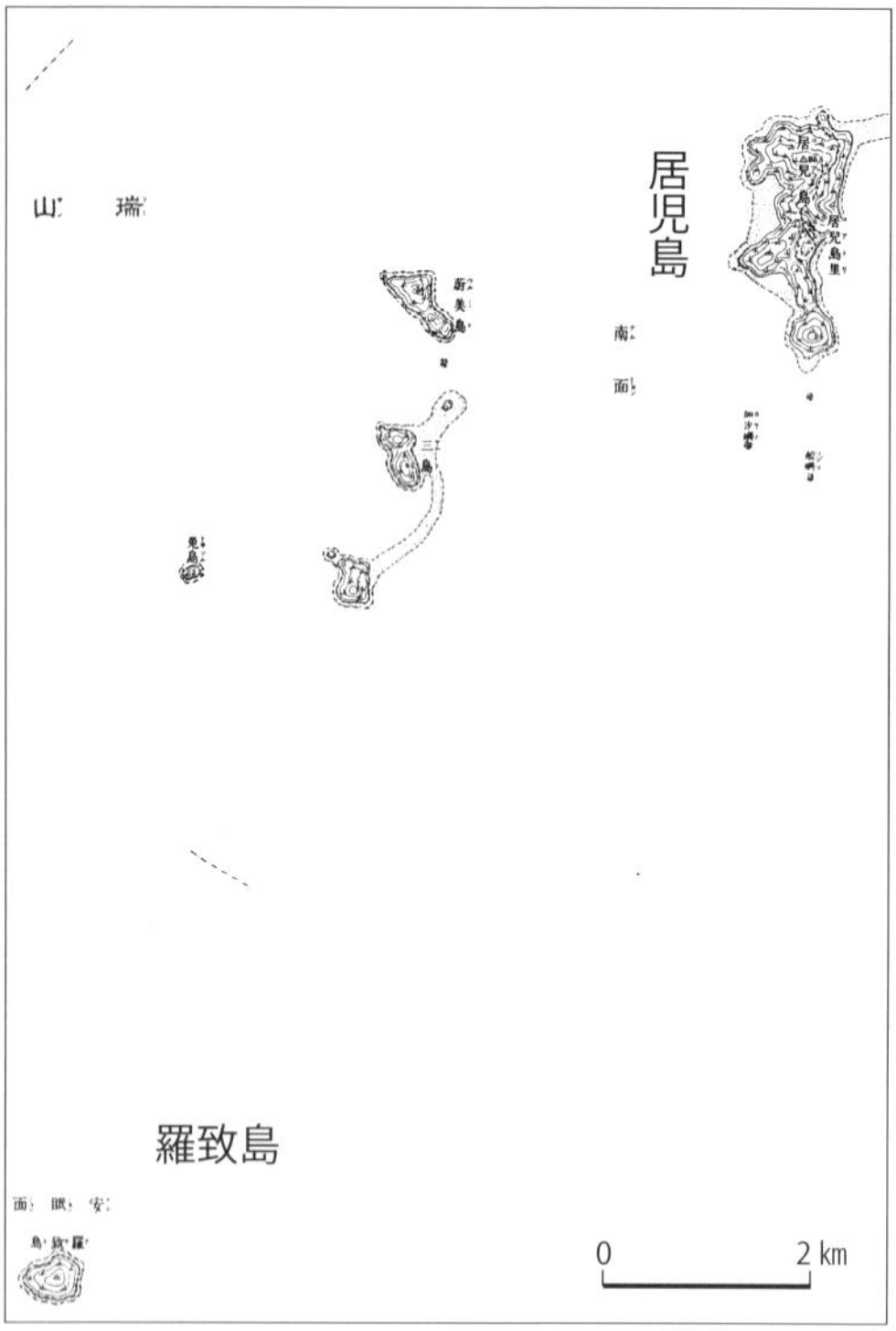

①　居児島とその周辺（陸地測量部5万分1地形図「居児島」〈1925年〉にもとづき作成）

②北西からみた居児島（2010.7.16）

図版8

羅致島（図版9）もあげられる。こちらは単独の円錐台状の山塊であり、島全体を笠のようだと認識するのはより容易である。[23] ただ羅致島は浅水湾口から安興半島にむかう航路としてはやや離れた外洋寄りの位置にある小島である。筆者としては、より大きな陸標という点でも、ひとまず居児島のほうを重視したい。

居児島の名は『新増東国輿地勝覧』巻一九・忠清道・泰安郡・山川にもみえるが、十九世紀の前出『漕行日録』には「鏡島」（コウルド 거울도）とも記される。由来は不明だが、あるいは朝鮮鏡の形にたとえたのであろうか。一方、『한국땅이름큰사전』では、寄生虫の回虫（コウィ 거위）に似るのでコウィ島とよばれ、居児島《コアド》（거아도）もこれに由来すると説明する。[24] 十八世紀の申景濬『道路攷』巻四・海路に「鏡島」の一名を「去莵島」（コウォンド 거원도）と記すのは、あるいはコウィの音に通じるものかもしれない。回虫の線状の体は島の地形とは一見似ても似つかないが、宿主の体外に排出されたその虫体は渦状に丸まった状態で人目にふれることも多い。島の形をこのすがたにたとえたならば、鏡や、徐兢のいう笠の形ともいちおう相通じるが、もとより名称由来の詳細は不明とせざるを得ない。

図版9　北からみた羅致島（2010.7.16）

おわりに

本章の検討結果をまとめると、一一二三年六月八日における宋使船の航程は次のようになる（図版10）。

①早朝、横嶼（古群山群島の北部諸島）を出航。

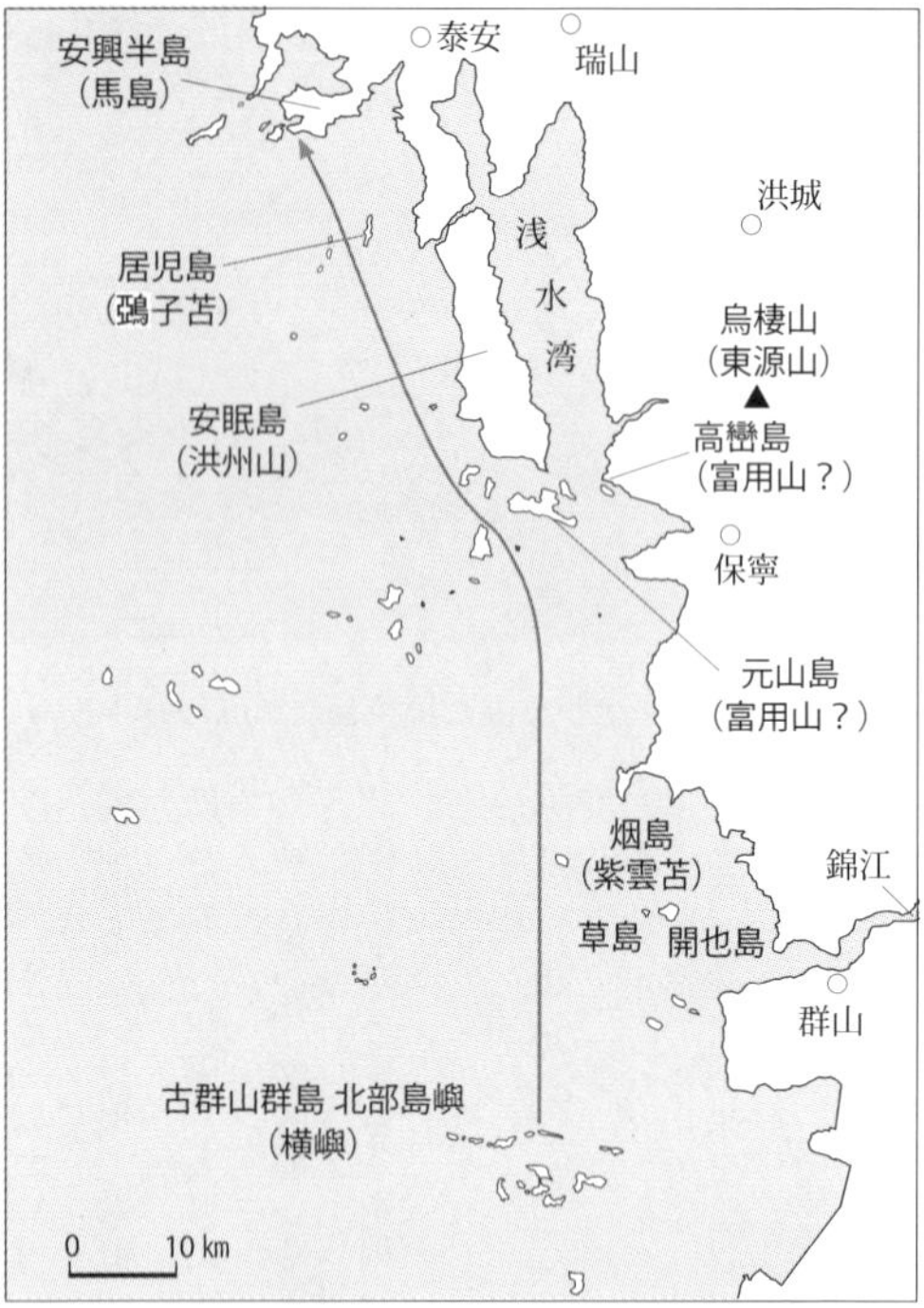

図版10　忠清道沿海における宋便船の航路（概念図）

②午前中、紫雲苫（烟島）を通過。
③午後（十二時台）、富用山（浅水湾口の高巒島または元山島）を通過。
④申刻（十五・十六時台）、洪州山（安眠島）を通過、東源山（烏棲山）を望見。
⑤酉刻（十七・十八時台）、鵶子苫（居児島）を通過。
⑥酉後（十八時台）からほどなく馬島（安興半島）に到着。

以上の航路は、細部はともかく、大枠は朝鮮時代の域内沿岸航路に重なるとみられる。しかし約一〇〇kmに達する航程をわずか一日（実質半日）で走破したことは、朝鮮在来船との違いとして注目される。おそらく船体や操船術の違いが関係するのであろうが、そうした技術も、現場水域の状況に関する十分な知識があってこそ発揮されることは論をまたない。そうした知識の一角をなす陸標の一つとして烏棲山の存在が浮上したことは、従来の朝鮮海事史研究において指摘されることのなかった点であり、とくに強調しておきたい。

冒頭で述べたように、本章で検討した航程は史料記述がもっとも淡泊になる部分であり、地名比定の精度保持は困難をきわめる。それゆえ先行研究では比定案すら存在しない陸標もあるのだが、本章ではあえて逐一の比定を試みた。それゆえ推論をかさね、ときに大胆な憶測も辞さなかったのだが、もとより試案として提出するものである。

註

（1）群山市沃島面住民センターの web サイト（http://phil.gunsan.go.kr/?SITE=210&MENU=1011、二〇一一年三月九日時点）参照。

（2）群山市沃島面住民センターの web サイト（前掲）、김중규編『群山島嶼誌』（群山市、二〇〇六年）四〇頁、参照。

（3）地名由来集編纂委員会編『地名由来集』（国立地理院、一九八七年）三六七頁、参照。

（4）ただし右倉は王室供上品をおさめる倉庫である。緊急時に発出することもあるが、その本質ではない。

（5）高麗前期の義倉については、朴鍾進「高麗前期 義倉制度의 構造와 性格」（辺太燮『高麗史의 諸問題』三英社、一九八六年）、参照。

（6）조동원・김대식・이경록・이상국・홍기표訳『고려도경』（황소자리、二〇〇五年）四四四頁。

（7）『高麗史』巻七九・食貨志・漕運。

（8）『高麗史』巻八〇・食貨志・賑恤・文宗二十一年四月。

（9）鎮城倉の管轄邑は『高麗史』巻七九・食貨志・漕運に臨陂県と記されるが、六反田豊は倉の位置を現在の全羅北道群山市羅浦面羅浦里に比定し（「李朝初期の田税輸送体制――各道単位にみたその整備・変遷過程」（『朝鮮学報』第一二三輯、一九八七年）四三頁）、韓国の漕運史研究の到達点を示す『고려 뱃길로 세금을 걷다』（국립해양문화재연구소、二〇〇九年）では群山市聖山面倉梧里に比定する（六一頁）。いずれにせよ錦江の河口からややさかのぼった場所である。

（10）『高麗史』巻五六・地理志・楊広道。

（11）충남대학교 마을연구단『보령 원산도――도시민의 휴식처로 거듭나는 섬마을』（대원사、二〇〇七年）三七～四二頁、参照。

（12）王文楚も富用山を元山島に比定するが（「両宋和高麗海上航路初探」（『文史』第一二輯、一九八一年）一〇〇頁）、倉庫の立地条件や高巒島との比較をふまえた議論ではない。

（13）『高麗史』巻八〇・食貨志・祿俸・外官祿には「文宗所定」の祿俸支給規定中に富城の県令・県尉がみえるが、この史料は明宗代の情報を誤って文宗代（十一世紀後半）にかけたものとみられる。浜中昇「『高麗史』食貨志外官祿条の批判」（旗田巍先生古稀記念会編『旗田巍先生古稀記念　朝鮮歴史論集』上、龍渓書舎、一九七九年）、参照。
（14）尹京鎮『高麗郡県制의 構造와 運営』（서울大学校博士論文、二〇〇〇年）一六〇頁、参照。
（15）『韓国近代邑誌6——忠清道6』（韓国人文科学院、一九九一年）所収。
（16）『高麗史』巻二八・忠烈王世家・二年（一二七六）七月癸丑、三年（一二七七）四月庚申、五月甲寅、同年是歳。
（17）『洪城郡誌』（홍성군지편찬위원회、一九八〇年）三〇～三一頁、参照。
（18）『보령의 지명』（보령시、一九九八年）七六頁、参照。
（19）윤용혁「고려시대 서해 연안해로의 객관과 안흥정」（『역사와 경계』七四、二〇一〇年）五二頁。
（20）前間恭作「鶏林類事麗言攷」（『前間恭作著作集』京都大学文学部国語学国文学研究室、一九七四年）二七一頁、姜信沆『鶏林類事「高麗方言」研究』（成均館大学校出版部、一九八〇年）九四頁。
（21）漢語音の変遷については、藤堂明保・加納喜光編『学研新大漢和字典』（学習研究社、二〇〇五年）による。以下同じ。
（22）註（19）に同じ。
（23）羅致島の地名由来は〝羅氏が保有した島〟とされる（『한국땅이름큰사전』上（한글학회、一九九一年）八二七頁、参照）。
（24）『한국땅이름큰사전』上（前掲）二七九頁。

第六章　京畿道沿海における航路

はじめに

本章では、宣和五年（一一二三）六月九日に馬島（安興半島――第一章参照）を出航した徐兢一行の宋使船が紫燕島を経由して六月十二日に最終目的地である礼成港（礼成江河口の碧瀾渡）に到着するまでの航程を検討する。舞台となる水域はおおむね現在の京畿道沿海に相当するが、一部に忠清道沿海がふくまれる。

一　紫燕島

『高麗図経』巻三八・三九によると、馬島に到着した翌日の六月九日、「辰」刻（七・八時台）に馬島を出航した徐兢一行は、強い南風に乗って次のような航程をたどった。

九頭山（巳刻＝九・十時台）→唐人島（午刻＝十一・十二時台）→双女焦（巳刻＝九・十時台）→大青嶼（午刻＝十一・十二時台）→和尚島（未刻＝十三・十四時台）→牛心嶼（未正＝十四時）→聶公嶼（未末＝十四時台）→小青嶼（申初＝十五時台）→紫燕島（申正＝十六時）

このうち容易に現地比定できるのはこの日の停泊地となった紫燕島であり、仁川沖にうかぶ永宗島（図版1）の古名にほかならない。このことについてはすでに多くの先行研究が一致するところだが、(1)一部に京畿道沿海南部の紫月島や大阜島に比定する説もある。(2)しかしこれらは根拠不明であったり、その日の出航地である馬島を安眠島に比定したりしたうえでの見解であって、いずれもしたがえない。この問題については最近ムン・ギョンホが詳細に検討しているので、(3)詳しくはそちらを参照されたい。

紫燕島については、高麗史料でも『高麗史』巻五六・地理志・楊広道・仁州に仁州（現仁川市）管内の島嶼として明記されることをはじめ、(4)その名が散見される。年代情報をふくむ高麗史料の初見は、『高麗史』巻一八・毅宗世家・十六年（一一六二）五月己未だが、南宋の『咸淳臨安志』巻六五・人物におさめる銭勰の伝では、彼が一〇八四年の遣高麗使に参加した際、帰路に「紫燕島」を経由したと記す。永宗島の名は朝鮮孝宗四年（一六五三）に永宗僉使鎮が南陽湾岸から本島に移ったことで生じたものだが、(5)本島はその後も多くの場合紫燕島と呼ばれている。

本島について『高麗図経』巻三九・海道・紫燕島では次のように記している。

是日申正、舟次紫燕島。即広州也。倚山為館、榜曰慶源亭。亭之側、為幕屋数十間、居民草舎亦衆。其山之東一嶼、多飛燕、故以名之。接伴尹彦植・知広州陳淑、遣介紹与訳官卓安、持書来迎。兵仗礼儀加厚。申後、雨止。使副与三節、登岸到館。其飲食相見、如全州礼。夜漏下二刻、帰舟。十日辛卯、辰刻、西北風、八舟不動。都轄呉徳休・提轄徐兢、同上節復以采舟詣館、過済物寺。為元豊使人故左班殿直宋密飯僧、畢帰舟。巳刻、随潮而進。

（この日の申正、船は紫燕島に停泊した。すなわち広州である。山によりそって館舎をたて、扁額には慶源亭とある。亭の側面には数十間分の幕屋をたて、住民の草屋も多い。その島の東方の一嶼には飛燕が多く、そこでこのように名づけた。接伴の

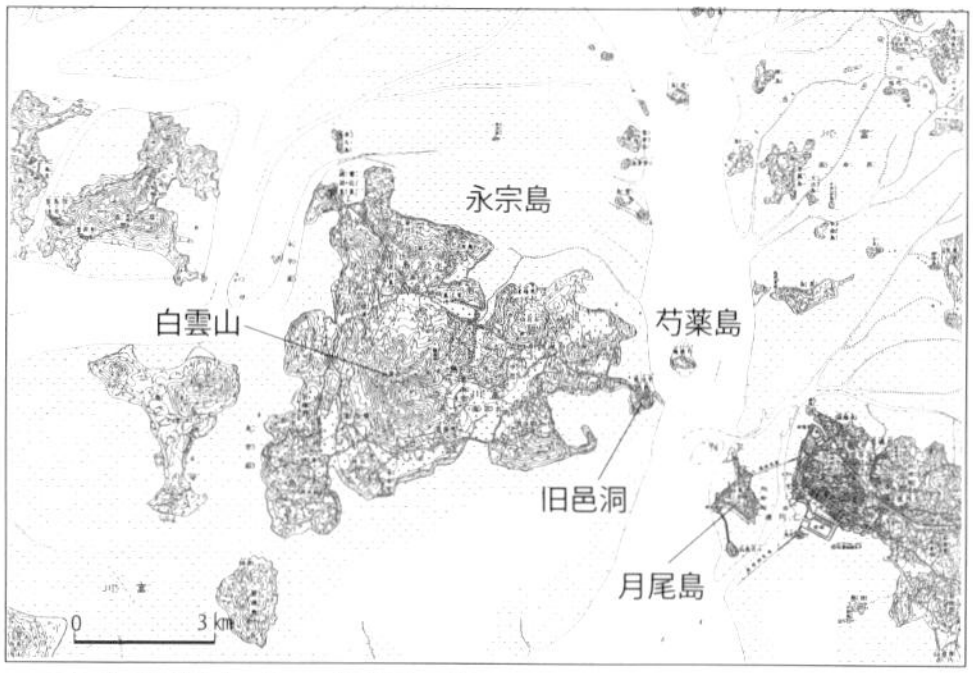

①永宗島とその周辺（陸地測量部５万分１地形図「温水里」〈1917年〉「仁川」〈1918年〉「龍游嶋」「金浦」〈1919年〉にもとづき作成）

②南東からみた永宗島（2011.8.2）

③慶源亭推定地（2007.3.9）

④慶源亭推定地（2011.6.1）

図版１

尹彦植と知広州の陳淑が取次役と通訳官の卓安を遣わし、書を持参して来迎させた。〔警護の〕武器と儀礼はいっそう手厚くなった。申後、雨がやんだ。使副と三節は上陸して館舎に到着した。その飲食・会見の次第は全州での礼と同様である。夜の二刻に船にもどった。十日辛卯、辰刻、西北風がふき、八艘の船は動かなかった。都轄呉徳休と提轄徐兢は上節とともに再び采舟（采舫）を利用して館舎におもむいたが、〔その際に〕済物寺を経由した。元豊年間の使者であった故左班殿直宋密のために飯僧し、終了後に船にもどった。巳刻、〔船は〕潮流にしたがって進んだ

ここで紫燕島が広州の地とされることは事実と異なる。永宗島を管轄したのは前述のごとく仁州であり、同州の上位に位置する界首官は南京（現ソウル）である。これは慶源亭での迎接を広州の守令が担当したことに関連する誤解とみられるが、この迎接担当は任務地の行政上の統属関係とは必ずしも直結しない（第一章参照）。

徐兢一行は客館の慶源亭で迎接をうけた。翌日上陸時に采舫を利用したとあることから、群山島の場合と同様（第二章参照）、宋使船は岸近くの海上に停泊したとみられるが、その位置は島の南側・西側・北側ではなかったとおもわれる。近現代の状況をみると、これらの方面は広大な干出沙泥堆が広がり、水路もごく狭い。程度の違いはあれ、十二世紀でも似たような状況であろうから、宋の大型航洋船団八艘が岸に接近するには不向きである。また翌十日に紫燕島を出航した徐兢一行は江華水道（塩河）に船を進めたとみられるが（後述）、永宗島の西側や北側に停泊した場合、永宗島の北方水域を西から東へ横切る航路をたどったことになる。しかしこの水域では干出沙泥堆のなかの細く浅い澪筋を移動することになる。現在ほど堆積が進んでいなかったとしても、喫水の深い宋の大型航洋船八艘にとって航法上の困難は大きくなる。仮にそれを度外視するとしても、翌朝西北風がふいて宋使船がすぐに出航しなかったという点が問題になる。永宗島の西方・北方から東北方に江華島東岸をめざす場合、横風とはなるが、風向が決定的な阻害要因になるとはいえないからである。逆に永宗島の東方から塩河へと北北西に進む場合には正面に近い逆風となる。

くわえて、島名の由来となる燕が多い島は、紫燕島の東側にあるという。ここでの書きぶりからだけでは徐兢が直接目睹したか否か、必ずしも断言できないが、島の東方に注意をひきつける要素にはちがいない。何より永宗島の東方には船舶航行に適した水路があり、朝鮮時代――おそらく高麗時代にも――の主要沿岸航路だった点が重要である。

ここに突き出した永宗島の東端は旧邑洞という地区である。かつてはかろうじて本島に連接する島同然の丘陵であり、朝鮮後期の永宗鎮はここにおかれた。永宗島から江華島にいたる水道を扼する要衝であり、かつてはその北側に回りこんだ位置に船だまりがあったとみられる。あるいはここが慶源亭のおかれた場所である可能性が考慮されるが(6)、最近前述のムン・ギョンホは、永宗島の中心に位置する白雲山の東南麓に慶源亭の位置を比定し、現地に古瓦などの遺物が散布していることを紹介している(7)。

しかしその場所は旧邑洞沿岸から五㎞近く離れる。ムンは白雲山の南方で湾入する海岸線を指摘し、宋使船の停泊地をそこに比定するが(8)、少なくとも近代以降、その前面には広大な干出堆が広がっている。高麗時代にも程度の差はあれ同様な環境だったとすれば、尖底の宋使船が接近して停泊できる場所ではない。数㎞沖合の水道から澪筋を小船でたどって往来することは可能であろうが、水道上の最寄りの水面は風と潮流をさえぎるものがなく、停泊に適した場所ではない。やはり徐兢らの停泊地としては、水道に面して船だまりが得られる旧邑洞の北岸とみるべきだろう。

後述のように宋使船が紫燕島の前に通過した小青嶼をムン・ギョンホは仁川の月尾島に比定する。その可能性は筆者もみとめるが、ムンが想定する永宗島での宋使船の停泊位置は、月尾島とは水道をはさみ東西にならんだ地点である。水道を北上する船舶が月尾島を通過したうえで到達する場所とはいえず、ムン自身の航程理解にも矛盾する。

六月十日の出航前、徐兢は使節団の上級構成員とともに「辰刻」以降に再上陸し、慶源亭をおとずれ、また済物寺にたちより、かつて客死した往時の宋の使人のために飯僧をおこなったのちに帰船し、「巳刻」に出航した。往復二

～四時間以内の行程だったわけだが、宋使船が旧邑洞附近に停泊し、慶源亭が白雲山麓にあったとすると、往復一〇㎞に近い。各訪問先での所要時間も考慮すると、陸上の移動が徒歩だった場合、距離に対して所要時間が短すぎる可能性が出てくる。何より他の迎接施設では停泊地と亭が近接していたとみられるのとは異なり、船客の接待という目的にふさわしくない。ムンの紹介した白雲山麓の遺物が慶源亭のものだという確かな証拠が出ていない現状では、慶源亭を白雲山麓に比定するのは無理がある。(9) 停泊位置に近いとみられる旧邑洞一帯に比定すべきだろう。

そうだとすれば、紫燕島の東にある燕の多い島とは、その北東にうかぶ芍薬島（旧名は勿淄島）に相当すると考えられる。ムン・ギョンホは、『高麗図経』では島嶼を規模の大きい順に島、嶼、苫、焦と呼びわけるとして、芍薬島のような小島が「一嶼」と呼ばれることはないとする。(10) ただしこれには若干誤解があり、徐兢は苫・嶼のうち岩質のものを焦と呼ぶとしている（『高麗図経』巻三四・海道・序）。また実際には大きさによる呼び分けも絶対ではなく、苦苫（蝟島）・跪苫（在遠島——以上二島は第四章参照）のように規模の大きい苫もあれば、「五嶼」（局屹群島——第三章参照）のように小規模な岩礁の場合もある。「嶼」と呼ばれることを根拠に、燕の多い島が芍薬島にあたる可能性を排除することは必ずしもできない。またムンは、旧邑洞に慶源亭があったのであれば眼前の芍薬島を「東の一嶼」とよぶはずはないともいう。(11) しかし距離が近ければ方角により指称しないという必然性はなかろう。

さらにムンは、旧邑洞のような低丘は「山によりそって館舎をたてた」という徐兢の記述にあわず、慶源亭の周囲に数十軒の幕屋や多くの民家を想定するには狭隘だとする。(12) しかし「山によりそって館舎をたてる」とは、山が高峻であることを意味するわけではない。高低にかかわらず一定の比高を有する斜面にそって建物が展開しておればよい。またムンは「数十間」という数字を幕屋の軒数と理解するが、字義にしたがえば柱と柱の間の数で建物群の規模を示す数値とみるべきである。朝鮮時代の小規模な庶民住宅(13)でも一軒あたり数間を要するから、数十間——所詮は誇張をふくむ不確かなみつもりであろうが——ならば、せいぜい十軒内外分にしかならない。旧邑洞は東西四〇〇m、南北二〇〇mほどの広さがあるので、埋立てが進む以前の状態を考えても、亭の周囲にその程度の幕屋やその他の民家群を想定することは可能である。狭隘という点では、馬島の安興亭や群山島の群山亭の推定地のほうが狭い。旧邑洞が慶源亭の所在地だった可能性は十分にあると考える。いずれにせよ本格的な考古学的調査がまたれよう。[14]

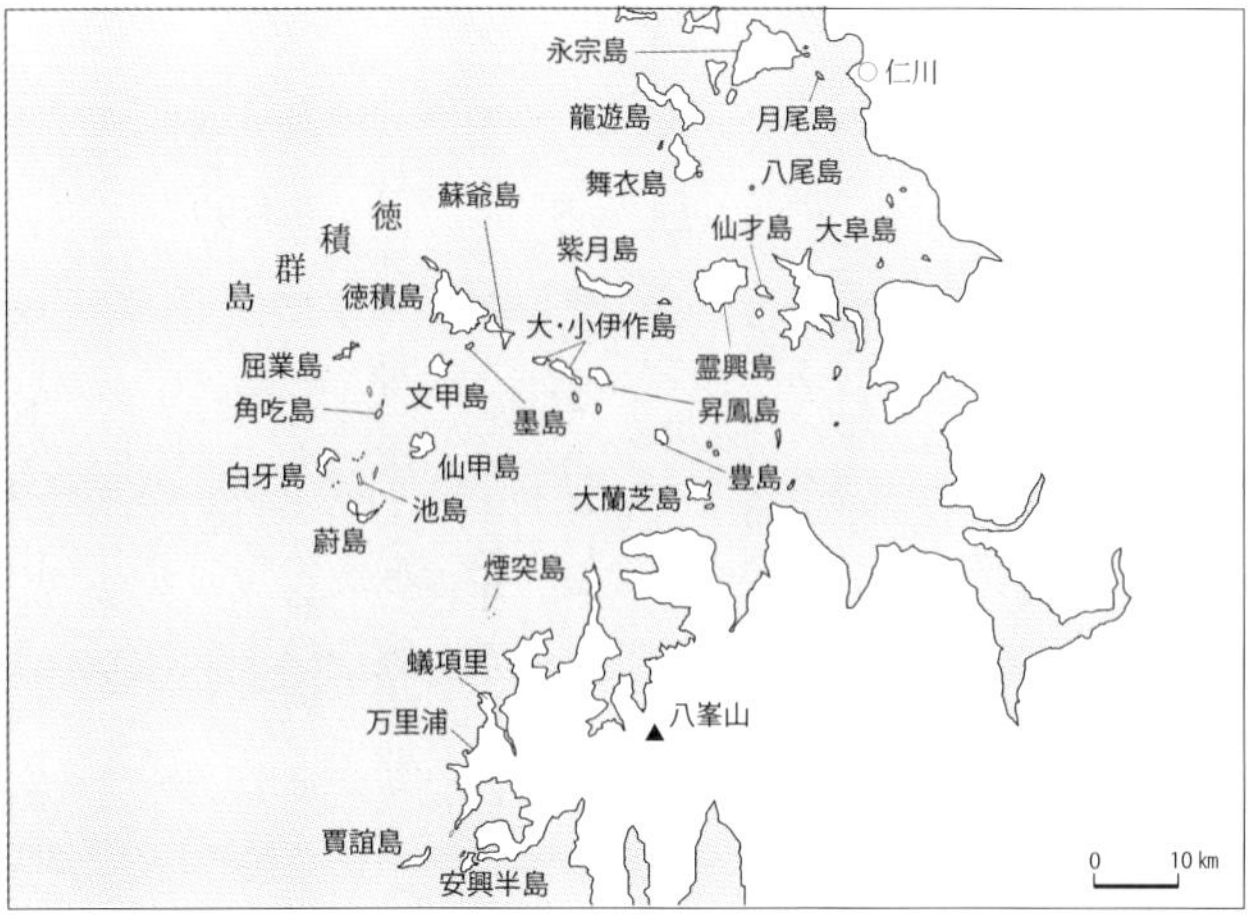

図版2　京畿湾南部要図

二　九頭山から小青嶼まで

つづいて紫燕島到達以前の通過点について検討しよう。まず関係の条文を掲載順にA~Hとして掲げる。なお安興半島から永宗島にいたる水域については、図版2として図示する。

A　九頭山

九日庚寅。天気清明、南風甚勁。辰発馬島。巳刻、過九頭山。其山云有九峯。遠望不甚詳。然而林木叢茂、清潤可喜。（九日庚寅。空が澄んで晴れわたり、南風が非常に強い。辰刻に馬島を出発した。巳刻に九頭山を通過した。その島には九つの峰があるという。遠望したがそれほどにははっきりしない。それでも林木が生い茂っており、清く潤いがあって好ましい）

B　唐人島

唐人島、未詳其名。山与九頭山相近。是日午刻、舟過島下。(唐人島はいまだその名の由来がはっきりしない。島は九頭山と近い。この日の午刻、船は島のそばを通過した)

C　**双女焦**

双女焦、其山甚大、不異島嶼。前一山、雖有草木、但不甚深密。後一山頗小、中断為門。下有暗焦、不可通舟。是日巳刻、舟自唐人島、継過此焦。風勢愈亟、舟行益速。(双女焦は島が非常に大きく島嶼と違わない。前の一山は草木があるが、それほど密生していない。後ろの一山はずっと小さく、途中で切れて門を形作る。そばに暗礁があり舟を通すことができない。この日巳刻、船は唐人島からつづいてこの島を通過した。風勢がいよいよ急になり船足はますます速まった)

D　**大青嶼**

大青嶼、以其遠望鬱然如凝黛、故麗人作此名。是日午刻、舟過。(大青嶼は遠望すると黛の塊のように鬱蒼としているので、そこで高麗人がこの名をつけた。この日の午刻、船が通過した)

E　**和尚島**

和尚島、山勢重畳、林壑深茂。山中多虎狼。昔嘗有学仏者居之、獣不敢近。今葉老寺、乃其遺迹也。故麗人謂之和尚島。是日未刻、舟過其下。(和尚島は山並みが重畳として山林は深く茂っている。山中には虎狼が多い。むかし仏道を学ぶ者がここに住んでおり、獣はあえて近づこうとしなかった。いまの葉老寺がその遺址である。そこで高麗人はこれを和尚島という。この日の未刻、船はそのそばを通過した)

F　**牛心嶼**

牛心嶼、在小洋中。一峰特起。状類覆盂、而中稍鋭。麗人謂之牛心。它処皆見之。形肖此山而差小者、亦謂之雞心嶼。是日未正、舟過此嶼。南風小雨。(牛心嶼は小洋のなかにある。一つの峰はとりわけ隆起している。伏せた盂(深鉢）のような形であり、なかほどはやや尖っている。高麗人はこれを牛心（牛の心臓）という。他の場所でもみなこれを目にするが、形がこの島に似てやや小さいものは雞心嶼という。この日の未正、船はこの島を通過した。南風がふいて小雨となった）

G　聶公嶼

聶公嶼、以姓得名。遠視甚鋭、逼近如堵。蓋其形匾、縦横所見各異。是日未末、舟過其下。（聶公嶼は人の姓をもって名づけられている。遠目では非常に尖っているが、接近すると垣根のようである。おもうにその形状が扁平で、みる角度によってそれぞれ［みえかたが］異なるのである。この日の未末、船はそのそばを通過した）

H　小青嶼

小青嶼、如大青嶼之形。但其山差小、而周囲多焦石。申初、舟過。雨勢稍密。（小青嶼は大青嶼のような形である。ただ本島はいくらか小さく、周囲には岩礁が多い。申初、船が通過した。雨が次第に本降りになった）

以上のうち、九頭山（巳刻）→唐人島（午刻）→双女焦（巳刻）→大青嶼（午刻）という航程の通過時刻は唐人島と双女焦とで逆進している。史料Cには「唐人島からつづいてこの島（双女焦）を通過した」とあるので、条文の錯簡ではなく時刻表示に誤りがあることは明らかである。そうすると唐人島（午刻）→双女焦（巳刻）の部分は、本来〈イ〉唐人島（巳刻）→双女焦（巳刻）か、〈ロ〉唐人島（巳刻）→双女焦（午刻）、もしくは〈ハ〉唐人島（午刻）→双女焦（午刻）のいずれかだったとおもわれる。〈ロ〉案の場合、二ヶ所で時刻の誤記を生じたことになり、史料操作上の問題が相対的に大きくなる。一方、〈イ〉案や〈ハ〉案では一刻のうちに三ヶ所もの陸標を通過したことになる。この日宋使船の速度は順風を得て相当に速かったというので、そのこと自体はさして不自然でもないが、それでもこの場合、これらの陸標は比較的狭いエリア内に所在したことが予想されることになろう。

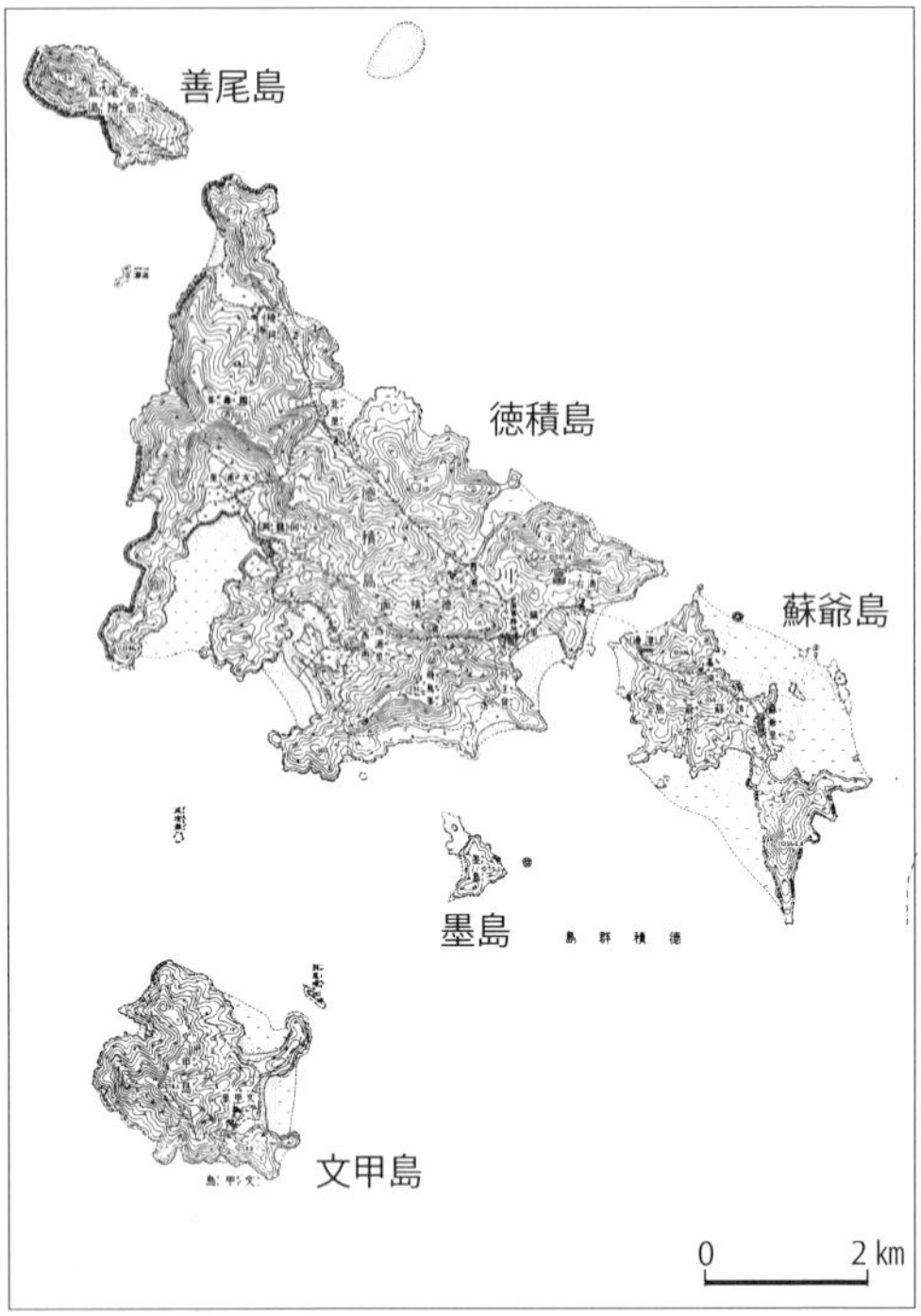

①徳積群島北部（陸地測量部５万分１地形図「徳積嶋」「仙甲嶋」〈1919年〉にもとづき作成）

②南東からみた徳積島（2009.7.31）

③東からみた徳積島（2009.8.１）

図版３

また和尚島の通過時刻は「未刻」と記されるが、その後に牛心嶼を通過したのは「未正」（十四時）であるから、実際には未刻前半（十三時台）だったはずである。

この日徐兢一行は、「辰刻」（七・八時台）から七〜九時間後の「申正」（十六時）までに安興半島から永宗島までを走破したので、午刻がちょうど中間時刻である。そして安興半島から永宗島までの距離上の中間ラインは瑞山北方の大蘭芝島から徳積群島をむすぶ一帯である。午刻前後に通過した陸標はその附近とみることがひとまず可能であろう。

まず注目したいのは、未刻前半（十三時台）に通過した和尚島（史料E）である。徐兢によると山並みが重畳と重なり、深い森林があり、島の地勢の複雑さと規模の大きさが示唆される。徳積群島一帯でこれに該当し得る島嶼は、徳積島（図版3）と、せいぜい群島東方の霊興島、大阜島であろう（図版4）。平面上の規模は前二者が同等で、大阜島はより大きい[15]。ただし霊興島と大阜島は緩傾斜の低山・低丘がなだらかに広がる地勢であり、重畳という形容にふさわしいか疑問の余地もある。またこの二島は前述の中間ラインよりもだいぶ永宗島寄りに位置する。中間時刻（午刻）の直後、未刻前半（十三時台）に通過した和尚島としては、徳積群島の北端に位置するその主島で、二、三〇〇m台の比較的急峻な山稜がつらなり起伏に富む徳積島に比定するのが、もっとも無理がないとおもわれる[16]。

ムン・ギョンホは和尚島を霊興島にあてるが[17]、この場合、前後の航程比定に無理が生じるとおもわれる。まず和尚島通過後に経由する牛心嶼（史料F）については、これを霊興島の東に近接する仙才島（図版4①・5）に比定するが[18]、

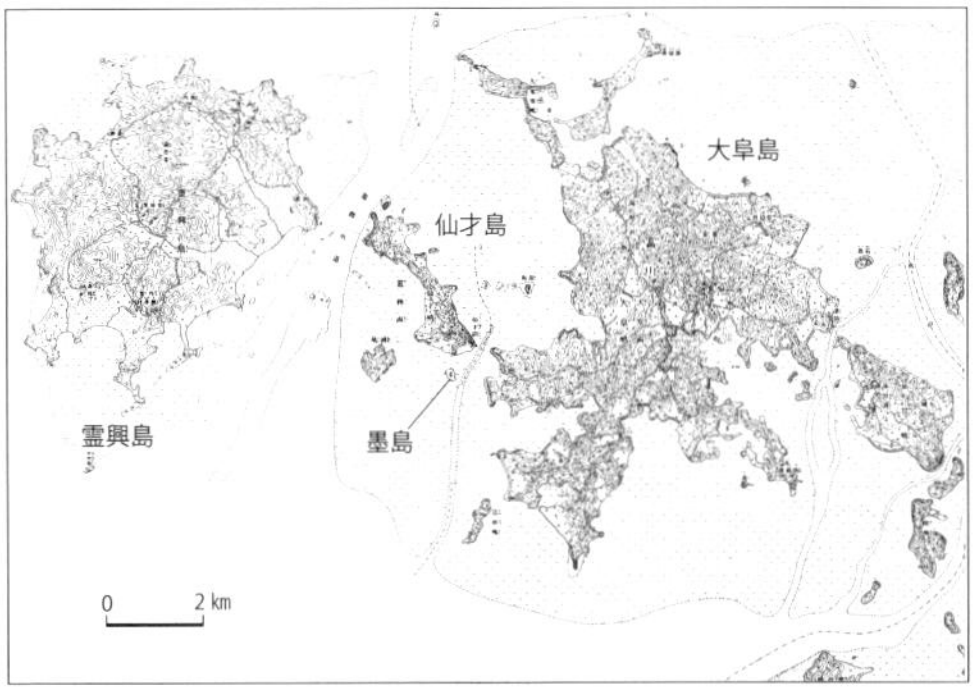

①霊興島・大阜島一帯（陸地測量部5万分1地形図「霊興島」「大阜嶋」〈1919年〉にもとづき作成）

②北西からみた大阜島（2011.8.2）

③西からみた霊興島（2009.8.1）

図版4

①北西からみた仙才島（2011.8.2）

②仙才島の墨島（2011.8.1）

図版5

ムンが想定するように南方から接近した場合、両島への接近はほとんど同時であり、通過時刻としては土地が北方まで広がっている霊興島のほうがむしろ遅くなる。また仙才島の地形は平坦であり、伏せた盂（深鉢）や牛の心臓のように隆起しているという徐兢の描写にはほど遠い。ムンは同島南岸にうかぶ墨島（図版5②）をこれにあてるが、ごく小さなありふれた属島であり、本島ほどの比高すらなく、顕著に隆起した地形とはいいがたい。

そして和尚島にいたる前に通過する双女焦（史料C）については、泰安半島北西沿岸に位置する煙突島一帯（図版6）に比定するが[19]、これらはごく小規模な小島・岩礁群である。十分な大きさがあるという徐兢の説明にあわず、門のように中程が分かれた小島が背後にあるという説明に該当する地形もみいだせない。

さらにムンは牛心嶼通過後にいたる聶公嶼（史料G）を永宗島南方の航路上にある八尾島（図版7）に比定し[20]、これが「遠目では非常に尖っているが、接近すると垣のよう」で「形状が扁平」だという聶公嶼の地形説明に合致するとする。しかし八尾島の地勢は基本的に円錐形ないし円錐台形というべきであり、筆者には疑問である。

ムンが想定する航路は朝鮮時代の標準航路[21]と一致し、それ自体あり得ないものではないが、個々の陸標の同定には上記のように首肯できない部分がある。和尚島を霊興島の東に位置する大阜島に比定した場合でも前後の航路比定が困難になる点は同様であり、かといって半島本土近くを通過するこの航路上にほかに代案もみいだせない。

一方、和尚島を徳積島に比定すると、それ以前の四地点は次のように比定できる。

まず九頭山（史料A）だが、ムン・ギョンホはこれを瑞山市西辺の八峰山に比定する。[22] 同山は南北に八つのピークがならぶ特徴的な山容からその名を得たが、実際には九つの峰があるともいわれ、九頭山の比定地として一見魅力的である。しかし同山は最頂部が標高三六〇ｍほどであるのに対し、宋使船が進んだ泰安半島西方の海上からは二〇㎞以上離れている。泰安半島西岸の山上からみても、手前の山々のすきまから頂部がわずかにのぞく程度で、それもご

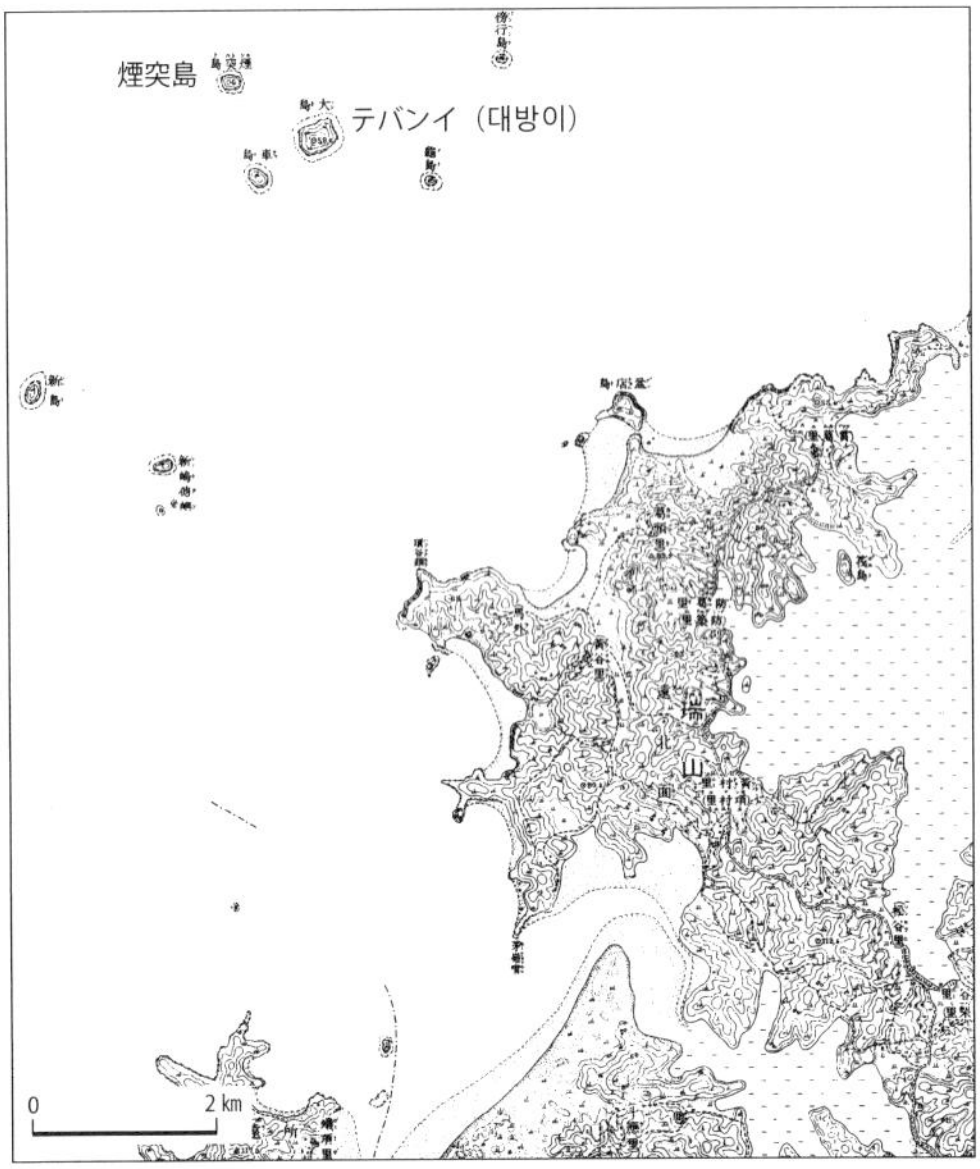

①煙突島一帯（陸地測量部５万分１地形図「防築里」〈1919年〉にもとづき作成）

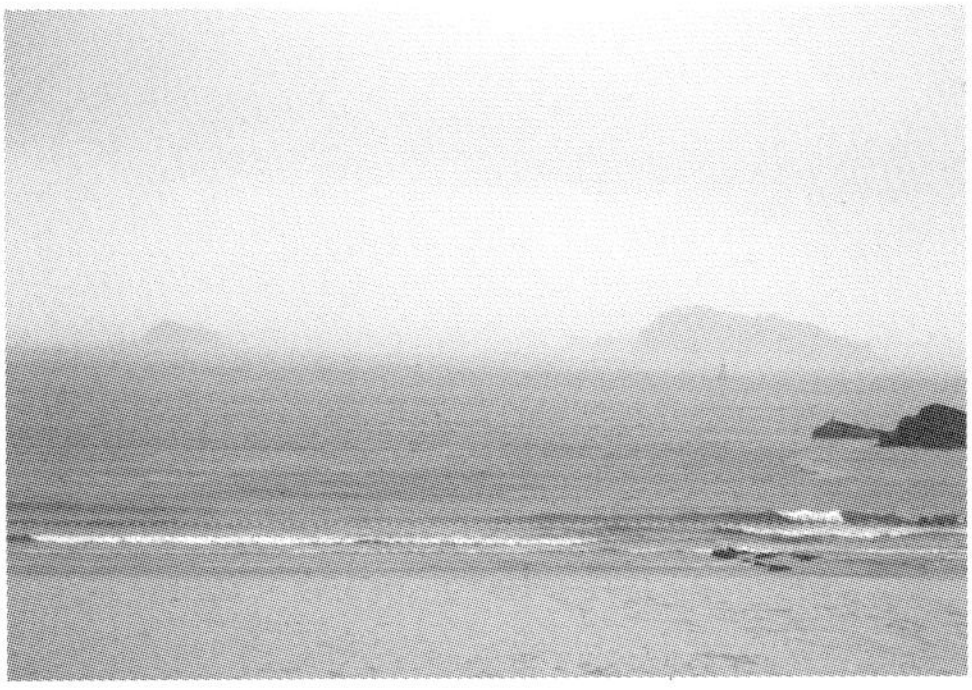

②南からみた煙突島一帯（2011.7.31）

図版６

く小さな影にすぎない（二〇一一年七月三十・三十一日現地確認）。西方海上からみた場合、視界におさめるのはさらに困難になるはずだが、とくにムンが想定する万里浦近辺であれば、標高二〇八ｍの鉄馬山を筆頭に一〇〇ｍ台後半の比較的高さのある山々が八峰山方面への視界をさえぎっている。沖合に遠ざかれば遮蔽物の影響からある程度は逃れられるが、一方で山影もさらに遠ざかる。この場合は岸近い航路を想定するムンの考えともずれてくる。徐兢自身も「遠望」したとはいえ、かかる八峰山が泰安半島西方海上を航行する際の陸標となり得るか、はなはだ疑問である。

　徐兢は九頭山に林木が繁茂していると記し、その情景から受ける印象まで記しているが、船上から八峰山の植生を視認できたはずはない。そもそも現状がそうであるように、八峰山の植生が周囲の山々と顕著に異なることはなかっ

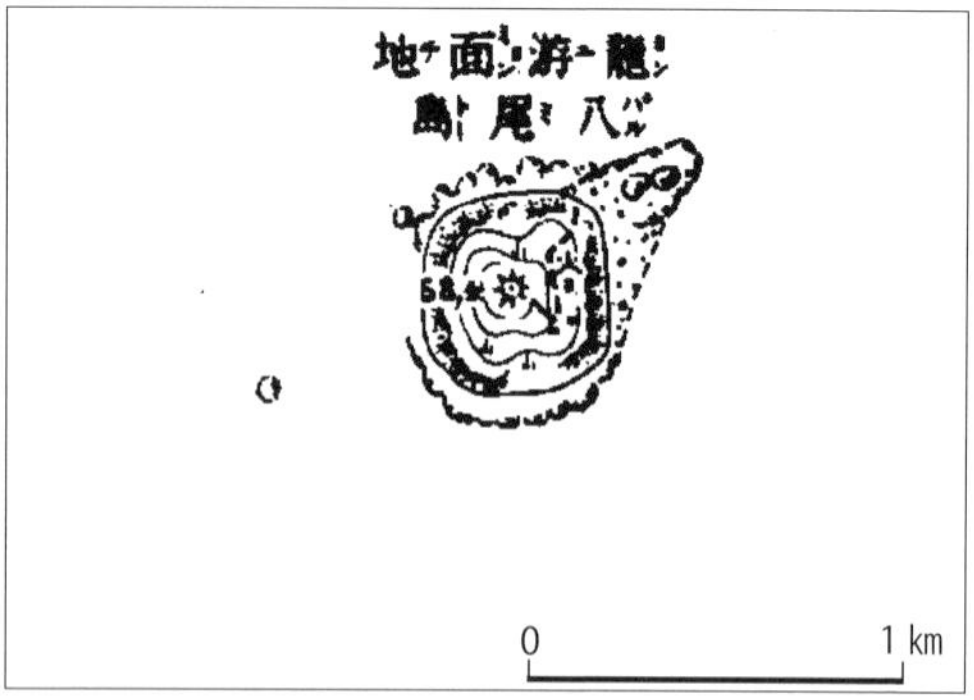

①八尾島（陸地測量部５万分１地形図「仁川」〈1918年〉にもとづき作成）

②南東からみた八尾島（2011.8.2）

③南西からみた八尾島（2009.8.1）

図版７

たであろうから、これが注目点になるともおもえない。また九頭山の次に経由する唐人島について、ムンは蟻項里などが所在する泰安半島西端の海岸部に比定する。[23] しかし徐兢は九頭山と唐人島がたがいに「近」いと記している。二〇km以上彼方に遠望する山と海沿いの近景を〝たがいに近い〟と表現するであろうか。以上の点から、九頭山を八峯山に比定する説には無理があるとおもわれる。

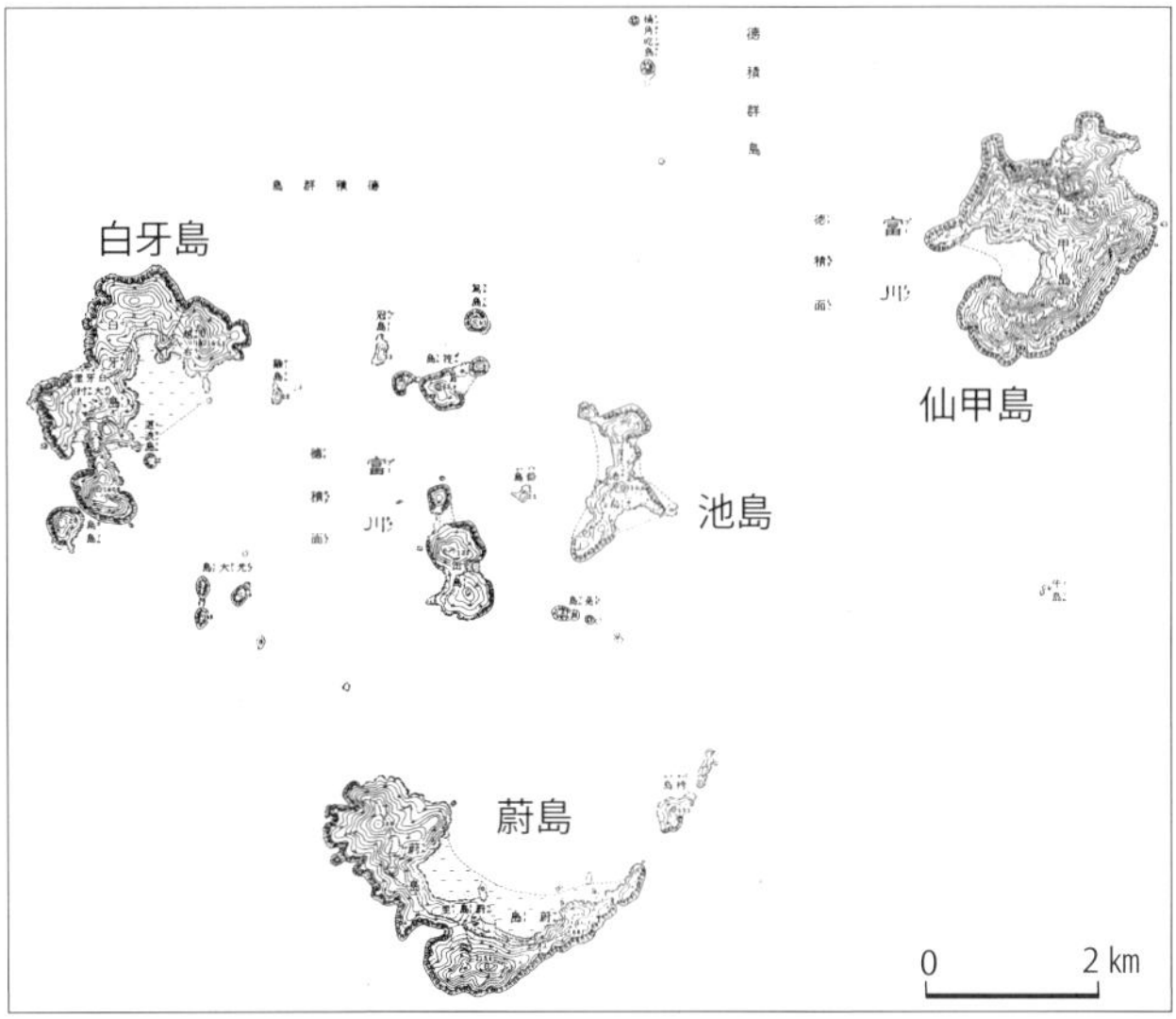

①徳積群島南部（陸地測量部5万分1地形図「白牙嶋」「仙甲嶋」〈1919年〉にもとづき作成）

②北からみた蔚島（2009.7.31）

図版8

泰安半島の西方海上を北上すると、やがて北北西に徳積群島南端の蔚島（図版8）が近づいてくる。蔚島は二〇〇m前後の二つのピークを中心に小峰が列なり、東北方に小島が点々とつづく。近傍には白牙島・池島など大小の島々も群集している。図版9は北東からの景観だが、南方・東方から一望すれば、それらがかさなりあって多くの峰々が林立するようにもみえるだろ

図版９　北東からみた徳積群島南部一帯（2009.7.31）

図版10　西からみた仙甲島（2009.7.31）

う。距離的にも安興半島から四〇kmほどで、順風をうけた宋使船が辰刻に出発してから巳刻までの最大四時間以内にこれを遠望する位置につくことは十分可能である（当日は一〇〇km余りの距離を七～九時間で走破したので平均時速は一〇kmを超える）。九頭山は蔚島か、周辺一帯をふくむ島嶼群に比定するのが適当ではなかろうか。

次に通過した唐人島（史料B）は前述のごとく九頭山の近くにあるが、永宗島へとむかう針路から考えて、蔚島の東北方にうかぶ仙甲島（図版8①・10）に比定するのが適当であろう。徐兢は島の形状等について何ら特徴を記さず、唐人という島名の由来も未詳とするが、仙甲島そのものは白い岩肌のめだつ標高三五〇mほどの秀麗な岩山である。

唐人島の次に通過する双女焦（史料C）について、徐兢は島といってもよい大きさがあり、手前の一山には草木がしげっているが、それほど密生していないとする。またその後方には「小山」があり、途中で門のように途切れてその間を海水が通じていると記す。仙甲島の東北には文甲島（図版3①・11）があるが、植生に関する描写の当否はともかくとして、〝後方の門のような小山〟に該当する地形をみいだすことはできない。

そこで注目されるのは、仙甲島から文甲島にいたる途上で西方のやや奥まった位置にみえる角吃島（図版12）である。〝牛の角のように尖っている〟という地名由来をもつが、[24] いちおう樹木におおわれているものの岩肌が露出しがちである点は、徐兢の描写にも合致する。南北一km、東西五〇〇m程度の大きさである点は、あくまで「焦」（岩質の小嶼）であるが「島」といえる大きさだという徐兢の説明に、よりふさわしいとおもわれる。何より本島の北側には、これより規模が小さく、南北に細長い壁のような廓角吃島が隣接している。これは中間で南北に分かれており、まさに門のような地形を形づくる。双女焦の地名由来は何も記されていないが、これを角吃島に比定できるのではなかろうか。

図版11　南西からみた文甲島（2009.7.31）

次の大青嶼（史料D）は大青島に比定されたこともある。[25] しかし大青島は徳積群島の北西約一五〇kmの位置に離れた島嶼であり、これを徐兢の航程に比定するのはあまりに現実の地理を無視している。一方、ムン・ギョンホは大青嶼を豊島に比定するが、[26] 前述のように前後の航程比定に無理があるとおもわれるため、再検討を要する。祁慶富は大皁島にあたると推測しているが、[27]「江華湾」（京畿湾）内にあったであろうという大まかなみつもり以外、積極的な論拠が提示されているわけではない。

大青嶼を仙甲島・角吃島から徳積島にかけての水域に求めると、まず文甲島と徳積島の間にうかぶ墨島（図版3①・13）が注目される。大青嶼は遠望すると黛のように、つまり黒々とみえることから名づけられたというが、墨島はこれとまったく同じ地名由来を有するのである。[28] 自然景観にもとづく説明なので、

①東からみた角吃島（2009.7.31）

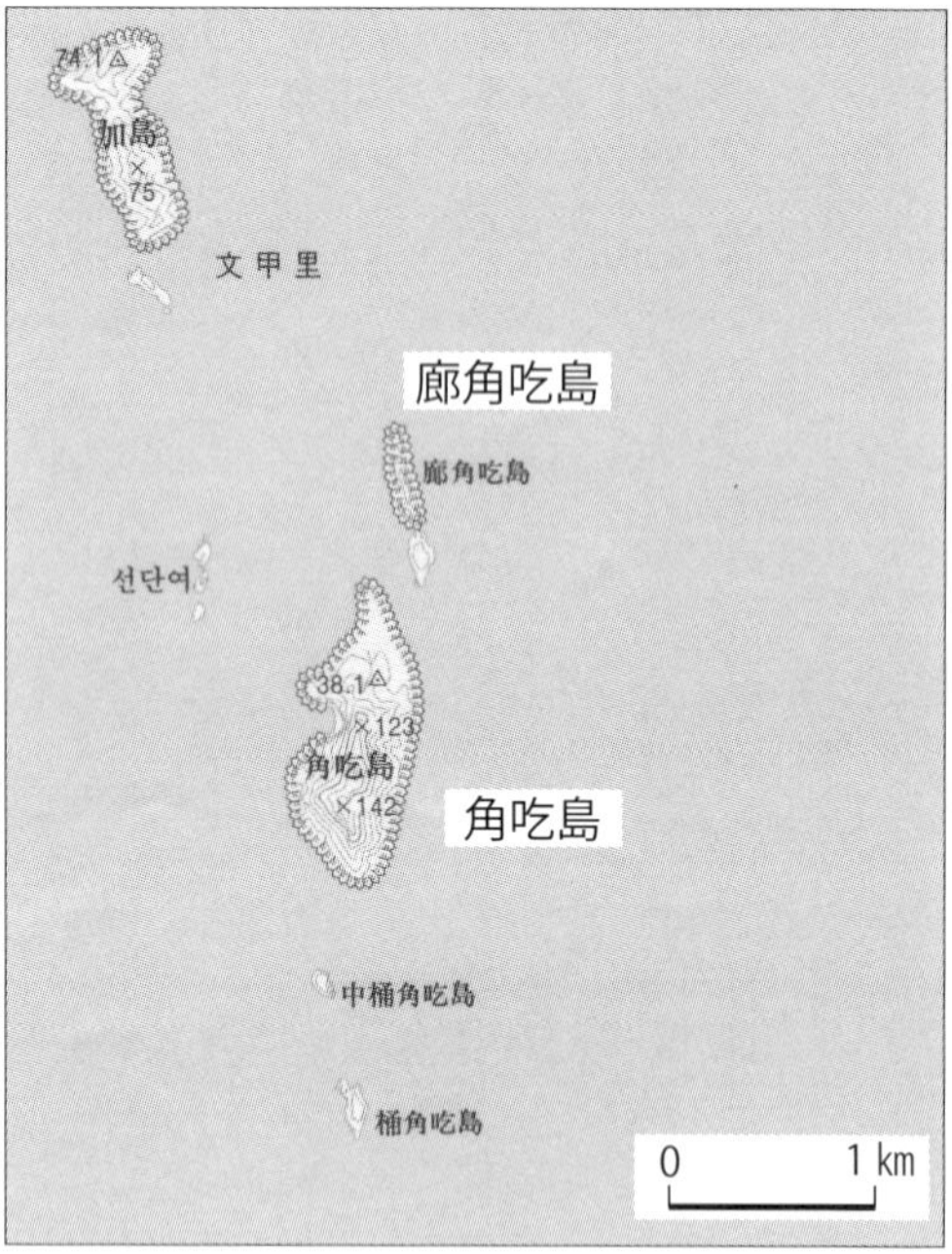

②角吃島（韓国国土地理情報院５万分１地形図「徳積」〈2005年〉にもとづき作成）

図版12

大青嶼が墨島に相当する可能性はきわめて高いようにもおもわれる。ただしこれはあくまで墨島の地名由来の一説であり、ほかに地形が墨壺に似ているからだという伝承もある(29)。また墨島は南北に隣りあう徳積島や文甲島にくらべ、はるかに小さく、とくに徳積島に対しては近接している。この墨島を南方から視界におさめるときには背後に徳積島が大きくそびえてみえるため、徳積島と区別して単独の陸標として注意がはらわれたか、疑問がのこる。また墨島の手前で通過する文甲島は、標高二七〇ｍをこえる比較的大きな山塊であり、墨島よりもはるかにめだつ。徐兢がこれにふれず、墨島についてのみ言及するというのも、いささか不自然に感じられる。

文甲島の地名由来は、島の形が兜に似るためかつて禿甲島と呼ばれたが、のちに学業がさかんになって文匣島とよばれるようになった(30)、あるいは島の形が文匣のようだからと説明される(31)。遠方からみた色調にもとづく名称は知られていない。南西側の斜面において岩肌の露出がやや目につく点は墨のように黒々とみえるという点と合致しないかのようだが、他の個所は樹木が密生しており、遠望した際のみえかたとしてはさほど問題にならないとおもう。大青嶼が墨島に相当する可能性は排除されないが、筆者としてはひとまず文甲島に比定する説を第一候補としたい。

　このように和尚島を徳積島に比定すると、馬島出航後の航程を比較的整合的に理解できる。ただし徳積島の古名として伝わる徳勿島・仁物島などは、いずれも広くて深い水のなかにあるという立地条件に由来し(32)、徐兢が伝える仏僧説話との対応関係は確認できない。また過去の学術調査(33)でも、本島内に寺址の存在は確認されていない。ただしそれらは本格的な考古学的調査を経ていない所見であり、また一方では、葉老寺の説話も徐兢にとっては伝聞の域を出ない事柄であるから、いまのところ必ずしも決定的な否定材料にはならないと考える。

図版13　墨島（2009.7.31）

　和尚島が徳積島だとすると、附近を通過した宋使船が次に経由した牛心嶼（史料F）はどこか。これは「小洋中」というので、徳積島の外洋側（西方）ではなく、内海側（東方）にあるということだろう。徳積島の東方には唐将蘇定方に由来するという蘇爺島が隣接し、さらに広水道をはさみ大・小二島の伊作島と昇鳳島がならび、また広水道をはさんで豊島と大蘭芝島がつづく。このうち顕著に隆起し盂（深鉢）を伏せたような形、すなわち比較的傾斜の強い円錐台状の地勢という描写に合致するのは、大・小二島の伊作島（図版14）か、せいぜい豊島（図版15）である。ただし徳積島が和尚島だとすると豊島は南東の離れた位置にあって不適当であるから、伊作島に比定すべきである。徐兢は峰のなかに牛の心臓のように鋭く突き出た隆起があるとするが、大伊作島の山稜に比定できるとおもう（図版14③）。

昇鳳島の南東、豊島との間の水道を抜ける航路は朝鮮時代の主要航路であり、現在も西海岸の南下航路に指定されている。しかし伊作島からは南東の位置にあるので、宋使船がここを通過した可能性は除外されよう。伊作島附近の水路として、昇鳳島との間の水道はやや狭いが、島の西側、蘇爺島との間の水道は、現在西海岸の北上航路に指定されている。これは文甲島を視界におさめてから徳積島、伊作島を経由する航程としても適当なので、宋使船はここを通過した公算が大きいとおもう。徳積島から伊作島までの距離が七、八㎞程度であることも、未刻前半に和尚島を通

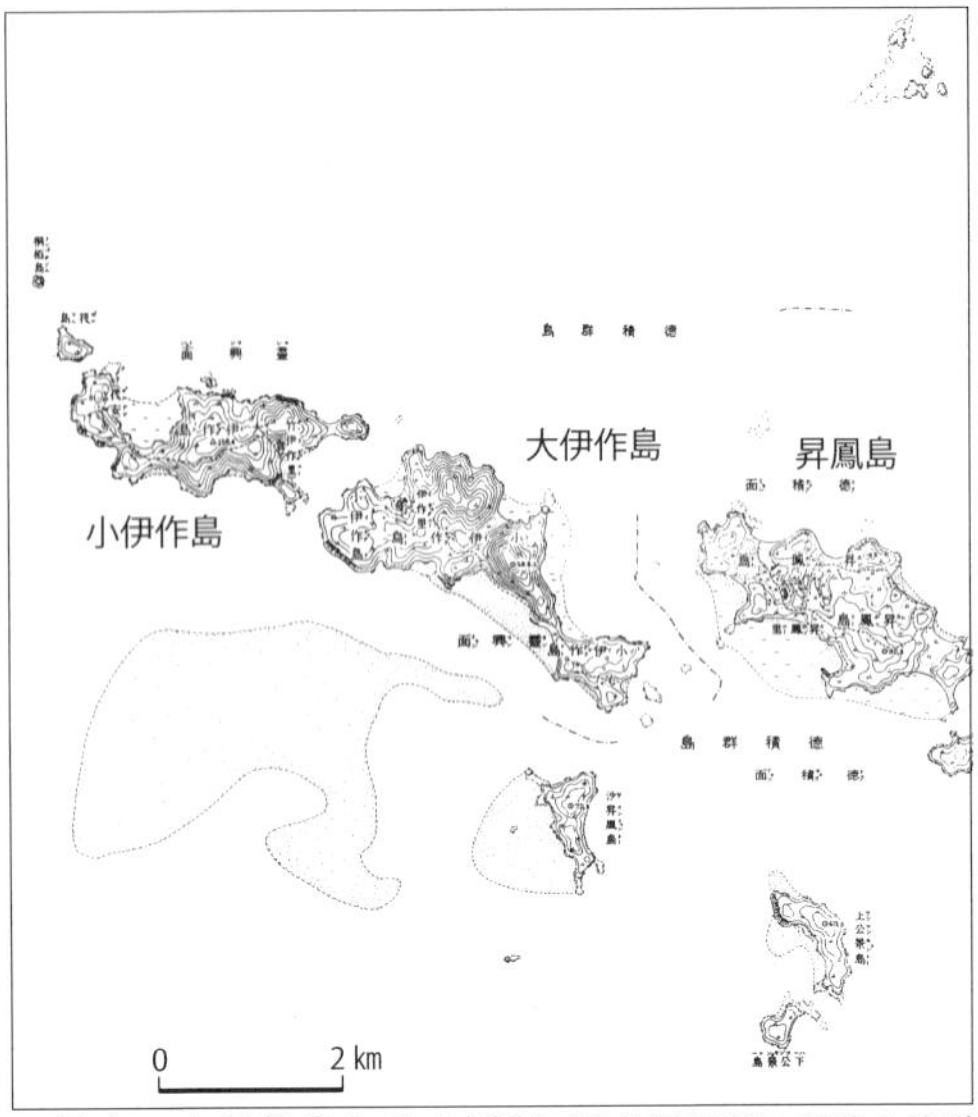

①大・小伊作島とその周辺（陸地測量部５万分１地形図「徳積嶋」「豊嶋」「霊興嶋」「仙甲嶋」〈1919年〉にもとづき作成）

②伊作島の峰々（2009.7.30）

③鋭く突き出た伊作島の一峰（2009.8.1）

図版14

過した宋使船が「未正」には牛心嶼を通過したことに合致する。

次の聶公嶼（史料G）は航程上、伊作島の北方に位置したはずである。遠方からは「鋭く」みえ、近づくと垣のようにみえたというが、形が扁平なため、縦横（東西南北）の角度によってみえかたが変わるのだという。この記述から三角柱を横倒しにしたような地形も連想されるが、これに該当する陸標は当該水域にみいだせない。徐兢の記述も遠近によりみえかたが変わると述べる一方、みる角度により変わるとも説明しており、意味が通じにくい部分がある。

伊作島北方近海の島嶼のうち、霊興島は低い円盤状であり、遠近や角度によってみえかたが大きくかわることはない。一方、その西隣にうかぶ紫月島（図版16）は、全体的には低丘がなだらかに東西に列なる細長く扁平な地形だが、東岸は比較的高さのある急斜面をなすのに対し、西方では西端にゆくにしたがって標高が逓減していく。そのため南方の離れた位置からみると西側が水平方向に細長く尖った形にみえるが、永宗島方面に進むため接近して東方に回りこんでいくと、

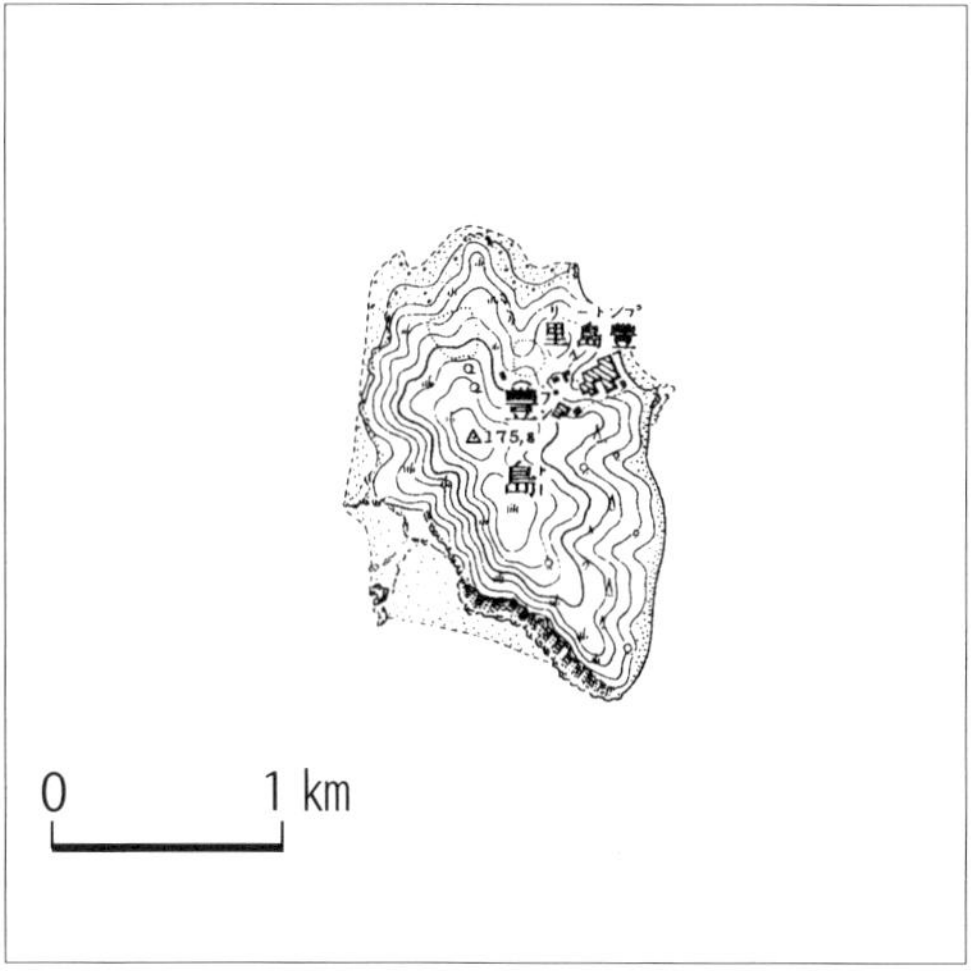

①豊島（陸地測量部５万分１地形図「豊嶋」〈1919年〉にもとづき作成）

②東からみた豊島（2011.8.2）

図版15

急斜面が海岸にせまった台地地形を目にすることになる。徐兢の記述は、全体としては扁平ながら東高西低の地形をなす紫月島に対し、南方から接近しながら東側に回りこんでいったため、みえかたが変わっていったことをいうものではないだろうか。伊作島からの距離は約八kmであり、「未正」に牛心嶼を通過した宋使船が一時間以内の「未末」に通過したことにも合致する。筆者は聶公嶼をひとまず紫月島に比定したい。

つづく小青嶼（史料H）はおのずと紫月島の北方に求められよう。紫月島の東北東には霊興島があり、北方には龍游島と大・小舞衣島があるが、このうち龍游島を小青嶼に比定する説もある。[34] しかしこれは和尚島を大舞衣島に比定することを前提とした説であり、したがえない。前述のごとく大青嶼が文甲島であるとすれば、それと似た形でより

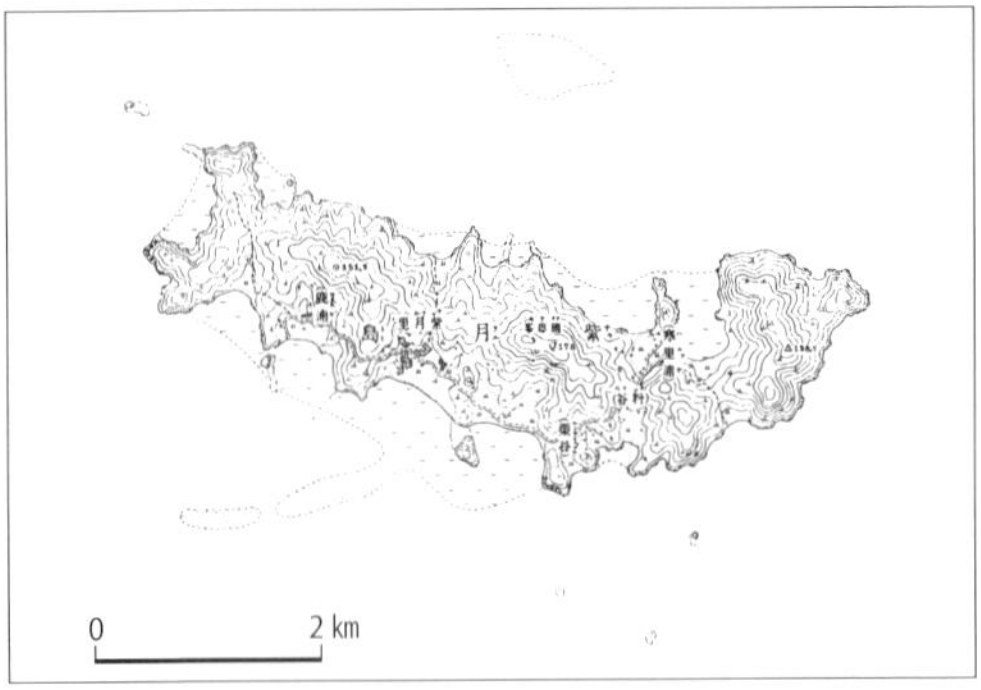

①紫月島（陸地測量部５万分１地形図「霊興島」〈1919年〉にもとづき作成）

②南からみた紫月島（2009.8.1）

③東からみた紫月島（2009.7.30）

図版16

図版17　南からみた月尾島（2011.8.2）

小さな島でなくてはならない。これに該当し得るのは上記の三島ではなく、前述した永宗島南方の八尾島か、ムン・ギョンホが比定する仁川沿岸の月尾島[35]（図版17）であろう。ただし徐兢は小青嶼が大青嶼に対して「差小（いくらか小さい）」と記すだけであるから、その径が文甲島の六分の一程度にしかならない八尾島よりも、三分の一程度の月尾島のほうがふさわしい[36]。ただし万一墨島が大青嶼に相当する場合、月尾島の径はこれとほぼ同等だが、墨島が標高七五mほどであるのに対し月尾島は一〇〇mほどになるので、後者を前者より小さいとイメージする可能性は低いだろう。この場合、これらより一回り小規模な八尾島が小青嶼に相当することになる。岩礁がとりまくという描写は八尾島について適合するが、近代以降周辺が埋め立てられた月尾島については事実関係を確認できない。

徐兢が以上の航路沿いにあってより大きな島である霊興島・舞衣島・龍游島について言及しない理由としては、牛心嶼通過後には雨が降りだしているので、視界不良となっていた可能性もある。あるいは単に必要な陸標を記しただけであり、目にはいる周辺諸島を逐一記録するわけではないともいえる。

ところで筆者のように陸標を比定した場合、宋使船は伊作島近海から永宗島まで四〇㎞ほどの航程を約二時間で走破したことになり、この間の平均時速は約二〇㎞と高速になる。ただ当日は出航時から強い南風がふいており、双女焦通過後はますます強まったという。また後述のように宋使船は、翌日永宗島以北の航程において「巳刻」・「未刻」に張潮流を利用して航行した。その後も「申後」まで船を進めているが、推進力の弱い艪と棹を用いて狭水道を移動したものであり、少なくともこの時間帯までは落潮になっていなかったはずである。こうした潮汐変化の時間帯は九日の京畿道沿海南部では多少早まるはずだが(37)、宋使船が永宗島にむけてこの水域を航行していた日中午後の早い時間帯では、漲潮流が発生していたと推定されるのである。その向きは船を真後ろから後押しする北東流であり、しかもこの水域は朝鮮半島沿岸でもとりわけ干満差がはげしく、それだけ強い流れ（想定される航路上では最強時約二ノットかそれ以上）が発生する(38)。この日、宋使船は午前中の航程でも一〇km程度の平均時速を維持していたから(39)、風と潮流のいっそうの好条件がそろった場合、二倍の増速は必ずしも無理な想定ではないのではなかろうか(40)。

なお唐人島、双女焦、大青嶼の通過時刻の誤記については、比定される陸標が徳積島をふくめてごく近接することから、三島とも午刻内に通過したとみる〈ハ〉案がもっとも穏当だろう。〈イ〉案では双女焦（角吃島）を巳刻に通過した後、和尚島（徳積島）通過まで十数kmに二時間以上を費やしたことになる。〈ロ〉案では唐人島（仙甲島）を巳刻に通過した後、和尚島（徳積島）を通過するまでやはり二時間以上を要したことになるが、距離的には角吃島から徳積島までの行程に数kmをくわえるのみで、やはり時間がかかりすぎる。前述のごとくそもそもこの場合二ヶ所の誤記を想定することになり、史料操作上の問題が大きい。それよりは巳刻のうちに蔚島一帯を遠望した後、仙甲島接近と文甲島もしくは墨島の通過（二〇km程度）に午刻いっぱいをかけ、その後未刻の早い時間帯に徳積島を通過したとみるほうが自然である。この場合、安興半島を出航してから蔚島遠望までの移動（四〇km以内）に三時間前後の時間的余裕も想定できる。また、その後「未正」に牛心嶼（伊作島）を通過したとみるうえでも時間配分に無理がない。

以上、本節の検討結果をまとめると次のとおりである（図版18）。

①辰刻（七・八時台）、馬島（安興半島）を出航。

②巳刻（九・十時台）、九頭山（蔚島、またはその周辺島嶼をふくむ）を遠望。

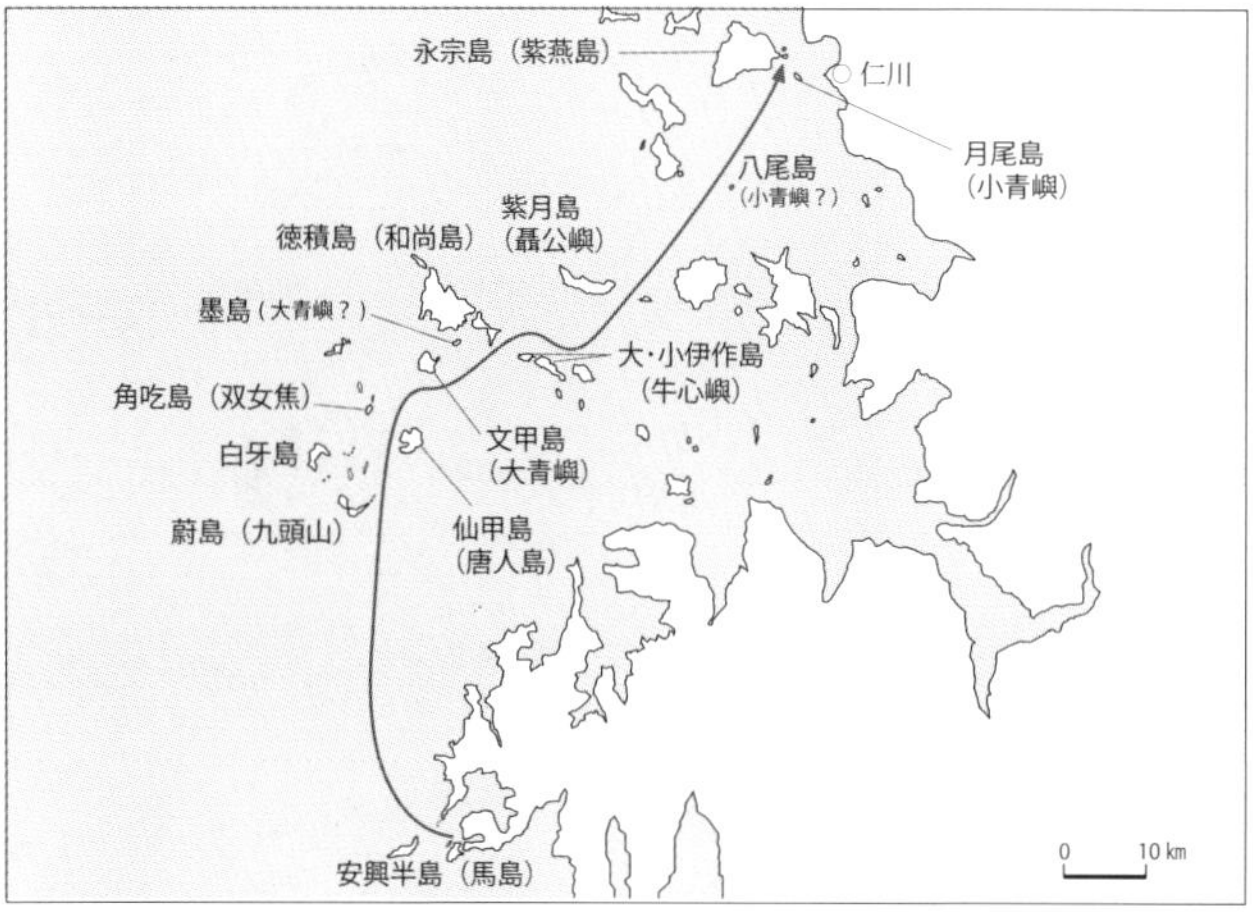

図版18　馬島→紫燕島間における宋使船の推定航路（概念図）

③午刻（十一・十二時台）、唐人島（仙甲島）、双女焦（角吃島）、大青嶼（文甲島または墨島）を通過。

④未初（十三時台）、和尚島（徳積島）を通過。

⑤未正（十四時）、牛心嶼（伊作島）を通過。

⑥未末（十四時台）、聶公嶼（紫月島）を通過。

⑦申初（十五時台）、小青嶼（月尾島。大青嶼＝墨島ならば八尾島）を通過。

⑧申正（十六時）、紫燕島（永宗島）に到着。

三　紫燕島から礼成港まで

本節では紫燕島を通過した後、宋使船が礼成江に入港するまでの最終航程について検討する。関係水域を図版19として示しておく。

六月十日、「巳刻」（九・十時台）に紫燕島を出発した宋使船は（『高麗図経』巻三八・海道・紫燕島）、潮流に乗って進み、「未刻」（十三・十四時台）に急水門にいたった。『高麗図経』巻三八・海道・急水門では次のように説明している。

是日未刻、到急水門。其門不類海島、宛如巫峡。江路山囲、屈曲前後交鎖、両間即水道也。水勢為山峡所束、驚濤拍岸、転石穿崖、喧豗如雷。雖千鈞之弩追風之馬、不足喩其湍急也。至此已不可張蓬（ママ）、惟以櫓棹、随潮而進。

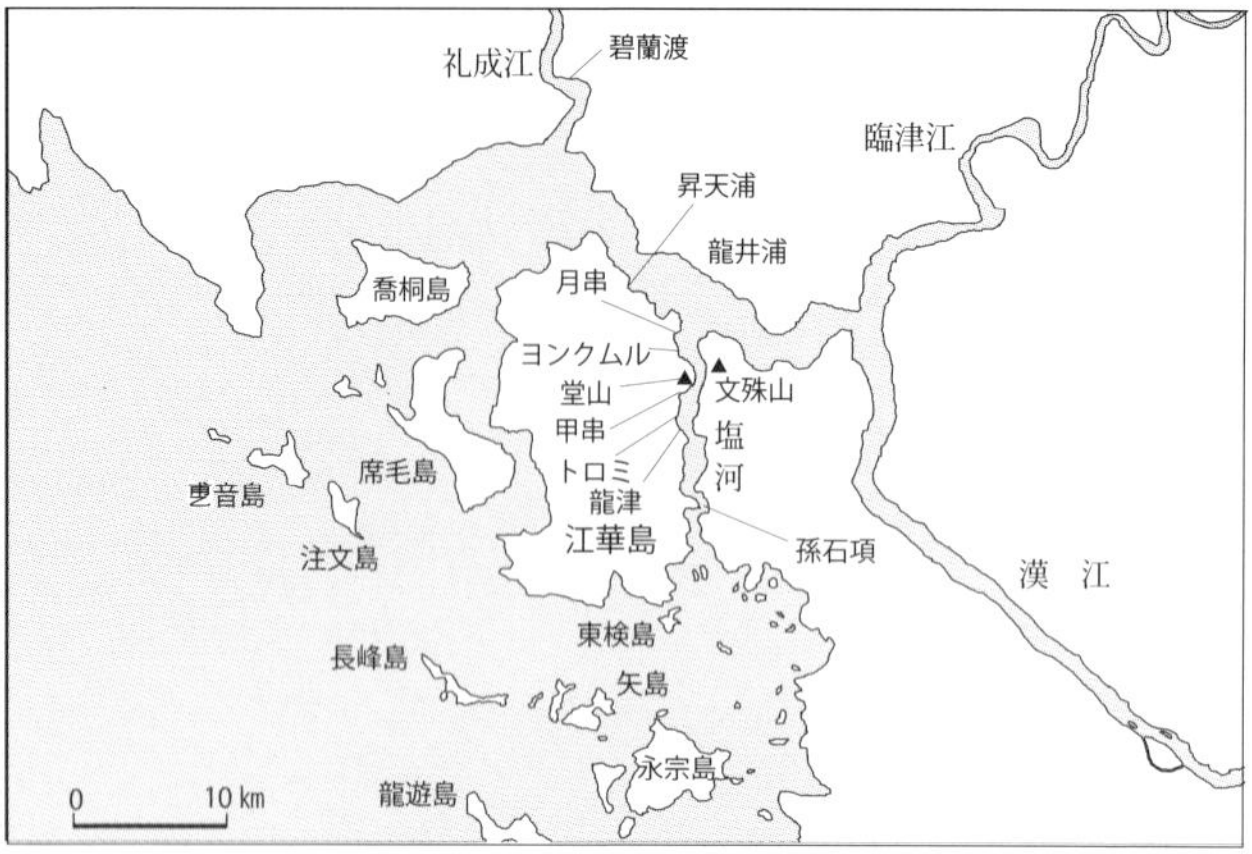

図版19　京畿湾北部要図

（この日未刻、急水門に到達した。その門は海島に似ず、あたかも巫峡のようである。川筋は山がかこみ屈曲して前後に交鎖し、その間が水路である。水流は山谷に集められ激しく波立って岸をうち、石を転がして崖をうがち、雷のように鬨の声をあげる。千鈞の大弩や疾走する馬もその激流を形容するには足りない。ここにいたりもはや篷ははれず、艪と棹で潮流にしたがって進んだ）

そこは山にかこまれ、長江の巫峡のごとき急流をなし、しかも水路が屈曲しているという。潮流の強い狭窄水道であることがうかがわれる。永宗島以北の航路については江華島の西側を通過したとする説もある(41)。たしかにこちらも江華島と席毛島の間に水道が通っているが、長江上流の名高い激流を連想させるほどに狭窄したり複雑に屈曲したりしているわけではない。一方、江華島の東側、半島本土との間の塩河（江華水道）（図版20）には、孫石項（ソントルモク 손돌목）とよばれる著名な急流の難所がある（図版21）(42)。ここは幅の狭い塩河のなかでもとりわけ狭窄している。両岸を山・丘にかこまれて岸辺も崖となり、水路は大きく屈曲している。急水門に関する徐兢の描写にもふさわしい。

これについては徐兢一行が潮流に乗って急水門に船を進めたという点も参考になる。朝鮮半島西岸を北から東方向に流れる漲潮流を利用したことになるが、永宗島沿岸を出航して江華島西方に回りこむ場合、江華島南方水域で東向または北東向の漲潮流にさからって進むことになる。(43) 一方、塩河へと船を進める場合、永宗島東岸を経て本土近くを北流する潮流にそのまま乗ればよい。以上の理由により急水門は孫石項にあてるべきである。(44)

急水門を通過した宋使船は「申後」（十六時台）に蛤屈に到着する。この蛤窟について徐兢は次のように説明する。

申後、抵蛤窟拋泊。其山不甚高大。民居亦衆。山之脊、有龍祠。舟人往還、必祀之。海水至此、比之急水門、変黄白色矣。（申後、蛤窟に到着して停泊した。その山はそれほどには高大ではない。民居もまた多い。山の稜線上に龍祠がある。船員は往来にあたって必ずこれを祀る。海水はここにいたって急水門にくらべ、黄白色に変化する）

蛤窟の位置を考えるうえで参考になるのは、つづく条文に記される分水嶺である。

分水嶺、即二山相対。小海自此分流之地、水色復渾如梅岑時。十一日壬辰早、雨作。午刻、潮落、雨益甚。国王遣劉文志持先書。使者以礼受之。酉刻、前進至龍骨拋泊。（分水嶺は二山が相対している。小海がここから分流する場所で、水色は再び梅岑のときのように濁った。十一日壬辰の早朝、雨がふりだした。午刻、潮が落ち、雨はますますひどくなった。国王が劉文志を遣わして先書を持参させた。使者は礼をととのえてこれを受けとった。酉刻、前進して龍骨に

図版20　江華島東岸（塩河）
（陸地測量部５万分１地形図「通津」〈1918年〉「金浦」〈1919年〉にもとづき作成）

図版21　孫石項（2009.7.26）

図版22　文殊山（右）と堂山（左）（2009.7.27）

いたって停泊した）

徐兢は十日の停泊地が蛤窟であることを明記しており、翌十一日に出航したのもここからだったはずである。分水嶺の通過時刻は記されないが、蛤窟につづく行程にあったことは間違いない。そしてそこは「小海」が分流する地点であり、ここで水色が変化して濁ったという。孫石項から塩河をさかのぼって礼成江へむかう行程においてこれに該当するのは、江華島の北東端において漢江河口が塩河と礼成江河口水域に分岐する地点にほかならない。(45)『新増東国輿地勝覧』巻一二・京畿・江華都護府・楼亭・燕尾亭でも、その江華島側の沿岸、月串にいまも跡地がのこる燕尾亭を説明するなかで、「其下海口分流（その附近で海口が分流する）」と記している。水色の変化も流入河川の影響に関係しよう。そこでは二山が相対しているというが、これは、塩河の北端において本土側の文殊山と江華島側の堂山（万寿山）一帯の山陵が対峙するすがたをさすと考えられる（図版22）。

したがって蛤窟は、孫石項以北、文殊山以南の、距離にして七、八㎞の塩河沿岸内にあったとみられる。このことは、『高麗図経』巻一七・祠宇・蛤窟龍祠に、蛤窟にあった龍祠について、「急水門上隙（急水門の上流につづく地）」

にあると記されていることにも符合する。ただし「未刻」（十三・十四時台）に潮流に乗って急水門を通過した徐兢一行が、やや時間をおき「申後」（十六時台）になって到達したことからすると、蛤窟は、孫石項を通過した直後の近接水域ではなく、より文殊山側に近づいた位置にあった可能性が高い。

江華島東岸では十三世紀にモンゴルの侵略をうけてここに遷都した際、塩河沿いに防御壁（外城）が構築されたようで、これが朝鮮時代にも再築されている。また現代までに沿岸部の干拓が進み、海岸線は大きく変容した。しかし十九世紀の「江華府全図」[46]をみると、当時でも塩河にそって外城の内部まで湾入した水面がのこされていることがわかる。こうした場所がかつての船着場であり、問題となる文殊山南方の近接水域では、龍津、トロミ 더러미、甲串などがこれに相当する[47]（図版23）。いずれも水道に突き出た山稜・丘陵の麓である。

蛤窟はこれらのいずれかであろうが、高麗時代より塩河における水上交通の要衝だった甲串[48]は、とりわけ蓋然性が高い。徐兢がいう龍祠との直接的なつながりは確認できないが、甲串の背後にそびえる堂山には、その名が示すように、かつては玉皇ハルモニ 할머니 の神廟（堂）が存在した[49]。その歴史が前近代までさかのぼるかどうかは不明であり、ただちに徐兢のいう龍祠に結びつけられないことはもちろんである。ただ前述した十九世紀の「江華府全図」や一七八三年序跋刊の『江華府志』[50]巻上・祠壇・表忠壇などにも「堂峴」と記されており、何らかの祠廟の所在地として古い来歴を有するとみられる。

甲串という地名は漢字語であり、固有名ではカプコッ 갑곶 またはカプコジ 갑고지 とよばれる。十三世紀の対モンゴル戦を通じて甲冑にちなんだ地名がついたと説明されることもあるが、高麗初期に関する史料に言及があり、そのころすでに存在した可能性がある[51]。少なくとも実際のところは、『三国史記』巻三七・地理志にも記される江華島の古名「甲比古次」（神霊（カム 감）のいる聖地の謂だという）に由来するという。

蛤窟という名称が高麗での名称なのか、宋人による呼称なのかは明記されないが、前者であればハプクル 합굴 と呼ぶその朝鮮漢字音は、甲串（カプクァン 갑관）やカプコッ／カプコジの音にも多少は近いであろうか。一方、後者である場合、隋唐代の音価は kəp k'uət、元代の音価は ko k'u となる。(52) 鵄子苫に関する考察で述べたように（第五章参照）、徐兢のいう漢語音が隋唐代のほうに近いとすれば、蛤窟はカプコッという朝鮮固有地名をそのまま漢語音写したものである可能性が出てくる。また甲串の漢語音は隋唐代で kăp kuăn となり、朝鮮漢字音の場合とも近い。蛤窟がこれらの音価に対する漢語音による異字表記である可能性も想定し得る。

一方、トロミの漢字表記は加里尾である。加里尾の朝鮮漢字音はカリミ 가리미 だが、加字がトハダ 더하다（く

①甲串（2009.7.26）

②トロミ（2009.7.27）

③龍津（2009.7.26）

図版23

わえる）の意味であることからトロミに転訛したという。(53) 附近には神堂（シンディ 신데이）という地名もあり、神廟があったことに由来するという。(54) 徐兢が記す龍祠との関連性も疑われるが、何の祠廟であったかは所伝がのこらない。龍津という地名は龍祠の存在に一見符合しそうだが、地名伝承としては朝鮮時代の水軍鎮名そのものに由来するとされる。(55) 現状では地名の存在と鎮名のどちらがさきか、判然としない。

いまのところ蛤窟の位置を厳密に特定することはできないが、相対的に多くの関連性をみいだせる甲串を最有力候補とみておきたい。ただし停泊地が甲串だとしても、龍祠は距離的に近い神堂あたりにあった可能性も排除できない。徐兢が〝山はそれほどには高大ではない〟と記している点は、現実の江華島全体の様相とは異なるが、塩河からみわたせる範囲の近景について述べているのかもしれない。とくに甲串の場合、背後の堂山が周囲をとりまく低地のなかで島のようにうかびあがってみえる。あるいは単に塩河附近の山稜の地勢をいうのであれば、とくに問題はない。

さて前述のごとく、徐兢一行は六月十一日に蛤窟を出て、分水嶺を通過し、その日は龍骨に停泊した。しかし出航時刻は夕刻の「酉刻」（十七・十八時台）であり、たいして移動しなかったものとおもわれる。この日は雨と潮待ちのためにほぼ終日動かなかったが、翌朝礼成港に入港するうえで都合がよい地点まで、多少の距離をかせいだのであろう。(56)

この龍骨の現地比定については決め手を欠くが、上記のような当日の行程を考慮して、ひとまず、江華島北東岸で漢江河口に向かいあう、前出の月串附近を候補にあげたい。その南方一・八㎞ほどにある丘陵の麓には、井戸から龍が出現した、あるいは山勢が龍宮に似るという由来をもつヨンクムル 용구물 という地名がのこるが、(57) 少なくとも朝鮮後期には龍井という地名を確認できる。(58) この地名も高麗時代にさかのぼる保証はなく、また遡及できたとしても龍骨が宋人による呼称であれば、直接の関係はないかもしれない。ただ現在水田が広がる月串からヨンクムルにかけて

①礼成江河口一帯（陸地測量部５万分１地形図「白川」〈1919年〉にもとづき作成）

②江華島北端からみた礼成江河口（2009.7.27）

図版24

の地域も、かつては内湾を形成しており、錨泊地として甲串と共通性がある。そして実際、その地の燕尾亭（前述）附近は朝鮮時代において漢城にむかう「貢船」の「経泊」地となっている。[59]

一方で龍骨については、月串の対岸の漢江河口右岸にある龍井浦（領井浦）や、江華島北端に近い開城への渡し場、昇天浦に比定する説もある。[60]

前者は龍骨と名称上の関連性もあり興味深いが、塩河との間の漢江河口中央部を流入土砂が形成した広大な干出堆がふさいでいる。[61] 十二世紀にも類似した環境だったとすると、塩河を通過した宋の大型航洋船団が対岸へと横断するには、航法上大きな困難をともなった可能性がある。龍井浦を起点としたほうが礼成江入港に有利であるという積極的な条件を確認できないかぎり、江華島沿いの澪筋にしたがって礼成江に向かったとみるのが自然であろう。また後者は、甲串を「西刻」に発した船団が日没前後のわずかな時間で移動するにはやや距離があるとおもわれる。

翌十二日、徐兢一行は朝方の潮流に乗って礼成江河口の港（碧瀾渡）に到着したが（図版24）、その模様は次のように記されている。

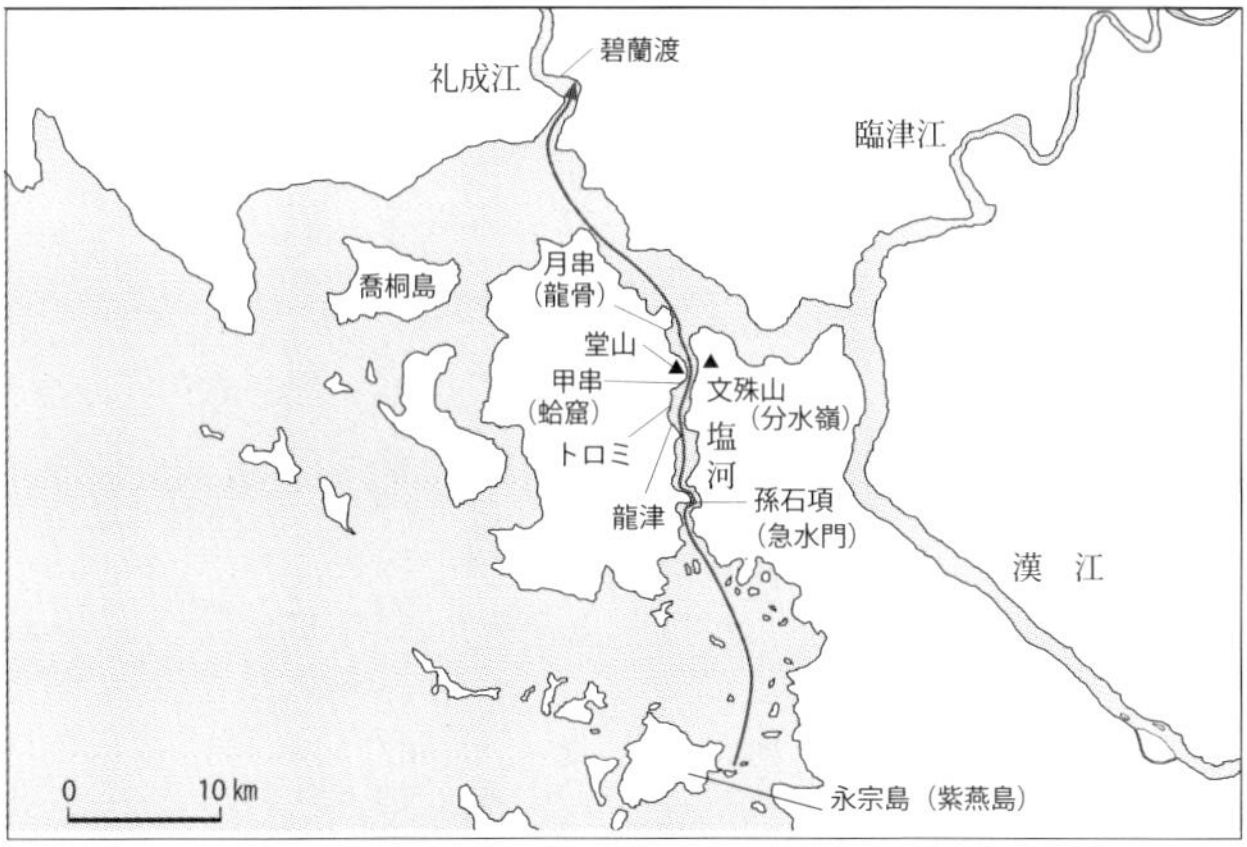

図版25　紫燕島→礼成江間における宋使船の推定航路（概念図）

十二日癸巳早、雨止。随潮至礼成港。使副遷入神舟。午刻、使副率都轄提轄官、奉詔書于采舟。麗人、以兵仗甲馬旂幟儀物、共万計列於岸次、観者如堵墻。采舟及岸、都轄提轄、奉詔書、入于采輿、下節前導、使副後従、上中節、以次随之。入于碧瀾亭、奉安詔書訖、分位少憩。次日遵陸、入于王城……（十二日癸巳の早朝、雨が止んだ。潮流にしたがって礼成港に到達した。使副は神舟に乗り移った。午刻、使副は都轄・提轄官をひきい、詔書を采舟（采舫）へと奉じた。高麗人が武器・甲馬・はたさしものや儀礼用品をみな大量に岸辺に連ね、見物人も垣根のようであった。采舟が岸につくと、都轄・提轄は詔書を奉じて采輿に入り、下節が先導し、使副は後にしたがい、上・中節は順次これにつづいた。碧瀾亭に入り、詔書を奉安しおわると、位別にわかれて小休止した。翌日、陸路をたどって王城に入った……）

本節の分析結果はつぎのとおりである（図版25）。

①六月十日、巳刻（九・十時台）、紫燕島（永宗島）を出航。
②未刻（十三・十四時台）、急水門（孫石項）を通過。
③申後（十六時台）、蛤窟（甲串か）に停泊。
④六月十一日、酉刻（十七・十八時台）出航、分水嶺（文殊山一帯）を通過、龍骨（月串附近か）に停泊。
⑤六月十二日、朝、礼成港（碧瀾渡）に到着。

おわりに

本章で論じた航路の後半は朝鮮時代の域内沿岸航路にほぼ重なるが、徳積群島附近で西水道を通過したとみられる点は注意をひく。朝鮮時代の船舶は地乗り航法によって本土沿岸にはりつくように航行し、徳積群島附近でも本土に近い豊島側の東水道を通過したが、筆者の推定が正しければ、より外洋側のルートをたどったことになる。これについては前章までにもふれているように、沖合航海に適した宋使船と、沿岸航海に適した朝鮮伝統船の間の船体構造や航海技術の違いにかかわるとみられる。

また安興半島から永宗島までの航程で、宋使船は一〇〇㎞をこえる航程を一日（実質半日）で走破し、後半ではとりわけ高速だった可能性が示唆された。これは潮流と風の好条件がそろったうえでのことだが、当時のジャンク船の性能を評価する材料となるかもしれない。

さらに永宗島における慶源亭の位置については、ムン・ギョンホの新説に対し、島東端の旧邑洞附近に比定する説の蓋然性を再確認した。この問題は今後考古学的手法により解決してゆくことが望ましいが、沿岸部で大規模に進められている開発とのかねあいが課題であり、韓国の行政・学界の善処に期待したい。

註

（1）内藤雋輔「朝鮮支那間の航路及び其の推移に就いて」（同著『朝鮮史研究』東洋史研究会、一九六一年）四五一頁、王文楚「両宋和高麗海上航路初探」（『文史』第一二輯、一九八一年）一〇一頁、朴広成「紫燕島攷」（同著『韓国中世社会와 文化

――忍斎朴広成教授停年紀念論文選集』民族文化社、一九九一年）四〇一～四〇七頁、祁慶富「10～11세기 한중 해상교통로」（조영록編『한중문화교류와 남방해로』국학자료원、一九九七年）一九一頁、李玉昆「《宣和奉使高麗図経》与宋代的海上交通」（『中国航海』一九九七年第一期）九一頁、孫光圻『中国古代航海史（修訂本）』（海洋出版社、二〇〇五年）二八三頁、문경호「一一二三년 徐兢의 고려 항로와 慶源亭」（『한국중세사연구』제二八호、二〇一〇年）Ⅱ。

（2）紫月島説は김성호「고려시대 조운항로와 등대의 기원」（同著『중국진출 백제인의 해상활동 천오백년』맑은소리、一九九六年）四一五頁、大阜島説は조동원・김대식・이경록・이상국・홍기표訳『고려도경』（황소자리、二〇〇五年）四〇二頁。

（3）문경호「一一二三년 徐兢의 고려 항로와 慶源亭」（前掲）Ⅱ。

（4）ただし『高麗史』巻五八・地理志・北界の宣州・随州に記される「紫燕島」は、高麗西北部沿岸の島で、宋使船の航路とは無関係の同名異島である。

（5）『仁川（旧）永宗鎮址地表調査報告書』（인천광역시립박물관、二〇〇三年）二七～二八頁、参照。

（6）仁川市の가천文化財団が旧邑洞の丘陵で慶源亭址を発見したとの報もあるが（문경호「一一二三년 徐兢의 고려 항로와 慶源亭」（前掲）四九九頁、註（38）、参照）、調査データが公表されておらず、現状では当否を判断できない。

（7）문경호「一一二三년 徐兢의 고려 항로와 慶源亭」（前掲）Ⅲ。

（8）문경호「一一二三년 徐兢의 고려 항로와 慶源亭」（前掲）五〇二頁。

（9）ムン・ギョンホが建物所在地とする具体的地点は、白雲山麓とはいえ山裾からだいぶ離れている。すぐ背後に絶壁を負っていたとみられる群山亭（第二章参照）と比較して、山によりそってたつという形容に値するか疑問である。

（10）문경호「一一二三년 徐兢의 고려 항로와 慶源亭」（前掲）五〇〇～五〇一頁。

（11）前註に同じ。

（12）문경호「一一二三년 徐兢의 고려 항로와 慶源亭」（前掲）四九九～五〇〇頁。

（13）朱南哲（野村孝文訳）『韓国の伝統的住宅』（九州大学出版会、一九八一年）四二～四八頁、参照。

（14）筆者は二〇〇六年十二月二十三日と二〇〇七年三月九日に旧邑洞を訪問したが、二〇一一年六月一日にも再訪したところ、集落地であった丘陵斜面が完全な更地になっていた。永宗島一帯で大規模に進行中の都市開発がこの地区にもおよんだ模様である。その展開次第では慶源亭の位置や構造は永遠の謎となってしまうかもしれない。
(15) 徳積島は周長三六km、面積二一・九km²、霊興島は周長三八km、面積二二・二八km²、大阜島は周長六一km、面積三三・八km²である（内務部地方局住宅指導課編『島嶼誌』（大韓地方行政協会、一九七三年）一三六・一五三・一六五頁、参照）。
(16) 王文楚「両宋和高麗海上航路初探」（前掲）では和尚島を大舞衣島に比定し（一〇一頁）、李玉昆「《宣和奉使高麗図経》与宋代的海上交通」（前掲）九一頁や孫光圻『中国古代航海史（修訂本）』（前掲）二八三頁にもひきつがれている。しかし大舞衣島では行程に対して位置が北寄りにすぎる。
(17) 문경호「一一二三년 徐兢의 고려 항로와 慶源亭」（前掲）四九〇〜四九一頁。
(18) 문경호「一一二三년 徐兢의 고려 항로와 慶源亭」（前掲）四九一頁。
(19) 문경호「一一二三년 徐兢의 고려 항로와 慶源亭」（前掲）四九〇頁。
(20) 문경호「一一二三년 徐兢의 고려 항로와 慶源亭」（前掲）四九一頁。
(21) 長森美信「朝鮮近世航路の復元」（『朝鮮学報』第一九九・二〇〇輯合併号、二〇〇六年）一五八頁、参照。
(22) 문경호「一一二三년 徐兢의 고려 항로와 慶源亭」（前掲）四八九頁。
(23) 문경호「一一二三년 徐兢의 고려 항로와 慶源亭」（前掲）四八九〜四九〇頁。
(24)『덕적도총합학술조사』（인천광역시립박물관、二〇〇二年）一五頁、参照。
(25) 조동원・김대식・이경록・이상국・홍기표訳『고려도경』（前掲）四五〇頁。
(26) 문경호「一一二三년 徐兢의 고려 항로와 慶源亭」（前掲）四九〇頁。
(27) 祁慶富「10〜11세기 한중 해상교통로」（前掲）一九一頁。
(28) 甕津郡誌編纂委員会編『甕津郡誌』（甕津郡、一九八九年）一二八八頁、『덕적도총합학술조사』（前掲）一六頁、参照。
(29) 前註に同じ。
(30)『덕적도총합학술조사』（前掲）一四頁、参照。

（31）甕津郡誌編纂委員会編『甕津郡誌』（前掲）一二五四頁、参照。
（32）『덕적도종합학술조사』（前掲）一四頁、参照。
（33）金載元編『韓国西海島嶼』（乙酉文化社、一九五七年）一一〜一七頁、『덕적도종합학술조사』（前掲）。
（34）王文楚「両宋和高麗海上航路初探」（前掲）一〇一頁、李玉昆「《宣和奉使高麗図経》与宋代的海上交通」（前掲）九一頁、孫光圻『中国古代航海史（修訂本）』（前掲）二八三頁。
（35）문경호「一一二三년 徐兢의 고려 항로와 慶源亭」（前掲）四九一頁。
（36）近代以降、周囲が陸地化した月尾島については周長・面積などのデータがなく、ここでは地図上で東西・南北の径を概測して比較した。
（37）試みに手元にある국립해양조사원『二〇〇七조석표（한국연안）』（한국해양조사협회、二〇〇七年）により、徳積島における潮汐変化を一日後の仁川におけるそれと比較すると、四、五〇分程度早まることになる。
（38）『조류도（인천항 및 부근）』（국립해양조사원、二〇〇三年）、参照。
（39）筆者の比定が正しければ、安興半島から伊作島までおよそ六〇km余りの距離を六、七時間で走破したことになる。
（40）これに近い速度はムン・ギョンホが比定する双女焦（煙突島附近）→大青嶼（豊島）（二八km）、大青嶼（豊島）→和尚島（霊興島）（一七km）の航程でも想定される。なお西洋木造帆船の場合、十九世紀後半のイギリスのカティサーク号は平均時速三〇km前後を出したという（杉浦昭典『帆船――その艤装と航海』（舵社、一九七二年）八〇頁、参照）。
（41）조동원・김대식・이경록・이상국・홍기표訳『고려도경』（前掲）四〇二〜四〇三頁。
（42）孫石項については、長森美信「朝鮮近世海路の復元」（『朝鮮学報』第一九九・二〇〇輯合併号、二〇〇六年）一五七・一六〇頁、이영수「손돌목（孫乭項）伝説의 分析과 現場」（『比較民俗学』一三輯、一九九六年）、参照。
（43）『조류도（인천항 및 부근）』（前掲）、参照。
（44）下記の論考でも急水門を孫石項に比定する。『大正五年度朝鮮古蹟調査報告』（朝鮮総督府、一九一七年）二一四〜二一五頁、内藤雋輔「朝鮮支那間の航路及び其の推移に就いて」（前掲）四五二頁、祁慶富「10〜11세기 한중 해상교통로」（前掲）

一九一～一九二頁。なお『宋史』高麗伝の記載にもとづいて急水門を礼成江口に比定する見解もある（王文楚「両宋和高麗海上航路初探」（前掲）一〇一頁、李玉昆「《宣和奉使高麗図経》与宋代海上交通」（前掲）九二頁）。そこではたしかに礼成江を説明するなかで急水門に言及するのだが、礼成江の河口から最終到着地の碧瀾渡まではわずか数㎞である。急水門通過後に蛤窟、分流点の分水嶺、龍骨などの経由地と停泊地、そして二、三日分の航程を想定するのは無理がある。礼成江河口部の地勢は徐兢の描写とも符合しない。『宋史』高麗伝の記載は、航海情報を誤って整理したものというべきである。

(45) 現在、塩河との分岐点が漢江河口とされているが、かつては江華島北端の水域までを漢江と認識する立場、臨津江との合流地点を河口とみなす立場もあった（이형석・김주환『한강』（대원사、一九九〇年）七〇～七一頁、参照）。

(46)『朝鮮後期地方地図——京畿道編』（서울大学校奎章閣、一九九七年）所収。

(47) 江華文化院郷土史研究所の류중현所長（二〇〇九年七月二十七日当時）の示教による。

(48) 甲串の地名由来と歴史については『江都의 脈』（江華文化院、二〇〇四年）七七～八〇頁、参照。

(49)『江都의 脈』（前掲）八四～八五頁、参照。また江華文化院郷土史研究所の류중현所長（二〇〇九年七月二十七日当時）の示教による。

(50)『朝鮮時代私撰邑誌12——京畿道（12）』（韓国学人文科学院、一九八九年）所収。

(51)『高麗史』巻九三・朴述熙伝、同書巻一二七・王規伝、『高麗史節要』巻二・恵宗二年九月己酉。ただし、ここに記された甲串にまつわる所伝が高麗後期以降の述作を典拠とし、その時点での地名が反映されている可能性も皆無ではない。

(52) 漢語音の変遷については藤堂明保・加納喜光編『学研新大漢和字典』（学習研究社、二〇〇五年）による。以下同じ。

(53)『新編江華史』中（강화군사편찬위원회、二〇〇三年）八七一頁、参照。なお上記の文献ではカリミという地名は集落の裏山にカリ亭 가리정 という亭子があったことによるとするが、詳細は不明。

(54)『新編江華史』中（前掲）八七一頁、参照。また江華文化院郷土史研究所の류중현所長（二〇〇九年七月二十七日当時）の示教による。

(55)『新編江華史』中（前掲）八七〇頁、参照。

(56) 徐兢一行は六月十日巳刻（九・十時台）に紫燕島附近において、同日未刻（十三・十四時台）に急水門において、「潮に随って船を進めた。そして翌十一日午刻（十一・十二時台）には蛤窟において潮がひいた状態であり、酉刻（十七・十八時台）になって「船を進」めた。このような航程に符合する潮汐・潮流変化が実際におこり得ることを『二〇〇七조석표（한국연안）』（前掲）所載のデータを参考に示しておく。すなわち二〇〇七年八月十一日の仁川港では十時二十三分（巳刻）に上げ始め、十四時七分（未刻）に張潮流が最強となり、十六時七分に下げ始めとなる。朝鮮半島西岸において同日内の潮汐変化の時間帯は南部ほど先行するが、仁川港とその南西五〇㎞ほどに位置する徳積島との差は一〇分以内であり、京畿道沿岸内では僅差と考えられる。また同一地点では翌日に一時間前後遅くなる。一方、潮流は仁川港に関して高・低潮時から一時間前後遅れて転流するが、『조류도（인천항 및 부근）』（前掲）により江華島沿岸における転流のタイミングをうかがうと、仁川港より一時間程度の範囲内で遅れるとみられる。以上から、江華島沿岸における八月十二日の潮流変化は、仁川港に対して一時間から二時間ほどの範囲で遅れるとみられる。そうすると、十一時半から十二時半（午刻）頃は下げ止まりから上げ始めにかかり、また十七時から十八時（酉刻）頃は上げ止まりから下げ始めにかかる。徐兢一行が通過した際の仁川〜江華島沿岸の潮汐・潮流変化が二〇〇七年八月十一・十二日と同様であれば、一一二三年の六月十日には巳刻の上げ始めにあわせて永宗島を出発し、未刻には強い張潮流に乗って孫石項に入ることができる。翌十一日午刻の甲串では潮流自体は下げ止まりから上げ始めにかかるが、いまだ潮位が低いため出航できない。そしてその日の酉刻には上げ止まりから下げ始めにかかるが、まだ落潮流が強くはないので、高潮位を利用して多少船を進めることができる（徐兢は潮流に乗って船を進めたとは記していない）。

(57) 『新編江華史』中（前掲）八六六頁、参照。

(58) 前出『江華府志』上・坊里・長嶺里。

(59) 『新増東国輿地勝覧』巻一二・京畿・江華都護府・楼亭・燕尾亭。

(60) 『大正五年度朝鮮古蹟調査報告』（前掲）二一五頁。

(61) 陸地測量部五万分一地形図「通津」（一九一六年）、韓国海図№三二三「격렬비열도에서 대청군도」（국립해양조사원、二

〇〇六年）、参照。

第七章　舟山群島水域における航路

はじめに

本章では、宣和五年（一一二三）に高麗に派遣された宋使船がその往路と復路でたどった中国大陸近海の航程を検討する。この問題については、すでに王文楚と祁慶富の論考で基本的事実の大半が明らかにされているので、ここでは両氏の成果に依拠して航程を紹介しつつ、[1]検討がおよばなかった陸標を中心に補足的な考察をくわえることにする。舞台となる舟山群島一帯の水域を図版1として提示するので、関係地の位置を適宜確認されたい。

図版１　舟山群島水域

一　往路（1）

『高麗図経』巻三四・海道・招宝山によると、徐兢一行は宣和五年（一一二三）五月十六日に明州（現浙江省寧波市）をたち、甬江をくだって同月十九日に定海県にいたる。そして同二十四日に招宝山で御香をたいて祈禱をおこない、「巳刻」（九・十時台）に出航、虎頭山、水浹港口、七里山を経由して船を進めていった。

定海県は現在の寧波市鎮海区であり、甬江河口に位置する明州の外港である。北宋期には来訪する高麗使節のために航済亭という迎接施設もおかれていた(2)。この定海を象徴するランドマークが河口左岸の突端にそびえる**招宝山**（現在も同名）である（図版２）。

出航した宋使船はまず**虎頭山**を経由するが、これは現在虎蹲山と呼ばれる小山である（図版３）。本来は島だったが、現在は周囲が埋め立てられて右岸側の陸地にとりこまれ、また工場建設にともない地形が大きく変更された。

つづく**水浹港口**について、王文楚と祁慶富には言及がないが、甬江河口で右岸から合流する小浹江の河口と考えられる（図版４）。日本僧策彦周亮の入明記『初渡集』天文十年（一五四一）五月二十六日に、日本への帰路において、

出定海前進者里許、而有小港。繋泊之船数千艘。（定海を出て一里ほど進むと小港がある。停泊船は数千艘にのぼる）

と記されるものと同一であろう。策彦は同じ個所で寧波を代表する名刹の一つ阿育王寺にいたる水路とも説明しているが、実際小浹江をさかのぼると同寺附近にいたる。

王文楚によると、七里山は現在七里嶼と呼ばれる小島であり[3]（図版5）、甬江河口外のやや北寄りに位置する。沖合七里にあることからつけられた名称である。

『高麗図経』巻三四・海道・虎頭山によると、その後、徐兢一行は数十里を進んで蛟門を通過し、「申末」（十六時台）に大・小謝山を遠望、さらに松柏湾を経て蘆浦に停泊した。

図版2　東方からみた招宝山（2010.2.9）

図版3　招宝山からみた虎蹲山（2006.8.26）

図版4　現在の小浹江口（2010.2.9）

図版5　招宝山からみた七里嶼（2006.8.26）

図版6　西方からみた黄蟒山（2010.2.9）

　蛟門について徐兢は、蛟蜃（みずち）の棲家とされ、三交門とも呼ぶことを伝える。門とは海上で陸地が対峙して水路を形成する地形である。この蛟門は、金塘山と大陸本土の間を通る金塘水道の西側水域に位置する黄蟒山に比定され、大黄蟒山をはじめとする四つの小島が水道の中央をふさぐように集まっている（図版6）。定海からはせいぜい一〇㎞程度なので、数十里という徐兢の説明は誇張の感もある。南宋代の『宝慶四明志』巻一八・定海県志・叙山・山にみえる鮫門山も同じ島嶼であり、定海県の東方四十里に位置して「海口に環鎖」し、ここを抜ければ「大洋」であると記す。この場合、地勢の描写は的確だが、里程はかなり誇張された形になる。明代の『嘉靖寧波府志』巻六・山川志・定海・山・蛟門山になると、定海県から「約十五里」（約八㎞）という実情に近い数値に修正される。

　前出の策彦『初渡集』天文九年（一五四〇）五月十五日によると、定海県にむかい舟山南方海上を西進中の日本の遣明船を迎えるべく「三山」に明の官船が待機していたが、そのさき定海県までの水先案内を明側に要請したところ、

　前山名曰蛟門。有蛟龍不時奮発。非泊船之所。（前にある島は名前を蛟門という。蛟龍が棲んでいて、ときどき奮いたつ。

船を停泊する場所ではない）

と前進をうながされたという。宋代と同様な「蛟門」の伝承が明代にもあったことがわかる。

ちなみに上記の「三山」については、遣明船がこの二日前の段階ですでに定海から五日本里（一里＝三六町とすると約二〇㎞）ほどの位置に到達していたことから、黄蟒山からも程近い位置にあったことがうかがわれる。(4) これは前近代の地理資料で蛟門の近傍に表示される「三山」または「小三山」と同一であろう。(5) これは現在の寧波市北侖港にある北侖山とその附近の小島（現在は埋立が進んでいる）に相当し、(6) 近くには下三山という地名もある。

徐兢が遠望した大謝山と小謝山のうち、前者は舟山の南方、大陸本土間近に位置する大榭山である（図版7）。後者は前近代の寧波地方志に小榭山という表記でも大榭山と並記されるが、大榭山近隣のどの島か必ずしも明瞭ではない。近代の『支那東岸水路誌』では「小謝山島」を寧波東方の岐頭角から西方五浬に位置する(7) 一七六・八ｍの島嶼とし、Cheun《ママ》 pi という別名を伝える。(8) これは大榭山の東方約一㎞に隣接する穿鼻山 Chuan bi shan に該当する(9)（図版8）。

　つづく松柏湾については、ほかに関連史料をみいだせないが、蘆浦については

図版7　南方対岸の穿山からみた大榭山（2006.8.23）

図版8　南東からみた穿鼻山（2006.8.23）

図版９　大榭山側からみた黄崎港（2006.8.23）

『宝慶四明志』の「昌国県境図」（宋版所収）や『嘉靖寧波府志』の「舟山境図」に、蛟門や三山の東方の大陸沿岸、白峯（寧波市北侖区白峰鎮。後者の地図では大白峰と表記）の西方に図示される。

これは『宝慶四明志』巻一八・定海県志・叙水・津渡にみえる蘆浦渡に関連するとみられるが、この渡し場については元代の『至正四明続志』巻四・定海県・河渠・津渡でも次のように記している。

県東一百里、乗半潮可抵昌国県。（県の東方一〇〇里にあり、半潮に乗じて昌国県（舟山）に到達できる）

また『宝慶四明志』巻三・郡志・叙郡下・駅鋪・蘆浦鋪や同書巻一八・定海県志・叙県・駅鋪・蘆浦鋪には、

穿山碶東、渡海洋至昌国。（穿山碶（穿山の水閘）の東にあり、海をわたって昌国県にいたる）

とある。ところが、同書の「定海県境図」（宋版所収）では、穿山碶よりも定海県寄りに「蘆浦」を図示している。

穿山の地は現在も同名であり、大榭山対岸の大陸沿岸にあって、ここに流下する蘆江の河口右岸に位置する。明代の『籌海図編』[10]巻一・浙江沿海山沙図では、この蘆江口に穿山碶を表示する。対岸の大榭山は定海県の東南一二〇里とされるので、県の東方一〇〇里にある渡し場としての蘆浦は、これより多少定海県寄りに位置したことになる。穿山一帯はそうした位置にあたるが、渡し場の名称が蘆江に由来する可能性も想定できる。これ以上具体的な位置は特定できないが、大略、大榭山と大陸の間の水道（黄崎港）に面して穿山やその近辺にあったと考えられる（図版9）。

ここは舟山南方海上を定海県に往来する船舶の寄港地でもあったらしい。前述した策彦『初渡集』天文十年（一五四一）五月二十六日によると、日本の遣明船は帰国に際して舟山南方を東進中、定海より五里（日本里）の位置で川山に停泊したという。この川山は穿山の同音異字表記であろう。近代の水路誌でも穿山附近の「大謝山港」（黄崎港の西部）は甬江にむかう船舶の待機所であるといい、大型ジャンク船も入港したという。(11)

このようにみてくると、徐兢一行が寄港した蘆浦は穿山やその近辺の黄崎港にあったと考えてよさそうであり、実際そのような見解をとる論者もいる。(12)

ただし徐兢は大・小謝山を遠望したとのみ記す。黄崎港に停泊したならば最終的に両島に接近するのは明白なので、徐兢の記載が通過時の眺望だとすれば、彼は黄崎港にいたらなかったはずである。この場合、大榭山・穿鼻山から離れた北方の舟山寄りの水域を通過したと考えられ、祁慶富が推定するように、(13)彼らが停泊した蘆浦は舟山南岸に比定するほうが相応しい。舟山南岸には蘆花浦という地名もあり、宋代にさかのぼって確認されるが、(14)徐兢一行がその翌日に停泊した沈家門の西方数㎞に近接する。しかしこの後ふれるように、徐兢は蘆浦から沈家門までの間に四ヶ所ほどの通過地点をあげているので、距離的にややそぐわない。祁慶富自身は蘆浦を舟山南岸の主要港、現在の定海港（舟山市定海区）とみているが、徐兢がこの日舟山に停泊したとすれば、その蓋然性自体はひとまず認められよう。

ただし『高麗図経』巻三九・海道・礼成港では、帰航する宋使船の最終航程について、

過蛟門、望招宝山、午刻、到定海県。（蛟門をすぎ、招宝山を望み、午刻、定海県にいたる）

と記す。宋使船が招宝山を望見したのち、その間近を通過して定海県にいたったことは確実であるから、ある地点を望見した後、その附近を通過したことをあえて記述しないことはあり得るのである。大・小謝山の場面でも同様に記述されたとすれば、大榭山と穿鼻山を遠望したのち、これに接近し、黄崎港に停泊した可能性も否定できない。

これに関連して蘆浦から沈家門までの経由地が注目される。『高麗図経』巻三四・海道・沈家門によると、徐兢一行は五月二十五日の「辰刻」（七・八時台）に蘆浦を出航し、「浮稀頭・白峯・窄額門・石師顔」を出て沈家門にむかったという。このうち浮稀頭・窄額門・石師顔については未詳だが、白峯は前出した白峰のことをさす可能性がある。大榭山の東南対岸に現在も白峰鎮の地名がのこり、南宋代には巡検司がおかれた(15)。この比定が正しければ、前日に停泊した蘆浦が黄峙港にあたる蓋然性は高まり、徐兢一行は大榭山からさきは大陸に沿って東進し、その突端の岬（岐頭角）を通過して北方対岸の沈家門に向かったと推定される(16)。前後にならぶ地名が未詳であり、一連の地名をどのように区切って読むかについても不安材料をのこすため、いまだ確実な比定とはいえないが、本稿では徐兢一行がこうしたルートをたどった可能性があることを指摘しておきたい。

二　往　路（2）

『高麗図経』巻三四・海道・沈家門では、舟山東南端において魯家嶼の島々にかこまれた沈家門の景観を、

四山環擁、対開両門、其勢連亘。（周囲の山々が抱くようにめぐり、二つの門を向かいあわせに開き、連綿と列なる地勢である）

と表現している。現在もここは同名の重要港である（図版10）。

沈家門寄港の翌五月二十六日、使節団は梅岑に入った。すなわち普陀山である（図版11）。前近代において中国から日本・朝鮮にむけて東シナ海に乗り出す船舶の最終寄港地であり、航海安全祈願のための観音霊場にして風待ち港であった。徐兢一行も霊感観音ゆかりの宝陀院において祈禱をおこない、二十七日にかけて風待ちをしたが、徐兢はこ

こで気象状況を慎重にみきわめて前進することを強調している（『高麗図経』巻三四・海道・梅岑）。五月二十八日の「卯刻」（五・六時台）、八艘の宋使船は出航、赤門を通過して島嶼がまばらな水域に出て、「巳後」（十時台）に海驢焦を通過した（『高麗図経』巻三四・海道・海驢焦）。

赤門は普陀山の北方にあるとみられるが、そのさきでは島嶼がまばらな開けた水域に出ることから、舟山の北方岱山から中街山列島にかけて東西約七〇㎞にわたり島嶼が点々と列なる水域のうち、普陀山の北方にかかるいずれかの門（水道）をさす可能性が高い。このうち長塗山東方には砯砂門という水道があり、名称としては赤門に対応するようにもおもえるが、少なくとも近代の水路誌では、一帯の水域は航行に不適とする。(17) ジャンク船をふくめて航行に利用される水道としては、Steep Island（小板山）Pass を最適とするが、(18) これは現地で小板門ないし黄星門とよばれるものである。このほかにも隣接する Brenan Pass（治治山西方）、Hall Pass（西寨山東方）、Hewett Pass（鴨掌山東方）などもジャンク船が通過することがあるという。(19) 徐兢の記す赤門は、それらのいずれか、もしくはそれら一帯をさすとおもわれるが、一つにしぼるならば、もっとも主要な小板門をあげるべきだろう。(20)

図版10　南東からみた沈家門（2006.8.23）

図版11　南方からみた普陀山（2006.8.23）

図版12　大衢山（2010.2.5）

赤門の次に通過した海驢焦は、つづいて望見した蓬萊山が大衢山に比定されるため（後述）、同島よりも南に位置したと考えられる。地図上で確認できる島嶼では、上記の小板門から北北東二〇㎞ほどの位置にある高さ四六尺（一五m弱）の半洋礁[21]にあたる可能性がある。普陀山から四五㎞ほどの位置で、徐兢一行が梅岑出航から四、五時間で到達したことにも符合する（既述のように朝鮮半島沿海で宋使船は時速一〇㎞程度やそれ以上の速度で航行したとみられる）。近代の水路誌ではこれを蜂巣岩と呼び、その形状を「黒色乱形岩」と記す[22]。かかる色彩の奇岩であることは、海驢焦が伏した驢馬、すなわち海驢（アシカ）のごとき海獣の形に由来するとされることに関わるものかもしれない。

『高麗図経』巻三四・海道・蓬萊山によると、蓬萊山は海驢焦を通過後、はるか彼方にみえたという。王文楚はこれが大衢山（図版12）に相当することを論証している[23]。

ここからさき、徐兢一行は島嶼がみえない水域に入るが、大洋中で半洋焦という岩礁のそばを通ったという（『高麗図経』巻三四・海道・半洋焦）。大衢山の北方から北西方にかけても舟山群島北端の島々が密集しているが、徐兢一行はそちらに向かわず、島嶼群から遠ざかる東寄りの方向に進んだと推定される。これは朝鮮半島南西部への針路に符合する。その途上にある半洋焦に相当する可能性としては、大衢山東方の浪崗山列島からみて北北西に位置する半洋礁、一名東半洋礁（〇・九m）[24]か、北北東に位置する海礁（四六m）[25]をあげることができる。王文楚が比定する東半洋礁[26]は前者にあたるが、その根拠としては、名称と位置関係の符合が言及されるくらいである。しかし徐兢は、船が礁に気づかずに乗りあげて転覆する危険性を述べているので、海面にみえかくれするような高さだったことがうかがわれる。標高を比較した場合、わずか〇・九ｍの半洋礁に比定する案はたしかに妥当であろう。

これより徐兢一行は本格的な外洋航海に入り、白水洋、黄水洋、黒水洋を経て朝鮮半島に到達する。内藤雋輔は白水洋を浙江沿岸部、黄水洋を長江河口の沖合とする。(27)白水洋について徐兢が靺鞨の地（マンチュリアに相当）より発源するとした点は不正確だが、彼の航程説明によれば、宋使船が白水洋に入ったのは舟山群島の通過後である。それならば、長江河口の沖合が白水洋に相当するとみるべきである。

つづく黄水洋について、徐兢は黄河の影響をうける水域と記すが、当時黄河本流は渤海湾に流入しており、宋使船がそこまで北上したはずはない。王文楚や祁慶富の指摘どおり、(28)流入河川の影響としては江蘇地方の淮河（汴河を通じて黄河とも接続する）などが想定され、黄水洋はその沖合と考えられる。

ただ王文楚が図示するように大陸沿岸に沿って淮河河口附近まで北上するのは、わざわざ遠回りをして危険な浅堆が多い江蘇沿岸部を通過する形になる。前述のごとく徐兢一行はあくまで朝鮮半島にむかって北から東寄りの針路をとったと考えるべきで、淮河など流入河川の影響による濁水が相当遠方まで広がっていたとみておくのが穏当である。(29)つづく黒水洋は、流入河川の影響が少なく、かつ水深のある遠洋の水色にもとづく名称と考えられる。

三　復　路

『高麗図経』巻三九・海道・礼成港の記載によると、帰路において徐兢一行は七月十五日に礼成港より乗船して帰国の途についた。往路とはまったく逆の航程をたどって朝鮮半島西岸を南下していったが、便風を得られず、多くの

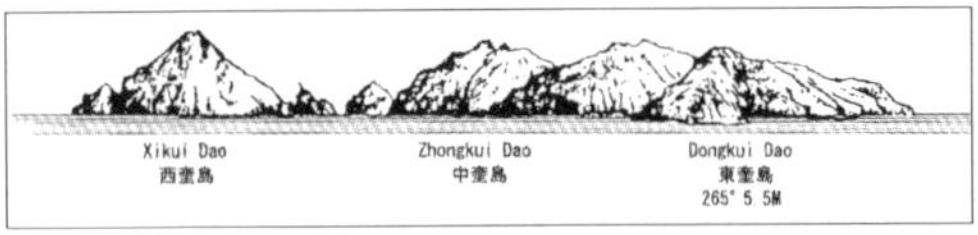

図版13　浪崗山列島（『中国・台湾沿岸水路誌』（海上保安庁、2003年）267頁より）

図版14　瀝港（2010.2.6）

日数を風待ちについやし、一ヶ月以上たった八月二十日にようやく黒山諸島水域を通過して外洋へと乗り出した。

しかしここから使船は強い北風をうけて順調に進み、翌二十一日には黄水洋の浅堆水域（沙尾）を通過した。このとき正柂（舵）や三副柂（リーボード——次章参照）が折れるという事故にもみまわれたが、二十二日には中華秀州山を望見したという。秀州は上海西南方に位置する現在の浙江省嘉興市であり、あたかも宋使船が杭州湾内に入ったかのようである。しかし秀州より東の蘇州洋を通過した事実がこの後記されるので、ここでは秀州をふくむ長江河口附近の大陸沿岸部の地か、その沖合の島嶼を目視したことをいうのであろう。

二十四日に徐兢一行は東・西胥山を通過する。この島嶼については他に記録をみいだせないが、王文楚によると、翌日に到達した浪港山は、舟山群島東方にあって標高九五・四m、八七・二m、七四・一mの主要三島からなる浪崗山列島（図版13）に相当する。[30] したがって東・西胥山は、その北方に所在する舟山群島北端の島々のいずれかであろう。名称からは東西にならんで対をなす二島の姿が想像されるので、浪崗山列島の北西にひろがる嵊泗列島のうち、南東端にならぶ枸杞山と嵊山などを候補にあげることもできる。

浪港山を通過した徐兢一行はさらに潭頭を通過するが、現在地は不明である。しかし翌二十六日に一行は蘇州洋を通過し、栗港に停泊している。蘇州洋は現在の上海沖で、寧波の北方、舟山群島西方の水域をさすとみられる。[31] 王文楚によると、停泊した栗港は金塘山の北西岸、大鵬山との間の水道に位置する良港、瀝港（図版14）である。[32]

すなわち徐兢一行は舟山群島水域を通過するにあたり、東方の浪港山を通過しながら、わざわざ西方水域に大きく迂回したのである。その航路は詳細不明だが、二十六日の朝のうちに蘇州洋に達した徐兢一行が夜になって栗港にいたったことからすると、当初は蘇州洋のなかでも北寄りの水域にいたと推定される。そこで浪港山との位置関係からみて、一行は岱山附近、おそらくはその北側、大衢山との間の広水道を通過して西方に移動した可能性が高いとおもう。未詳地名の潭頭はその航路上にあったのであろう。当時、西岱山北岸の東茄（茹）山（現在の東沙古鎮）は商船が往来する寄港地であり、[33]これと潭頭との関連性も考慮したいところだが、いまのところ具体的な手がかりがない。

二十七日、徐兢一行は栗港より金塘山の西方を南下した模様で、朝のうちに蛟門を通過し、招宝山をへて「午刻」（十一・十二時台）に定海県に帰着した。

おわりに

以上述べてきた舟山群島水域における徐兢一行の航程をまとめると、次のとおりである（図版15）[34]。

【往路】

五月　十六日　明州（寧波）出発

五月　十九日　定海県（鎮海）到着

五月二十四日　招宝山（招宝山）で焚香し、巳刻（九・十時台）出航→虎頭山（虎蹲山）→水洨港口（小洨江口）→
七里山（七里嶼）→蛟門（黄蟒山）→申末（十六時台）大謝山（大榭山）・小謝山（穿鼻山）を遠望→

松柏湾（未詳）→蘆浦（黄崎港）に停泊

五月二十五日　辰刻（七・八時台）出航→巳刻（九・十時台）浮稀頭（未詳）、白峯（白峰鎮）、窄額門（未詳）、石師顔（未詳）通過→沈家門（沈家門）停泊

五月二十六日　梅岑（普陀山）に上陸、宝陀院で祈禱。

五月二十八日　卯刻（五・六時台）出航→赤門（小板門か一帯の水道）→巳後（十時台）海驢焦（半洋礁）→蓬萊山（大衢山）を遠望→半洋焦（半洋礁）

五月二十九日　白水洋（長江河口沖合）→黄水洋（江蘇地方沖）→黒水洋（外洋）

【復路】

八月　二十日　黒山諸島を通過

八月二十一日　沙尾（黄水洋）通過

八月二十二日　中華秀州山（長江河口部沿岸もしくは沖合島嶼）を望見

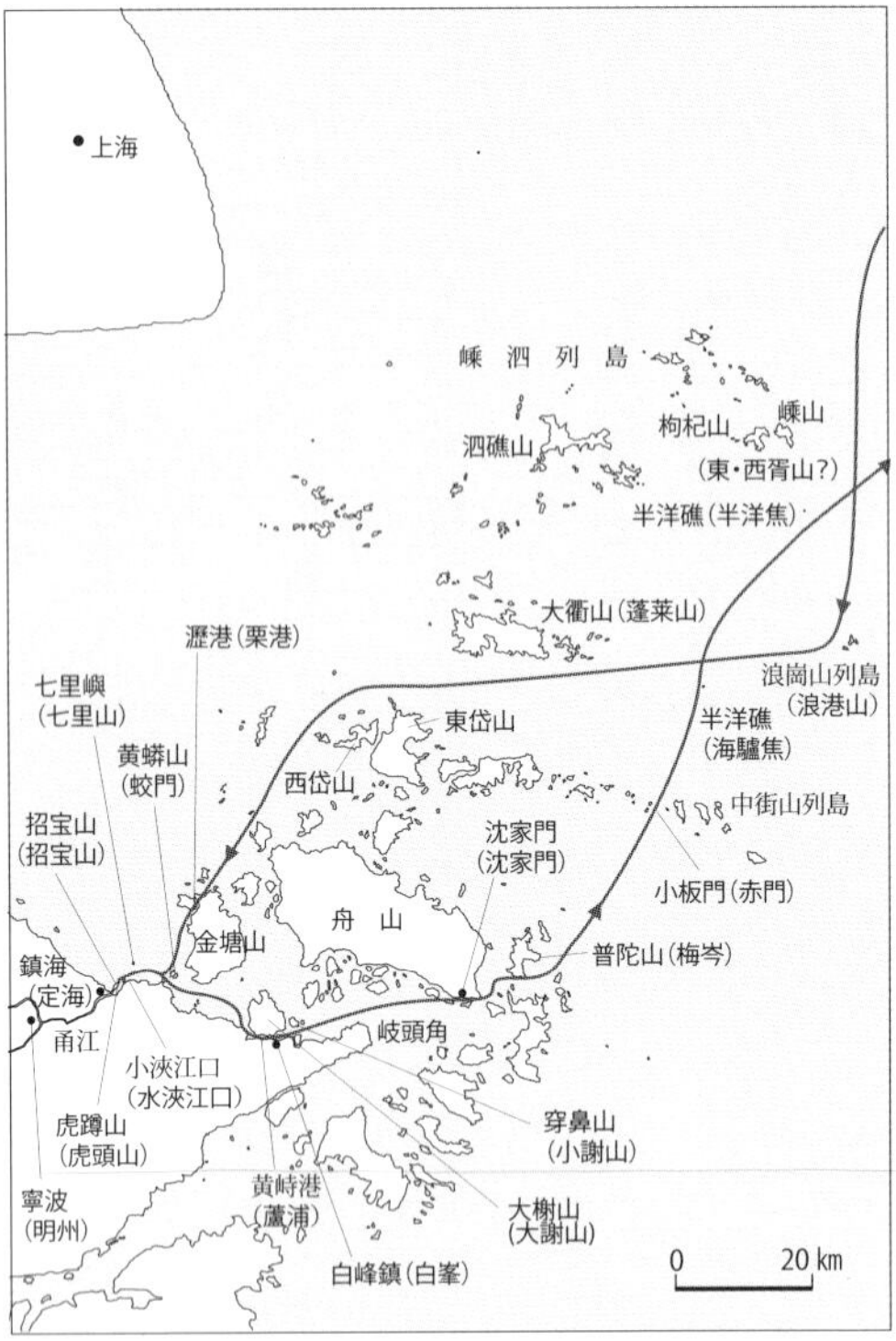

図版15　舟山群島水域における宋使船の航路

八月二十四日　東・西胥山（枸杞山と嵊山か）を通過
八月二十五日　浪港山（浪崗山列島）→潭頭（未詳）
八月二十六日　蘇州洋（舟山群島西方水域）→栗港（瀝港）停泊
八月二十七日　蛟門（黄蟒山）→招宝山→定海県（鎮海）

すでに指摘したように、復路において徐兢一行が浪港山まで達しながら、そこから大きく西方に迂回した点は注目に値する。宋使船団はその際黄水洋上において舵やリーボードに損傷を受けたが、部材を交換することで対応し[35]、操船不能とはなっていない。予期せぬ方向に漂流したとすれば、徐兢はそれを示唆する記述をのこす可能性が高いが、そのような形跡もない。すなわち西回りの航路は意図的な針路選択だったと推定されるのである。

図版16　成尋の航路（概念図）

当時の舟山群島水域における航程を具体的に記したもう一つの史料として、入宋日本僧成尋の『参天台五臺山記』がある[36]。そこでも定海に入港するにあたり舟山群島の西方水域を通過したことが判明する。すなわち一〇七二年に漢人海商の船で渡航した成尋の航路は、石帆山（鶏骨礁）→大七山（大戢山）→徐翁山（徐公山）→揚山（大洋山）

・三姑山（小洋山）望見→黄石山（黄沢山）→小均山（小衢山）→袋山（東岱山）→東茄山（西岱山の東沙古鎮）→烈港（瀝港）→定海というものであった[37]（図版16）。

これに対し前出した策彦周亮や笑雲瑞訢の『入明記』にみえる室町期の遣明船は、舟山群島を東方から回りこんだ。策彦の場合は針路が南にそれて象山県沿岸にいってしまうが、笑雲の場合は普陀山、沈家門、舟山と経由している。

南宋代の『乾道四明図経』巻七・昌国県・山・梅岑山では、普陀山について

高麗・日本・新羅・渤海諸国、皆由此取道、守候風信。謂之放洋山。（高麗・日本・新羅・渤海など諸国へは、みなここを経由して風をまつ。これを放洋山という）

と記している。ここで普陀山は、中国側から日本や朝鮮へ出帆（放洋）する際の起点として表現されている。一方、成尋が西岱山北岸の東茄山に寄港した際、そこには泗洲大師堂があり船員の信仰を集めていたが、南宋期におけるその後身である普明院について、『宝慶四明志』巻二〇・昌国県志・叙祠・寺院・普明院では、

高麗入貢、候風於此。（高麗が入貢する際、ここで風待ちをした）

と記している。こちらは高麗から中国にやってくる際の寄港地として表現される。

こうした言い回しは、当時において普陀山経由で明州に入港する船の存在や、岱山方面から東シナ海の外洋に乗り出す航路の存在を全面否定するものでもない。しかしこれがある種の傾向性、寄港地としての役割の比重を反映するとすれば、宋代の東シナ海外洋航路において、中国からの出境時には舟山群島の東側、中国への入境時には群島の西側に回りこむのが一般的であり、それが徐兢や成尋の航路にあらわれている可能性があるのではないだろうか。

成尋のケースだけをみれば、たまたまコースが西寄りになったともいえるが、群島の東側水域を通過していた徐兢らがわざわざ西側水域に位置をかえたとみられることは、技術的条件、社会的条件のいずれによるものであるかは不

明ながら、しかるべき理由が恒常的に存在したことを疑わせる。今後さらに事例の集積と分析を進め、それが事実であるならば、その背景を明らかにしていく必要がある。

註

（1）王文楚「両宋和高麗海上航路初探」（『文史』第一二輯、一九八一年）、祁慶富「10～11세기 한중 해상교통로」（조영록編『한중문화교류와 남방해로』국학자료원、一九九七年）。なお両者の比定案が一致し、筆者も同意する陸標については、いちいち上記の論著を注記しない。

（2）『宝慶四明志』巻一八・定海県志・叙県・公宇・航済亭。

（3）王文楚「両宋和高麗海上航路初探」（前掲）九八頁。

（4）一四五三年に入明した笑雲瑞訢の『入明記』癸酉四月十六日にも、定海県にむかう途上、「舟山」（舟山の中心港である定海港）から「六十里」（笑雲は一里＝六町（一町は約六五〇ｍ）とする）で「三山」に到達したと記す。なお本史料のテキストについては村井章介・須田牧子編『笑雲入明記――日本僧の見た明代中国』（平凡社、二〇一一年）、参照。

（5）『宝慶四明志』巻一八・定海県志・叙山・山・小三山、『嘉靖寧波府志』舟山境図、『籌海図編』巻一・浙江沿海山沙図など参照。

（6）『民国鎮海県志』巻三・山川上・霊巖郷・小三山、参照。

（7）正確には北岐頭角の西方四と一／四浬にあるBun geiという岩礁から西方三／四浬に位置するという記述である。

（8）水路部『支那東岸水路誌』第二巻（水路部、一九三一年）二三五頁。

（9）水路部『支那東岸水路誌』第二巻（前掲）二三五頁では別に「穿鼻島」、一名Da moという島が「小謝山島」の東方一／二鏈（約九〇ｍ）にあるとする。しかし高さ五五・五ｍであり、現在の穿鼻山とは合わない。これは海上保安庁水路部『中国・台湾沿岸水路誌』（海上保安庁、二〇〇三年）二四九頁に、同島の東に近接する高さ五九ｍの小島と記されるものに相当しよう。

(10)『宝慶四明志』巻一八・定海県志・叙山・山・大謝山小謝山。
(11)水路部『支那東岸水路誌』第二巻（前掲）一二三五頁。
(12)王連勝「沈家門漁港発展史考」（張捷主編『話説沈家門漁港』浙江大学出版社、二〇〇九年）四三頁。王は比定地を小蘆江口とするが、この河川は後所河ともよばれることから（『民国鎮海県志』巻四・山川下・霩霩郷・小蘆江河）、明代の穿山後所（現在の寧波市北侖区後所村）を通過して海に流れこむ河川に相当する。蘆江口からは二㎞ほど東である。
(13)祁慶富「10~11세기 한중 해상교통로」（前掲）一八三頁。
(14)『宝慶四明志』巻二〇・昌国県志・叙県・公宇に「蘆花監塩文」、同・叙産・塩に「蘆花場」とある。
(15)『宝慶四明志』巻一八・定海県志・叙県・官僚・白峰巡検。
(16)かかる航程を想定する場合、徐兢一行が前日に大榭山・穿鼻山を北方から遠望したうえで黄峙港に入っていったというのは、いささか不自然な迂回路におもえる。まったくあり得ないともいえないが、定海出航後は大陸に沿って東進し、そのまま大榭山の南側から黄峙港に入っていったと考えるほうが自然ではある。しかしその場合、黄蟒山を通過してから大榭山を遠望した際、その東方にある穿鼻山はみえなかったはずである。徐兢のいう小謝山が近代の水路志のいうそれとは異なる可能性や、両島を一体にとらえる視点から実際には大榭山の山塊しかみえていない状況でこれを大・小謝山と呼んだ可能性も考えられるが、状況解釈上の難点ではある。
(17)『民国定海県志』定海県総図、参照。
(18)水路部『支那東岸水路誌』第二巻（前掲）二五一頁。
(19)水路部『支那東岸水路誌』第二巻（前掲）二五一~二五二頁。
(20)水路部『支那東岸水路誌』第二巻（前掲）二五二頁。
(21)『民国定海県志』定海県総図、参照。
(22)水路部『支那東岸水路誌』第二巻（前掲）二六四頁。

(23) 王文楚「両宋和高麗海上航路初探」(前掲) 九八頁。
(24) 『民国定海県志』定海県総図、海上保安庁水路部『中国・台湾沿岸水路誌』(前掲) 二六七〜二六八頁、参照。
(25) 海上保安庁水路部『中国・台湾沿岸水路誌』(前掲) 二六八頁、参照。
(26) 王文楚「両宋和高麗海上航路初探」(前掲) 九八頁。
(27) 内藤雋輔「朝鮮支那間の航路及び其の推移に就いて」(同著『朝鮮史研究』東洋史研究会、一九六一年) 四五〇頁。
(28) 王文楚「両宋和高麗海上航路初探」(前掲) 九九頁、祁慶富「10〜11세기 한중 해상교통로」(前掲) 一八五頁。
(29) 現在の観測データによると江蘇沿海では沿岸流がおおむね南から南東方向に流れ、また南東方向の相当距離にわたって高濁度の水域が広がる傾向にある。『한국해양환경도』(국립해양조사원、一九九八年) 一八〜二一頁、参照。
(30) 王文楚「両宋和高麗海上航路初探」(前掲) 一〇一頁。
(31) 『宝慶四明志』巻一・郡志・叙郡・境土に「北至海岸六十二里、自海岸至蘇州洋、二百二十里 (〔慶元 (寧波) の〕北方は、海岸まで六十二里 (約三四km)、海岸から蘇州洋まで二二〇里 (約一二〇km))」とある。
(32) 王文楚「両宋和高麗海上航路初探」(前掲) 一〇二頁。
(33) 『参天台五臺山記』巻一・延久四年四月二日。東茄山の比定については本章註 (37) 参照。
(34) 大榭山附近の航路については、暫定的に大陸沿いに黄崎港に入ったとの想定による。
(35) 『高麗図経』巻三九・海道・礼成港。
(36) 日本僧の記録としては一〇八二年に入宋した戒覚の『渡宋記』もあり、舟山群島水域をへて定海県に到着したことがうかがわれるが、残念ながら具体的な航路が判明しない。
(37) 成尋の航程については齋藤圓眞「善慧大師成尋の参天台行路考」(大久保良順先生傘寿記念論文集刊行会編『大久保良順先生傘寿記念論文集 仏教文化の展開』山喜房佛書林、一九九四年)、藤善眞澄『参天台五臺山記の研究』(関西大学出版部、二〇〇六年)、同訳註『参天台五臺山記』上 (関西大学出版部、二〇〇七年)、参照。両氏の比定案には石帆山、揚山、東茄山について相違もあるが、筆者は現地調査 (二〇一〇年二月七〜十日) もふまえた検討の結果、次のように判断している。まず石帆山について、齋藤は舟山群島北端の花鳥山に比定するが、藤善が指摘するように無人の岩礁という成尋の説明に符合せず、筆者は藤善説に合理性をみとめる。次に揚山について、齋藤は大洋山・小洋山一帯の群島最西端にある唐脳島に比定する。しかし本島はごく小さな島であり、また成尋が記すように徐翁山（徐公山）附近から南西方向に望めば、大洋山などより大きな島々がその前にならぶはずである。藤善の比定どおり、この水域の主島である大洋山に比定するのが妥当である。さらに航海信仰の対象である泗洲大師堂があった東茄山について、齋藤は西岱山南西端の双合山に比定し、藤善は東岱山に比定する。成尋はその立地条件を〝舟山本島を南東方向に望む〟と記すが、双合山から舟山までは視界をさえぎるものがなく、南方全域にひろがるその巨影を望むことができる。また双合山は船舶が集う寺廟の所在地とみるにはいささか不自然な小島である。一方、藤善が東岱山に比定する位置からは舟山を望むことはできず、これは清代になって該地に建立された「泗洲殿」を宋代の泗洲大師堂と混同したものである。最近この問題について田中史生は、西岱山北岸の東沙古鎮にかつて「泗洲堂渡」の地名があり、この地が成尋をはじめ諸文献が記す東茄山および泗洲大師堂の立地条件にも符合することを、現地調査もふまえて指摘した（「海上のクロスロード——舟山群島と東アジア」鈴木靖民・新井秀規編『古代東アジアの道路と交通』勉誠出版、二〇一一年）。筆者もまた実地調査の結果、同様な結論を得ている。

結　章　使船の往来を支えた海の知識と技術

はじめに

前章までの検討により、『高麗図経』に記録された一一二三年の宋使船の航程は、従前にくらべて格段に具体的なレベルで認識できるようになった。もとより明らかな誤謬・漏落が確認されないかぎり記事内容に一定の信頼をおくことを前提とし、かつ多くの推測をともなう試論にすぎないことはいうまでもない。今後に積みのこした課題もあるが、少なくとも、航路を把握するうえで必要な着眼点や議論の方向性はそれなりに提起できたと考える。

本章では第一部のむすびにかえて、航路分析からみえてくる航海の実態について、高麗と宋をむすぶ船舶運航を支えた知識と技術という観点から要約することにしたい。

その際とくに念頭におきたいのは、かかる知識と技術の担い手または生み手をめぐる問題である。近年の研究により日本—宋間・高麗—宋間における船舶の往来は、商船であれ使船であれ漢人海商が主要ないし重要な担い手だったことが指摘されている(1)。とくに榎本渉は、当時の中国史料に「日本」や「高麗」の商人または船舶と記され、日本人や高麗人の海外進出の証拠とみなされてきたものが、実のところ〝日本・高麗から来航した商人やその船〟を意味するにすぎず、多くの実態は漢人海商や彼が指揮する船だったことを指摘し、従来のイメージをぬりかえた(2)。

ただこの漢人海商主導説は、ともすると当時黄海や東シナ海で国際交易に従事した海商がすべて漢人であり、商船乗組員も末端まで漢人が独占していたかのように誤解される危険性もはらんでいる。もとより漢人海商主導説の論者がそのように誇張しているわけでは必ずしもない。「綱首」「都綱」などと呼ばれる商船の運航責任者が主として漢人だったというのであり、その他の中級・下級船員について異なる民族的出自をもつ人々の寄合所帯だったケースも認識されている。陸における国家や民族の境域をまたいで展開する海上活動者の世界において、それは普通のことだった。またある海上活動者について、血統上の出自と文化的属性が一致するとはかぎらないし、ときには婚姻や移住を通じて複数の血統や文化的属性が一人のなかに混在するマージナルな様相を呈することもある。そこでは民族を指標として人間をグルーピングする発想自体、もはや積極的な意味を失ってくるのである。

徐兢が搭乗した使船も、基本的には両浙・福建地方の海上活動者たちによって運航されており(3)、航海のありかたとして商船と根本的な違いがあったわけではない。彼らの航海を支えた事柄の一つ一つに注目していくことで、高麗と宋の間の海上通交が狭義の漢人たちの力だけで成り立つものではないことが、具体的にみえてくるだろう。

なお本章はあくまで第一部全体の総括なので、すでに論じた徐兢一行の航海状況について言及する際には、史料的根拠をいちいち示さない。

一 操船術

(1) 宋使船の船体

本節では船舶を操作する技術について述べるが、その前提として船舶そのものに関する一通りの知識が必要であろう。その構造と性能について、本来ならば工学的分析が必要だが、筆者にその能力が欠如する点は別として、宋使船については実物の考古学資料はおろか、絵図・模型の類もまったくのこっておらず、現状では検証不可能である。ここでは後代の同類船を参考にしつつ、『高麗図経』巻三四・海道・客舟および神舟に記された情報(以下とくにことわらないかぎり、宋使船の構造と運用に関する記述は当該条による)を中心に、その外形を概観するにとどめておきたい。

徐兢一行が利用した八艘の船舶は二艘の神舟と六艘の客舟からなる。神舟は徽宗皇帝の命により新造され、それぞれ「鼎新利渉懐遠康済神舟」「循流安逸通済神舟」と命名された。これに対して客舟は、両浙・福建において徴募された民間船であり、使船としての威儀をととのえるためであろう、明州にて神舟同様の装飾がくわえられた。

客舟は長さ一〇丈(約三〇m)あまり、深さ三丈(約九m)、幅二丈五尺(約七・五m)。積載量は粟二〇〇〇斛だという。北宋代の一斛の値については論者によりおよそ五八Lから六六Lの範囲で異なるが[4]、二〇〇〇斛という数値は、おおまかには日本石の七〇〇石前後に相当することになる。

船底はV字型に尖っており、外洋のうねりのなかを進むには適しているが、浅瀬で座礁した場合には転覆の危険性

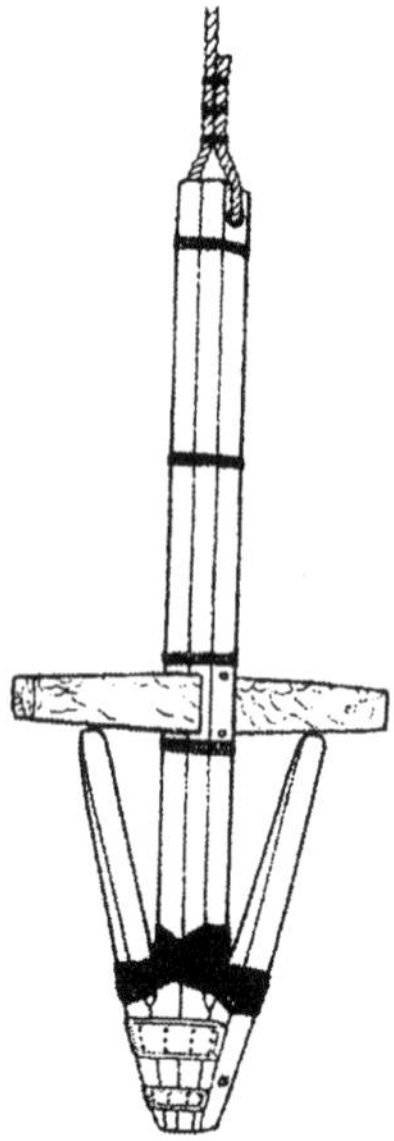

図版１

がある。船倉は三つに区画され、第一倉には底板がなく、二本のマスト（檣）の間に竈と貯水槽（水櫃）をすえつけ、その下が兵士たちの寝床（兵甲宿棚）とされた。第二倉には四つの部屋がしつらえられている。使節と官属の居住空間とされた船尾の第三倉は廨屋といい、丈（約三m）余の高さがあり、四面の壁に窓がついている。その上には華麗にいろどられた欄干（欄楯）がつけられ、幕（帟幕）でかざられている。

船首には二本の支柱の間に巨大な車輪をすえた揚錨機があり、錨綱として五〇〇尺（約一五四m）の藤索がまかれた。先端には碇石を二つの木鉤にはさんだ主錨（大矴）があり、これを海底に下ろして船を繋留する。かかる主錨の形状はいわゆる一石型碇石とこれをセットする木碇の組みあわせに合致する（図版１）[5]。荒天時にはさらに「遊矴」を使用する。徐兢は「大矴」と同様に使用するといい、単なる補助錨にもみえるが、荒天時に海中に流して船の姿勢を安定させるシーアンカー（海錨）とみる見解もある[6]。ちなみに近代ジャンク船のシーアンカーは竹籠型だという[7]。

客舟に対して二艘の神舟は、基本的な形状としては客舟と大差ないとおもわれるが、徐兢の説明どおり人や物資の積載量が客舟の三倍ということであれば、単純計算で長さ・幅・深さが客船の一・四、五倍ほどの巨船だったことになる。このような神舟は神宗皇帝代にも遣高麗使船として建造されたことがある。その目的は、まさしく夷狄に対して中華の威光を誇示し、これを畏服せしめることにあったという。

ただ興味深いことに、どうやら一一二三年の宋の正使と副使は、船団の最終目的地である礼成江への入港後、詔書を奉じて上陸する段階で神舟に乗りこんだようである[8]。換言すると実際の航海において使副は客舟に座乗していたとみられる。おそらくこれは、にわか仕立ての神舟が外交の場における政治的演出に使用する〝見せ船〟にすぎず、船員たちがふだんからあつかいなれた客舟と比較して、航海の現場では船体の強度なり操作性について信頼性がおとる（と懸念された）ことを意味するのだろう。したがって現実の航海における主役はあくまで客舟だったといえる。

同クラスの尖底ジャンク船は考古学資料でも中国発見の泉州湾古船（十三世紀半ば）や韓国発見の新安沈船（十四世紀前半）が全長三〇m前後、幅八、九mという推定サイズである。一七一九年に琉球に派遣された清の冊封使船も、第一船が一〇丈、第二船が一一丈八尺だったという[9]。江戸時代に来日した台湾船も同様なサイズに推定される[10]。

後代には神舟クラスの大型船も多く運用されたようだが、徐兢の時代に東シナ海の外洋航路で活躍した江南のジャンク船としては、客舟が標準的な船体であり、その後も前近代を通じて同クラス船が主要な一翼を担いつづけたと考えられる[11]。宋使船ではこうした船舶に上級船員（篙師）と下級船員（水手）があわせて約六〇名ずつ乗り組んだ。そして航路と気象を熟知した指揮者の統率のもと、彼らが一体となって運航作業にあたったという。

（2）操帆術と風の知識

動力船が登場する以前の航海においてもっとも大きな推進力を生み出すものは風であり、風力を船の推進力に変換する装置が帆である。客舟には二本のマスト（檣）があった。すなわち高さ一〇丈（約三〇m）の大檣と、八丈（約二四m）の頭檣である。前者がメインマスト、後者は船首寄りにたてられたフォアマストにあたる。真後ろから順風をうける場合には五〇幅の布帆（布颿）をはるが、そうでない場合には網代帆（利篷）をひろげる。少なくとも後者はジャンク船に特徴的な桟（バッテン）附きの平衡ラグスルをさすと考えられる。この種の帆はすばやくたたむことができ、また段階的に展開することで、帆面積の調整が容易であるという利点をもつ[12]。さらに増速するには、以上にくわえてメインマストの頂部に一〇幅の小帆（野狐䮃）をあげる。宋代のジャンク船はこうした帆を利用して、真正面に近い逆風以外、多くの風向に対応して船舶を推進させる操帆術を獲得していた。[13]

両浙地域では梅雨時ないしその終わりごろから海上より安定して吹き寄せる「船趠風」を航海に利用したというが、[14]これは夏の南東季節風にかかる。このとき朝鮮半島西岸附近では真南寄りの風がふく。[15]五月（一一二三年の場合、太陽暦換算では五月末から六月末に相当）下旬に明州より出海した徐兢一行は、まさにこうした順風をあてにして高麗にむかったとみられる。帰航は一ヶ月の高麗滞在後、七月後半から八月いっぱいにかけて（一一二三年の場合、太陽暦換算では八～九月に相当）おこなわれたが、これは南方からの風が弱まり、かわって北東風が吹き出す時期である。[16]宋使船はこれを利用しようとしたのであろう。こうした風向変化を考慮した航海日程については、徐兢自身も「比者使人之行、去日以南風、帰日以北風（このごろ使行では、出発時には南風を利用し、帰還時には北風を利用する）」[17]と述べている。

もっとも徐兢の場合、帰航時には逆風にみまわれる日が多く、往路よりも多くの日数を風待ちについやした。しかしこれはたまたま運が悪かったというべきで、ひとたび北方からの順風をとらえるや、外洋横断は数日で完了した。

高麗―宋間の使船については、厳密な発船日と着船日が判明しないケースがほとんどである。しかし高麗における両国の使船の発着日については、王都開京とその外港礼成江が至近距離にあるため、自然条件や人的要因にかかる大きなアクシデントにみまわれないかぎり、『高麗史』に記された使節の発着日（基本的に国都開京での発着日とみられる）と大きくくずれることはなかったとおもわれる。

宋使について徐兢一行のケースをみると、『高麗図経』が記す礼成江での着船は六月十二日だが、『高麗史』では使節の到来記事を一行が開京に入城した翌十三日（甲午）にかける。[18]一方、『高麗図経』によると、礼成江での乗船は七月十五日だが、『高麗史』ではその帰国を七月十日（辛酉）にかける。[19]『高麗図経』によると、一行が開京城内の客館（順天館）を出て礼成江にむかったのは十三日であるから、十日とは、これにさきだち使節が高麗宮廷に公式に辞去を伝達した日付などであろう。

高麗使についても、一一一六年に派遣された李資諒一行のケースをみると[20]、『高麗史』上の派遣記事は七月十八日（己酉）であるのに対し[21]、明州到着は九月五日である[22]。徐兢の事例から推定される最低限の航海所要日数（一ヶ月程度）[23]を考慮すれば、李資諒一行もまた七月十八日からほどなく出港したであろうことがうかがわれる。

これは国都開封が浙江の明州、山東の登州・密州板橋鎮といった窓口港と直線距離でも六〇〇km以上または九〇〇km程度離れた、当時の宋における状況との大きな違いである。通常、宋側の史書が記す両国の使節の宋発着日は、当該使節の高麗発着日に関する高麗側の記録と大きくへだたっており、一見、航海に膨大な日数をついやしたかにもおもえる。しかしそれは、宋側の記録でも開封での発着にかかる日付を記しているため、その間に港との往復に要した陸路の日数がくわわっているとみるべきである（なかには何らかの誤謬とみられるケースもあるが、それは別の話である）。

そこで、高麗において使船の着港は使節の開京到着の少し前、発船は使節の開京出立の少し後になるであろう（少なくともそのように予定されたであろう）ことを念頭におきつつ、南方航路がさかんに利用された十一世紀後半から十二世紀前半にかけての両国使節の月別往来状況（ただし山東半島、とくに密州板橋鎮を発着に利用、もしくはその可能性があるケースをふくむ）をみてみよう[24]（表1）。年によって太陽暦の月日とのずれかたは一ヶ月ほどの幅のなかで違ってくるが、おおまかな時期的傾向をうかがう

	高麗発	高麗着
正月		1
2月	3	2
3月	3	1
4月	1	3（1）
5月		3（2）
6月	1	15
7月	14〈1〉	6（1）
8月	6	
9月	5	
10月		1
11月		
12月	1	2

表1　高麗使・宋使の月別高麗発着件数（11世紀後半～12世紀）

《凡例》
カッコ無し：『高麗史』に記載された使節の発着
（　）：宋側での出港日が判明するケース
〈　〉：高麗側での出航日が判明するケース

にはさしつかえないだろう。これによると、宋→高麗、高麗→宋の各航程について、多くの場合、徐兢一行と同様な航海時期を選んでいたことが推察される。すなわち、宋から高麗への渡航は、到着が六月前後に集中し、出港は一ヶ月ほど前の五月前後だったことになる。まさに南からの風が卓越する時期である。一方、高麗から宋への渡航は、南風が北寄りの風に転じる七～九月に多く実施されたことがわかる。

なかには例外もあるが、(25)前述のごとく当時のジャンク船は相当程度の偏風まで利用可能であった。また江戸時代の長崎来航船を素材として安達裕之が例示したように、(26)卓越風が有利とはいえない季節でも、そのなかで一時的に一定期間にわたって吹く順風をとらえて航海することは可能であった。順風を得やすい季節であれ、航海時にそれが安定して吹いていなければ利用のしようがない。『高麗図経』巻三四・海道・梅岑によると、宋船は二日連続して風に変化がなかった場合、風が安定したとみて出航したというが、このような風の状態を「孰」（熟か）と表現している。

また宋使船ではヒーブツーに類した操船がおこなわれた可能性もある。すなわち帆の向きを調整して船を推進させる力とこれを打ち消す力を拮抗させ、海上に安定して停留する方法である。これは徐兢一行が夾界山（可居島）に到達したのち、夜半まで帆をあげたまま沖合に停留していたとみられる点から推察された。ヒーブツーがジャンク船で可能だったかどうかはほかに検討例を知らず、さらなる研究にまちたい。

なお帆走の補助具として、棹の先に鳥の羽根をとりつけた風見（五両）があった。

（3）　潮汐の利用

中国大陸と朝鮮半島の間に広がる黄海・東シナ海には黒潮（日本海流）のような強い海流が存在せず、海流そのものは航海時の大きな懸案とはならない。しかし朝鮮半島西岸や両浙・福建の沿岸部では潮汐作用が大きく、これにともない強い潮流が発生する。これは航行の妨げとなり得るが、同時に、針路によっては船舶の推進に利用できる。

朝鮮半島西岸では漲潮流は東から北寄りの方向に流れ、反対に落潮流は西から南寄りの方向に流れる。この水域の航程を詳述した徐兢一行の事例に関しては、往路において漲潮流を、復路において落潮流を船舶の推進に利用することが可能であり、実際、六月四日に菩薩苫（松耳島）から竹島（鞍馬島）にいたる際、同月六日に苫苫（蝟島）より群山島（古群山群島）にむかう際、同月十日に紫燕島（永宗島）から急水門（孫石項）をへて蛤窟（江華島甲串）にいたる際、そして同月十二日に礼成江に入港する際、いずれも潮流を利用して進んだ。

前章までにしばしばのべたように、徐兢一行は朝鮮半島西岸の航程において、悪条件さえなければ、通常、平均時速一〇㎞前後で航行することが可能だった。ところが六月九日に徳積群島から永宗島にいたるまでは、平均時速二〇㎞程度を出した可能性がある。これは当日強い南風を背後から受けると同時に、潮汐の規模が世界的にも大きい京畿湾岸において、強い漲潮流に乗ることで可能だったと考えられる。

（4）その他の操船関係器具

このほかの推進具として、客舟は各船に一〇本の艣（艪）をそなえており、出入港時の操船や、適当な風や潮流が得られない場合に利用した。

船舶の進行方向を制御する舵（正柂）は大小二種類を水深により使い分ける。さらに廥屋の後部から二本の「棹」を海中に挿し下ろした。これを「三副柂」といい、外洋でのみ使用したという。一見、舵と併用して操船を補助するオールのようだが、それならば沿岸部や港湾での低速航行時に使用するはずであり、ここでは船体の横流れを防ぐリーボードの役割をはたしたと考えられる[27]。リーボードのことを『天工開物』巻九・舟車では「腰舵」と記し、これが舵と表現され得ることがわかる。ただし絵図に描かれた清代中国の河船や華北沿岸で活躍した沙船のリーボードは、船体の中央部や前部の両舷船腹につけられており、[28] 後部につけられた客舟とは形態が異なる。

また測深具として下げ鉛（鉛硾）がある。徐兢は述べていないが、水深とその変化、および底質を観測することで、陸地との遠近も推定できる。[29] 陸地の遠近は海上の漂流物を観察することでも推測され、[30] 中国沿海では流入土砂による水色の変化も重要な指標であった。[31]『高麗図経』巻三四・海道に白水洋（長江河口近海）、黄水洋（江蘇地方沖合）、黒水洋（河川の影響をうけない遠洋）と記された色別の水域区分もこれに対応する。

なお操船器具ではないが、船舶の制御に関連するものとして、両舷の船腹には「竹橐」（竹の束）がくくりつけられた。徐兢はこれを波消しの役割をはたすとしているが、浮力を増して喫水をあげるためだという見解もある。[32]

二　針路法

（1）羅針盤と天体観測

船舶を推進する技術と同様に重要なものは針路をさだめる技術である。宋代に実用化された羅針盤は徐兢の乗船でも搭載され、「指南浮針」と呼ばれている。[33] これは水をいれた碗に磁針をうかべたものとみられ、のちに磁針をピンで支える乾式ピボット羅針盤が開発されてからも、中国船では前近代を通じて使用された。[34] より古い歴史をもつ天体観測による方位確認もおこなわれたが、視界不良の際などには羅針盤が効果を発揮した。

（2）あて山

ただし羅針盤と天体観測をたよりに船を進めるのは、主に陸標がみえない外洋航海の際である。日程の九割あまりを占める沿岸部の航海では、陸標による地乗り航法（地文航法）が実施された。こうした陸標には単なる大まかな針路確認の便宜にとどまらない重みがある。すなわち、水深が浅く、海岸海底地形の影響が大きい沿岸部の航海では、船の位置を精確に把握して適切な針路をとることが座礁・転覆の危険を回避するために不可欠である。宋使船がたどった朝鮮半島西岸や舟山群島一帯の水域は海岸海底地形が複雑で、大小の島嶼が密集しているうえ、強い潮流が発生するので、とりわけ切実な課題である。こうした陸標のことを日本では〝あて山〟ともいうが、宋使船がたどった陸標を列挙する形で航程を記した『高麗図経』海道の記事とは、要するに〝あて山〟情報集にほかならない。

一一二三年の宋使船の場合、必ずしも常時順調な航海ではなかったにもかかわらず、朝鮮半島西岸での往路と復路では経路がおどろくほど一致する。とくに黒山諸島水域では、黒山（大黒山島）の西側にまわりこみ白山（紅島）を望みつつ進むという細部にいたるまで、往路・復路で同じ航程が再現されたとみられる。他の航海事例ではここまで詳細な状況が記録されていないので断定はしかねるが、当時の高麗―宋通交において朝鮮半島西岸航路が微細なレベルで一定していた可能性が示唆される。それを実現したのが〝あて山〟に対する正確・詳細な知識といえよう。

〝あて山〟情報には宋の船員たち独自の知識があり、排島（三苔島）、外島（小飛雉島）など、宋人の呼称によって記録された島々が存在する。名称由来の出所が明記されていない島々も、要は船員の知識が徐兢に伝わったものにほかならない。陸標の地形的特徴などは徐兢自身の船上観察によっても記述可能だが、寄港しなかった地点に関する植生、物産、所在施設などのきわめて具体的な情報は、明らかに船員からの伝聞である。

また宋の船員の知識にしても、自身の直接体験のみで獲得したとは考えにくいものがふくまれる。注目されるのは、菩薩苫（松耳島）、和尚島（徳積島）、鵶子苫（居児島）、大青嶼（文甲島または墨島）、牛心嶼（伊作島）などの地名由来として高麗側の伝承を記す点である。これらの島々には半島本土からだいぶ離れた位置にあるものもあるが、そうしたなかで地勢・景観に関連した名称もある。こうした知識を現場から遠くはなれた王都など半島本土内で間接的に耳にしたぐらいでは、現実の島嶼と対照して容易に認識できるものではなかろう。ここから、漢人の動かす船舶にある時点で沿岸・島嶼の事情に明るい朝鮮半島の人間が同乗し、現場水域で当該の陸標をさし示しつつ、みずからがもつ情報を漢人船員に直接教示した可能性が想像されてくる。物産・植生・所在施設など地名以外の現地情報もまた、通常宋船の寄港地となりにくい場所についてはとりわけ、同様な形で漢人船員に伝わったとみるのが自然である。

しかも朝鮮半島沿岸の宋使船航路には、漕運に代表される域内航海の航路より沖合を通過したと考えられる部分もあった。そのために必要な航海情報は、高麗人にとっても域内航海の経験からだけでは得がたいことになる。

(3)　夜間航海

朝鮮時代に域内航路を行き交った船舶は、通常、視界のきかない夜間航海を危険として避けたという。これに対して徐兢一行は、朝鮮半島沿岸部において往路では竹島(鞍馬島)に到達するまで、復路では馬島(安興半島)から群山島(古群山諸島)にいたる航程と群山島から苦苫苫(蝟島)をへて竹島(鞍馬島)にいたる航程で、夜間航海を実施した。それが可能だったのは、一つには往路において黒山(大黒山島)以北では夜間島々に明火がともされ、これが灯台の役割をはたして宋使船をみちびいたためと考えられる。しかし復路に関して同様な措置がとられたとは記されておらず、またそもそも明火により大まかな位置が判明したぐらいでは安全航海が期待できない。現場水域の潮流や島嶼・岩礁の分布、海岸海底地形に関する相当レベルの知識が必要だったはずである。宋使船の運航者はそれを有していたわけだが、彼らが中国近海ですら大陸の岸近くでは夜間航海をおこなっていないこととは対照的である。

なお八艘の宋使船が夜間に集団航行するうえでは、衝突や失踪を防ぐために相互の位置把握が必要となる。これについては『高麗図経』巻三四・海道・白水洋に、舟山群島北方の水域で、夜間明火を信号として連絡をとりあったことが記されている。同じことは日本の入唐僧円仁の『入唐求法巡礼行記』巻一・承和五年（八三八）六月廿三日にも、五島列島北端の宇久島を出航した遣唐使船団が、夜間に「火信」で連絡をとりあったことが記されている。

三　寄港地

（1）高麗政府の公定寄港地と客館

宋使船は明州から礼成江までノンストップで直航したのではない。朝鮮半島沿岸では、群山島（古群山群島）、馬島（安興半島）、紫燕島（永宗島）の三ヶ所が中間迎接地とされ、それぞれ群山亭、安興亭、慶源亭という客館が設置されていた。宋使船は往路・復路ともこれらの地に寄港したが、少なくとも往路ではそこに高麗政府より派遣された迎接担当官、上級地方行政官から衛兵にいたるスタッフが待機しており、宋の使節団を接遇した。

しかし客館に宋使船が到着するタイミングにあわせて中央派遣官、および別の任地にいる地方官が出向するには、宋使船到来の第一報が黒山（大黒山島）からの明火リレーで王都にとどいてから動き出したのでは、数日の猶予しかなく間にあわない。実は宋が高麗に大規模な使節団を派遣する際には、商船などを利用して官吏を派遣し、事前に通報するのが慣例だったらしい[36]。徐兢らが派遣される直前にも同年正月、持牒使の許立が高麗をおとずれており[37]、これにより遣使が通告されたとおもわれる。高麗側はこれをうけてあらかじめ準備を進めていたのだろう。

とはいえ、使節団に提供する飲食物には魚介などの生鮮品もふくまれており、しかもそれは最大三日分という限定量が用意された。そうした受入体制が、礼成江のような王都近郊の外港ならともかく、安興亭や群山亭のような僻地の、港町ともいえない沿岸・離島でとられたわけである。警備・儀仗の要員も、たとえば群山亭であれば、現在の京畿・忠清道一帯の各地から治安組織の人員を動員した。これらの経費や物品の調達労力を考慮すると、あまりに早い段階から、多くの人員に、いつ来るともわからない使船を漫然とまたせておくわけにはいかなかった可能性がある。宋使船の運航スケジュールは、当然ながら自然条件にも左右されるので硬直したものではなかったであろうが、それなりにしぼりこんだ日程が高麗側に伝達され、宋使船側も可能な範囲でそれに沿って動いたのではなかろうか。

また上記の客館とは位相が異なるが、大洋をおしわたった宋使船が最初に通過する黒山諸島の黒山（大黒山島）にも寄港地が設定されていた。そこには官衙もしくは客館もおかれていたとみられるほか、寺院、山城、祭祀施設、烽燧台などが運用されていたらしく、中継港の興味深い実例を示している。

（2）　臨時寄港地

政府指定の寄港地以外にも朝鮮半島沿岸には風待ち・潮待ちや緊急避難などの必要に応じて使船が停泊する寄港地があった。すなわち竹島（鞍馬島）、苦苫苫（蝟島）、蛤窟・龍骨（江華島）などである。必ずしも『高麗図経』の事例がすべてとはおもわないが、こうした島嶼は船舶が安全に停泊できる条件をそなえた場所として、ある程度限定されていたのではなかろうか。徐兢一行の復路における寄港地が往路の寄港地の範囲内におさまるのはそのためだとおもう。このことも朝鮮半島沿岸における使船の航路が一定していたとみられることに関係しよう。

なかでも苦苫苫（蝟島）でおこった出来事は興味深い。すなわち島民が使船に水を提供し、これによって穀物と物々交換をおこなったという。『高麗図経』巻三三・器皿・水瓮でも、到来した使船に対し、高麗人が水不足をみこして大甕を船に載せて水を運び、船縁を叩いて呼びかけ、茶や米との交換を求めたと伝えている。こうしたことが少なくとも苦苦でおこなわれたことは間違いなかろうが、公定寄港地をふくむ他の寄港地でも同様だった可能性がある。かかる状況から、少なくともいくつかの寄港地では、宋船――おそらくは使船のみならず商船も――の寄港が常態化しており、それが島民の経済活動にむすびついていたことが推測される。

宋使船の立場からいえば、航路上にこうした寄港・補給の場となる島嶼等が点在することは、船舶のより安全な航行を保障する利点ともなる。これは中国側の舟山群島水域でも同様であった。往路では大陸本土の蘆浦と、舟山島の沈家門、および梅岑（普陀山）、復路では金塘山の栗港（瀝港）に停泊した。とくに普陀山は朝鮮半島や日本列島にむけて東シナ海横断航路にのりだす船舶が風待ちや補給をおこなう最終寄港地として、またそれがため霊感観音に航海安全を祈る場として、すこぶる重要な意味をもった。

四　航海信仰

現在より多くの技術的制約をかかえる前近代の航海者にとって、神仏に航海安全を祈願して精神の平穏と勇気を得ることは、きわめて切実な航海活動の一環をなす。藤田明良はこのような観点から航海信仰を航海者の「心のメンテナンス」と呼ぶが、こうした精神面のケアも航海に関わる知識・技術の一環としてとらえるのがふさわしい。

航海信仰では、担い手の違いや存在感の強弱・盛衰はあれ、ときに多様な神仏が祈りの対象となる。それは徐兢の航海でも同様だった。旅程中の祈禱行為・神霊体験を時系列にそって列記すると、次のごとく多岐にわたる。

①明州の摠持院における道場開設　②定海の顕仁助順淵聖広徳王（東海龍王）祠の祭祀

③定海の招宝山における焼香　　　　　　　④沈家門における岳瀆主治之神に対する祭祀（祠沙）
⑤梅岑（普陀山）宝陀院での霊感観音に対する祈禱　⑥梅岑出航時に道官とともに十三種の護符を投ず
⑦黄水洋において溺死者を祀る（祀沙）　　⑧群山島（古群山群島）の五龍廟
⑨蛤窟（江華島甲串）の龍祠　　　　　　　⑩黄水洋における福州演嶼神の顕異

このうち①②③は勅使によっておこなわれ、⑥も帝賜の護符によるものであり、国家レベルの祭儀といえる。⑤は使節団が官吏から兵卒にいたるまで総出でおこなうもので、会場となる寺院も国家的な庇護をうけており、僧徒が祈禱に動員される。が、もともとは舟山群島を行き交う船舶の間でさかんだった普陀山観音信仰[38]にもとづく行為であり、実質的には船員層に発する信仰とみられる。

一方、④⑦⑧⑨は船員を中心におこなわれたものである。④では陸上に幕をはり、掃き清めた地面に食物をそなえ、木を刻んでつくった小船に仏経・食糧をのせ、乗員名簿をおさめて海中に投じ、航海安全を祈った。⑦は黍と鶏をそなえて、黄水洋で懸念される浅堆座礁を回避するための祈禱である。

また⑩は本来船員の信仰とみられるが、その霊威は徐兢も認定している。ここにあらわれる福州演嶼神については、当時広まりはじめた福建の航海神媽祖のことで、このときの遭難救済こそ、こののち中国において媽祖が国家公認の代表的な航海神へと成長してゆく契機になったとも伝えられている（ただしその信憑性には疑義もある[39]）。

興味深いのは⑧と⑨である。いずれも朝鮮半島の沿岸島嶼における祠廟だが、これらは宋使船の船員によっても祈禱対象とされた。これらの高麗の龍神は、淵源としては中国の東海龍王信仰が拡延したものである可能性もあるが[40]、宋のそれ（②）が国家的な祭祀対象であったのに対し、高麗のものはあくまで船員レベルの信仰であり、徐兢ら宋の官人は直接関わらなかったようである。

山内晋次は、近世東アジアの航海信仰が主体の政治的・社会的位相によって異なると同時に、船員層のそれが支配層をまきこんでいく局面があったことを指摘している(41)。宋代の航海信仰においても、もっぱら支配層が関わるもの、船員層によるもの、後者が端緒となって前者をまきこむようになったもの、という違いが存在した。

なお『高麗図経』が言及しない信仰も並行して存在する。徐兢が半托伽山と記した済州島は、十六羅漢の一人に由来するその名が示すように羅漢の聖地とされ、近海を往来する船員たちの航海信仰とむすびついていた。また舟山の北に位置する岱山には観音の化身とされた泗洲大師僧伽をまつる泗洲大師堂があり、附近を行き交う船員たちの信仰をあつめていた(42)。明州にも招宝七郎神というローカルな航海神がおり、日本にも伝わっている(43)。

朝鮮半島では沿岸・島嶼部の祭祀施設やその遺跡地で確認される鉄馬が注目される。性格は未詳だが、航海信仰に関わる祭具と推定される。また一四八八年に済州島から台州まで漂流した崔溥の『漂海録』弘治元年閏正月十四日には、朝鮮半島本土から済州島にわたる船員は光州無等山祠・羅州錦城山祠に、済州島から本土にわたる船員は島内の広壌・遮帰・川外・楚春等の祠に安全を祈ると記されている。これらは朝鮮半島や済州島の土着的な山川神に対する祈福行為の一環である。高麗時代の明確な例証はみいだせないが(44)、当時の朝鮮半島の海上活動者の間にも、すでに同様な信仰が存在していた可能性はある。

このように徐兢自身は認識せず、あるいは記録しなかったとしても、彼、および彼と同乗した船員たちの周辺には、さらに多様な信仰が広がっていたのである。

おわりに——航海を支える朝鮮半島のマンパワー——

以上、宋使船の航海を支えた知識と技術を概観してきたが、宋使船の運航関係者が朝鮮半島西岸の海洋環境に関する相当レベルの知識と、これに対応する技術を保持し、自然条件の制約をのりこえてきたことがうかがわれる。それらには、直接経験の反復によって世代をこえて漢人船員みずからが蓄積してきたものも多々あるだろう。ただ高麗—宋通交に関する漢人海商主導論から誤って惹起されるかもしれない漢人独占説を回避するために、ここであえて強調しておきたいのは、朝鮮半島の人々がはたした役割である。

あらためて整理すると、朝鮮半島での沿岸航海に不可欠な〝あて山〟の知識には、現場水域において朝鮮半島の人間から直接伝授されたとおぼしきものがある。そうであるならば、半島沿岸の各水域を安全に通過するための仔細な針路法など、さらに多くの面で朝鮮半島の人間の有する知識と技術が伝わっていたことも考えられよう。徐兢一行がそうだという明証はないが、少なくともそれ以前の漢人の航海のなかで、海事に明るい朝鮮半島の人間が同道する機会、あるいは彼が水先案内をつとめるような機会がくりかえされ、そうした経験を通じて朝鮮半島沿海の航海に関する知識と技術が漢人船員の間にも蓄積されていったことが推測されるのである。あるいはその始点は、新羅人が東アジアの海上活動で大きな存在感を示し、ここに漢人海商が合流し、やがてとってかわっていった九世紀ころまでさかのぼるかもしれない。そして、直接の操船以外でも、朝鮮半島沿岸の島嶼・寄港地において高麗の官・民が宋船の航海を恒常的または必要に応じてサポートしており、そこには航海信仰という精神面のケアまでがふくまれていた。

比較的豊富とはいえ、決して万全な史料状況ではない高麗—宋通交に関しては、ともすれば記録に登場する外交使節なり船長クラスの人々を海上活動の主役として叙述しがちである。しかし航海というものは、一艘の船、一人の船長が独力ではたすものではなく、船上、そして船外のさまざまな関係者が担う多種多様な機能が組みあわさったところに成立するシステムとして理解できる。そのような観点からは、朝鮮半島の、あるいはそこに淵源をもつさまざまな次元のマンパワーもまた、まぎれもなく船舶の安定的な往来を可能にした必要条件なのである。

註

（1）榎本渉「宋代の「日本商人」の再検討」（同著『東アジア海域と日中交流――九～一四世紀』吉川弘文館、二〇〇七年）、李鎮漢『高麗前期宋商往来研究』（景仁文化社、二〇一一年）。

（2）榎本渉「宋代の「日本商人」の再検討」（前掲）。

（3）『高麗図経』巻三四・海道・客舟。

（4）丘光明『中国歴代度量衡考』（科学出版社、一九九二年）二六二～二六三頁、丘光明『中国古代度量衡』（商務印書館、一九九六年）一六〇～一六一頁、呉慧『新編簡明中国度量衡通史』（計量出版社、二〇〇六年）一二六～一二八頁、参照。以上の論著では基本的に一升の値を考察しているので、一斛＝一〇斗＝一〇〇升として計算した。なお現行のごとく一斛＝五斗に変わるのは南宋代からだという。

（5）小川光彦「海域アジアの碇石航路誌」（四日市康博編『モノから見た海域アジア史――モンゴル～宋元時代のアジアと日本の交流』（九州大学出版会、二〇〇八年）所収）五～一二頁、参照。

（6）ジョセフ＝ニーダム（坂本賢三・橋本敬造・安達裕之・松木哲訳）『中国の科学と文明　第一一巻――航海技術』（思索社、一九八一年）三四三頁、孫光圻『中国古代航海史（修訂本）』（海洋出版社、二〇〇五年）三五七頁。

（7）ジョセフ＝ニーダム『中国の科学と文明　第一一巻』（前掲）三四三頁、参照。

（8）『高麗図経』巻三九・海道・礼成港。

(9) 徐葆光『中山伝信録』巻一・封舟（原田禹雄訳、榕樹書林、一九九九年）。
(10) 山形欣哉『歴史の海を走る——中国造船技術の航跡』（農文協、二〇〇四年）一六五〜一七五頁、参照。
(11) 『戎克——中国の帆船』（中国戎克協会、一九四一年）第三章「一、外洋戎克の種類と其性能」によると、二十世紀前半の江南沿岸でみられたジャンク商船は全長二〇〜三〇m程度のものが中心だったらしい。
(12) ジョセフ＝ニーダム『中国の科学と文明　第一一巻』（前掲）二五九・二六三頁、参照。
(13) 『高麗図経』巻三四・海道・客舟、朱彧『萍洲可談』巻七。なお安達裕之「東シナ海の航海時期」（『海事史研究』第六六号、二〇〇九年）二四〜二九頁、参照。
(14) 蘇軾『東坡詩集』巻一九・船趠風、高元基『平江紀事』。
(15) 『한국해양환경도』（국립해양조사원、一九九八年）二六〜二七頁、参照。
(16) 『한국해양환경도』（前掲）二六〜二七頁、安達裕之「東シナ海の航海時期」（前掲）二四〜三〇頁、参照。
(17) 『高麗図経』巻三九・海道・礼成港。
(18) 『高麗史』巻一五・仁宗世家・元年六月甲午。
(19) 『高麗史』巻一五・仁宗世家・元年七月辛酉。
(20) この使行の具体的状況については、豊島悠果「一一一六年入宋高麗使節の体験——外交・文化交流の現場」（『朝鮮学報』巻二一〇輯、二〇〇九年）の分析がある。
(21) 『高麗史』巻一四・睿宗世家・十一年七月己酉。
(22) 金富軾「入宋謝差接伴表」（『東人之文四六』巻九／『東文選』巻三四）。
(23) なお内藤雋輔「朝鮮支那間の航路及び其の推移について」（同著『朝鮮史研究』東洋史研究会、一九六一年）四六七〜四六八頁、参照。
(24) この問題については、すでに内藤雋輔「朝鮮支那間の航路及び其の推移について」（前掲）四六六〜四六七頁でも略述されているが、本表はこれを全面的に補訂したものである。数値の根拠については、高麗—宋間の使船航路の選択傾向に関して準備中の別稿にゆずる。
(25)『高麗史』世家に頻出する宋商の来献記事は、時期的にはさらに多様である。しかし高麗王に対する進献行為のタイミングが商船の発着とどのような関係にあるか不明であり、現段階では船舶運航の時期パターンを分析する材料とはなし得ない。
(26) 安達裕之「東シナ海の航海時期」(前掲) 二五頁。
(27) ジョセフ＝ニーダム『中国の科学と文明 第一一巻』(前掲) 三一八頁、参照。
(28) たとえば王冠倬『中国古船図譜』(三聯書店、二〇〇〇年) 図版二八・三五頁、本文一九九・二〇〇・二六三・二六六・三一二頁、参照。
(29) 成尋『参天台五臺山記』巻一・延久四年(一〇七二) 三月廿二日壬寅、戒覚『渡宋記』永保二年(一〇八二) 九月十八日。
(30) 円仁『入唐求法巡礼行記』巻一・承和五年(八三八) 六月廿四日、策彦周亮『初渡集』天文九年(一五四〇) 卯月廿二日。
(31) 円仁『入唐求法巡礼行記』巻一・承和五年(八三八) 六月廿八日、笑雲瑞訢『笑雲入明記』癸酉年(一四五三) 四月四日、甲戌年(一四五四) 六月廿五日。
(32) 山形欣哉『歴史の海を走る』(前掲) 三〇～三一頁。
(33)『高麗図経』巻三四・海道・半洋焦。
(34) ジョセフ＝ニーダム『中国の科学と文明 第一一巻』(前掲) 二三一～二三三頁、参照。
(35)『高麗図経』巻三四・海道・半洋焦。
(36) 金庠基「麗宋貿易小考」同著『東方交流史論攷』(乙酉文化社、一九四八年) 六九～七〇頁、李鎮漢『高麗時代宋商往来研究』(前掲) 一一二～一一三頁、参照。
(37)『高麗史』巻一五・仁宗世家・元年(一一二三) 正月甲子。
(38) 山内晋次「航海守護神としての観音信仰」(大阪大学文学部日本史研究室編『古代中世の社会と国家』清文堂出版、一九九八年)、参照。
(39) 愛宕松男「天妃考」(『愛宕松男東洋史学論集2——中国社会文化史』三一書房、一九八七年)、参照。

(40)　藤田明良「航海神――媽祖を中心とする東北アジアの神々」(桃木至朗編『海域アジア史研究入門』(岩波書店、二〇〇八年))二〇八〜二〇九頁、参照。

(41)　山内晋次「近世東アジア海域における航海信仰の諸相――朝鮮通信使と冊封琉球使の海神祭祀を中心に」(『待兼山論叢(文化動態論)』第四二号、二〇〇八年)。

(42)　成尋『参天台五臺山記』巻一・延久四年(一〇七二)四月二日。

(43)　二階堂善弘「宋代の航海神招宝七郎と平戸七郎大権現」(『東アジア海域交流史　現地調査研究』第一号、二〇〇七年)、同「海神・伽藍神としての招宝七郎大権修利」(『白山東洋学』第一三号、二〇〇七年)、参照。

(44)　十三世紀後半に高麗政府が済州島の三別抄を攻略した際に無等山神と錦城山神の神佑があったと伝えられるが(『高麗史』巻六三・礼志・雑祀・元宗十四年、忠烈王三年五月)、あるいは渡海作戦の船舶保護をふくむ内容だったかもしれない。

第二部　朝鮮王朝と海域世界

第一章　十五世紀朝鮮・南蛮の海域交流
――成宗の胡椒種求請一件から――

村井章介

はじめに

朝鮮王朝第九代成宗王（在位一四六九～九四年）第十二年（一四八一）八月二十六日、王が儒学の進講を受ける経筵の席でのことである。礼曹判書李坡が、功臣饗応の場である仲月（二・五・八・十一月）の宴で、五日前に入京した対馬島主宗貞国の使者宗茂勝・平国忠を引見するよう王に請うた。二十五歳の青年国王は、それを可としたうえで、突然

「胡椒は薬剤に必須の品である。その種を倭人に求めるがよい」といいだした。李坡は「胡椒は倭人がたくさん持ってきますので、義盈庫に充溢しており、種を求める必要はありません」と諫めたが、王はなお「もし倭人がトラブルによって来なくなったら、（胡椒を）切れ目なく獲得するのが困難になるだろう」とことばを継いだ。[1]

この日はこれですみ、王の意向が対馬に伝えられることはなかったが、その後五年にもわたって、本件はいくどもむしかえされた。[2] 臣下はおおむね消極的だったが、ときには倭人たちに話がもちかけられることもあった。

胡椒は東南アジア（南蛮）からインドにかけての特産物で、倭人は琉球で買いつけ、朝鮮に持ちこんでいた。もしその供給を冊封関係に求めるとすれば、琉球から明に進貢された胡椒が、明から朝鮮に下賜されるのを待つことになるが、成宗の眼に映っていたのはそんな公式ルートではなかった。

本稿では、胡椒という、世界を駈けた貿易物資をのぞき窓にして、南蛮—琉球—九州—対馬—朝鮮半島を結ぶ海域に展開した、民間交易のネットワークを描き出してみたい。

一　成宗、胡椒種に執心

『成宗実録』に胡椒のことが見えるのは、七年（一四七六）七月丁卯条に掲げる対馬島宣慰使金自貞の復命書のなかに、対馬島主の同母弟である国分寺住持崇睦が「胡椒二斤・茶葉三斤」を自貞に送った、とあるのが最初である。[3] 翌年にも、琉球国王尚徳の使者（博多商人が仕立てた偽使らしい）がもたらした別幅に、「丹木一万斤・臘子五千斤・胡椒千斤・丁香三百斤・香二百斤・紫檀百斤・檀香百斤・木香百斤・甘草百斤・大腹子五十斤・砂糖百斤・水牛角百本・天竺酒甕二箇・藤二千本・鮐皮二百枚・種樹器青磁一対・青磁香炉一箇・孔雀羽二百」とあって、多種多量の南海産物のなかに胡椒が見える〔八・六・辛丑〕。さらに一四七九年には、済州島から与那国島への漂流人三名が、博多商人新時羅（新伊四郎とも）の船で朝鮮へ送還されてきたが、そのさいかれらは琉球から給与された「銭一万五千文・胡椒一百五十斤・糙米五百六十斤及魚肉・醬付」を携えていた〔一〇・五・辛未、六・乙未〕。このとき琉球国王尚徳から朝鮮に贈られた品のなかにも、胡椒一〇〇斤が見えている〔一〇・六・丁未〕。尚徳は一四八〇年にも胡椒五〇〇斤を朝鮮にもたらした〔一一・六・丙辰〕。

　このようななかで、成宗はしだいに胡椒の効能を認識するようになったらしい。一四八五年到来の大内殿使元粛に胡椒種の覓送《べきそう》（求めて送る）を需めたさい、礼曹参判は「胡椒子は暑毒を治むるに効有り。我が国の産する所、一般の薬材は無きにあらず。然れば必ず諸種を収拾して之を剤《あわ》せ、然る後用うべし」と述べている〔一六・一〇・乙酉〕。胡椒はとりわけ暑気あたりに殊効ありとされており、類似の表現が他にも「此の物は暑疾を治すに切為《た》り」〔一六・九・庚午〕・「暑証を治むるに堪《た》う」〔一六・一一・戊午〕などと見え、より一般的には「尤も薬餌に切たり」〔二五・四・丙寅〕と評される。他の薬種と調合して用いるものだったことは、「胡椒は剤薬に需むる所」〔一三・五・庚辰〕・「胡椒は多く諸薬に入る」〔二五・七・甲辰〕などという表現によっても確かめられる。その薬効は、現代医療では「血流の増加、エネルギー代謝の促進、脂肪燃焼の促進」などと表現される。当時の朝鮮では調味料とはみなされておらず、もっぱら薬剤として認識されていたことを確認しておきたい[4]。

　以上の効能認識から、胡椒の入手を琉球や倭人からの輸入に頼らず、朝鮮で播種栽培して安定した需給を確保しようという発想が生まれた。右に引いた〔一六・一〇・乙酉〕の続きの文章に「窮巷の細民猝《にわ》かに病めば得難からん。良種を得て広く民間に植え、以て緩急に資せんと思う」とあり、一四八五年に対馬の禅僧仰之《きょうし》梵高《ぼんこう》に胡椒種の獲得を依頼したさいにも、「殿下民間に広布せんと思欲し、此より前、屢次《るじ》種を求む」といっている〔一六・一一・戊午〕。

以上のような医療水準の向上という目的以外に、成宗朝では胡椒に特殊な役割がになわされていた。国王から臣下や官員に広く下賜する品に用いられたのである。[5] 上王太宗が永楽帝から賜った胡椒五斗を側近く宿直した宰枢・代言らに分賜した事例が、早く一四二〇年に見られるが〔世宗二・五・癸未〕、成宗朝の頒賜ははるかに大量かつ大規模なものだった。[6] その初見である一四八六年の事例はつぎのようであった〔一七・三・甲寅〕。

> 命じて胡椒を賜う。大君は一碩十斗、一品宗宰・儀賓は各一碩、二品は各十斗、堂上官・承旨は各六斗、台諫は各三斗、弘文館芸文館官員・注書・兼司僕・内禁衛は各二斗、兵曹・都摠府・侍講院郎庁・尚瑞院・尚衣院・司饔院・内薬房・紫門・繕工・軍器寺・典涓司・典設司官員・内官・内乗・宣伝官・忠義衛・承政院検律・都摠府医員・禁漏官は各一斗、司鑰・司謁・書房色は各八升。又成均館に十碩、四学に各五碩、祭享所に各一斗五升を賜う。

一四八七年には、「宗親一品及領敦寧以上・議政府・六曹参判以上・漢城府堂上・入直兵曹都摠府・承政院・弘文館・芸文館」に宴を賜わったさい、射侯・投壺という遊戯の賭物として、王から「鹿皮・角弓・胡椒等物」が下された〔一八・八・壬午〕。一対の競技者の勝った方がもらえるというルールである。同年、宗親・儀賓等を後苑に招いて射侯・投壺を催したさいの賭物も「胡椒二十碩」だった〔一八・八・丙申〕。[7]

一四八九年には三度も頒賜がくりかえされた。まず六月六日に「宗親正二品以上・議政府・忠勲府・領敦寧・儀賓府・六曹・漢城府・承政院・台諫・弘文館・経筵官・諸将・芸文館・兼司僕・内禁衛」に〔二〇・六・癸巳〕、十月一日に「議政府・六曹・都摠府・漢城府・儀賓府堂上・承政院・弘文館芸文館員」に〔二〇・一〇・乙酉〕、胡椒がばらまかれた。さらに十一月三日には講武諸将・従事官一三六人を殿庭下に招き、各ランクごとに馬や武具との組み合わせで胡椒五～一斗が配られた〔二〇・一一・丁巳〕。

一四九一年の頒賜は、「夏節の薬」としてという趣旨で、八六年の事例と似ているが、各人ごとの分量がかなり減ったかわりに、ひろく行きわたらせたようである〔二二・五・癸卯〕。九二年には、一三二袋の紗嚢に胡椒を詰めて「宗親一品領敦寧以上・議政府・忠勲府・中枢府・儀賓府・漢城府・六曹堂上・司憲府・承政院・弘文館・芸文館に分賜」され〔二三・五・辛卯〕、また両大妃殿の賜宴にさいして「二品以上及承政院・弘文館・芸文館・通礼院・司訳院官員」に胡椒・扇子が賜与された〔二三・六・癸卯〕。

これらの頒布で各人に配られた量は、各家庭で消費するにはあまりにも多い。一四九四年、持平閔頤は経筵で「一家の用は四、五升を過ぎず、臣、国家の賜与の過多なるを恐るる也」と述べている〔二五・五・甲辰〕。医療政策というよりは、国制に連なる人びとの王権への求心力を高めるための「威信財」と見るべきだろう。一四八九年十月の事例で、胡椒が「彩嚢（美しい袋）」に詰めて配られたことが特記されていることも、これと関連しよう。また、各家庭で消費しきれない部分は市場に放出され、その一部は明にまで流れた。一四九四年の李克培の議に「近者胡椒の賜を受くる者多し。此れを以て民間に興用し、延いては中朝貿易に及ぶ。今若し賜与に節有らば、此等の弊は自然絶無ならん矣」とある〔二五・七・甲辰〕。

胡椒種獲得への意欲はもっぱら成宗の側に強く、臣下たちの反応は、冒頭に紹介した礼曹判書李坡の「胡椒は倭人多く齎し来たる。故に義盈庫に充溢す。必ずしも種を求めざる也」という発言に代表されるように、おおむね消極的だった。それでも王の意欲は衰えない。一四八二年に「胡椒種覓送」を求められた日本国使臣栄弘が、「本国には産せず、乃ち南蛮に産す。故に琉球国は常に南蛮に請い、本国も又琉球国に請う。其の種は之を得難きに似たる也」と、難色を示したにもかかわらず、王は「彼に産せずと云うと雖も、然るに胡椒は日本より来れば、則ち日本は琉球国に請いて以て送るべし。其れ以て送来を請ふの意を伝《でん》（王命の一種）し、並びに書契（日本国王への返書）に録して之を諭せ」と言いはった〔一三・四・乙卯〕。

一四八三年には明使鄭同・金興到来の機をとらえて、館伴（太平館における接待係）盧思慎を通じて、中国ルートによる胡椒種の獲得を打診した〔一四・九・癸丑〕。後日、思慎は「胡椒は南蛮の産物で中国にはない」という鄭同の回答を想起して、「若し以て移種すべくんば、則ち中国必ず之を先にせん矣。然るに今に至るも（中国に）有る無ければ、則ち豈に風土の宜しきを異にして然るに非ざらん乎」と述べている〔一六・一〇・甲申〕。

一四八五年の王と臣下の問答はさらに興味ぶかい〔一六・一〇・戊子〕。経筵の席で侍講官金訢が、胡椒種を倭使に求めるのを阻止しようとして、「日本は胡椒の産地ではないから」という理由に加えて、つぎのように言った。

臣、本草を攷うるに、胡椒は西戎に産し、或いは南海諸国に産すると云い、中国にも亦有る無き也。臣、物性は各おの土宜有るを謂うなり。古に云わく、「橘、淮に渡りては枳と為る」と。(8) 我が国の済州は柑子を産すれども、此の地に移種するを得ず。今胡椒種を得るとも雖も、必ずや生長せざらん矣。

王はいちおう「此の言果たして然り」と応えつつ、なお反論を試みる。「此れ（胡椒）則ち薬用に緊切たり。之を求むるに何の害かあらん。水牛は琉球より来たり、我が国に蕃育す。胡椒も安んぞ必ず生長せずと知らん乎」。

二　倭人の反応と一件の顚末

成宗の胡椒種入手への熱意が日本側に伝わったのは、上記一四八二年の日本国使臣栄弘らによってであった。栄弘に託された「日本国王に答うる書」の末尾に「胡椒は剤薬に需むる所なり、其の種を来使に因りて寄与せんことを幸《ねが》う」とある〔一三・五・庚辰〕。その翌年二月、対馬島主宗貞国の特送使平国幸が朝鮮側に呈した書契はつぎのように述べる〔一四・二・辛巳〕。

吾が扶桑殿下（足利義政）、久しく吾が島中の人民の舟船に錬るるを知り、而して南蛮に遣わすを命ず。丹木等の種の若きは已むを得ず（此ノ文脱アルカ）。今歳已に大船を営み、粗あら造り畢んぬ。来歳琉球王に請わんと欲し、而して使船を南蛮に遣わさんと欲す。若し爾《しか》らば、使者及び舟子は数百人、三年若しくは五年の糧物を載せざれば不可也。且つ又貨財等、其の費《つい》え居多也。聖恩の助けに非ざれば不可也。俯して青銅一万緡《びん》(9)を賜わば、千足万足たり。若し此の種子を求め得ば、貴国・吾邦万世の至宝ならん。

この記事には「丹木等種」とあるが、書契が呈された三日後に、同知事（礼曹判書）李坡がその趣旨を「使を南蛮に遣わして、以て胡椒種を求めんと欲するも、南蛮の地は遠く、動《やや》もすれば三年を経《ふ》。其の往来の糧は尽く米穀を以て之を載すべからず。銅銭二万緡を賜わらんことを請う」と要約している〔一四・二・甲申〕から、イシューの中心は胡椒種であった。なおこの史料に「二万緡」とあるのは誤記であろう。

貞国が栄弘から情報を得たことはまちがいないが、将軍義政が対馬に南蛮への遣使を命じたというのも、対馬で大船がほぼ完成しているというのも、虚言であろう。また首尾よく資金を賜与されたとして、ほんとうに南蛮へ派船する気があったのかどうか。さすがに成宗も、「往者《さきごろ》日本国使の還るや、胡椒種を求めたり。故に彼必ずや此れを以て我を誘い、而して求むる所を遂げんと欲するならん。或いは故《ことさ》らに従い難きの事を請い、辺釁《へんきん》を構えんと欲する也。姑く礼を優《ま》して之を待せ」と、慎重な対応を命じた〔一四・二・甲申〕。

三月四日、成宗は「対馬島主請銅銭一万緡」の件につき、領敦寧以上を召集して対応を議論させた〔一四・三・丙申〕。領議政鄭昌孫の意見は、「本国は銭貨を用いず、且た儲くる所多からず、数に準じて請に従うは難きと為す。半減して之を給するは何如」というもので、領中枢府事李克培も「銅銭は我国の所産に非ずと雖も、儲くる所亦多し。……

一万緡は準給し難しと雖も、優に従いて之を給し、以て其の意に副うは何如」と、若干ニュアンスは異なるがほぼ同意見であった。左議政尹弼商は「丹木・檳榔・丁香を以て之が辞と為すと雖も、必ずや以《ゆえ》有る也。若し聴従せざれば、此れに藉《か》りて釁を生ずるも亦未だ知るべからず。銅銭は則ち答えて『我国用いざること久し矣。余儲有る無し』と以《い》い、只布貨を以て量給し、且た雑物を厚賜し、以て其の心を慰むるは何如」と述べ、銅銭でなく布・雑物の賜与を提案した。朝鮮側の求めに入っていない「丹木・檳榔・丁香」の種を勝手に加え[10]莫大な資金援助を求める対馬に対して、しかも南蛮へ派船することもあてにならない対馬に対して、ゼロ回答は選択肢になかった。それはひとえに相手が「辺釁を構えんと欲する」「此れに藉りて釁を生ずる」ことを怖れるがゆえであった。

この件に関する最終回答は、帰島する国幸に渡された答書に「銅は本より本国の所産に非ず、加以《しかのみならず》銭・幣を廃して用いざること其の来れるや已に久しく、公私に儲え無し。未だ命に従うを得ず。聊か不腆の土宜を将て来使に就付す」とあり、別幅に綿紬五百匹・綿布一千匹・黒麻布三十匹（＝布貨）以下、米豆・松子・虎豹皮などの品（＝雑物）が記されている〔一四・四・乙丑〕。ほぼ尹弼商の議にそっていることがわかる。

一四八四年には胡椒をめぐる動きが見えないが、八五年になると一度ならず倭使に胡椒種を求める試みがあった。まず三月に少弐政尚の使者（対馬の仕立てた偽使か）が胡椒一千斤を進上すると、王は伝を発して「倭人進むる所の胡椒至りて多し、必ずや其の地に産する所ならん。此より前、物を贈り種を求め書契を下諭すれども、終に未だ答えを見ず。今亦下書して之を求めんと欲す。其れ礼曹に問え」と言った。これに対して礼曹は、「胡椒は南方の産物で日本には産しない」という倭人の言を引いて、「其の地より出《い》ずると雖も、我が国種を得ば、則ち彼必ずや己れに利あらずして、肯《あ》えて来献せざらん。求むる勿きは何如」と答えた。なおも王は、対馬島主に「有無相資くるは交隣の道なり。爾《なんじ》須らく椒種を琉球国に求め、以て進むべし」と諭せば来献するかもしれない、という考えを固持した〔一六・三・丁未〕。この件の結末は明らかでない。

九月には大内政弘の使僧元粛が到来し、王は礼曹郎庁を遣わしてこう語らせた。「爾《なんじ》の国は胡椒を産すると聞く。此の物は暑疾を治すこと切たり。其の種を得て之を種《ま》かんと欲す。爾大内殿は、既に系我より出《い》ずると曰えり。凡そ誠款を輸すこと、他州の比に非ざれば、則ち其の我が求めに応ずる所以の者、亦まさに心を尽くすべき也」〔一六・九・庚午〕。かつて大内義弘が朝鮮に先祖を百済王家だと告げたことを強調して、胡椒種の取得を求めている。これに対する元粛の回答には、琉球国と薩摩の島津立久邸で胡椒の栽培が試みられたが枯れてしまった、という新しい情報がふくまれている〔一六・九・壬申〕。

対馬島は胡椒所宜の地に非ず、本国も亦産せず、南方に於て多く産す。其の次の琉球国等は、恐らくは椒木旱に因りて尽く枯るる也。又薩摩州立久の家に於て、嘗て数叢有りしが、亦慮らくは其れ枯るる也。我が主の処に書を通じて之を求むれば、則ち我まさに旁た求めて以て送るべし。

十月八日、元粛の辞去にさいして、「冀わくは良種の以て生植すべき者を得て遺《おく》らるれば幸甚なり。若し貴土の所産に非ずと曰わば、則ち商舶往来の処に広く求討（＝探索）を行い以て送るも、亦冀う所也」という返書が交付された〔一六・一〇・乙酉〕。この前日に元粛が礼曹に呈した書簡五通の第四に、「日本国に帰到し、聖旨を以て臣政弘に諭さん。胡椒の種子を有る所の邦に尋覓《じんべき》し、明年闕下に来朝せん」とあり〔一六・一〇・甲申〕、当日の元粛の言にも「椒種は我が土の所産に非ずと雖も、我れ心を尽して之を求むれば、則ち得べからざるの理無からん。之を得れば則ち送を為さん矣」とある〔一六・一〇・乙酉〕。しかし大内氏がこの約束を実行した形跡はない。

大内殿使元粛の辞去した当日、こんどは対馬州太守宗貞国の特送僧仰之梵高が到来した〔一六・一〇・乙酉〕。王は礼曹を通じてつぎのように伝達した〔一六・一一・戊午〕。

胡椒は多く貴土に産し、而して暑証を治むるに堪《た》う。故に殿下、民間に広布せんと思欲し、此より前《さき》、屡次《るじ》種を求めき。今聞く、島主専使もて種を求むると。其の誠款嘉《よみ》すべし。苟《いやし》くも此の如からずんば、交隣事大・有無相資の所以《ゆえん》の義に非ざる也。

これに対して仰之はこう答えた〔同〕。

胡椒種は南蛮に産す。琉球国は南蛮より貿《か》い、本国は琉球国より貿う。本国胡椒種を貿わんと欲し、閏二・三月に於て、已に南蛮に遣使せり。来歳三・四月の間に還るべし。但だ南蛮人は転売の時必ず其の種を烹《に》る。恐らくは無用為《た》らん矣。

対馬島主が南蛮に専使を送って胡椒種を求めた、という仰之の言は、おそらく信を措くにたりない。なおこの年は和暦では三月、明暦（＝朝鮮暦）では四月に閏があるので、閏二月という言も不審である。南蛮人が転売のときに胡椒種を煮るというのも、通常の胡椒の製法[11]にはないことで、ほんとうとは思えない。ただ、南蛮→琉球→対馬→朝鮮という胡椒の流通ルートは事実を反映しているだろう。

大規模な胡椒の賜与が行われた一四八六年三月の直後から、対馬のいろんな名義の使者が朝鮮に到来した。まず四月、島主宗貞国の特送職久がもたらした書契に「僉知早田彦八回《かえ》る時に示し賜わる所の胡椒の種は、上古より本道に産せず、又扶桑諸州に在るとは聞かず、旁《かたが》た求めんと欲すると雖も、若し得ば則ち奉献せんと以《おも》う者也」とある〔一七・四・壬午〕。早田彦八は前年暮れの来朝が記録されており〔一六・一二・己亥〕、このとき胡椒種のことを依頼されたらしい。職久も翌月の帰島にさいして、「胡椒種を旁た求めて以て送る事」を約束している〔一七・五・壬子〕。

八月に到来した貞国の特送使宗職経の書契にも「胡椒栽の命」のことが見える〔一七・八・辛卯〕。『広韻』に「栽、種也」とあり、胡椒栽は胡椒種におなじい。

往歳胡椒栽の命を承け、敢て寧処せず。此れ南蛮の産にして、琉球を経て此（＝対馬）に到る。初め船を南蛮に遣わさんと欲すれども、費用甚だ多く、力能く及ばず。去歳、幣帛を厚くして琉球に遣使し、以て款懇を致すに、其（＝琉球）の報に云わく、「胡椒栽は、本邦之を欲すると雖も得る所無し。大明豈に之を求めざらん。実に有るを聞かず。今船を遣わすと雖も、其の費え甚だ多くして、求むる所得べからざる也」と。

一四八三年の特送使平国幸が口にしていた南蛮への派船が実行されなかったことを、はからずも暴露している。引用された琉球の回報は、大量の胡椒を進貢物として大明へ持ちこんでいた琉球のものとは思えず、虚構であろう。

十月には、仰之の法嗣で対馬国分寺の住持であった崇統の使者が、被虜明人潜巖を伴って朝鮮を訪れた。この潜巖の言にも「胡椒は倭国の所産に非ず、南蛮より出《い》ず。琉球国の商販人、南蛮に入りて求め得、諸島の倭人収買して来り、本国（＝対馬）に転売す」（一七・一〇・丁丑）と、おなじ流通ルートがあらわれている。ここでとくに注意すべきは、〈南蛮→琉球〉が「琉球商販人」の手になり、〈琉球→「諸島」（九州）〉が諸島倭人の「収買」により、〈「諸島」→対馬〉が「転売」による、と表現されていることである[12]。いずれの段階の胡椒の移動も、琉球国営の中継貿易とは異質な、民間の商業取引によってになわれていたのである。

この一四八六年十月を最後に、倭人を通じて胡椒種を入手するという企図は史料に見えなくなる。さすがの成宗も倭人をあてにすることの空しさを思い知ったらしい。結局胡椒の入手ルートは、倭人から貿易で買い取るというもとのかたちに落ち着き、以後の議論はその貿易の方式をどうするかに移っていく。

一四八八年には倭人に貿易対価として賜う布帛が夏の三か月だけで一〇万余匹に達し、司贍寺の備蓄分が八〇万余匹にまで減少した。この事態を受けて、戸曹判書は「束香・丁香・白檀香・胡椒等の物の如きは、皆用に緊ならずして価は則ち太だ重し。況んや胡椒は義盈庫に儲くる所六百余斤にして、国用に余り有り矣」と指摘し、「これらの物の買取価格を減額し、受け入れない場合は貿易を断る」という方針を倭人に示して反応を見てはどうか、と王に提案した〔一九・六・丁未〕。

その後しばらくこの種の記事は見られず、一四九四年にいたって、戸曹・礼曹の両判書から、胡椒・丁香・朱紅等の国用に緊切でない物については、書契に記載されない「私進之物」を一切禁止する、という案が示された〔二五・三・己酉〕。この問題をめぐって、戸曹は「長剣など市人が買いつけそうもない品については公貿易が必要で、その原資には富商大賈に綿紬十匹を納めさせて宛てる」という案を示した。これを王は可としたうえで、とくに胡椒に言及して、「今若し一切其の私進を禁ずれば、則ち彼将《まさ》に此れ（＝私進の禁）により齎来せざらんとし、国家之を得るに由無からん。此等の如き物は公貿易するは何如。戸曹に問え」と言った〔二五・四・丙寅〕。

七月十八日、この問題について戸曹が「倭人の齎らし来たる胡椒を尽く公貿易せしめば、則ち価給の綿布も亦贍を取り難からん（不足するだろう）。自今私貿易せしむるを許し、例として以て常と為し、国用の不足を待ちて、更に公貿易を以てするが便為《た》り」と啓し、これを受けて議政府堂上の会議が開かれた。賛成鄭文烱は「胡椒は多く諸薬に入り、民間も亦無かるべからざる者也。如今国家の儲畜甚だ多し。姑く私貿易を許し、以て公貿易の弊を除き、以て民間薬餌の用に資するが便為《た》り」という私貿易論を展開したが、多数説とはならず、結局「今私貿易せしむるを許さば、則ち興利の徒、潜輪犯法の弊無きにあらず。自今只だ公貿易せしめて以て国儲を広げ、且《ま》た中朝に齎らし赴くを禁ぜん」[13]という尹孝孫の公貿易論が王によって採用された〔二五・七・甲辰〕。

三　倭人群像

右の胡椒種一件をめぐって名の出る倭人たちには、種々の意味で興味ぶかい者が少なくなく、先行研究でもとりあげられている。この節では、その幾人かを紹介しつつ、媒介者の観点から海域交流の具体相を眺めなおしてみたい。前節にとりあげた事例と重なることになるが、ここでは「人」の要素に焦点をあてていく。

栄弘　一四八二年、朝鮮を訪れた「日本国王」足利義政の使僧栄弘は、成宗が胡椒種を求めているという情報を対馬や日本に伝える役まわりを演じた（前述）。栄弘は大和国柳生・円成寺の住持で、朝鮮渡航の目的は、兵火に罹った円成寺の復興助縁と高麗版大蔵経の獲得にあった。栄弘の携えた「日本国書契」はこう述べる〔一三・四・丁未〕。

丙戌歳（一四六六）兵火の為、仏閣僧宇悉く烏有の地と化す。只幸い本尊一軀存する也。香華を供うるに所無し。茲に寺事を主《つかさど》る者告げて曰く、「苟くも助を上国に求むるに非ずんば、何を以てか金碧の旧観を復さん耶」と。故に釈氏栄弘首座を差し、第一牙符を授け、其の意を逞諭し、且つ又大蔵経を求め、寺内に安置し、以て一方殖福の地と為さんと欲す。

円成寺所蔵「大蔵請来二合船残録」はこの使節行の二合（号）船に搭乗した薬師院蓮舜の残した記録で、表紙に「文明十三年辛未（一四八一）十二月十二日／二合船日記／薬師院蓮舜」とある。堺―兵庫―下関―対馬―釜山浦―漢城というルートをたどった使節行で要した経費を書き上げた数通の散用状の断簡である。首尾よく獲得された大蔵経は、のち円成寺から徳川家康に献上され、東京・芝の増上寺に現存している(14)。

先の「日本国書契」に見える「第一牙符」とは、一四七四年に日本国王使正球が偽使締め出しのために朝鮮側と合意し、交付されて持ち帰った象牙製の割り符十枚のひとつである〔五・一二・丙申、一三・四・丁未〕。象牙の円盤を半折して左半を朝鮮側に留め、日本側の使節が持参する右半と突き合わせるという資格審査システムで、「日朝牙符制」と呼ばれている。朝鮮側の意図では管領以下の有力通交名義人十名に配らせるはずだったが、室町幕府＝義政はこれを（もしかしたら意図的に）誤解して、日明勘合と同様一枚ずつ渡航使節に交付する方式で運用した。

その第一牙符を持って渡航したのがわが栄弘で、その帰国時に交付された「日本国王に答うる書」には、「来使は未だ本意を諳《さと》らず、（牙符を）置きて去らんと欲す。故に使に付して回送す」と記されている〔一三・五・庚辰〕。この一四八二年をもって日朝牙符制は発効し、偽使派遣勢力にとって超えがたい壁となった。(15)

さらに、この栄弘とソウル到着も辞去も同時だったのが、偽使の典型ともいうべき「夷千島王遐叉遣宮内卿」である。(16)朝鮮側は「夷千島王」なる称号の存在が確認できないとして「夷千島主」と呼び、その求める大蔵経の賜与にも応じなかった。この偽使派遣と牙符制発効とが同時だったことは偶然ではなく、後者によって「通交名義の数が減るのを恐れた偽使派遣勢力が急場凌ぎに作り上げた新しい偽使」が前者ではないかと推測されている。(17)となると、疑う余地のない「日本国王使」と偽使派遣勢力とのあいだに連絡があったことになる。真使と偽使との距離は遠いものではなく、それは胡椒種将来問題に対する日本・倭人側の対応がどれも似たり寄ったりだったこととも符合する。

元粛　一四八五年、大内政弘使僧元粛は、胡椒種の入手を求められ、受諾するとともに、琉球・薩摩で胡椒の栽培に失敗したという情報をもたらした（前述）。この遣使の目的も、栄弘と同様大蔵経を獲得して、当時大内領国だった肥前平戸の普門寺の法宝とすることにあった。元粛の携えた政弘の書契につぎのようにある〔一六・八・戊申〕。

僕の治内なる善山普門禅寺は、吾が相国（足利義教）の墳寺也。未だ毘盧法宝を安《やす》んぜず、衆以て欠典と為す。冀わくは大蔵全文一部を得、衆をして日日《ひび》之を転ぜしむれば、則ち国寧《やす》らかに兵熄《や》み、而して編戸永く豊《さか》えん焉。是れ貴国の化の遠く下国に布《し》くの一端也。一巻一軸も貽《のこ》す所無くんば、則ち僕の幸い也。

これより先、普門寺は日本国王使による大蔵経入手を画策したが不調におわり、今回仲介者を大内氏に乗りかえて獲得に成功した。(18)この前後、日本国王使と大内殿使が競いあうように朝鮮に大蔵経を求請し獲得しているが、それらはいずれも特定の寺院の要請を受けた代理行為であった。

西暦年	名義人	使者名	設置寺院	備　考
一四七九	大内政弘	僧瑞興	長門安国寺	
一四八二	足利義政	僧栄弘	大和円成寺	東京芝・増上寺に現存
一四八五	大内政弘	僧元粛	肥前普門寺	
一四八七	足利義政	僧等堅	越後安国寺	
一四八七	大内政弘	僧鉄牛	大和長谷寺	一四九五年焼失
一四八九	足利義政	僧恵仁	山城般舟三昧院	
一四九〇	大内政弘	僧慶彭	紀伊安楽寺	
一四九一	足利義材	僧慶彭	筑前妙楽寺	

元粛の使節行でめだつのは多彩な文化交流である。十月一日には元粛が大蔵経求請に寓意して礼曹に贈った絶句に、弘文館校理申従濩が次韻して五言七四句からなる排律長篇を製した〔一六・一〇・戊寅、別テキストが『続東文選』巻六にある〕。元粛の作品は残らないが[19]、長篇中に「一家の情吏に篤く、両国の信応《まさ》に孚《はぐく》むべし、賓館に相《とも》に逢話し、詞林自ら蕪《つたな》きを愧ず、詩成りて珠《たま》錯落たり、書罷《お》えて墨《すみ》模糊たり」という交遊のさまや、「五千経の巻軸、十万里の得〔程イ〕途」という経典の前途が読みこまれ、結句に「普門方丈の隅」と設置寺院名が入っている。

同月七日には書簡五通を礼曹に通じた。第一は大内氏の百済王家出自を語り、第二は慶尚道の飢饉を慰問し、第三は賜衣に謝恩し、第四は先例をあげて答信使派遣を要請し（文中胡椒種関連の記述は前節でふれた）、第五は四書六経以下の給与を願っている〔一六・一〇・甲申〕。元粛（元叔をふくむ）の場合、こうした個人名義の書簡・書契類が『成宗実録』に多数掲げられているのが特徴的である〔上記のほか、一四・一〇・甲子、丙子〕。

かつて私は、朝鮮官人李蓀・朴衡文の賛をもつ雪舟筆「山水図」（香雪美術館蔵、重文）について、大内氏の使節によって朝鮮にもちこまれ、賛を得てもち帰られたことを推察し、李・朴のふたりが同時に慶尚道の地方官に任じていた時期から、その使節は一四八五年の元粛、一四八七年の鉄牛のいずれかに絞られる、とした(20)。この説は幸い美術史家の賛同をえられたようだが、あらためて元粛・鉄牛のどちらが有力かを考えてみると、須田牧子氏の指摘が参考になる。すなわち、鉄牛が「福成寺の僧侶であり、大内氏の委嘱によって、不本意ながら使節を務めたものである」のに対して、「元粛の場合、同時に大内氏の家譜作成の史料として朝鮮の「国史」を求めており、大蔵経求請以外にも大内氏にとって必要な用件を帯びて渡航している」という(21)。

そうなると、周防在住の雪舟の絵を託される人物としては、『蔗軒日録』から福成寺（堺市堺区錦之町東二丁、東福寺派）や大安寺（同区南旅籠町東四丁、東福寺派）退蔵庵など堺の禅宗寺院での活動が知られる鉄牛□蚊(22)よりも、元粛のほうがはるかにふさわしいだろう(23)。こうして、元粛の多彩な文化交流の事蹟に、雪舟の山水図を著賛者にひきあわせたことを加えることができる。

仰之梵高　一四八五年、宗貞国の使僧として朝鮮を訪れた仰之梵高は、貞国が胡椒種を求めるために南蛮に派船したこと、南蛮人は転売のときに胡椒種を煮ること、など、興味ぶかいが虚偽の可能性の高い情報をもたらした（前述）。

仰之は京都の天龍寺塔頭華蔵院《けぞう》を拠点とする夢窓派華蔵門派の僧で、一四六三年、おなじく天龍寺僧の俊超を正使とする天龍寺勧進船の副使として朝鮮に渡航した。れっきとした日本国王使であったが、これには斯波義廉・京極生観・渋川教直名義の使節が同行しており、かれらは対馬が仕立てた偽王城大臣使と推定される。正式に朝鮮側に手交された足利義政の国書〔世祖九・七・辛丑〕も、この三人の名が記され、朝鮮国王を「陛下」と呼ぶなど、改竄されたものだった。つまり、真使である日本国王使に偽使である王城大臣使が同行し、真使の携えていた国書（五山僧益《えき》之《し》宗箴《そうしん》の作：『蔭凉軒日録』寛正三年二月十二日条）に改竄の手が加わっていたのである。橋本雄氏は宗氏との共謀のもと、

仰之が改竄にあたったものと推定している。(24)

この使節行からの帰還の途次、仰之は請われて対馬に留まり、宗氏の膝下佐賀《さか》に景徳庵を開いて庵主となり、文引・書契などの外交文書を起草する業務にあたることになる。(25) 往路における国書偽作の腕を買われたものだろう。一四八七年、越後安国寺のために大蔵経を求請する日本国王使として僧等堅らが朝鮮へ渡航したが、それに同行した飯尾永承名義の使送船は、対馬の仕立てた偽使だと考えられる。等堅は出立にさいして華蔵院主高先景照から、対馬でかならず仰之と面談するよう指示されていた（「異国使僧小録」所収、仰之宛等堅書簡）。(26)

一四七七年、仰之は島主宗貞国の弟である国分寺住持蒲庵崇睦に請われて、貞国・崇睦の両親である宗盛国・即月大姉の肖像画に長文の賛を加えた（「順叟大居士・即月大姉肖像賛幷序」『反故廼裏見《ほごのうらみ》』巻十七所収）。この賛は「宗氏の出自や歴史についてのまとまった記述としてもっとも古いもの」である。(27)

仰之は朝鮮渡航の目的を、「久しく金剛山楡岾寺瞻礼の願望を抱」いてきた宗貞国の身代わりとして、楡岾寺に赴き焼香することだ、と称していた〔一六・一〇・乙酉〕。この願いをどう扱うかをめぐって、以後朝鮮政府内で煩瑣な議論が交わされることになる〔一六・一〇・壬寅～同・一一・戊午〕。なおこれを伝える史料中で仰之は多く「仰止」と表記される。

仰之の老齢と金剛山を見たいという誠心に免じて、許可という結論が出たところ、司憲府大司憲李瓊仝から反対論が示された〔一六・一〇・癸卯、丙午〕。論拠は、①多人数の一行に掛かる経費、②積雪に押し潰される危険、③凶荒の年なので無頼の徒の襲撃を受ける可能性、④今後倭人たちがつぎつぎと同様の願いを出すおそれ、の四点で、なかでも④が最大であった。「今仰止の行くや、若し賊に遇い害せられ、或いは雪に圧されて死すれば、島主必ず疑いを我れに致し、釁《きん》此れより生ぜん」といいつのる瓊仝に、王は「仰止の、或いは害に遇うと雖も、豈に曲我れに在らん乎」と切り返し、こう続けた。

頃者《このごろ》平茂続、胡椒減価抑買を以て忿を懐きて帰る。茂続は我が朝に仕えて兼司僕と為り、我が国の虚実を知る。性又凶険なり。今若し仰止の請を許さずんば、則ち亦必ず憤を懐かん。二憾共に謀り、恐らくは或いは乱を扇り事を生ぜん。

茂続は朝鮮から官職をもらって貿易権を認められた受職倭人で、過去に胡椒の価格と買取量をめぐってもめていたらしい（実録の記事では確認できない）。瓊仝は道が遠く通じがたいことを理由に金剛山行きを阻止する案を示し、「山渓道路、軽がるしく敵人に知らしむべからず」とつけ加えた。王の「雪深く路険しきの弊を以て仰止に語り、以て其の意を観るが可也」という発言が、とりあえずの結論となった〔以上、一六・一一・戊申〕。

これを聞かされた仰之は「七十の老僧、安んぞ敢えて大国に再来せん。金剛山を見るを為《な》して雪裏に死するも、亦憾《うら》み無し焉」とがんばり、従者たちも「吾が師と一穴に同死すと雖も、庶幾《ねが》わくは之を往見せんと欲す」と言を添えた〔一六・一一・己酉〕。その甲斐あって、漢城辞去にさいして金剛山礼仏の許可が出たが、なお護送官からの提案で、東海を俯瞰できる楡岾寺は除き、表訓寺・正陽寺だけを見せることになった〔一六・一一・乙卯、丁巳〕。海からの侵入路を覚らせないためであろう。倭寇への警戒心の根強さが知れる。

最終的に仰之の願いがかなったのかどうか、史料からは確認がとれない。

崇統と潜巖　一四八六年、対馬国分寺住持崇統の使者に伴われた被虜明人潜巖が、南蛮から対馬までの胡椒流通ルートを語った（前述）。崇統は景林宗鎮ともいい、仰之梵高の法嗣で、(28)仰之に「順叟大居士・即月大姉肖像賛幷序」の執筆を依頼した蒲庵崇睦の俗姪にして弟子であった。崇睦の死去を承けて国分寺に住持していた〔一六・正・乙酉〕。崇睦は宗貞国の弟だから、崇統は貞国の子か甥にあたる（『宗氏家譜』等に載せる貞国の「六男一女」に該当者はいない）。

崇睦が一四七七年に認められた歳遣船三艘〔八・一〇・壬戌〕のうち、二艘をひきつぐことが認められていた〔一六・二・戊午〕。

潜巖は十一歳のとき[29]倭寇にさらわれた明人である。一四七三年四十二歳のとき、国分寺に歳遣船の賜与を求める宗貞国特送使が、あわせて潜巖を朝鮮経由で明へ帰還させてほしいと願った〔四・五・戊午〕。十三年後、崇統は朝鮮に書契を呈して、ふたたび潜巖の明送還を乞うた。今回は潜巖自身も朝鮮へ渡航し、「島西面阿里浦居戒時羅等三十余戸」の倭寇活動、三浦の経済状況、胡椒の流通ルートなどを語った。貞国が潜巖に託した明礼部尚書宛の書簡中でも、「今小子潜巖の往くに因り、不腆の詞を製して下情を陳ぶ。雁・魚猶信を通ずるがごとし。此の子賤《し》と雖も、臣の微誠を憐れみ、俯して一覧を垂れよ」と、潜巖に言及している〔一七・八・辛卯、同・一〇・丁丑〕。

また、潜巖は礼曹に身上をこう語った〔一七・一〇・甲申〕。

> 是れ大明国人に係る。年十歳の時、賊倭平茂続等に虜せられ、対馬島美女《みね》郡五郎左衛門の家に到り、奴と做《な》りて聴使せらる。後本島国分寺に移る。本土を思恋し、故国に還らんと欲す。住持崇統乃ち之を出送す。年幼き時の被虜に縁る為に、父親の職役及び居する所の地面、並びに記憶せず。只倭語のみを解し、漢訓に暁《あか》るからず。

この供述を受けた政府首脳会議は、「唐人送還の旧例に従って送還してよい」という意見と、「倭人との交通が明側に知れてはまずいので対馬に送り返せ」という意見に分かれた。左議政洪応らは「もとの住地も父親の職役も知らず、漢語も解さないのに、どうして唐人だとわかるのか」と、もっともな疑問を呈している。議論は錯綜したが、倭人に見られる可能性のある京城と慶尚・全羅・忠清道は避けて、京畿道楊州に家と田を与えて住まわせ、五年を限って衣糧を官給することになった[30]。しかし翌年になるとこの決定がくつがえり、「潜巖には妻を娶らせて京に住まわせ、倭語通訳は常時かれの側についてその語を習うように」との王命が出た〔一八・正・庚申〕。ところが三十八年後、ゆえあって成宗朝の故事を調べた大臣らは、「丙午年（一四八六）の会議で重臣たちの意見が一致し、潜巖を倭国に送還した」と報告している〔中宗二〇・六・甲寅〕。「朝（＝明）・倭未弁」〔成宗一九・閏正・丁丑〕の境界人の扱いに振り回されるようすがよくうかがえる。

おわりに——胡椒をめぐる海域交流と冊封関係

東アジア国際社会を律する最上位の原則は、明皇帝と諸国国王との君臣関係を核心にすえた冊封関係にあるとされる。「南蛮」の特産物である胡椒と蘇木が、この関係に即してどのように動いたかは、つぎに掲げる一四二五年の暹羅国あて琉球国中山王咨文に示されている。これは琉球のとりかわした外交文書の一大集成『歴代宝案』に収める東南アジア関係文書の最古のものである（第一集巻四〇第二号文書）。

琉球国中山王、進貢の事の為にす。切照するに、本国は貢物稀少なり。此が為、今正使浮那姑是《ふなくし》等を遣わし、仁字号海船に坐駕し、磁器を装載して、貴国の出産の地面に前《すす》み往き、椥椒・蘇木等の貨を収買して回国し、以て大明の御前に進貢するに備えんとす。仍《な》お、礼物を備えて詣《いた》り前みて奉献し、少しく遠意を伸ぶ。幸《ねが》希わくは収納せられよ。

この文章から、琉球が中国産磁器等の「礼物」の対価として暹羅から胡椒と蘇木を獲得し、それを明皇帝への進貢物として捧げ、回賜としてうけとった磁器等を暹羅への「礼物」にあてる、というサイクルが読み取れる。「南蛮」諸国のうちで琉球がもっともひんぱんに、かつ長期にわたって国交を結んだのが暹羅であった。『歴代宝案』には、正使名と海船字号のみが別で他はほとんど同文の咨文が多数収められている。

十六世紀にはいると基本的な文書様式が咨文から執照に変化するものの、文書にあらわれた物品名や物の動き方はまったく変わらない。『歴代宝案』の琉球・暹羅関係文書で全文が残るもののうち、もっとも新しい一五六四年の執照をつぎに掲げる（第一集巻四二第三七号文書）。

琉球国中山王尚元、見《げん》に進貢等の事の為にす。切照するに、本国は産物稀少にして貢物に欠乏すること、深く未便たり。此が為、今特に正使買佳梓都・通事沈文等を遣わし、海船一隻に坐駕して、磁器等の貨を装載し、暹羅等国の出産地面に前み往き、両平に蘇木・胡椒等の物を収買して回国し、預め下年大明天朝に進貢するに備えんとす。

こちらも、使者名以外はほとんどお定まりの文章で綴られたものが多数見いだされる（「礼物」への言及がないのは、使節に与えた渡航証明という執照の性格による）。一世紀半という長い間に、国際関係や貿易構造はさまざまに変化したが、冊封関係の原則に即したオーソドックスな胡椒・蘇木の動きには、なんの変化も見られない。

もし朝鮮が冊封関係の原則にのっとって自国用に胡椒を入手しようとするなら、その方法は二つあったと考えられる。ひとつは、暹羅等の「南蛮」から明に進貢された胡椒を、朝鮮が明に捧げる進貢物の回賜として賜わることである。もうひとつは、琉球と同様、「南蛮」諸国との交隣関係に基づいて胡椒を対明進貢品として入手し、その一部を自国の用に宛てることである。しかし現実の胡椒入手ルートはどちらでもなかった。

朝鮮が胡椒取引で対面した直接の相手は、十四世紀末～十五世紀初頭の短い対琉球直接通交の時代を別にすれば、もっぱら倭人だった[31]。倭人たちは大量の胡椒を、朝鮮国王への進貢という名目で実際は貿易品としてもちこみ、巨利をあげていた。かれらがどこから胡椒を入手したのかといえば、十五世紀前半までは「南蛮」船との直接取引もあったようだが[32]、それ以後はほとんど琉球からだった。対馬勢力をはじめとする倭人は、あるいは琉球国王使またはそれを騙る偽使として、あるいは対馬の対朝鮮通交権益を利用して、朝鮮を訪れていた。さらに、琉球が「南蛮」から胡椒を入手するルートは、『歴代宝案』が語るとおりであるが、その内実を掘り下げると、在外中国商人の商業活動という実態が見えてくる(33)。

倭人や在外中国商人（いわゆる華僑）といった商業集団は、東アジア海域世界をとりまくいずれかの国家になかばは属しつつ、複数の国家のはざまを活動空間とする「境界人」と呼ぶべき人びとである。民族的出自は朝鮮人だが、北九州の武士勢力に仕え、朝鮮から官職をもらい、琉球国王の使者として朝鮮にあらわれる、といった者もいた(34)。こうした人間類型に担われつつ、南蛮―琉球―九州―対馬―朝鮮という海上の道をリレー式に人と物が動くという海域世界の実相。それを明るみに出してくれたのが、成宗の胡椒種求請という偶発的なできごとであった。この件にからんで「境界人」潜巌が発したことば――「胡椒は倭国の所産に非ず、南蛮より出《い》ず。琉球国の商販人、南蛮に入りて求め得、諸島の倭人収買して来り、本国（＝対馬）に転売す。」――こそ、そのエッセンスといえよう。

胡椒種求請一件が明るみに出したのはそればかりではない。冊封関係の原則を無視した王の提案は、臣下たちにとって、とりわけ儒教主義の権化である司諫院・司憲府・弘文館などを拠点とする言官にとって、容易にうけいれられるものではなかった。

一四八五年、大内殿使僧元粛に胡椒種入手を請う件を議題として、「領敦寧以上及び議政府・六曹」を招集した会議において、「人を遣わして之を求むると雖も、他の宝物の比に非ず、妨げ無きに似たり」という賛成論はたったひとり。圧倒的多数は口々に「胡椒は軍国の所用に非ず、人を遣わして求請するは、大体未便なり」「胡椒種の為に人を日本国に遣わすは、交隣の大体に非ざる也」「胡椒は軍国の関わる所に非ず、有無卹《うれ》えるに足らず、何ぞ必ず此が為に人を絶国に遣わさん哉」「往者大内殿の通信を請う者《こと》屢しばなり矣、而るに国家従わず、今只だ胡椒種の為に使を遣わすは、大体を妨ぐる有り」などと言いつのった〔一六・一〇・甲申〕。「軍国」云々は軍事物資の入手のためならば例外がありうる、という考え方に立つもので、「大体」とは国家のあるべき姿をいう。

右は対日本・倭人関係における問題点だが、対明関係においても紛議が生じた。一四九四年、臣下に賜与された胡椒が市場に流出し、それが貿易品として明にもちこまれることが問題となった。司憲府持平閔頤は、「近年以来、赴京の人多く胡椒を齎らし以て往く。胡椒は我国の物に非ざるに、中国の人の以て我国の所産と為すを恐る。而して又中朝の（朝鮮が）倭奴と交通するを疑うを恐るる也」と啓している〔二五・五・甲辰〕。胡椒が朝鮮の産物とみなされて進貢要求が来ることと、倭人との交通が明るみに出ることの二点が、危惧すべき問題として指摘されている。一五三〇年代以降倭人が大量にもちこむようになる銀についても、同様の議論があった[35]。

こうした議論において、皇帝から臣下に封じられている王が、冊封関係を超える新たな試みに熱心なのに対して、朝鮮官僚たちの多くは頑固な原則主義者であった。冊封関係外の海域交流がしだいに優勢になりつつある東アジアの趨勢は、「自由人」としての王の眼により早く、よりリアルに映っていたようである。

註

（1）「御経筵、講訖。李坡啓曰：〝今来宗茂勝・平国忠等、斬賊倭来告。此雖不可信、引見慰之何如？〟上曰：〝可。〟……坡啓曰：〝仲月宴功臣、例也。請於此宴引見倭使。〟上曰：〝可。胡椒、剤薬所需、求其種於倭人可也。〟坡曰：〝胡椒、倭人多齎来、故義盈庫充溢、不必求種也。〟上曰：〝若倭人構釁不来、則後将難継也。〟……」（『朝鮮王朝実録・成宗実録』十二年八月戊辰条）。以下、成宗実録からの引用は〔一二・八・戊辰〕のように年月日のみを略記する。倭使の入京は〔一二・八・癸亥〕に見える。義盈庫は油蜜・黄蠟・胡椒などの薬剤専門の王立保管庫で、漢城西部積善坊（兵曹・刑曹の西裏）にあった（平木實「朝鮮時代前期における胡椒交易をめぐって」『朝鮮学報』一五三輯、一九九四年、七〇〜七一頁）。

(2)　この「胡椒種子旁求問題」については、①黒田省三「中世朝鮮貿易に於ける輸出物資に就て」(児玉幸多編『日本社会史の研究』吉川弘文館、一九五五年)本論第四章、②金柄夏「李朝前期における対日胡椒取引」(宮本又次編『商品流通の史的研究』ミネルヴァ書房、一九六七年)、③関周一「香料の道と日本・朝鮮」(『アジアのなかの日本史Ⅲ』東京大学出版会、一九九二年)、④註(1)所引平木論文、⑤関周一「朝鮮王朝からの銅銭輸入」(『出土銭貨』九、一九九八年)などで言及されているが、専論はまだない。①②は日・朝両国家間貿易における朝鮮側輸入物資という観点からとりあげたもので、とくに②は種子旁求問題にかなりの紙数を割くとともに、貿易の数量的把握に特徴がある。③は②を承けた短い記述がある。④は①②を承けつつも、中国との交易、種子旁求問題、用途、貯蔵場所等について、立ち入った考察を展開する。⑤は銅銭との関わりに言及する。

(3)　琉球国王、日本国王、九州探題とその関係者、対馬の宗氏・早田氏、松浦党の武士たち、大内・島津・菊池氏、等々が胡椒を朝鮮に献じた例は、定宗朝から世祖朝にかけても相当数見いだされる。しかし胡椒の薬効や播種栽培の可能性に言及した史料は皆無で、胡椒に特別の視線が注がれていた点において成宗朝の特異性は顕著である。

(4)　註(1)所引平木論文、六三～六七頁。

(5)　註(1)所引平木論文、六七～六九頁に一覧表があるが、漏れが多い。

(6)　次代の『燕山君日記』の胡椒関係記事は、前代をふりかえって「成宗朝に在りては庫積盈溢せり」(燕山君三・三・戊午)、あるいは「成宗季年、倉廩充牣し、歳入の租は東西軍営に分積し、義盈庫の胡椒は常に千余碩を貯う」(燕山君八・四・辛酉)などと述べている。

(7)　射侯・投壺・射獣などの遊戯・競技と胡椒とのかかわりは、〔一八・三・乙卯〕・〔一八・七・己未〕・〔二〇・一〇・己亥〕・〔二一・九・戊午〕にも見られる。

(8)　「呉楚之国、有大木焉。其名為櫾(＝柚)樹。碧樹而冬生、実丹而味酸。食其皮汁、已憤厥之疾。斉州珍之。渡淮而北、化為枳焉。」(『列子』湯問)「嬰聞之、橘、生淮南則為橘、生於淮北則為枳、葉徒相似、其実味不同。所以然者何、水土異也。」(『晏子春秋』雑下之十)

（9）緡《びん》は銭のサシを意味する字で、一緡＝一貫だから、青銅一万緡は銅銭一万貫。関周一『中世日朝海域史の研究』（吉川弘文館、二〇〇二年）二三三頁によれば、この銅銭は十五世紀前半に朝鮮で鋳造された「朝鮮通宝」と解されるという。一万貫もの要求は過大に聞こえるが、寺院再興を目的に朝鮮へ送られた貿易船の初例である足利義政派遣の建仁寺勧進船が、首尾よく銭一万貫の寄進を受けたことが先例となっているのかもしれない。

（10）この件については李克培の議にも「胡椒・丹木・丁香・檳榔の種を南蛮に求むるを以て辞と為す。此れ亦我が国の胡椒種を請うるに因りて、是の辞有る耳」と見えている。

（11）黒胡椒は、皮が緑色の種子を三～四日天日に曝し、その後室内のゴザの上に薄く広げて完全に乾燥させると、色が濃い茶色または黒に変わる。強い辛味が特徴。白胡椒は、緑色の種子が黄色または赤色になるまで成熟させ、麻袋に詰めて二週間清流に浸すと、皮がむけて白い部分が残るので、それを二～三日天日で乾燥させる。辛味が少なくマイルドな風味が特徴。

（12）註（2）所引黒田論文、一五四頁に、この記事は「当代の東亜貿易の実相を正確に把握している」という評価がある。

（13）行論が煩雑になるのでここでは省略したが、この会議のもうひとつのテーマは、〈北京へ赴く者が胡椒を商売物として携えるという弊を除くために、胡椒の賜与を減らしてはどうか〉という掌令閔頤の提案であった。「おわりに」参照。

（14）堀池春峰「中世・日鮮交渉と高麗版蔵経――大和・円成寺栄弘と増上寺高麗版――」（『南都仏教史の研究下・諸寺編』法蔵館、一九八二年。初出は『史林』四三巻六号、一九六〇年）。

（15）橋本雄『中世日本の国際関係――東アジア通交圏と偽使問題――』（吉川弘文館、二〇〇五年）第一章「王城大臣使の偽使問題と日朝牙符制」。同「遣明船と遣朝鮮船の経営構造」（『遙かなる中世』一七号、一九九八年）四七～四八頁。

（16）長節子『中世 国境海域の倭と朝鮮』（吉川弘文館、二〇〇二年）第二「偽使の朝鮮通交」一～三。

（17）註（15）所引橋本書、一七七・一八一頁。

（18）註（15）所引橋本論文、四八頁。

（19）一四九三年に大内殿使僧として到来した元叔西堂（元粛と同一人か）の場合は、たてまつった書契中に自作の七言絶句・律詩を掲げている〔二四・一〇・辛巳〕。

(20) 村井章介『東アジア往還　漢詩と外交』（朝日新聞社、一九九五年）一四八～一五六頁。
(21) 須田牧子『中世日朝関係と大内氏』（東京大学出版会、二〇一一年）一九四頁。傍点は村井が付した。
(22) 諱「□蚊」は『蔗軒日録』文明十八年八月二十九日条による。典拠は『碧巌録』第五八則の「蚊子咬鉄牛」。伊藤幸司『中世日本の外交と禅宗』（吉川弘文館、二〇〇二年）二一一頁によれば、鉄牛が携えた大内政弘の書契（一八・六・甲申）に「今妙光長老鉄牛和尚を差して通信使に充つ」とある妙光寺も、堺市堺区南旅籠町東四丁（大安寺の隣接地）にあるもと禅宗寺院（慶長年間に日蓮宗に改宗）で、大内義弘を開基として応永年間にひらかれたという。なお鉄牛の朝鮮渡航については、堀池春峰「室町時代における薬師・長谷両寺再興と高麗船」（『南都仏教史の研究』下、法蔵館、一九八二年、所収。初出は『大和文化研究』五巻九号、一九六〇年）がある。
(23) もとより、鉄牛が朝鮮渡航のために周防・長門に下ったさいに、雪舟画を託された可能性は残る。
(24) 註（15）所引橋本書、四九～五一頁。
(25) 泉澄一「室町時代・対馬における仰之梵高和尚について――対朝鮮交易書契僧の始祖――」（『対馬風土記』一〇号、一九七三年）。
(26) 註（22）所引伊藤書、八二～八五頁。伊藤氏はこの一件の意義を「対馬における偽使派遣勢力は、京都五山につながりを有する仰之梵高を獲得したことで中央とのネットワークが形成され、偽使創作に活用していた」とまとめている。
(27) 長節子『中世日朝関係と対馬』（吉川弘文館、一九八七年）一九～二二頁。
(28) 註（22）所引伊藤書、九〇頁。
(29) 〔二七・一〇・甲申〕には十歳、〔一八・正・庚申〕には十二歳とある。
(30) 村井章介『中世倭人伝』（岩波書店、一九九三年）四一～四二頁。
(31) 註（2）所引金論文。
(32) 黒嶋敏「室町幕府と南蛮――〈足利の中華〉の成立――」（『青山史学』三〇号、二〇一二年）。
(33) 村井章介「東南アジアのなかの古琉球――『歴代宝案』第一集の射程――」（『歴史評論』六〇三号、二〇〇〇年）。同「一五・一六世紀海洋アジアの海域交流――琉球を中心に――」（別府大科研報告、近刊）。
（34）金元珍の例。村井章介『国境をまたぐ人びと』（山川出版社、二〇〇六年）五八～六一頁参照。
（35）村井章介「中世倭人と日本銀」（竹内実・村井章介・川勝平太・清水元・高谷好一『日本史を海から洗う』南風社、一九九六年）八九～一〇〇頁。

第二章　十五・十六世紀朝鮮の「水賊」——その基礎的考察——

六反田　豊

はじめに

十四世紀後半から十五世紀にかけての時期に朝鮮半島周辺海域で活動した海賊として、いわゆる倭寇をあげることに異論はないだろう。だが十五世紀末になると朝鮮側の文献には、この倭寇とは別に「水賊」という名の海賊もしばしば見出されるようになる。もともと「水賊」とは、朝鮮人を主体とする海賊について、それを倭寇と区別するため

朝鮮の官憲ないし為政者が用いた呼称である。その文献上の初見は、『成宗実録』にみえる次の記事である。(1)

〔国王は〕全羅道観察使李克均・兵馬節度使朴埴・水軍節度使閔孝幹に「張永奇が誅伐されて以後、盗賊はしだいに終熄するかにみえたが、いま聞くところでは再び活発となり、人家を焼き、人を殺して財貨を奪い、さらに沿海の郡県では水賊が横行しているとのことである。卿らはどうして〔こうした賊を〕捕縛して根絶やしにすることなくこの状況に至らしめたのか。一邑内で悪事をなす者ならば吏民が知らないはずはない。卿らはともに方略を議論し、〔賊を〕ことごとく捕縛することを期して、民害を除去せよ」と諭告された。

〔成宗四二・五・五・甲申〕

この記事によると成宗五年（一四七四）五月、成宗は全羅道観察使李克均・兵馬節度使朴埴・水軍節度使閔孝幹に宛てた諭書において、全羅道地域で盗賊の活動が活発化していることと道内沿海諸邑で「水賊」が横行している事実とをあげ、それらの賊の検挙・捕縛を厳命した。この記事以後朝鮮末期に至るまで、「水賊」の名は歴代の『実録』をはじめ朝鮮側の各種文献に断続的に登場することになる。

このような「水賊」のうちとくに朝鮮初期のものについては、これまでもっぱら中世日朝関係史を専攻する日本史研究者によって注目され、その実態や性格が論じられてきた。

たとえば「水賊」の存在にはじめて言及した高橋公明は、十五世紀末に朝鮮半島南部および南西部海域に出没した「水賊」について、それは「倭人による海賊行為、すなわち倭寇・倭賊と区別するために用いられた言葉で朝鮮人海賊を意味している」(2)とし、①「豆禿也只」「頭無岳」あるいは「鮑作干」「鮑作人」などと呼ばれた済州島出身の海民が主要な構成員だった、②彼らは倭語を語り、倭服を着るなど巧みな戦術を用いたため、攻撃を受けた側ではそれが倭寇であるか水賊であるかを識別することが困難だったと推測される、③こうした状況は済州島出身の海民と倭人と

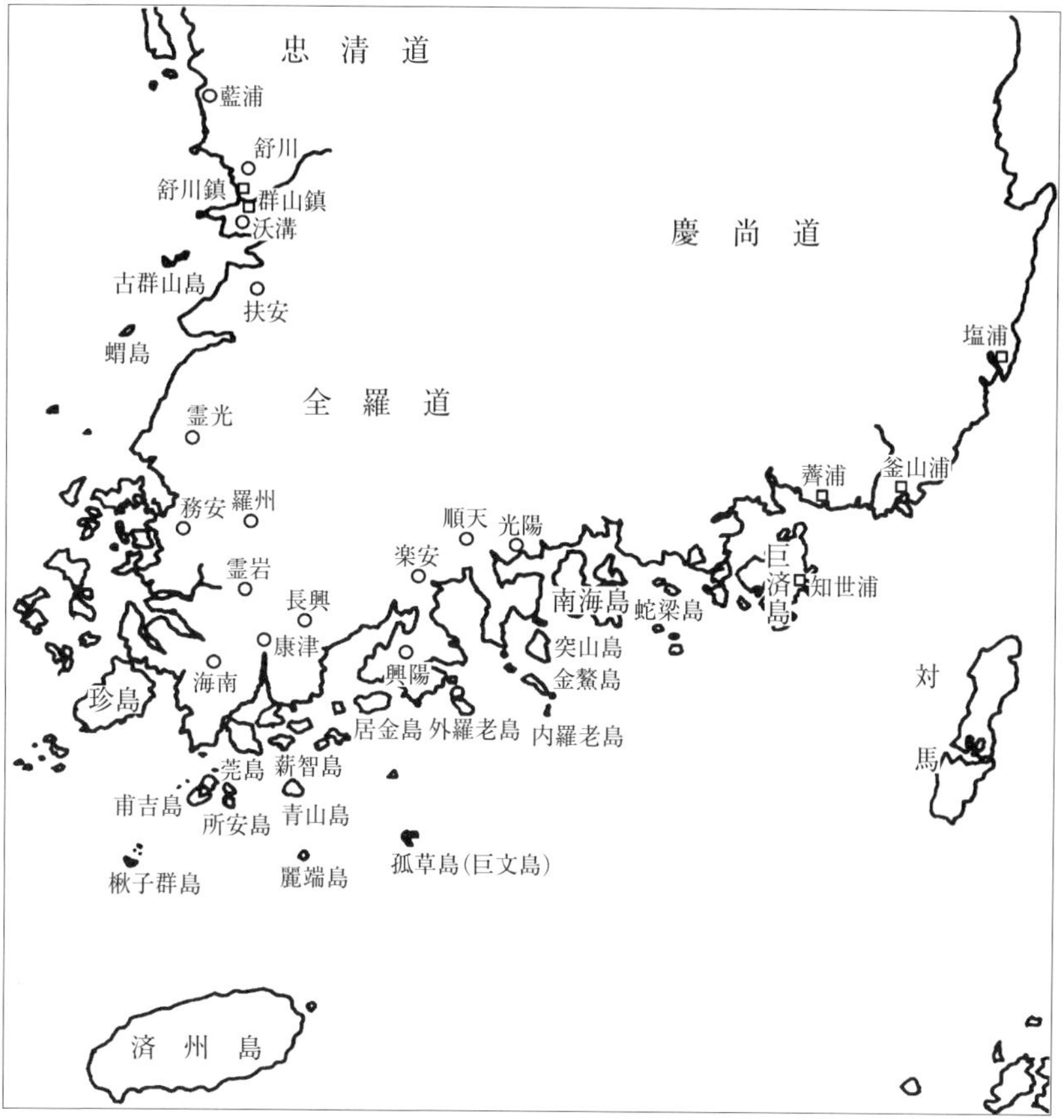

【地図１】朝鮮半島南岸・南西岸略図

の密接な交流を物語るものである、などの点を指摘した(3)。

一方、関周一は同じく十五世紀末における「水賊」の発生要因として一四六〇年代から九〇年代にかけて朝鮮半島南部海域で倭寇が活発化したことをあげ、「おそらく、こうした倭人の活動に刺激されて、『朝鮮王朝実録』に「水賊」と記される朝鮮人海賊の活動が、活発になったものと思われる。……一四七〇年代以降、水賊の活動は活発化し、全羅道・慶尚道南岸を横行するようになる(4)」と述べる。

高橋と関の見解を総合すると、朝鮮初期の「水賊」とは十五世紀末に朝鮮半島南部海域で活発化した倭寇に刺激されて済州島出身の海民を中心とする朝鮮人が海賊化した者たちで、倭人との密接な交流のもと、倭語を話し、倭服を身につけるなどの巧みな戦術を駆使しつつ全羅道・慶尚道南岸において略奪行為をおこなった、ということになる。

このような「水賊」理解は、たしかに十五世紀末時点における「水賊」の実態の一面を捉えたものではあるだろう。しかし「水賊」の構成員をもっぱら済州島出身の海民とみなす点、またその発生の要因や背景を倭寇との関連でのみ説明する点で、必ずしも十分な理解とはいえない。さらにこれらの研究は「水賊」に対する専論ではないこともあり、十六世紀以降にも散見される「水賊」の活動範囲や構成員などについてはまったく言及がない。

朝鮮政府により「水賊」と認定ないし規定された海賊集団の実態は時期によって多様であり、したがってそのそれぞれについて具体的な解明が必要である。本稿では今後の本格的「水賊」研究のための基礎作業として、さしあたり朝鮮前期に相当する十五世紀から十六世紀半ばごろまでの時期に焦点を絞り、『実録』に「水賊」と記録された海賊集団による海賊行為やそれと関連する朝鮮政府内の議論等を概観することで、当該時期における「水賊」のおおよその輪郭を把握することを第一の目的とする。そのうえで、当該時期の「水賊」をめぐるいくつかの問題について若干の考察を試みたい。これが本稿の第二の目的である。

一　世祖・睿宗・成宗代の「水賊」事例

(1)　成宗五年（一四七四）以前――「水賊」以前

冒頭に引用した「水賊」初見記事以前にも、倭寇とは区別される、朝鮮人による海賊行為であると朝鮮政府が認定した事例が『実録』にはいくつか見出せる。

管見のかぎり、その最古のものは世祖七年（一四六一）七月、知世浦万戸宋石堅[5]の牒呈に依拠した慶尚右道処置使李好誠の上啓である。それによれば同年六月、対馬居住の倭人九人を乗せた漁船一隻が朝鮮側の許可を得て朝鮮半島南部海域の孤草島（巨文島[6]）近海に出漁中、風に遭って西方に流され、とある海島にて「本国小船」十二隻の攻撃を受けて死傷者を出した〔世祖二五・七・七・丙寅〕（事例1）。

倭人側はこの事件に対して強く抗議した。そのため朝鮮政府は彼らを上京させて慰撫するとともに、犯人の捜査・逮捕と海島に逃入した全羅道民の本籍地への刷還に努めた〔世祖二五・七・七・丙寅／丁卯／八・癸酉／丙子／九・丙午〕。結局犯人の逮捕には至らなかったようだが、朝鮮政府がこの海賊行為を海島に逃入した全羅道民の存在と関連づけている点には留意しておきたい。

次いで睿宗元年（一四六九）三月にも、全羅道漁民による倭船への海賊行為が地方官から政府に報告された。すなわち慶尚右道水軍節度使朴星孫は、同年閏二月に葛根採取のため倭人七人を乗せて対馬を出航した倭船一隻が途中で漂流して全羅道南岸に漂着したところ、全羅道の漁船数十隻に襲われて糧米を略奪され、一人が射殺されたほか複数の者が負傷した（事例2）、とする当該倭人の申し立てについて馳啓した〔睿宗四・元・三・丁酉〕。

対馬島主の宗貞国が朝鮮に派遣した中山和尚の言によれば、この倭船は対馬島主の「路引」（通行許可証）を持参し、巨済島の知世浦に向かっていたという〔睿宗四・元・三・丙午〕。だとすると葛根採取だけが目的ではなく、知世浦万戸から「文引」（許可証）を受けたうえでさきの事例1同様、孤草島近海への出漁をも意図していた可能性がある[7]。

いずれにせよ、これら二事例は一四六〇年代に入って朝鮮半島南部海域の孤草島やその付近で倭人の乗った漁船を襲う朝鮮船が出没するようになったことを示しており、しかも朝鮮側では、その朝鮮船は全羅道民によるものと理解していたことがわかる。

こうした全羅道民による海賊行為は、成宗代（一四六九〜九四）に入っても引き続き頻発した。

成宗三年（一四七二）二月に成宗が全羅道観察使金良璥と水軍節度使李惇仁に宛てた諭書には、最近順天・興陽・楽安等、全羅道南東部に位置する邑の諸島中に八、九人で徒党を組んで作賊する者がいること、また楽安の将校金倍と順天の私奴裵永達・玉山・朴長命ら三十人余りが徒党を組んで四隻の船に乗り、倭人や済州人を詐称して諸島に停泊し、採海人への掠奪や辺邑での放火掠奪をおこなっていることが記されている〔成宗一五・三・二・甲午〕（事例3）。

またその翌年である同四年（一四七三）十月、全羅道水軍節度使閔孝幹は、全羅道南西部の康津にある万徳寺の僧恵休一行が船で順天の内梁浦[8]に達したさい、青衣を着て倭語を話す賊に襲撃され、恵休ら二人が殺害され、金品を掠奪されたことを成宗に報告した。賊は慶尚道船に似た船で東南海上に去ったが、朝鮮政府はこれを倭人の姿を仮装した朝鮮人海賊によるものと判断した〔成宗三五・四・一〇・辛巳〕（事例4）。

この二事例のうち、事例3では海賊行為の主体について首謀者の個人名まで特定されており、それが朝鮮人による海賊行為だったことは確実である。一方の事例4では、恵休一行を襲った賊は青衣を着て倭語を話し、慶尚道船に似た船に乗っていたとあるのみで、それが倭人・朝鮮人のいずれなのかにわかに判断するのはむずかしいように思われる。にもかかわらず、朝鮮政府はこれを、倭人の姿をまねた朝鮮人の海賊行為と認定した。

『実録』の関連記事には朝鮮政府がそのように判断した具体的な根拠は示されていない。おそらく事件発生海域が全羅道の順天沿岸だったことから、当該海域に精通した者の犯行であるとみなされ、そのうえで直近の事例3についても想起されて、そうした結論に達したものと推測される。

「水賊」初見記事以前に『実録』に確認できる以上四つの事例からは、おおよそ次の三点が指摘できる。

第一に、朝鮮政府は世祖七年（一四六一）と睿宗元年（一四六九）の二度にわたり倭人側から朝鮮人海賊による被害の訴えを相次いで受け、それによって自国民である全羅道沿海地域の住民による海賊行為の存在を認知するに至った。第二に、それからあまり間をおかない成宗三年（一四七二）、賊の首謀者の個人名まで特定できる形で全羅道沿海地域住民による海賊行為の存在を把握することになった。そして第三に、そのことはその直後の同四年（一四七三）にやはり全羅道沿岸海域で発生した海賊行為について、必ずしも賊の正体が明確でないにもかかわらず、朝鮮政府をしてそれを倭寇ではなく朝鮮人による海賊行為と判断せしめる結果を招来した。

本稿冒頭に引用した成宗五年（一四七四）五月の「水賊」初見記事（以下、事例5とする）は、世祖代から成宗初年にかけてのこうした状況のなかで現れたものということになる。朝鮮政府は、一四六〇年代以降に認知・把握することになった朝鮮人海賊のことを、このころに至り「水賊」と呼称するようになったのである。その正体は島嶼部を含む全羅道沿海地域の住民であり、しかも事例5からも明らかなように、朝鮮政府はそれを当時この地域で活発化していた盗賊活動の一部として理解していた。

（2）成宗五年（一四七四）八月〜同八年（一四七七）六月

朝鮮政府が自国民である朝鮮人の海賊を「水賊」と呼称するようになった事例5以後、『実録』には成宗五年から同八年にかけて「水賊」に関連した二つの事例が相次いで確認できる。

その一つは、「水賊」初見事例から三か月ほどのちの成宗五年八月、全羅道興陽近海の島々で倭賊が朝鮮の船軍に対し掠奪をおこなったため、鉢浦万戸裵孝修[9]がそれら倭船二隻を追跡し、所訖羅串[10]にて一隻を捕獲したうえで三人を射殺、七人を捕縛して興陽の獄に収監した〔成宗四六・五・八・丁酉／四七・五・九・戊辰〕、というもの（事例6）である。

これはのちに倭人の多羅三甫羅らによる海賊行為であることが判明したが、朝鮮政府が全羅道観察使李克均からこの事件の第一報を受けた段階では捕縛された者の姓名すら明らかでなかった。しかし宗簿寺正金升卿を現地に派遣するさいに朝鮮政府が持たせた事件処理のための『事目』には「一、興陽に収監された海賊七人の挙動を仔細に問いきわめ、もし倭人であれば文引を点検し、所在官（興陽県）に衣食を給せしめて彼らが驚懼して自尽しないようにし、取り逃がした一隻の乗船者の姓名と行く先について鞫問せよ。一、もしわが国の水賊が倭に名を借りたのなら、その一党およびこれ以前の犯罪行為について訊問せよ」（成宗四六・五・八・丁酉）と記されており、当初朝鮮政府では、この海賊が倭寇ではなく朝鮮の「水賊」である可能性も疑っていた。

もう一つは同八年（一四七七）十月、全羅道順天の突山[11]・内礼万戸[12]らが辺境防備を疎かにし、守護船を単独で出航させたところ、賊の襲撃を受けて軍器・火砲を奪われた、という事件（事例7）である。この賊は「本国」すなわち朝鮮の言語を解したため、兵曹ではこれを朝鮮の「逃賦頑民」（税役負担を逃れた頑迷な民）と推定し、密かにこれを捕縛することを全羅道観察使および同水軍節度使へ下命するよう国王に要請した（成宗八五・八・一〇・己酉）。ただしこの事例では史料上に「水賊」の表記はまったく出てこない。

これら二事例のうち、事例6はすでに述べたように朝鮮人の「水賊」ではなく明らかに倭人（多羅三甫羅ら）の海賊行為だった。事例7についても、兵曹は朝鮮人の海賊行為と推定しているが結局その正体は確認されていない。しかしそれにもかかわらず、事例6では当初その正体が不明確だった段階で「水賊」の可能性が論じられ、事例7でも朝鮮人海賊と判断した根拠として賊が朝鮮語を解した点がわざわざあげられている。

朝鮮人の海賊としての「水賊」の存在を認知するに至った朝鮮政府は、とくに全羅道近海での海賊行為についてはそれを倭寇と即断することができず、倭人によるものかあるいは「水賊」によるものかをまずは確認する必要に迫られることになった。事例6・7はそのことをよく示すものといえる。

（3）成宗十七年（一四八六）十二月〜同二十年（一四八九）六月

事例7以後しばらくの間、「水賊」に関する記事は『実録』中に見出せない。再び出てくるのは事例7から九年ほどのちの成宗十七年十二月からであり、以後同二十年六月までの間に五つの事例が断続的に確認できる。

まず成宗十七年十二月、全羅右道（全羅道の西半分の地域）での「水賊」の活動が熾烈化してきたことを受け、これを禁圧できない羅州牧使と全羅右道水軍節度使の鞫問、さらに後者の更迭が成宗によって相次いで命ぜられた。更迭については高官らの反対もあり見送られたが、かわりに全羅道観察使李約束と全羅右道水軍節度使辛鑄に宛てて、その職務怠慢を責め、賊の追捕を厳命する成宗の諭書が発せられた（成宗一九八・一七・一二・辛卯／癸巳／甲午）（事例8）。それには「いま聞くところでは、［全羅］道内での水賊の活動が活発化し、沿海住民を侵害するため、霊光以南の島々では島民が逃散してしまい、また漕運船を掠奪するので水路も不通になってしまったという」（成宗一九八・一七・一二・甲午）とあり、当時における水賊の活動の激しさを伝えている。

次に事例8の翌年である同十八年（一四八七）六月、全羅道観察使に任命された金宗直が赴任するさいにも「水賊」の件が議論された。すなわち成宗が金宗直に獄訟の円滑処理を下命すると、金宗直は全羅道での盗賊横行の原因を場門（地方の定期市である場市の先駆的なもの）の存在に求め、その廃止を請うとともに、全羅道の「水賊」が用いているという理由で居刀船（伝馬船に相当する小船）の全面禁止を要請した。成宗は場門廃止要請を退ける一方、居刀船禁止の件については領敦寧以上に付議した。しかし反対意見が多く、結局その実施は見送られた。居刀船禁止に反対した李克培は「水賊はただ羅州・霊岩等のみで横行していると聞いています」〔成宗二〇四・一八・六・戊子〕と述べ、盧思慎もこれを「少少賊徒」とし、節度使・万戸に人を得れば制圧可能とした〔同右〕（事例9）。

三つ目の事例として同十九年（一四八八）三月、経筵の席上で司憲掌令金楣が全羅道の風俗を論じ、「水賊」について「倭服・倭語をもって海浦に出没し、ひそかに船の往来を窺い、乗員すべてを海に投じます。島嶼に隠れ、鬼やいさごむし（水中に棲む虫の一種）と変わらないので、官吏が捜索して捕縛しようとしても誰をどのようにもできません。これは他道ではみられないことです」〔成宗二一四・一九・三・丙寅〕と評した事例（事例10）をあげておきたい。

これら三事例で「水賊」の主要な活動海域とされているのは、事例7までと同様全羅道沿岸海域である。しかしこれらを事例7以前の事例と比較すると、同じ全羅道沿岸海域でもその範囲が西方へ移動している点に留意したい。事例1から事例7までは、孤草島（巨文島）や順天・楽安・興陽など全羅道沿海地域のうちでもとくに南部、それもどちらかといえば南東寄りの海域が「水賊」の活動海域とされていた。ところが事例8では霊光以南とあり、事例9でも「水賊」の活動領域を霊岩・羅州とする認識が確認できる。霊岩・羅州・霊光はすべて西海（黄海）に面した邑であり[13]、このことから「水賊」の活動海域が朝鮮半島南部海域から南西部海域へと移動したことが窺えるのである。

それがよりはっきりするのが、次に示す事例11である。この事例からは、全羅道の北に位置する忠清道沿岸でも「水賊」が活動していたことがわかる。

成宗十九年（一四八八）八月、尚衣院僉正李栄が刑曹の啓本に拠り上啓し、忠清道藍浦に拘禁した「水賊」の私奴永己の殺人罪は律の「斬不待時」（即座に斬罪）に該当すると述べた〔成宗二一九・一九・八・庚子〕。具体的な日時は不明だが、これより以前、藍浦県監は「水賊」十余人を捕獲して収監していたのであり〔成宗二二六・二〇・三・癸酉〕、これはその処罰についての意見だった。ところが翌二十年三月、忠清道に派遣されていた敬差官李誼が漢城に戻り、復命の書啓中でこの「水賊」に言及する〔成宗二二・六・二〇・三・癸酉〕と、朝鮮政府内では翌月にかけて「水賊」に関する議論が展開されることになった。

李誼は書啓においてまず、「水賊」の活動状況について「臣が聞くところでは、霊光・咸平・務安・羅州等では水賊が横行し、その類はきわめて多く、海路を往来する船が多数殺掠を被っています。軍官に捕縛させようとすると賊は絶島に逃げ込みますが、島の住民は水賊に遭遇すると先を争って酒や食糧を与えて迎え労り、侵擾を免れようとします。このため賊は日に日に活発化し恐れるところがありません。沿海の州郡ではこれをどうすることもできません」と述べる。そして藍浦「水賊」を鞫問した結果、二か月間で二十人余りを殺害したことが判明したと報告した。

次いで李誼は、任地で広く捕賊策を問うたところすべての者が「霊光の於乙外島・屛風島・甑島・毛也島・古耳島等は下道〔朝鮮南部〕の船の経由地であり、それゆえ水賊が多くやって来ては間隙に乗じて掠奪を働くので、臨淄・多慶浦など三、四か所の万戸をして軍卒を率いてその地で監視の任にあたらせ、賊が接近できないようにし、また、不意の摘発を実施して行状〔通行許可証〕不所持者を厳しく点検し、これを賊船として論じれば、一年で賊を捕獲できます」とする見解を示したことを記す。李誼はさらに、「水賊」十余人を捕らえた藍浦県監を褒賞すべきことを提起し、また、沿海各邑では済州人を「鮑作干」と称して進上海産物の調達に従事させているが、彼らを定役すると避役逃散して「水賊」と表裏をなす恐れがあるので定役してはならないとも主張した〔成宗二二・六・二〇・三・癸酉〕。

成宗はこの書啓の内容について領敦寧以上の高官に付議した〔同右〕。それに対する彼らの反応や審議の内容は伝わらないが、翌月になって刑曹は李誼が書啓において示した「水賊」防御策を支持するとともに、沿海諸邑に居住する済州人については現住地で名簿に記録してその生業に従事させ、他邑への移動を禁止することを要請した〔成宗二二・七・二〇・四・己酉〕〔事例11〕。

以上いささか長めの紹介となったが、この事例11により忠清道藍浦沿岸にまで「水賊」の活動範囲がおよんでいたことがわかる。全羅道における「水賊」の活動海域についても霊光・咸平・務安・羅州等、南西部沿海地域の邑名があげられており、「水賊」の活動海域が朝鮮半島南部海域から南西部海域へ移動していることはほぼ確実である。その最先端部が全羅道と忠清道の境を越え、藍浦にまで達するようになっていたことを事例11は示しているわけである。

最後に、いまみた李誼の書啓から約三か月後の同年六月、兵曹が、「水賊」の根拠地となる海島に近傍の万戸を分属させ、常時監視するとともに不意に摘発することを求めた記事〔成宗二二九・二〇・六・乙巳〕（事例12）をあげておく。この事例では具体的な地名等は出てこないが、その内容から判断すれば、事例11における李誼の書啓を受けての動きだったとみてまちがいない。

（4）成宗二十年（一四八九）十月〜同二十五年（一四九四）四月

成宗二十年十月、倭船四隻が順天の多老浦[14]を襲い、殺人と掠奪を働くという事件が発生し〔成宗二三四・二〇・一一・丙辰〕、さらに十一月には、やはり倭船六隻が興陽に上陸して掠奪をおこない、次いで海上を移動して順天の鹿島[15]を通過したところで朝鮮側の万戸と交戦し、慶尚道方面に逃走した〔成宗二三四・二〇・一一・辛酉／辛未〕。朝鮮政府は当初、これら一連の海賊行為を倭船によるとも「水賊」によるとも判断できなかった〔成宗二三四・二〇・一一・辛未〕。成宗は、全羅左道水軍節度使禹賢孫・虞候曺益文・順天府都護府使金守貞・突山浦万戸任採らが事前に「水賊」防禦策を講じず、その結果、多老浦での掠奪・殺戮を許し、しかも賊を捕縛できなかったとしてその鞠問を義禁府に下命した〔成宗二三四・二〇・一一・辛酉〕。そしてこれを契機に、政府内では全羅道の「水賊」防禦策があらためて議論されることになった〔成宗二三四・二〇・一一・乙丑／丙寅〕（事例13）。

なお、この事例では最終的に「水賊」ではなく倭人による海賊行為であることが判明したが〔成宗二三四・一〇・一一・辛未／二三六・二一・正・戊午〕、翌年正月、義禁府から鞠問された禹賢孫・曺益文・金守貞は杖百のうえ辺境に流して軍役を負わせる処罰を受け、また順天兵房記官の李薫も罰せられた〔成宗二三六・二一・正・戊午〕。

この事例13は、いまも述べたように「水賊」ではなく倭人による海賊行為だった。順天・興陽といった事件発生地からみても、これを「水賊」の海賊行為とみなすことはむずかしいように思われる。にもかかわらず、政府がすぐにはその正体を判別できなかったのは、過去の事例を無視しえないほどに当時の「水賊」の活動が熾烈だったためか、あるいは対馬宗氏との関係を慮り、迂闊に倭寇と認定することが躊躇されたためかのいずれかだろう。

それはともかく、次の事例14をみるとやはり当時の「水賊」の主要な活動海域が朝鮮半島南部海域ではなく南西部海域だったことはほぼまちがいない。

成宗二十一年（一四九〇）八月、同知中枢府事李則は、「水賊」の襲撃を受けた場合に備えて全羅道沃溝の群山鎮を廃止し、その軍を忠清道舒川の舒川鎮に集結させることを請うた〔成宗二四三・二一・八・丁亥〕（事例14）。群山・舒川の両鎮は忠清道・全羅道の境界をなす錦江河口に設けられていたが、忠清道に属する舒川鎮は海により近い河口部北岸に、全羅道に属する群山鎮はややそれより上流部の南岸に位置したため、水賊が海から襲撃してくるさいには必ず舒川をへて群山に至るだろうというのが李則の見立てであり(16)、それゆえこのような要請をおこなったのである。

このように十五世紀末のこの時期、「水賊」の活動海域はもっぱら朝鮮半島南西部海域だったと考えられるが、その一方で、朝鮮半島南部海域において再び「水賊」の活動が疑われた事例も確認できる。それは事例14と同じ成宗二十一年十月、済州島の進上運搬船が全羅道南岸の楸子島近海で倭賊の襲撃を受ける事件が発生し(17)、このことを馳啓した全羅道観察使が、賊変終熄まで軍を抄発して進上運搬船を護衛することを成宗に請うた〔成宗二四六・二一・一〇・

壬申〕、というもの〔事例15〕である。

成宗はこの件を宰相級の高官らに付議したが、朝議では、済州島は四方を海に囲まれ、周囲に海島もなく、倭船の停泊すべき場所がないという理由から、この賊は倭賊ではなく、朝鮮人が倭形を借りて作賊したことを疑う声があがった。とりわけ済州島出身者の関与が疑われたが、議論の結果、柳順汀を全羅道水賊追捕啓差官に任じて現地に派遣するとともに対馬島主にも通諭し、また済州島進上運搬船の警護を厳重にする措置がとられることになった〔成宗二四六・二一・一〇・壬申／丙子〕。

柳順汀は全羅道へ出立するにあたり、「臣が聞くところでは、ただ水賊が横行しているだけでなく倭賊もまた掠奪をおこなっているということですので、臣はその形勢を観察し、心を尽くして措置せねばなりません」〔成宗二四六・二一・一〇・丁丑〕と述べ、「水賊」と倭賊の両方の動きに配慮する必要を示している。しかしその一方で、彼が持参した事件処理のための『事目』には「いま楸子島から済州の進上を掠奪する者どもは倭人ではなく必ずや水賊であり、諸島に隠れ潜み、出没しては災いをなしている」〔同右〕という文言がみえ、朝鮮政府はこの時点で、この賊の正体を朝鮮人による「水賊」と確信していたことが窺える。

それだけではなく、この事件は成宗に「水賊」の脅威とその対策の必要性をあらためて痛感させたようでもある。成宗は士林の登用にさいして倭賊および「水賊」対策を問う策問を出題する〔成宗二四七・二一・一一・丙戌〕一方、全羅道観察使朴安性・兵馬節度使辛鑄・右道水軍節度使田霖・左道水軍節度使朴巖らに書を下し、全羅道沿海居民が役負担を逃れるために諸島に潜入し、便に乗じて作賊しているとして、「水賊」の捕縛とこれらの避役逃亡民の刷還を厳命した〔成宗二四七・二一・一一・癸卯〕。

ところが十二月になると状況は一変する。この月、諸島を捜索した全羅道敬差官の李永禧と柳順汀は「水賊」との接触が疑われる一〇七人を捕縛し、これを観察使に引き渡して鞫問するとともに、賊の正体を倭人とほぼ断定し、その前提での対策を述べた馳啓を成宗へ送ってきたのである。その馳啓において李永禧と柳順汀はまず伝聞として、「水賊」は乙巳年間（一四八五）に凶作が原因で発生したが(18)数度にわたる捜索と捕縛の結果もはや終熄していること、「水賊」と倭人とでは作賊の形態が異なり、「水賊」は人を縛り上げて海中に投じて口を塞ぐが倭人はただ掠奪するのみで人を害さないこと、の二点を指摘し、楸子島の賊はおそらく倭人だろうと述べる。あわせて最近七、八年の間に釣魚採藻倭人による朝鮮人漁民の掠奪行為が常態化しているとする沿海住民からの聴き取り調査結果も紹介した。

李永禧と柳順汀はさらに続けて、倭人らの主要な漁場・海藻採取海域が楸子島や青山島などの近海であり(19)、したがってその付近の島々に船を停泊させている者は釣船でなければ倭賊であり、彼らは霊岩境である甫吉・露児・達牧等の島々(20)、順天境である突山・防踏・金鼇等の島々(21)へ頻繁に往来し、便に乗じて作賊しているとする情報を記す。そのうえで、それらの賊は鼠賊に過ぎず、数か月あれば捕獲可能との見通しを示すが、東風を待って到来する倭賊の横行時期は八～九月と二～三月であり、冬季であるいまは往来しないため捕獲はむずかしく、そこで賊の通路に当たる要害の地に待機して有事に備えることを当面の対策としてあげた〔成宗二四六・二一・一二・庚申〕。

以上のような李永禧と柳順汀の馳啓の内容は、それが現地での調査や住民からの聴き取りに基づいていることから判断して、一定の信憑性を持つ情報とみてよい。本稿でのこれまでの検討結果から考えても、賊の正体を倭人と断定した李永禧と柳順汀の判断は正しい可能性が高い。朝鮮政府内でその後この件についてどのような議論がなされ、最終的にこの事件がいかに決着したかは、『実録』に関連する記事が見当たらず不明である。しかし『実録』に記事がみえないということは、特記されるべき議論がなされなかったことを暗に示すものともいえる。事実はともかく、朝鮮政府はこの馳啓の内容に沿って賊を倭人によるものと認定し、事件はその方向で処理されたと推測される。

さて、成宗代にはこれ以後にも「水賊」に関する『実録』記事が三事例確認できる。その一つは成宗二十二年（一四九一）五月、司憲府執義安彭命が平安道方面での女真征討に南部の兵力を動員することに対し、「水賊」への対応を考慮して懸念を示した〔成宗二五三・二二・五・乙巳〕、というもの（事例16）であり、二つ目は翌二十三年二月、訓錬院都正辺処寧が上啓し、慶尚道船が全羅道船に比べて便益であるとして全羅道船を慶尚道船の形態へ改造することを要請するとともに、国家が「水賊」を疑う頭無岳は操船技術に優れているのでこれを水軍に充てて倭賊に対峙させることを請うた〔成宗二六二・二三・二・己酉〕、というもの（事例17）である。いずれも「水賊」による実際の海賊行為に言及したものではないが、依然として朝鮮政府が「水賊」に対して警戒を払っていたことがわかる。

最後の三つ目は、実際に発生した海賊事件に関するものである。成宗二十五年（一四九四）四月、倭船四隻に乗り組んだ倭人五十九人が楸子島で済州からの進貢物を奪い、人を負傷させるという事件が発生した。朝鮮政府は対応を協議したが、朝鮮人（済州島出身者）による海賊行為の疑いもあるため、朝官を現地に派遣して賊に遭遇した状況を調査させ、その真偽を確認することになった〔成宗二八九・二五・四・丙子〕（事例18）。しかし現地での調査結果はおろか、その後の朝鮮政府の対応についても『実録』には記述がみえず、詳細は不明とせざるをえない。

二　燕山君・中宗・明宗代の「水賊」事例

（1）　燕山君代（一四九四〜一五〇六）

燕山君代には、「水賊」に関する『実録』記事はわずか一事例のみが確認されるにすぎない。それは燕山君八年（一五〇二）十一月、経筵の席上で持平権輳が「三浦の倭人は船を以て家としており、全羅［道の］郡県の水賊はまさしくこの輩です。請うらくは、倭人の船すべてに朱漆でもって刻印して区別すれば、「倭人が」賊を働くことはおのずとできなくなるでしょう」〔燕山君四七・八・一一・壬申〕と述べたというもの（事例19）である。朝鮮側が「水賊」と認識している海賊の正体は実は三浦（富山浦・薺浦・塩浦[22]）の恒居倭であるとする主張である。

（2）中宗元年（一五〇六）十月〜同十七年（一五二二）五月

中宗代前半における「水賊」関係の『実録』記事としては、散発的に次の三つの事例がある。

まず中宗元年十月、前大司憲柳軒ら五人が流配地の済州島から帰還する途中、「水賊」に襲われ、柳軒と金良輔が死亡するという事件が発生した〔中宗一・元・一〇・戊午／甲子〕（事例20）。この件を伝えた全羅道観察使の啓本をめぐって領経筵事柳順汀は、経筵の席上、「水賊」・倭奴いずれのしわざかは判然としないものの倭賊の可能性が高いとする見解を示した〔中宗一・元・一〇・戊午〕。柳順汀はさきにみた事例15において、「水賊」・倭賊対策のため全羅道南部沿海地域に派遣され、現地での情報蒐集を踏まえて当該の海賊行為を倭賊によるものと断定した人物である。今回も当時のそうした経験に基づいた判断を示したのだろう。

次に同五年（一五一〇）六月、霊岩居住の前青山県監朴地蕃が上疏し、霊岩沿岸に位置する露島および達木島[23]の牧場での「水賊」・倭賊対策を提案した〔中宗一一・五・六・庚寅〕（事例21）。またこの件が契機となり朝鮮政府では朝鮮半島南部海域での倭賊対策が議論されたが、済州島出身で朝鮮半島南部沿海地方に居住する「頭無岳」や、慶尚道南端の金海に居住する「都要渚里」とよばれる海民など「海採」を生業とする者たちが沿岸海域を離れ、「海外絶島」へ赴くことを禁じる措置が提起され、中宗の裁可を得た〔中宗一一・五・六・己酉〕。この禁令には海上を自由に往来する彼らを統制すると同時に、彼らの使用する船を倭賊討伐に利用するという意図も込められていた〔同右〕。

三つ目の事例は、事例21から十年以上をへた中宗十七年（一五二二）五月のものである。全羅道興徳に移住していた済州島出身の鮑作人金六月ら七十四名が済州島への刷還を嫌い、押送担当の色吏を恐喝して叛乱を起こしたことに関連して、経筵の席上、特進官李自堅は、楸子島近くの島々に鮑作人等が集まって「水賊」をなしているので刷還捜討してはどうかと述べた（中宗四四・一七・五・癸酉）（事例22）。後述するように、済州島出身の「頭無岳」や鮑作人らがまさに「水賊」であると断定的に記した事例は、朝鮮前期においてはこの李自堅の発言が唯一である。

以上の三事例のうち、事例21と22は「水賊」対策をめぐる朝議について記したものであり、具体的な海賊行為を伝えるものは事例20のみである。しかもその事例20においても、賊の正体が「水賊」なのか倭寇なのか判然としないなか、むしろ倭寇の可能性が示唆されている。事例の少なさからみても、燕山君代から中宗代前半にかけての時期、全羅道・忠清道沿岸海域での「水賊」の活動はしだいに沈静化しつつあったとみることができるかもしれない。

（3）　中宗十七年（一五二二）九月～二十三年（一五二八）八月

燕山君代から中宗代前半にかけて全羅道・忠清道沿岸海域での「水賊」の活動がしだいに沈静化してきたようにみえるのに反し、中宗代半ば以降になると、それまでとはまったく異なる海域での「水賊」事例が『実録』に記載されるようになる。海浪島の「水賊」がそれである。

まず中宗十七年（一五二二）八月、海路により朝鮮から明へ越境し、遼東に鍮器と薬用人蔘を密売したとして、京商（漢城の商人）および黄海道安岳の住民十三人が朝鮮へ戻ってきたところを平安道宣川で捕縛された（中宗四五・一七・八・癸卯）。ところがこの一党は明への往来は認めたものの禁制品持参については否認した。仮承旨李世貞からその訊問について指示を求められた中宗は、律に基づく処罰を下命しつつ、捕縛者中に海浪島に往来したことのある者[24]

があれば、島民の農業従事、島内の朝鮮人・中国人の数、「水賊」との交流の有無、漁獲物の京江での販売の有無、土地の肥瘠、軍備などについて訊問せよと命じた〔中宗四六・一七・九・辛未〕（事例23）。

海浪島とは明の遼東半島南岸に点在する長山列島の一つで、中国側で海洋島と呼んでいた海島である〔現在の島名も海洋島〕。事例23は、その海浪島に「水賊」が存在していること、そして朝鮮半島と同島との間を往来する朝鮮人と接触ないし交流している可能性を朝鮮政府が疑っていることを示している。朝鮮半島沿岸ではなく、明の沿岸海域で活動する海賊に対して「水賊」の呼称が用いられているわけで、これは事例22まではみられなかったまったく新しい「水賊」事例であるということができる。

実は、事例23で中宗が言及したような朝鮮船の海浪島への越境渡航は、すでに成宗代後期から問題となっていた(25)。成宗十八年（一四八七）ごろから平安道や黄海道の住民がアザラシ猟やシジミ採取などの目的で秘かに海浪島近海まで越境渡航し、明側に拿捕される事件が相次ぐようになるのである〔成宗二〇九・一八・一一・乙丑／二六六・二三・六・戊申／己酉〕。そして同二十三年（一四九二）には、朝鮮側に捕らえられた越境者の供述から海浪島には二十口あまりの済州島出身者が居住しているという事実も明らかになり〔成宗二六八・二三・八・壬寅〕、翌年正月、今後海浪島へ渡航した者は絞首刑に処することを全国に周知せよという王命が出されるに至った〔成宗二七三・二四・正・乙未〕。

だが、こうした朝鮮政府の厳しい禁令にもかかわらず、朝鮮から海浪島へ渡航する者は跡を絶たなかったようである。燕山君四年（一四九八）、遼東に派遣された管押使李蓀から届いた海浪島に関する詳しい報告のなかにも朝鮮人の往来についての言及がある〔燕山君三一・四・一二・壬寅〕。そして同六年（一五〇〇）、朝鮮政府は田霖を招撫使、趙元紀を従事官に任じて海浪島へ派遣し、大規模な朝鮮人の刷還まで実施した〔燕山君三二・六・六・庚戌〕。

事例23は、このような成宗代後期以来の朝鮮人による海浪島渡航の動きの延長線上に位置づけられる。ただ注意す

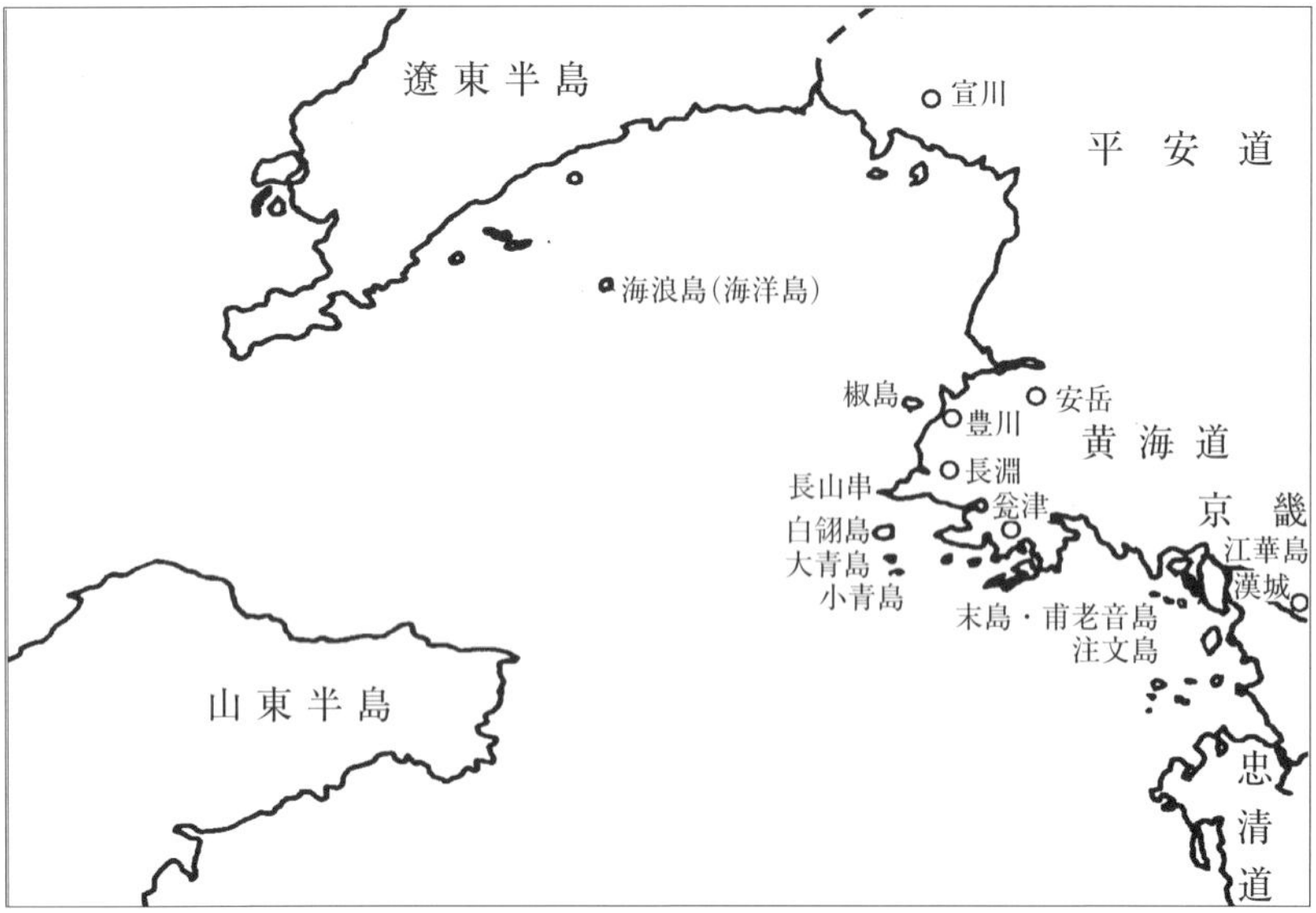

【地図２】朝鮮半島北西岸および遼東半島南岸略図

べきなのは、燕山君代までの場合、朝鮮から海浪島へ渡航したのは前述のようにもっぱら狩猟・漁撈を目的とする者たちだったが、事例23では狩猟・漁撈ではなく密貿易のために海浪島へ赴く商人の存在が示唆されている点である。

中宗の発言中にみえる海浪島の「水賊」が具体的にどのような者をさしているかは、事例23からだけでは判然としない。またこのとき捕らえられた京商と安岳住民らの直接の罪状も遼東へ密航して密貿易をおこなったことであり、海浪島への渡航が問題となっているわけではない。彼らのなかに実際に海浪島まで赴いたことのある者がいたかどうかもはっきりしない。そうでありながらも中宗により彼らのなかの海浪島渡航経験者に対する訊問が指示された事実からは、中宗をはじめとする朝鮮政府中枢が海浪島を拠点とする密貿易の存在を疑っていたことが窺われるのである。

さて、この事例23の四年後、中宗二十一年（一五二六）四月には、刑曹の「囚徒単子」（囚人名簿）をめぐって中宗が「いまみたところでは、囚人は水賊数名があるのみである」（中宗五六・二一・四・癸酉）と語った事例（事例24）が確認できる。しかし、ここでの「水賊」が具体的に何をさすのかは不明である。

海浪島の「水賊」に関する記事は、その年の十一月に再び『実録』に登場する。それは、朴具謙なる人物が江華島周辺の小島である阿次島・甫老音島・末叱島[26]において七十六人を拘束し、開城に拘禁した事件に関連するものである。捕盗将尹熙平・元彭祖らがこの事件を中宗に伝えた啓文中に引用した朴具謙の報告によれば、これら七十六人が捕らえられたのは、彼らが大生蛤（ハマグリの一種か）など朝鮮非産の物貨を多数有しており、海浪島へ往来する「水賊」とみなされたからだという。しかし、尹熙平・元彭祖らがその自宅を捜索しても、「水賊」ならば必ずあるはずの水牛（アザラシ）皮・牧場馬皮等が発見されず、彼らを「水賊」とする決定的証拠は得られなかった。

そこで尹熙平・元彭祖らは、これらの者たちが「水賊」であるかどうかを速やかに調査し、釈放することを中宗に請うた。これに対して中宗は、朴具謙を刑曹に下し、なぜ「水賊」とみなしたのかを詰問することで「水賊」の真偽を確認せよと命じた〔中宗五七・二二・一一・乙未〕。また、朝議の結果として、朝官を開城に派遣し、拘禁されている本人たちに直接訊問して「水賊」に関与したか否かを調査することにもなった〔中宗五七・二二・一一・丙申〕（事例25）。

さきの事例23からは、海浪島に同島を拠点とする「水賊」がおり、その「水賊」と朝鮮から海浪島へ密航する者たちとの接触の有無について朝鮮政府が疑いを向けていた様子を窺い知ることができた。しかしその「水賊」がどのような存在であるかについては言及がなく、不明とせざるをえなかった。これに対してこの事例25では、朝鮮非産の海産物を所持していた京畿江華島の住民が、海浪島へ往来する「水賊」であるとされている。

今回についてはその嫌疑は濡れ衣だったようだが、この事例から、海浪島の「水賊」といっても船舶や島嶼・沿海地域において掠奪行為に従事する文字どおりの海賊ではなく、禁を犯して朝鮮半島西北沿海地域から海浪島へ密航し、同島を拠点として活動しているような者たちを朝鮮政府は「水賊」という範疇で把握していたことがわかる。

こののち、中宗二十二年（一五二七）十月には、囚人の良人元四同が「水賊」を働いた件で律により「斬不待時」（即座に斬罪）に処され、妻子を永久に奴婢とされた事例〔中宗五九・二二・一〇・庚戌〕（事例26）も確認できる。ただし、これもさきの事例24同様、朝鮮半島沿岸海域を活動領域とする従来の「水賊」なのか、あるいは海浪島の「水賊」なのかは不明である。

その翌年、またもや海浪島の「水賊」に関連する事例が現れる。すなわち同二十三年（一五二八）七月、黄海道瓮津の吾又浦(27)に漂着した唐人（中国人）四人を道内の長淵に拘留したが、その乗船二隻は逃亡してしまった。この事件について黄海道観察使閔壽千は、当該船二隻には四十八人が乗り組んでおり、平安道方面へ向かったと報告した。そこで朝鮮政府では、拘留した唐人四人を漢城に押送して事情聴取をおこなうとともに、各道に敬差官を派遣して、逃亡した唐船二隻の捜索に全力をあげた〔中宗六二・二三・七・辛卯／壬辰／戊戌／八・癸卯〕。

その後朝議では、拘留中の唐人四人の供述について、「遼東大人」（遼東都司）の命を受け田猟すなわち狩猟のために出航したとするが信用できず、また、海浪島に居住して商販のために往来する朝鮮人が多くあるにもかかわらずそれを見聞きしたことがないと語るなど、不審な点の多いことが議論され、彼ら自身が「水賊」である疑いを否定できないということになった〔中宗六二・二三・八・乙巳〕。当該船の確保もできないまま、翌八月には当該船が「水賊」なのかどうかを遼東に使者を派遣して探問することの可否まで議論された〔中宗六二・二三・八・丙午〕（事例27）。

この事例27では、朝鮮政府は朝鮮人のみならず海浪島で活動する不審な唐人に対してもそれを「水賊」とみなしている。もはや「水賊」の語は、それが用いられはじめた当初の語義を離れ、朝鮮半島周辺海域で活動する倭寇以外の海賊ないし非合法活動に従事する者たちを広く指称するものとなったのである。

（4）　中宗三十三年（一五三八）九月〜同三十九年（一五四四）七月

事例27のあと十年余りの間、「水賊」に関する事例は確認できないが、中宗三十三年九月以降には次に示す三つの事例がみえる。

まず中宗三十三年九月、全羅道観察使金正国が救民策を上啓したが、その一条で、官営牧場の遺失馬のなかには牧子らによって勝手に売却されたもの以外に「水賊」に掠奪されたものもあることを指摘した〔中宗八八・三三・九・庚子／一〇・癸丑〕（事例28）。「水賊」による具体的な海賊行為を述べたものではないが、この時期にも全羅道沿岸海域において「水賊」による海賊行為と認識されるような事件が依然として起こっていたことを示唆する事例といえる。

次に中宗三十九年四月、承政院が礼曹の意を受けて上啓したさい、蛇梁倭変(28)の報に接した「留倭」らがこの変は「中間水賊」の所業だと語ったことに言及した〔中宗一〇二・三九・四・乙未〕（事例29）。これは朝鮮側での用例ではなく「留倭」の発言として記録されたものだが、「中間水賊」が具体的に何をさすのかは不明である。

三つ目は同年六月から七月にかけて朝鮮半島西岸に「荒唐大船」一隻が出没したことに関連するものである。朝鮮側の地方官は忠清道藍浦にはじめて当該船が現れたさい、これを倭の賊船とみなして攻撃を加えたが、取り逃がしてしまった〔中宗一〇三・三九・六・辛卯〕。しかし当該船はその後も全羅道西岸や忠清道沿岸各地に出没し、朝鮮側と交戦して双方に被害を出したり、乗組員が朝鮮側に捕縛ないしは保護されたりした〔中宗一〇四・三九・七・壬寅／癸卯／辛亥／癸丑／丙辰／丁巳／己未／庚申／辛酉／壬戌／八・辛未／戊寅／己卯〕。

こうしたなか、最初の戦闘のさいに捕らえた李王乞に対する尋問の結果、当該船が唐船であることが判明すると、朝鮮政府では、保護した当該船の乗組員の明への送還について議論されることになった〔中宗一〇三・三九・六・壬辰

／一〇四・三九・七・癸卯／乙巳／丙辰／丁巳／八・庚寅／辛卯〕。そのさい右議政尹仁鏡は「李王乞らは唐人とはいっても他の漂流人の比ではなく、わが国の人を殺害したり衣服や食糧を強奪したりと、水賊と異なるところがありませんので、遼東に報告するのは便計ではありません」云々〔中宗一〇四・三九・七・丙辰〕と主張した（事例30）。

ところで、ここにみえる「荒唐船」とは正体不明船のことで、「唐倭未弁船」とも表記される。後者は文字どおり唐船か倭船か区別できない船という意味であり、要するに中国か日本か国籍不明の船をいう。高橋公明によると、このような荒唐船ないし唐倭未弁船は一五四〇年代になって集中的に朝鮮半島近海に出没するようになり、中宗三十九年から明宗二年（一五四七）までの第一波と、明宗七年（一五五二）から同九年（一五五四）までの第二波に分かれる[29]。その正体は中国海商による比較的大型の船だった。一五四〇年代以降、彼らの日本列島への進出が本格化し、とくに九州地方と中国南部沿海地域との交通量が激増するという状況のなかで、こうした中国船が朝鮮西方の黄海を頻繁に往来するようになった。その結果、航路を誤ったり遭難したりして朝鮮半島沿岸に接近ないし漂着するものも現れるようになり、朝鮮側ではそれらを唐倭未弁船ないし荒唐船と呼称したのである。

事例30は、高橋がいうところの第一波、しかもその最初の事例とされるものである。当該船は各地での朝鮮側との戦闘において朝鮮の軍民に被害を与えている〔中宗一〇四・三九・七・壬寅／辛亥／八・辛未など〕。尹仁鏡がいう「わが国の人を殺害したり衣服や食糧を強奪したり」した行為とは、これをさしているのだろう。尹仁鏡だけでなく、中宗もまた承政院への伝旨において「しかし今やってきた唐船は大砲を放って抗戦し、衣服・食糧を奪ったり軍人を殺したりした」〔中宗一〇四・三九・七・丙辰〕と述べており、朝鮮側が唐船のこのような行為を重視していたことは明らかである。その点で、さきの事例27において漂着唐船が「水賊」とみなされたのとは、同じ「水賊」であってもその意味することが異なっているといえる。

（5）明宗代（一五四五～六七）

中宗の後を襲った仁宗（在位一五四四～四五）は治世期間が短く、その間に「水賊」に関する記事も『実録』には見出せない。次の明宗代も在位年数に比べると数は少ないが、全部で四つの事例が確認できる。

まず明宗元年（一五四六）十二月、司憲府は、黄海道豊川沿岸の椒島[30]において「水賊」の高之宗なる者が捕縛されたことに関連し、彼が義州出身で、明へ逃れ、奸賊を率いて巣窟を形成していたことを指摘し、義州から明へ潜通する者や、海路、海浪島や遼東の金州衛などへ往来する朝鮮人の存在は国家の機密漏洩という点で大きな問題なので、その捕縛と訊問を厳にするよう明宗に要請した〔明宗四・元・一二・戊戌〕（事例31）。

次に、翌二年（一五四七）二月、黄海道の長淵やその沿岸の白翎島・大青島[31]などに荒唐人四十人余りが上陸した。朝鮮政府は当初これを「水賊」と疑い、捕縛して訊問した結果、唐人であることが判明した〔明宗五・二・二・乙未〕（事例32）。そこでこれを明へ送還することとなったが、同年四月、領議政尹仁鏡と右議政鄭順朋はこの機会を利用して、中原の人が朝鮮近海に来航して「水賊」となっていることや、福建人が倭奴と通交して兵器の支給や火砲の技術供与などをおこなっている事実について明側へ報告することを明宗に請い、裁可を得た〔明宗五・二・四・庚子〕。

その後やや期間をおいた同十一年（一五五六）三月、今度は唐倭未弁船十隻が慶尚道南海の平山浦[32]を出て羅老島[33]方面へ向かったとする報告が全羅道観察使李潤慶によってなされ、これを受けた明宗は、沿岸防衛の充実と、唐船・倭船・「水賊」のいずれかを見極めたうえで報告を送るよう、全国八道の観察使・兵馬節度使・水軍節度使に下命した〔明宗二〇・一一・三・壬午〕（事例33）。

ここまでの三事例を「水賊」の活動海域という点からみると、事例31と32は朝鮮半島北西部である黄海道沿岸、事例33は朝鮮半島南西部である全羅道沿岸である。事例31と32とでは、逮捕された者の国籍がかたや朝鮮人、かたや中国人と異なるが、いずれも朝鮮半島北西沿岸から中国の遼東沿岸にかけての海域を往来する者たちであり、中宗代にみられた海浪島を拠点とする「水賊」と同系統であることは言を俟たない。一方、事例33も、朝鮮政府ではその正体を確認することはできなかったようだが、中宗代末期の一五四〇年代から頻繁にみられるようになった荒唐船の朝鮮近海出没という状況を反映したものであることはいうまでもない。

最後の事例は、同十九年（一五六四）十一月、「水賊」として拘禁中の順弼らについて、刑曹判書朴忠元と参議姜昱が、その供述からは「水賊」の痕跡が窺えない旨を上啓した（明宗三〇・一九・一一・癸卯）というもの（事例34）である。ただし順弼らの活動海域等については言及されておらず、彼らがどのような「水賊」だったのかは不明である。

三　「水賊」の正体と活動海域

以上みてきたように、十五世紀後半の一四六〇年代になって全羅道南岸を主要な活動海域とする朝鮮人海賊が出現し、成宗五年（一四七四）以後、朝鮮政府はそれを「水賊」と呼称するようになった。十五世紀における「水賊」はこの原義のとおり朝鮮政府が朝鮮人による海賊と認定したものに対して用いられたが、十六世紀になると必ずしも朝鮮人海賊だけでなく、海浪島の「水賊」や荒唐船など朝鮮半島周辺海域で活動する倭寇以外の海賊や不審船、非合法活動従事者なども「水賊」の範疇で語られる場合が出てくる。

このように、ひとくちに「水賊」といってもその実態は固定的に捉えられない。時期によって「水賊」の範疇に含まれるものは変動しているのである。すでに明らかなように「水賊」の活動海域もまた時期ごとに異なっていたが、それは朝鮮政府が「水賊」として把握したものの正体が必ずしも一定しないことと無関係ではない。ここでは、これまでみてきた「水賊」事例を、その正体の変動と活動海域の変化という視点からあらためて整理しておきたい。

「水賊」という呼称の出現以前、朝鮮政府が朝鮮人による海賊の存在をはじめて認知した世祖代（一四五五～六八）後期から睿宗代（一四六八～六九）、そして「水賊」初見事例を含めた成宗代（一四六九～九四）初期にかけての七つの「水賊」事例（事例1～7）では、さきに指摘したように「水賊」の活動海域はいずれも全羅道南岸だった。しかしより仔細に検討すると、これら七事例についても事例1・2と事例3～7とではやや性格が異なることがわかる。

まず事例1（一四六二）において倭人の漁船が朝鮮船に襲撃されたのは孤草島（巨文島）近海だった。だとすると全羅道南岸とはいっても南東部寄りのやや沖合ということになる。一方、事例2（一四六九）では具体的な海域は不明だが、被害にあった倭船は慶尚道に属する巨済島の知世浦に向かっていて全羅道の地に漂着したとあるので、慶尚道との道界に近い南東部の海岸ないし海島に漂着したものとみなされる。

これら事例1・2に対し、事例3（一四七一）では楽安および順天住民が賊の首謀者とされていることから、当然にそれらの邑の近海が当該海賊の活動海域だったと考えられる。また事例4（一四七三）において僧恵休一行が襲撃されたのは順天の内梁浦であり、順天・光陽等の海賊が倭形を借りて掠奪をおこなっているとも記されている。「水賊」初見事例である事例5（一四七四）ではただ「沿海郡県」とあるのみで「水賊」の明確な活動海域について言及されていないが、事例6（一四七四）の場合は興陽の近海（ただしこの事例は倭人によるもの）であり、事例7（一四七七）では順天の突山・内礼万戸の名が出てくるのでやはり順天近海とみてよい。

要するに、これら事例3～7における「水賊」の活動海域は光陽・順天・楽安・興陽などの沿岸であり、それは大枠でみれば事例1・2とほぼ同一海域といえる。しかし事例3～7では事例1・2とは異なり孤草島やその周辺海域の海島に関する言及がみられず、そのかわりに全羅道南部沿海地域の邑名や浦名が出てくる。このことから、事例3～7においては孤草島近海よりも半島本土に近い多島海がその活動海域だったのではないかと想定される。

そもそも事例1・2における攻撃対象は朝鮮人ではなく、孤草島近海で操業していた（あるいは操業しようとしていた）倭人だった。これは朝鮮人が攻撃対象とされていた事例3～7との大きな違いである。

事例1では、賊が倭人を攻撃するに至った経緯について「たちまち本国（朝鮮）の小船十二艘に遭遇し、乗船の者が魚物を贈るよう請いましたが、われら〔朝鮮側で〕はただ雑魚五尾を渡しただけでしたので、意にかなわないと怨みを抱き互いになじり合って」云々（世祖二五・七・七・丙寅）とある。また事例2では、倭人を攻撃したのは「本道漁船数十艘」（睿宗四・元・三・丁酉）と記されている。これらの点から、事例1・2はともに孤草島近海で操業する倭人漁民と朝鮮人漁民との漁場・漁獲物をめぐる争いに端を発したものとみなされる。当初から倭人を攻撃し、物貨を奪うことに目的があったかどうかは疑問である。

むろん、これ以前にこうした事件の発生が確認できないことからすれば、一四六〇年代になって朝鮮人漁民のなかに武装して攻撃的な行動を示す者たちが現れ始めたことは事実だろう。なぜ一四六〇年代ごろからそのような攻撃的な漁民が出現するのか、あるいは、こうした漁民の存在とその後朝鮮政府が「水賊」として把握した朝鮮人海賊とはいかに関連するのか、といった点の検討は今後の課題としたいが(34)、少なくともこれらの事例が、朝鮮政府が朝鮮人海賊の存在を認知し、のちにそれを「水賊」として把握するようになる端緒となったことだけはまちがいない。

さて、事例8以降（一四八六）の「水賊」事例では「水賊」の活動海域が朝鮮半島南部から南西部へ移動する。ここであらためて各事例を確認すると、事例8では成宗の諭書に「水賊」の襲撃により霊光以南の海島の民が逃散したとあり、事例9（一四八七）でも「水賊」の活動海域は羅州・霊岩であるとする李克培の発言がみえる。また事例11

（一四八八）における李誼の書啓には、霊光・咸平・務安・羅州等で「水賊」が横行していること、霊光の乙外島・屛風島・甑島・毛也島・古耳島などが「水賊」の拠点であること、などが記されていた。いうまでもなく、霊岩・務安・羅州・咸平・霊光等はすべて西海（黄海）に面した全羅道西部沿海地域に位置する。

さらにこの事例11では忠清道藍浦において「水賊」が拘禁されている。事例14（一四九〇）でも全羅道と忠清道の道界をなす錦江河口部での「水賊」対策が論じられており、これらのことから、十五世紀末には「水賊」の活動海域は全羅道西岸だけでなくその北方の忠清道沿岸にまでおよんでいたことがわかる。

同じ時期の事例10（一四八八）や事例12（一四八八）では「水賊」の活動海域についてとくに言及がないが、それらもやはり全羅道西岸を中心とした朝鮮半島南西部海域における「水賊」の活動に関連するものとみてよいだろう。

それにしても、「水賊」の活動海域がこのように朝鮮半島南部から南西部へと移動したことはいったい何を意味するのだろうか。

この点を考えるうえで注目したいのが事例15である。成宗二十一年（一四九〇）十月、済州島の進上運搬船が楸子島近海で倭賊に襲撃される事件が発生し、朝鮮政府内では当初これを「水賊」のしわざとみる者もあった。そのため柳順汀を全羅道水賊追捕敬差官として現地に派遣したが、その柳順汀と、同じく全羅道敬差官の李永禧とが同年十二月に現地から送った報告には「臣らが聞くところでは、水賊は乙巳年間に凶作のために蜂起しましたが、国家が何度も捜索して捕縛しましたので以後は終熄しました」（成宗二四八・二一・一二・庚申）とあった。つまり柳順汀と李永禧は、水賊による海賊行為の発生は乙巳年（一四八五）のことであり、その原因は凶作にあると述べているのである。

「水賊」の『実録』初見が成宗五年（一四七四）であることはすでに明らかなので、乙巳年より早い段階で朝鮮政府が「水賊」の存在を確認していたことはいうまでもない。しかも『実録』には乙巳年における「水賊」事例は確認できない。しかしだからといって、では柳順汀と李永禧の報告にみえるこの情報がまったくの誤りなのかといえば、そうともいえないように思われる。

むしろ、乙巳年の翌年の事例である事例8（一四八六）とその前の事例である事例7（一四七七）との間に九年ほどの間隔がある点に留意するならば、乙巳年に蜂起した「水賊」が事例8以降の事例にみえる「水賊」をさしていると考えることも十分可能だろう。事例7以後一時的に沈静化していた「水賊」が凶作による飢饉を原因として乙巳年から再び活発となり、事例8・9・10・11・14といった「水賊」事例として『実録』に記録されたと推定される。

その場合、事例7以前の「水賊」と事例8以後のそれとでは、同じ「水賊」であってもその内実は別物だった可能性を否定できない。「水賊」の活動海域が朝鮮半島南部から南西部へと移動したのは、同一の「水賊」が活動範囲を拡大ないし移動させたからではなく、そもそも「水賊」を構成する人々が事例7以前と事例8以後とでは異なっていたからではないかと考えられる。

この時期の「水賊」はその規模もさほど大きくなく、組織的・専業的な海賊集団とはみなしがたい[35]。詳しい検討は後考を俟ちたいが、海島を含んだ全羅道沿海地域の住民が飢饉等により生活のために武装化したものとみるのが当時の「水賊」の実態に近いように思われる。事例7以前の場合はもっぱら全羅道南部沿海地域の住民がその主体であり、事例8以後は全羅道西部沿海地域の住民が中心的な存在だったということではないだろうか。

ところで、いま取り上げた事例15では済州島の進上運搬船を襲った海賊は最終的に「水賊」ではなく倭賊と判断され、事件はその方向で処理されたと推測される。その前年の事例13（一四八九）もまた倭賊が首謀者であることが判明した事例だった。このように一四九〇年代を前後する時期になると、全羅道南部沿岸から済州島近海にかけての海域で倭寇・倭賊による（あるいはそのように朝鮮政府が推測した）海賊行為がいくつかみられるようになり[36]、事例19（一五〇二）や事例20（一五〇六）など、十六世紀初めごろまでそうした事例が確認できる。

その一方で、この時期になると朝鮮人海賊としての「水賊」の事例はほとんどみられなくなる。十六世紀初めのころには朝鮮半島南部ないし西部海域における朝鮮人海賊としての「水賊」の活動は沈静化していたものとみてよい。

ところが、それからややあって一五二〇年代以降になると、新たに京畿・黄海道・平安道沿岸といった朝鮮半島中部以北の西岸から中国の遼東半島南岸にかけての海域、なかでも海浪島やその周辺海域での朝鮮人の海上活動を「水賊」の範疇で捉えた事例が現れる。事例23（一五二二）・25（一五二六）・31（一五四七）がそうである。事例23では海浪島を拠点とする「水賊」の存在が言及され、事例25・31では朝鮮と海浪島とを往来する朝鮮人が「水賊」とされた。

海浪島はまた海洋島ともいい、遼東半島南岸の長山列島に属する島である。アザラシ猟やシジミ採取のために朝鮮の平安道・黄海道などからこの海浪島へ密航する朝鮮人の存在が知られるようになるのは、成宗代後期の一四八〇年代末からである。その時期、彼らが明側に拿捕される事件が続発する一方で、海浪島に定住している済州島出身者の存在まで明らかになったため、朝鮮政府は厳罰をもって密航者を取り締まるとともに、燕山君六年（一五〇〇）には官吏を同島に派遣して大規模な刷還までおこなうに至った。事例23以下の海浪島「水賊」事例が、海浪島やその周辺海域における成宗代後期以降のこのような状況の延長線上に位置づけられることはすでに述べたとおりである。

この時期にはまた、事例32（一五四七）のように海浪島の「水賊」同様、やはり当該海域で活動していた「荒唐人」（中国人）が「水賊」の嫌疑をかけられて捕らえられたという事例もみられた。

十六世紀になって現れたもう一つの新しい現象として、一五四〇年ごろから朝鮮半島西部沿岸の広範な海域にわたって朝鮮側が「荒唐船」ないし「唐倭未弁船」と呼んだ中国海商船が出没するようになったことを指摘できる。事例30（一五四四）や事例34（一五五六）は、そうした状況のなかで朝鮮政府が荒唐船を「水賊」と同一視したり、「水賊」との峻別をはかろうとしたりしたことを示すものである。荒唐船即「水賊」とみなされたわけではないが、実際に朝鮮側の兵士を殺害するなど、「水賊」まがいの行動をとる荒唐船がまれにみられたために、朝鮮政府はそれらが往来する朝鮮半島西部沿岸海域における「水賊」の存在についてあらためて留意しなければならなかったのだろう。

四　済州島出身者と「水賊」

本稿の冒頭にも述べたように、十五世紀末における「水賊」の正体をめぐって、当時「豆禿也只」「頭無岳」ないし「鮑作干」「鮑作人」などと呼ばれた済州島出身の海民がその主体であるとみなす理解がある。現在ではそれがなかば通説化している印象さえ受けるが、こうした理解には多分に疑問の余地があるように思われる。十五世紀末における「水賊」の主要な構成員ははたして済州島出身者だったのだろうか。この点について少し考えてみよう。

成宗五年（一四七四）の「水賊」初見事例以前に確認できる朝鮮人海賊の事例中、世祖代（一四五五〜六八）の事例1（一四六一）と睿宗代（一四六八〜六九）の事例2（一四六九）はいずれも朝鮮人漁民が倭の漁船を襲撃したものだった。しかしこの両事例ともに、史料的制約から当該朝鮮人漁民が具体的にどのような者だったかを明らかにできない。

成宗代（一四六九〜九四）以降の事例になると、たとえば事例3（一四七二）では賊の首謀者について「楽安の将校金倍と順天に居住する私奴の裵永達・玉山・朴長命等三十余人」〔成宗一五・三・二・甲午〕と明記されており、また事例4（一四七三）でも「順天・光陽等のところの海賊」〔成宗三五・四・一〇・辛巳〕とあって、いずれも済州島ではなく全羅道南東部沿海地域の住民とされている。

「水賊」初見事例以後の事例である事例7（一四七七）の場合、朝鮮政府は賊の正体を確認できないままに終わったようだが、兵曹ではそれを「その賊は本国（朝鮮）の言語を理解しますので、必ずや本国の税役負担を逃れた頑迷な民が、倭賊に仮装したものでしょう」〔成宗八五・八・一〇・己酉〕と推測するのみで、彼らが済州島出身者である可能性についてはまったく言及しなかった。

このように個々の「水賊」事例に即して『実録』記事を検討するかぎり、事例3〜7を済州島出身者による海賊行為とみることはむずかしい。事例1・2についてもその可能性は低いのではないかと考えられる。そこで今度は、「豆禿也只」「頭無岳」ないし「鮑作干」「鮑作人」など当時の済州島出身者に対する特殊な呼称に注目して関連する『実録』記事を検討してみよう。

「豆禿也只」「頭無岳」ないし「鮑作干」「鮑作人」という呼称は、済州島に居住する島民を一般的にさすものではない。それらは、重い税負担や苛酷な生活環境を嫌って不法に済州島から脱出し、慶尚道や全羅道の沿海地域に流移した者たちに対して用いられたものである。

「頭無岳」というのは済州島の中央部にそびえる漢拏山の別名「頭無岳（もしくは豆毛岳）」にちなむ名とされる(37)。「豆禿也只」もその異表記とみてよい(38)。これに対して「鮑作干」「鮑作人」という呼称は、文字どおり彼らが潜水漁法によって鮑（アワビ）などの海産物採取を生業としたことに由来する呼称とみることができる(39)。後述するように、彼らは慶尚道・全羅道の沿海諸邑から進上として王室へ献上される海産物の採取に使役された。済州島からの流移民で、そのような進上品採取に使役されるようになった者をとくに「鮑作干／鮑作人」と呼称したのだろう。

これら「豆禿也只／頭無岳」と「鮑作干／鮑作人」の両系統の呼称のうち、まず前者については次に掲げる『成宗実録』の記事が初見史料である。そこには「豆禿也只」の名がみえる。

〔国王は〕慶尚道観察使・左右道兵馬節度使・水軍節度使に、「いま人が来ていうことには、『道内の泗川・固城・

晋州の地に済州の豆禿也只と名乗る者が当初は二、三［隻の］船でやって来ていましたが、いまや一転して三十二隻となり、海岸に草庵を作っています。衣服は倭人［のもの］と混ざっていて、言語は倭［語］でも漢［語］でもなく、船体は倭［の船］よりもはるかに堅固で迅速です。つねに釣魚と藿（ワカメ）採取を生業としていますが。郡県でも［この輩を］役することができません。付近の住民は、わが国の人を掠奪しているのはこいつらではないかと疑っています』とのことである。しかしこの言はいまだ完全には信じられないが、［さりとて］妄言ともいいがたい。いま刷出しようとしても、おそらくはそれを急ぐとこの輩はともに動いて海洋中に逃げ去り、事変を起こすかもしれず、憂慮せざるをえない。卿は守令・万戸に諭して［この輩を］徐々に招き慰め、その居住を安んじ、その出入りを厳格にして、［この輩が］驚き騒ぐことのないようにせよ」と諭告された。

〔成宗八三・八・八・己亥条〕

みてわかるように、「豆禿也只」と称する済州島出身者が慶尚道南部沿海地域である泗川・固城・晋州等の邑に当初は二、三隻の船で到来していたが、成宗八年（一四七七）のころにはその数が十倍にも急増し、しかも海岸に草庵を営んで住み着いている状況にあった、とある。

さらにこの「豆禿也只」初見記事の二か月ほどのちには、次のような記事も確認できる。

［国王は］書を済州牧使鄭亨に下し、「最近聞いたところでは、本州（済州）および旌義・大静の民で慶尚・全羅道に流寓する者が多いという。汝はそれを知っていて報告しなかったのか。知らなくて報告しなかったのか。知っていて報告しなかったのならば、［それは］まことに大臣の道ではない。知らなくて報告しなかったのであれば、［民を］安んじ慰めるという趣旨から乖離するところがある。きっとこの二つのうちのいずれか一つだろう。汝はそれをただちに報告せよ」と仰せられた。

〔成宗八五・八・一〇・庚戌〕

すなわち、成宗は済州島内の済州・旌義・大静の三邑から慶尚道・全羅道へ大量の流移者があったということを最近聞いたとして、済州牧使鄭亨に対し、この事実を把握しているかどうかを厳しく問うた。

このような『実録』記事の記述から判断して、済州島出身者の慶尚道・全羅道地域への大量流移は成宗八年（一四七七）かその少し前の時期から始まった現象とみてほぼまちがいない。だとすると、「水賊」初見事例以前のものも含め、成宗八年よりも前の時期の「水賊」事例（事例1～5）における「水賊」の正体を済州島出身者とみなすことはやはりむずかしいのではないだろうか。

いまみた『実録』記事の前日条に記載のある事例7についてはやや微妙なところだが、この時期、朝鮮政府内で済州島出身者の大量流移が問題化していたにもかかわらず、前述のように事例7ではその点にまったくふれられていない。このことからすれば、少なくとも朝鮮政府ではこれを済州島出身者の犯行とは認識していなかったとみてよい。

次に「鮑作干／鮑作人」系統の呼称についてみてみると、済州島出身者に対してこの系統の呼称がはじめて『実録』に登場するのは、「豆禿也只／頭無岳」系の呼称の初見記事よりも六年ほどのちのことである。

兵曹は全羅道観察使柳洵の啓本に依拠して上啓し、「鮑作人らは済州［島］からやって来て全羅・慶尚両道の沿海地域に散居し、ひそかに窃盗を働いており、しだいに憂慮しなくてはなりません。ただ、いまのところはっきりした罪状がなく、罪に問うのが困難です。かつ本土（済州島）へ刷還しようとしても、必ず生業を安んじることができません。所在の守令・万戸をして［彼らの乗る］船に字号を明記させ、海に出るさいには路引を給するようにし、もしも路引がなかったり［字号の］表記がない船にのって任意に出入りしたりする者があれば、海賊とみなして重法で処置するよう要請いたします。［彼らの］居住邑に対して毎年［その］人口を抄録して観察使に報告させ、［観察使はそれを国王へ］転啓するようにし、もしも守令・万戸が［彼らを］慰め安んずることができず流移させてしまったならば、殿最（観察使による守令の勤務評定）において［その点も］参照施行すること を要請します」と申し上げた。［国王は］これを裁可された。〔成宗一六一・一四・一二・乙丑〕

この『実録』記事には「鮑作人」という呼称がみえる。成宗十四年（一四八三）十二月、全羅道観察使柳洵の啓本に依拠して兵曹が成宗に奉った上啓によれば、全羅道・慶尚道沿海地域に散居する済州島出身の「鮑作人」がひそかに窃盗をおこなっているが明確な罪状が確認できず罪に問うのが困難であり、しかも済州島への刷還もむずかしいとある。そこで兵曹は、現在彼らが居住する諸邑においてその動向を厳重に管理することを成宗に要請し、裁可を得た。

次いでこの記事から一年四か月ほどのちの同十六年（一四八五）四月から翌閏四月にかけて、朝鮮政府内では再びこうした「鮑作干／鮑作人」への対応策をめぐって議論が交わされた〔成宗一七七・一六・四・癸亥／一七八・一六・閏四・辛卯／己亥〕。そこで注目したいのが次の記事である。

［国王は］経筵にお出ましになった。講義が終わり、……領事洪応が［国王に］、「臣が先日沿海の諸邑を視察しましたところ、鮑作干は海辺に幕舎を結び、定住せず、船上で生活しており、ひととなりは勇悍で、その船は比べもののないほど軽快で、暴風や激しい波であっても、ほぼ恐れることがありません。倭賊に出会えば、［倭賊のほうが］逆に恐れて逃げ去っていきます。臣はその船のなかに大石数十があるのをみましたので、臣がその用途を問いましたところ、『倭船に遭遇し、この石を投げ撃てば、破砕しないものはありません』と答えました。沿海諸邑が［王室へ］封進する海産珍品はみな鮑作人が採取したものです。臣はまた鮑作人が往往にして商船を強奪し、人を殺し物資を掠め、追っ手をかけられれば倭［人］の［履く］鞋を遺棄して去るので、まるで倭人のようだとも聞きました。このことはすなわち鮑作干にとっても有害です。沿海の諸邑をしてその所在に応じて委曲をつくして慈しみ統御することを要請いたします」と申し上げた。国王は、「鮑作人は居住が一定せず、その

性格も凶悍なので、離心させてはならない。慰問救済するのがよろしかろう」と仰せられた。
〔成宗一七七・一六・四・癸亥〕

経筵の席上、領経筵事洪応は実際に「鮑作干」を視察したさいの見聞をもとに、彼らの活動状況について成宗に詳しい情報を語っている。これは、このときの「鮑作干／鮑作人」への対応策をめぐる一連の朝議の発端となったものである。注目すべきなのは、彼らの船には数十個の大石が積んであり、その用途についての洪応が問うと、倭賊と遭遇したさいの反撃用で、倭賊を撃退するに十分の攻撃力を有している、と彼らが答えたとする点、および洪応が、「鮑作干」は往々にして商船を襲い、殺人と掠奪に手を染めており、しかもそれを倭人の犯行にみせかけるような偽装工作をもおこなっている、という話を聞いたとする点である。

こうした「鮑作干」に関する情報や、さきに引用した成宗十四年十二月の「鮑作干／鮑作人」初見記事において兵曹が、彼らはひそかに窃盗を働いているが罪状がはっきりせず罪に問えないと述べていたことなどから判断すると、済州島出身の「鮑作干／鮑作人」がある種の武装をし、倭賊と争ったり商船を襲撃したりしたことは事実として十分にありえただろうと推測される。

ただし、倭賊反撃用の大石については洪応自身が目撃し、直接「鮑作干」にその用途を尋ねたものだが、彼らが商船を襲撃して殺人や掠奪をおこなっているという点についてはあくまで伝聞であり、彼らによる殺人や掠奪が具体的な事件として語られているわけではない。そのうえ洪応は、そうした彼らの海賊的活動に対して積極的な摘発や捕縛を主張せず、むしろ逆に、そうした海賊的活動は彼らにとっても有害であるとし、彼らを統御しつつその生活を安寧ならしめる措置を講じることを要請している。

「鮑作干／鮑作人」に対するこうした姿勢は洪応にかぎったものではない。「鮑作干／鮑作人」への対処をめぐるこのときの一連の朝議において意見を述べた官人の多くは、洪応と同様、彼らを管理・統制しつつ生業を保障することを提案するか、あるいは済州島への刷還を主張するかのどちらかであり、全体的にみると前者が優勢だった。なかには、彼らを処罰するどころかむしろその航海術を評価し、彼らを水軍に編成してはどうかという意見さえみられた(40)。その一方で、彼らの海賊的活動に対して厳罰をもって臨むべきことを主張する強硬意見はほとんどみられなかった(41)。

「鮑作干／鮑作人」は一か所に定住せず、船を駆って慶尚道・全羅道南岸を自由に往来した。これは国家による住民管理という観点からはたいへん厄介な状況といえる。かりに彼らが海賊的活動をおこなっていたとして、もとはといえばそれも彼らのこうした生活形態に由来するものにほかならない。だとすれば、そうした海賊的活動を武力で摘発するよりも、彼らを本来の居住地である済州島へ刷還するか、それが無理ならとにかく一か所に定住させ、その地で付籍して生業に従事させるほうが優先されるべき課題ということになる。それと同時に、彼らが王室への進上品である海産物の採取に従事していたことも、朝鮮政府をして彼らの海賊的活動に対する強硬策の行使を躊躇せしめた理由の一つとみることができる。それともう一つ、彼らの海賊的活動は話題にのぼるわりには罪状が明確でなく、そのため摘発しようとしても実際にはそれがむずかしかったという事情がやはりあったのではないだろうか。

「鮑作干／鮑作人」への対処をめぐって朝鮮政府内で議論が交わされた成宗十六年は、すでに指摘したように一時的に沈静化していたかにみえた「水賊」の活動が再び活発になったとされるまさにその年である(42)。ところが「鮑作干／鮑作人」への対処をめぐる朝議では、そうした「水賊」の活発化という事態はまったく言及されなかった。同様に同年に蜂起した「水賊」についての朝鮮政府内での官人の発言をみても、蜂起の原因は凶作とされ、しかも朝鮮政府の捜索と捕縛によりこの「水賊」はその後終熄したとされるのみで〔成宗二四八・二一・一二・庚申〕、「鮑作干／鮑作人」の関与についてふれられてはいない。さらにこのとき再度活発化した「水賊」事例とみなされる事例8・9・10・

11・14を「鮑作干／鮑作干」と関連づけることも、それぞれの『実録』記事を読むかぎりではむずかしい。

要するに、成宗十六年は「水賊」の活動が活発化した時期とされるにもかかわらず、この「水賊」と「鮑作干／鮑作人」とを結びつける朝鮮政府の認識や、この年およびその後数年間において「鮑作干／鮑作人」がおこなった海賊的活動の具体例などが『実録』には確認できないのである。『実録』に記載された「水賊」事例のなかには、実際には「鮑作干／鮑作人」が関与したものも存在したかもしれない。しかし少なくとも朝鮮政府は彼らによる海賊的活動の事実を明確に把握するには至っていなかったとみなくてはならないだろう。

以上の点を踏まえると、「豆禿也只／頭無岳」と称する済州島出身者が慶尚道・全羅道沿海地域に大挙流移するようになった成宗八年前後の時期から、「鮑作干／鮑作人」への対処をめぐる同十六年の朝議に至るまでの事情は、ひとまず次のように整理できる。

成宗八年ごろから慶尚道・全羅道南部沿海地域に大挙押し寄せ始めた「豆禿也只／頭無岳」のうち、その一部は同十四年ごろまでに「鮑作干／鮑作人」として全羅道・慶尚道沿海諸邑から王室へ献上される進上品としての海産物採取に従事するようになった(43)。だが彼らは定住性に乏しく、船で各地を移動する生活を送っていたため、彼らを掌握して統制下におくことは朝鮮政府にとって大きな課題だった。

しかしそれが順調に進まないなか、同十六年には凶作を原因として全羅道から忠清道沿岸にかけての朝鮮半島南西部海域で「水賊」が横行するようになった。朝鮮政府は地方官を督励してその摘発に力を注ぐ一方、こうした事態を受けて「鮑作干／鮑作人」管理・統制の重要性と緊急性をより痛感することにもなった。なんとなれば、彼らのなかには実際に海賊的活動をおこなう者たちもいただろうし、あるいはそのような明確な事例は確認できずとも、そうした行動に走る恐れのある存在として朝鮮政府は彼らを認識していたからである。

こうして、さきにみたような経筵の席上での洪応の発言が現れ、それを発端にして朝鮮政府内で集中的にこの問題が議論されることになったと考えられる。ただし、一部に「鮑作干／鮑作人」による海賊行為が含まれていた可能性は否定しないものの、この時期の「水賊」の主体が彼らだったとはみなしがたいこと、そして朝鮮政府もこの時期の「水賊」と「鮑作干／鮑作人」とを直接的に結びつけては認識していなかったことはすでに述べたとおりである。

さて、その後における「豆禿也只／頭無岳」ないし「鮑作干／鮑作人」関連の『実録』記事においても、彼らを「水賊」の主体とみなすもの、あるいは実際に捕縛した「水賊」が済州島出身者だったとするものはほとんどない。

十六世紀以降の事例である事例22をみると、中宗十七年（一五二二）五月、全羅道興徳に移住していた「鮑作人」の金六月ら七十四名が済州島への刷還を嫌い、叛乱を起こした事件に関連して、経筵の席上、特進官李自堅が「楸子島付近は島嶼が多く、鮑作人等が集まって水賊をなしていますので、推刷捜討してはいかがでしょうか」（中宗四四・一七・五・癸酉）と述べているのが目に止まる。「鮑作干／鮑作人」が「水賊」であると断定的に記した事例は、朝鮮前期においてはこれがほぼ唯一ではないかと考えられる。[44]「豆禿也只／頭無岳」ないし「鮑作干／鮑作人」に関する『実録』記事の大半は、せいぜいこれらの済州島出身者が海賊的活動をしたことを漠然と伝聞により記録するか、あるいは彼らが「水賊」であると疑われることを述べたもので占められている。

たとえば後者の例として、まず成宗二十一年（一四九〇）十月、済州島の進上運搬船が楸子島近海で倭賊の襲撃を受けた事件（事例15）において、この事件を馳啓した全羅道観察使の啓本をめぐる成俊・成健二人の発言をあげることができる。すなわち、彼らは全羅道観察使の啓本を受けて、「啓本のとおりに施行するのがよろしいです。ただ、啓本の文言をみますに、［この賊は］倭賊ではなさそうです。済州［島］の鮑作人で全羅［道］の沿海諸邑に散居するものがすこぶる多いのですが、この輩はあちこち往来して定まるところがなく、以前から海賊があれば本道（全羅道）の人はこの輩［のしわざであること］を疑います。近日の事件も、おそらくはこの輩の所業でしょう」〔成宗二四六・二二・一〇・壬申〕と述べている。このとき済州島の進上運搬船を襲った賊の正体はその後倭賊と認定され、その方向で事件は処理されたと推測されることはすでに述べたが、当初、賊の正体が判然としなかった段階で、「鮑作干／鮑作人」の関与が疑われたわけである。

また同二十三年（一四九二）二月には、訓錬院都正辺処寧が成宗に奉った上啓において「頭無岳」の名の由来を説明したのち、「ゆえに俗に済州人のことを頭無岳と称し、あるいは頭禿也只とも書きます。国家は、水賊は必ずこの輩の所業ではないかと疑っています」〔成宗二六二・二三・二・己酉〕と述べている。

このような「豆禿也只／頭無岳」ないし「鮑作干／鮑作人」の「水賊」関与を疑う発言がみられる一方、次に掲げる『成宗実録』の記事にみられるように、「水賊」の正体について、済州島出身者にはまったく言及せず、全羅道沿海地域の住民が徭役負担を逃れて海島に潜入し作賊しているとする国王の発言も確認できる。

［国王は］書を全羅道観察使朴安性・兵馬節度使辛鑄・右道水軍節度使田霖・左道水軍節度使朴巖に下し、「本道（全羅道）の沿海住民は徭役を避けようとして諸島に潜入し、魚塩を糧に生活している。船をもって家となし、海上に出没して、便に乗じて作賊している。先王朝以来、［そのような輩を］ことごとく刷還し、［海島に］居住できないようにした。しかるに所在の守令が検察しないので、徐々に［島へ］逃げ帰っており、はなはだよろしくない。水賊を捕縛し終えたのち、［そのような輩を］徹底的に捜索して刷還し、もしも従来のようにみだりに居住する者があれば、罪に問え」と仰せられた。〔成宗二四七・二一・一一・癸卯〕

朝鮮半島沿海地域、とくに多島海に面した慶尚道・全羅道の沿海地域には、済州島出身者同様「船を以て家と為す」海民的な人々が少なからず存在したとみてなんら不思議はない。海民を済州島出身者に限定して考える必要はまったくないのである。十五世紀末における「水賊」のなかに済州島出身者が皆無だったとは到底考えられないが、済州島出身者のみに注目して「水賊」を論じることは、多様な「水賊」の実態を逆に見失わせることになりかねない。済州島出身者も当時の「水賊」を構成する一つの要素ではあっただろうが、「水賊」の主体といえるほど彼らが海賊的活動に従事したとみることは現時点ではむずかしいと考える。

五　倭寇と「水賊」

最後に倭寇と「水賊」との関連についても簡単にみておこう。ここで考えたいのは次の二点である。一つは、本稿の冒頭で紹介したような、十五世紀末における「水賊」の発生・横行をもっぱら一四六〇年代から九〇年代にかけて活発化した倭寇の活動に刺激されたものとする理解が妥当かどうかという点、もう一つは、「水賊」と対比される存在として朝鮮政府が倭寇と認定した海賊とはいったい何者だったのか、いいかえれば、朝鮮政府は何者を「水賊」とは区別される倭寇と認識したのかという点である。

まず一点目については、結論からさきにいえば、倭寇の活動に刺激されて「水賊」が発生・横行したとする理解はやはり一面的な見方にすぎないのではないかと考える。朝鮮人海賊としての「水賊」が活発に活動していた成宗代（一四六九～九四）の「水賊」事例においては、「水賊」の発生・横行は全羅道内での盗賊の問題との関連から論じられる場合が多く、また「水賊」発生の原因を凶作に求める理解もみられるからである。

たとえば「水賊」初見事例である事例5（一四七四）の場合、成宗は全羅道観察使李克均らに下した諭書の冒頭で「張永奇が誅伐されて以後、盗賊はしだいに終熄するかにみえたが、いま聞くところでは再び活発となり、人家を焼き、人を殺して財貨を奪い」云々と述べ、これに続けて沿海諸邑における「水賊」横行の件へと話を進めている〔成宗四二・五・五・甲申〕。

成宗の諭書にみえる張永奇とは、睿宗元年（一四六九）ごろ全羅道の智異山を拠点に活動していた盗賊の頭目である。無頼の徒百人あまりを集めて全羅道・慶尚道界の蟾津江流域一帯で掠奪をほしいままにし、まるで宰相のような儀物を整え、智異山に二十余間の大邸宅を構えていたという〔睿宗八・元・一〇・癸酉〕。成宗元年（一四七〇）正月に捕らえられ〔成宗三・元・二・庚戌〕、まもなく処刑された〔成宗三・元・二・戊午〕。

成宗は諭書において、この大盗賊が誅伐されたことでいったんは終熄した盗賊の活動がその後いくばくもせずして再び活発化し、しかもそれとときを同じくして道内の沿海諸邑では「水賊」も横行し始めた、と述べているのである。「水賊」の発生・横行を全羅道における盗賊の活発化と軌を一にする現象とみなしていたことは明らかだろう。

成宗初期の「水賊」が一時的な沈静期をへて再度活発化したとされる成宗十六年（一四八五）以後にも、全羅道における盗賊との関連で「水賊」の横行に言及する事例がみられる。その一つである事例9（一四八七）をみると、全羅道観察使に任命された金宗直は赴任にさいして成宗に奉った上啓で「本道（全羅道）での盗賊横行が他道に比べてはなはだしいのは、場門があるためです」と述べ、盗賊の活動を抑え込むべく場門の廃止を要請し、あわせて全羅道の「水賊」対策についても論じている〔成宗二〇四・一八・六・戊子〕。

また事例10（一四八八）においても、経筵の席上、金楣が袖中から取り出して成宗に進呈した書面には「全羅一道は昔の百済の故地であり、その遺風がいまなお残っています。そして、かたくなで荒々しい風俗は他道に比べてもっともはなはだしく、盗賊は住居を焼いたり道路でねらい撃ちしたりと、白昼堂々と奪い盗みます。世間で湖南（全羅道）の風俗は強盗がいて窃盗がいないといわれるのはこのためです」とあり、全羅道で盗賊が横行するのは百済以来の遺風であり、この地域の風俗であると述べたうえで、「水賊」の活動にふれている〔成宗二一四・一九・三・丙寅〕。

一方、「水賊」発生・横行の理由を凶作に求める理解としては、事例15（一四九〇）に関連して李永禧・柳順汀が成宗に送った馳啓に「臣らが聞くところでは、水賊は乙巳（一四八五）年間に凶作により蜂起しましたが、国家が何度も捜索して捕縛しましたので以後は終熄しました」〔成宗二四三・二一・八・丁巳〕とあるのをあげることができる。前述のようにこれは成宗初期の「水賊」がいったん沈静化したのち乙巳年すなわち成宗十六年（一四八五）以降再び活発となったことに関する説明である。

『実録』等の記述からみても一四六〇年代から九〇年代にかけて倭寇が活発化するのは事実であるし、全羅道沿海地域の住民がそうした倭寇勢力と日常的に接していたことは十分想定できる。その意味では、「水賊」となった全羅道沿海地域住民が倭寇の影響や刺激をまったく受けていなかったとはいえない。しかしそうだとしても、彼らが「水賊」となるについては彼らの側にもそれ相応の条件や理由があったはずであり、その点への目配りが必要である。ひとまず全羅道一帯での盗賊の横行、あるいはその一因でもある凶作による飢饉などがそれに相当するとみてよいのではないだろうか。こうした状況こそが彼らを「水賊」へと走らせた一義的な要因だったと理解しておきたい。

次に、もう一つの点について考えてみよう。「水賊」と対比される存在として朝鮮政府が認定した倭寇とは何者だったのかという問題である。このように述べるとあるいは誤解を招くかもしれないが、なにもまたぞろここで倭寇の正体をめぐる議論を蒸し返そうというわけではもちろんない。

十四世紀半ばごろから活発化し、朝鮮半島各地を襲ったいわゆる前期倭寇については、その主要な構成員が日本人ではなく朝鮮半島居住者だったとする説が一九八七年に田中健夫によって唱えられて以来、倭寇の主体は日本人か朝鮮人かという議論が日本と韓国の研究者の間で活発に交わされるようになった。諸説の詳細や問題点などについてはすでにまとまった研究史整理があるのでそちらに譲る。[47]

ここでは倭寇の正体は何だったのかを直接問うのではなく、倭寇や「水賊」に対する朝鮮政府の認識の問題を考えてみたいのである。村井章介も指摘するように、「「倭寇」という語は、直接実体をあらわすものではなく、朝鮮や中国の官憲がそのように呼び、史書がそう書きとめたもの[48]」にすぎない。倭寇にせよ「水賊」にせよ、その実体としてより以前に、それをそう名づけた側の認識としてまずは存在するのである。名称がそのまま実体を示すわけではない。

さて、「水賊」の文献上の初見は、すでに何度も指摘したように成宗五年（一四七四）五月の『実録』記事（事例5）である。そして、そこでの「水賊」は朝鮮人海賊をさしていた。一四六〇年代以降その存在を認知・把握することになった朝鮮人海賊に対して、朝鮮の官憲ないし為政者は「水賊」という呼称を与えたのである。

それ以前の時期に朝鮮半島各地を襲った海賊として『高麗史』『高麗史節要』および朝鮮歴代の『実録』等にその名がみえるのは基本的に倭寇のみである。それらのなかには、既往の諸研究が明らかにしているように朝鮮半島居住者や済州島民などが加担したものや、むしろ朝鮮人が中心となった海賊行為も当然あったと推測される。なによりも高麗・朝鮮側の文献にそうした事例がいくつか確認される[49]以上、高麗および朝鮮政府がその事実を把握していなかったとはいえない。しかしそれにもかかわらず、高麗および朝鮮政府はそれらの海賊に「倭寇」とは別の名づけをすることはなかった。それはなぜだろうか。

朝鮮政府が成宗五年に朝鮮人海賊を「水賊」と呼称するようになる以前には、朝鮮人海賊などとるにたらない存在にすぎなかったからだとみなすこともできるだろう。朝鮮人による海賊行為は当時きわめて特殊な事例であり、倭寇の大半は対馬をはじめ九州西北地域の倭人を主体とする海賊だったとする見方である。

たしかに可能性としてはそれも否定できない。しかし逆にこの時期には朝鮮人の倭寇への加担や朝鮮人主体の海賊行為が実はしばしば発生していたとしても、その場合でも高麗および朝鮮政府はそれらに対してわざわざ別の呼称を与え、倭寇と区別する必要をさほど感じなかったのではないかと考えられる。

高麗末期における朝鮮人海賊の存在を伝える記録では、それらの海賊についてたとえば「倭賊と詐り」（『高麗史節要』巻三一、辛禑八年四月）であるとか、「倭服を仮装して、徒党を組んで乱を起こし」〔世宗一一四・二八・一〇・壬戌〕などと記述している。このことから、当時の朝鮮人海賊は一般に倭寇になりすまして作賊していたと高麗政府は認識していたことがわかる。(50)しかもその襲撃対象は、高麗政府が倭寇として把握していた海賊の場合と同様、高麗の官府であり民だった。したがって、高麗政府にしてみれば個々の賊について一々その構成員を腑分けするよりは、その禁圧に全力をあげることのほうが優先すべき課題と認識されたものと推測されるのである。

朝鮮時代になると朝鮮側の懐柔策が奏功し、倭寇はしだいに終熄に向かった。倭寇の多くは平和的な通交者へと変貌し、それを管理するための諸制度が対馬の宗氏との間で整えられていった。むろん、だからといって倭寇が完全に消滅したわけではなく、それゆえ朝鮮政府も朝鮮半島中部以南での海防体制を緩めるわけにはいかなかった。しかし倭寇の活動がもっとも激しかった高麗末期と比較すれば、朝鮮初期に相当する十五世紀の倭寇が朝鮮政府にとってそれほどの脅威ではなくなっていたことも事実だろう。この時期、倭寇になりすました朝鮮人海賊の出没もそれほど多かったとは思えない。朝鮮政府が朝鮮人海賊の存在を意識することはほとんどなかったのではないだろうか。

では、そのようななかでなぜ朝鮮政府は成宗五年（一四七四）になって朝鮮人海賊のことを倭寇と区別してわざわざ「水賊」などと呼称するようになるのだろうか。

その理由の一つとして考えられるのが、事例1（一四六一）と事例2（一四六九）の発生である。これら二事例は、いずれも朝鮮人漁民と倭人との間での漁場ないし漁獲物をめぐる争いに端を発した事例だった。文献には現れないものの、このような双方の漁民どうしの紛争自体はこれ以前にもしばしば生じていたはずである。ただそうした紛争とは異なり、この二事例ではともに朝鮮人漁民により倭人側が大きな被害を受け、被害者である倭人たちが朝鮮側に強く抗議するという事態に発展した。そうなると、朝鮮政府としてもこれを放置しておくわけにはいかなくなる。朝鮮人漁民が倭人の船を襲い、死傷者を出したのである。これは、朝鮮半島居住者や済州島民などが倭寇に加担したというのとはわけがちがう。対応を誤れば対馬宗氏との関係を悪化させる恐れがあり、再び倭寇の激化を招くことも憂慮される。この二事例は、そのような意味で朝鮮人海賊の存在を朝鮮政府に強く印象づけるものとなったとみなされる。

しかも、ことはそれだけでは終わらなかった。成宗代（一四六九〜九四）になると、事例3（一四七二）と事例4（一四七三）にみられるように朝鮮人による海賊行為がさらに相次いで起こった。事例1・2を起こした朝鮮人漁民と、事例3以降の朝鮮人海賊が同類であるかどうかはいまのところ定かでない。事例3以降についてはこの時期に慶尚道・全羅道内で活発化した盗賊活動との関連が予想されることをすでに述べたが、それはともかくとしても、こうした諸事例を通じて、朝鮮政府は否応なしに朝鮮人海賊の存在を意識せざるをえなくなったものと推測される。こうして、倭寇とは別の対処を求められるこれら朝鮮人海賊を、倭寇と区別して「水賊」と呼称することになったのだろう。

したがって、朝鮮政府にとって倭寇と「水賊」とはまったく別の存在として認識されたと考えられる。倭寇とはあくまで対馬の倭人や朝鮮半島南東端の三浦（富山浦・薺浦・塩浦）を拠点とする恒居倭などによる海賊で、基本的に対馬宗氏の管理・統制下にあるべき者だった。これに対し「水賊」とは朝鮮半島本土および朝鮮王朝の支配下にあるその周辺島嶼に居住する民が海賊化したものということになる。

朝鮮半島周辺海域においてこれらの海賊による掠奪や殺人事件が発生した場合、それが倭寇によるものならば対馬宗氏に報告してその対応を求めることになるが、「水賊」の犯行ならば当然に朝鮮側において事件を処理しなければならない。それゆえ倭寇と「水賊」の区分ないし見極めは、海賊事件の処理において重要な意味を持つものだった。

しかし、朝鮮政府の側でそのように認識したとしても、それが当時朝鮮半島周辺海域を横行した実際の海賊の正体と必ずしも一致するわけではない。むしろ、村井も述べるように「国籍や民族を超えたレベルでの人間集団」という点にこそ当時の倭寇の本質があるとすれば[51]、日本と朝鮮との間の境界領域に生きるそうした人々の海賊行為を、朝鮮政府の想定する枠組みに沿って厳密に区分することは至難のわざだったにちがいない。

現に本稿で取り上げた「水賊」事例をみても、朝鮮政府が考えるところの「水賊」によるものなのか、あるいは対馬や三浦の倭人による倭寇なのか、朝鮮政府自体がその判断に苦慮した事例がいくつかみられる。事例6（一四七四）や事例13（一四八九）などは、当初は「水賊」・倭寇のいずれであるのか判別できなかったものの最終的に倭寇であることが判明した事例であり、事例15（一四九〇）は、明証はないが倭寇の可能性が高いとして処理された事例である。また事例18（一四九四）は「水賊」・倭寇のいずれであるか結局判然としないままに終わってしまった事例だった。朝鮮半島周辺海域に出没する海賊を倭寇と「水賊」とに区分することは朝鮮政府にとって必要に迫られての対応だったが、それがうまくなされたかといえば、必ずしもそうとはいえなかったということになる。

そうしたなか、本稿で事例19として取り上げた燕山君八年（一五〇八）十一月における持平権輳の発言が現れる。すなわち経筵の席上で権輳は「三浦の倭人が船を以て家としており、全羅〔道〕郡県の水賊はまさしくこの輩です」〔燕山君四七・八・一一・壬申〕と述べた。朝鮮側で「水賊」と認識していた海賊は、実は三浦の恒居倭であるとするこの発言について、村井は「「水賊」概念の破綻を暴露するもの[52]」と評するが、たしかにそのようにみることも可能だろう。対馬・三浦等の倭人を主体とする海賊を倭寇、朝鮮半島居住者による海賊を「水賊」と区分して海賊事件に対処しようとしてきた朝鮮政府は、そうした区分が実態とはうまく一致しないことをここにきて認めたのである。

以後、「水賊」概念はしだいに変容を遂げていく。中宗代（一五〇六～四四）以後にも朝鮮人海賊を「水賊」とする従来の用法は存在したが、そもそも中宗代になると朝鮮半島南部ないし南西部海域で活動する朝鮮人海賊としての「水賊」事例がほとんど確認できなくなる。その一方で、遼東半島沿岸の海浪島やその周辺海域で活動する者たちを、事例27（一五二八）のように朝鮮人のみならず唐人をも含めて「水賊」の範疇で論じる事例がみられるようになる。

こうして「水賊」は、朝鮮半島周辺海域で活動する海賊や非合法活動従事者を広く包括する語としても用いられるようになっていった。(53) ただその場合でも、対馬や三浦等の倭人による海賊としての倭寇に対して、これを最初から「水賊」として論じた記録は管見のかぎり見出せない。朝鮮政府にとって、倭寇はあくまでも対馬や三浦等の倭人による海賊であり続けたように思われる。

こうした朝鮮政府の認識としての倭寇と、実体としての倭寇とは本来明確に区分されるべきものである。しかし、既往の倭寇研究ではそのあたりが曖昧なままに両者を混同して議論がなされてきた感がなくもない。「水賊」の問題に絡めてここで倭寇についてあえて考えてみたゆえんである。

おわりに

以上、本稿では朝鮮歴代の『実録』にみえる「水賊」関連記事をもとに十五世紀から十六世紀前半にかけての時期における「水賊」の輪郭を把握するとともに、それを踏まえて当該時期における「水賊」をめぐるいくつかの問題について若干の考察を試みた。

いったい、朝鮮時代の朝鮮側文献に「水賊」と記録された海賊については、同じく同時代の海賊である倭寇に比べるとこれまでほとんど研究者の関心を惹いてこなかったといっても過言ではない。本稿の冒頭に述べたように、ようやく一九八〇年代後半になって中世日朝関係史を専攻する日本史研究者がこれに注目し、おもに朝鮮初期における「水賊」の実態や性格が論じられることになった。

しかしながら数少ない既往の研究は、いずれも対象時期がごく短い期間に限定されているだけでなく、そもそも「水賊」を正面から論じたものではなかった。『実録』に「水賊」と記録された海賊の実態は時期によっても異なっており、十五世紀末の初出以降朝鮮末期に至るまで断続的に史書に現れる「水賊」事例は、そのそれぞれについて個別具体的な研究が必要である。

本稿はあくまでそうした今後の本格的研究に向けての基礎作業にすぎない。まずは朝鮮前期に相当する十五世紀から十六世紀前半にかけて朝鮮政府が「水賊」と認定ないし規定した海賊の概要を明らかにすることに注力した。所期の目的はほぼ達成できたと考えるが、紙幅を費やしたわりには論じ残した問題の少なくないことも否定できない。

そのいくつかは本文中にも指摘したが、それ以外にも、たとえば十五世紀末における全羅道地域での盗賊活動や、やはり当該時期における済州島出身者以外の海民的性格の人々の実態について、本稿では立ち入った考察をほとんどおこなうことができなかった。また十六世紀以降の平安道や黄海道沿岸における「水賊」については、当該時期、黄海道一帯で活動した林巨正らの盗賊との関連も想定されるにもかかわらず、この点についてはまったく検討しなかった。十六世紀後半以降朝鮮末期に至るまでの「水賊」事例の整理を含め、すべてを今後の課題としておきたい。

註

（1）以下、朝鮮歴代の『実録』を本文中に引用するさいには原文の提示は省略し、日本語の訳文のみを示す。その場合、訳文中の［ ］内は引用者が補った語句、（ ）内は引用者による註記を意味する。また本文・註ともに『実録』の典拠を表示するさいには、王名・巻・年・月・日を次のように略記して〔 〕で括る。

（例）『成宗実録』巻四二、五年五月甲申 → 〔成宗四二・五・五・甲申〕

（2）高橋公明「中世東アジア海域における海民と交流」（『名古屋大学文学部研究論集』史学三三、一九八七年）一八〇頁。

（3）高橋前掲「中世東アジア海域における海民と交流」一八三～一八八頁。

（4）関周一『中世日朝海域史の研究』（吉川弘文館、二〇〇二年）一四一～一四二頁。

（5）巨済島の浦口。『新増東国輿地勝覧』（一五三〇増補。以下『勝覧』と略記）巻三二、慶尚道巨済県関防条の「知世浦営」項によれば巨済邑治の東二十九里（約一一・六㎞。一朝鮮里は約〇・四㎞）に位置し、水軍万戸が配置されていた。

（6）孤草島を巨文島に比定する理解は、長節子『中世　国境海域の倭と朝鮮』（吉川弘文館、二〇〇二年）による（六九～七二頁）。

（7）当時、対馬島民が孤草島近海で釣魚をおこなうためには、対馬島主から文引を受けて慶尚道巨済の知世浦に赴き、当地の万戸に島主の文引を預けたうえで、万戸から孤草島の漁場へ往来するための文引の給付を受けねばならなかった（長前掲『中世　国境海域の倭と朝鮮』五三～五四頁）。

（8）『勝覧』巻四〇、全羅道順天都護府山川条にみえる「内礼浦」に該当すると推測される。同条によれば、内礼浦は順天邑治の東四十九里（約一九・六㎞）に位置する。また内礼浦には、成宗十一年（一四七〇）より前には水軍万戸が配置されていたが、同年以後全羅左道水軍節度使営が置かれた（同関防条）。

（9）興陽の浦口。『勝覧』巻四〇、全羅道興陽県関防条の「鉢浦営」項によれば興陽邑治の南四十里（約一六㎞）に位置し、水軍万戸が配置されていた。

（10）未詳。

（11）順天の浦口。『勝覧』巻四〇、全羅道順天都護府関防条の「突山浦営」によれば順天邑治の東七十九里（約三一・六㎞）に位置し、水軍万戸が配置されていた。海を挟んで南方に突山島がある。

(12) 内礼浦。註（8）参照。

(13) ただし霊岩には、朝鮮半島南岸に面した地域とその沿岸に点在する海島が飛地として存在する。

(14) 『勝覧』巻四〇、全羅道順天都護府山川条には「多老島」という島名がみえる。多老浦はこの多老島内にあった浦口とみてよいだろう。多老島は順天邑治の東四十五里（約一八km）に位置する伏浦の北方海上に浮かぶ海島である。

(15) 『勝覧』巻四〇、全羅道順天都護府山川条によれば、順天邑治の東六十一里（約二四・四km）にある於浦東岸の海島である。

(16) 李則は成宗に対し、「舒川鎮在海口、其浦上流、又有羣山鎮。羣山則全羅之境也。若水賊犯辺、則必経舒川、乃到羣山。請以羣山之軍、益諸舒川、革羣山何如」〔成宗二四三・二一・八・丁亥〕と述べている。

(17) 『勝覧』巻三八、全羅道済州牧山川条には、楸子島について「在州北海中」と記す。

(18) これは本稿における事例8・9・10・11・12・14などの「水賊」事例をさすものと考えられる。朝鮮政府が自国民による海賊行為を「水賊」として把握するようになったのは、すでに明らかなようにこれより早く、文献上では成宗五年（一四七四）が初見である。事例8とその前の「水賊」事例である事例7との間には九年ほどの間隔があり、この間、「水賊」の活動は一時沈静化していたと考えられる。それが乙巳年（一四八五）ごろから再び活発になってきたため、あたかも乙巳年にはじめて「水賊」が出現したかのような認識が生み出されたのだろう。この点については本稿の三節（1）項も参照。

(19) 『勝覧』には「青山島」を記さないが、これは莞島の南方、甫吉島の東方に位置し、現在も青山島と呼ばれる海島である。

(20) 達牧島は『勝覧』巻三五、全羅道霊岩郡山川条の「達木島」に該当し、露児島は同じく「露島」に該当すると推測される。同条によれば、甫吉島を含めたこれらの島々はいずれも霊岩邑治南方九十里（約三六km）の海上に位置する。

(21) 『勝覧』巻四〇、全羅道順天都護府山川条によれば、突山島は順天邑治の東一一七里（約四六・八km）の海上に位置する。同条には防踏島の名はみえないが、同関防条の「新増」項には「防踏鎮」とあり、その位置を順天邑治の東一七〇里（約六八km）と記す。この鎮は『大東輿地図』（金正浩、一八六一完成）の第二十葉によれば突山島にあった。金鼇島は、『勝覧』順天都護府山川条に「小乃発島」の南三十里（約一二km）に位置する海島として記されている。同条によれば、小乃発島は於浦（註（15）参照）南方の小京島から東へ一〇五里（約四二km）行った多里島の南に浮かぶ大乃発島の東側の海島である。

(22) 三浦は、朝鮮政府が対馬との交易のために倭人の入港を許可した開港場兼居留地である。すべて慶尚道沿海地域に設けられ、釜山浦（富山浦）は東萊、薺浦（乃而浦）は熊川、塩浦は蔚山にあった。

(23) 露島・達木島ともに註（20）参照。

(24) 〔中宗四六・一七・九・辛未〕にみえる仮承旨李世貞の上啓では彼らのことを「獐島興利人」と記し、同〔一〇・丁丑〕にみえる中宗の伝旨では「獐島往来人」と表記されている。獐島の位置についてははっきりわからないが、やや後代の記録ながら〔正祖三三・一五・八・乙卯〕には、

平安道観察使洪良浩・兵馬節度使李漢豊馳啓言、「鳳城将巡辺時、以獐島・薪島投接人物、我国不能検飭為言。請薪島捜討、勿拘定式、間間入察」。許之。薪島在龍川地方、胡人漁採者、多聚此我地、乍逐旋来、而拘於捜討一年一次之式、不得擅便、帥臣登聞故也。

とあり、薪島と併記されていることから、薪島近くの小島であると推定される。薪島はこの『実録』記事にもみえるように、平安道龍川に属し、明と朝鮮との国境をなす鴨緑江河口よりやや南の龍川沿岸に浮かぶ小島である。『勝覧』巻五三、平安道龍川郡山川条には薪島について龍川邑治の西六十里（二四km）に位置すると記す。

(25) 以下、この点については藤田明良「東アジアにおける島嶼と国家――黄海をめぐる海域交流史――」（荒野泰典・石井正敏・村井章介編『倭寇と「日本国王」』〈日本の対外関係4〉吉川弘文館、二〇一〇年）二四六～二四八頁参照。

(26) これらの島々はいずれも江華島西岸に位置する海島である。甫老音島は『勝覧』巻一二、京畿江華都護府山川条にみえる「甫音島」に該当し、末叱島は同じく同条の「末島」に該当すると推定される。甫音島は、江華邑治の西にある煤島から七里（約二・八km）西方の注文島よりもさらに西に位置し、末島は江華邑治の西五里（約二km）にある。阿次島については未詳だが、『大東輿地図』第十三葉で江華邑治の南西に「阿此」と表記された小島がこれに該当するとみてよいだろう。

(27) 『勝覧』巻一三、黄海道瓮津県山川条に「吾又浦」は記載されていないが、同関防条の「所江鎮」細註に同鎮に配置された水軍僉節制使の所管浦口として「吾叉浦」がみえる。

(28) 蛇梁は慶尚道固城南方海上の蛇梁島のことで、『勝覧』巻三二、慶尚道固城県関防条によれば、「蛇梁営」は固城邑治の南、

水路七十里（約二八㎞）に位置し、水軍万戸が配置されていた。蛇梁倭変とは中宗三十九年（一五四四）四月に倭船二十余隻がこの蛇梁鎮を襲撃した事件をいう。〔中宗一〇二・三九・四・乙酉／丙戌／丁亥／戊子〕を参照。

(29) 高橋公明「十六世紀の朝鮮・対馬・東アジア海域」（加藤榮一・北島万次・深谷克己編『幕藩制国家と異域・異国』校倉書房、一九八九年）一五六～一六二頁。なお、第一波・第二波における荒唐船の活動とそれへの朝鮮側の対応については、高橋公明「一六世紀中期の荒唐船と朝鮮の対応」（田中健夫編『前近代の日本と東アジア』吉川弘文館、一九九五年）に詳しい。

(30)『勝覧』巻四三、黄海道豊川都護府山川条によれば、椒島は豊川邑治の北四十里（約一六㎞）に位置する。

(31)『勝覧』巻四三、黄海道長淵県山川条によれば、大青島は長淵邑治の南三十里（約一二㎞）に位置し、白翎島は大青島の西方に位置する。

(32) 南海の浦口。『勝覧』巻三一、慶尚道南海県関防条の「平山浦営」項によれば、水軍万戸が配置されていた。

(33)『勝覧』巻四〇、全羅道興陽県山川条に、興陽東方の海島として列挙されている外羅老島・内羅老島のことと思われる。

(34) 事例2以降にも、孤草島近海ではないようだが、朝鮮人漁民と倭人との間で漁場や漁獲物をめぐる争いは起こっている。たとえば、倭賊による朝鮮船軍への掠奪事件だった事例6を受けて成宗五年（一四七四）九月に成宗が全羅道観察使李克均に下した書には、「今聞道内光陽・順天・興陽・楽安等邑人、因備細引鰒・円全鰒、深入海中遠島、以採大鰒、与倭船相遇、互相殺掠、将構辺釁、深可慮也。近島不産大鰒与否、及採鰒遠島地名、其他所採海錯名目、詳問以啓」〔成宗四七・五・九・癸亥〕とあり、全羅道内の光陽・順天・興陽・楽安等の邑民が進上品調達のために「海中遠島」にて「大鮑（アワビの一種）」を採取するさいに倭船と遭遇し、相互に殺掠することが憂慮されると述べられている。具体的な事件の指摘ではないが、朝鮮人漁民と倭人との間の紛争が掠奪や殺人にまで発展する可能性はつねにあったものと考えられる。ただし倭人側が朝鮮漁船を襲うという形が一般的であり、朝鮮人漁民が倭人を攻撃したという事例は事例2以後はとくに見当たらないようである。

(35) 事例9として紹介した成宗十八年（一四八七）六月における全羅道「水賊」の防御策をめぐる朝議において、盧思慎は「節度使・万戸得人、則雖倭賊亦可制之。況此小小賊徒乎」〔成宗二〇四・一八・六・戊子〕と述べており、「水賊」は倭寇に比べるとその規模が小さいことが示唆されている。なおこれより以前、成宗三年（一四七二）の事例3では、楽安の将校である金倍と順天居住の私奴である裵永達・玉山・朴長命ら三十人あまりが徒党を組んで四隻の船に乗り、放火掠奪をおこなっていたことが成宗の諭書にみえる〔成宗一五・三・二・甲午〕。この規模を大きいとみるか小さいとみるかにわかに判断しかねる。また事例8以降の「水賊」もこれと同規模だったかどうかも検討の余地がある。

(36) 成宗二十五年（一四九四）四月には、倭船四隻が楸子島において済州島からの進上運搬船に対する掠奪事件を起こしている。このときは、当初から「水賊」ではなく倭寇の海賊行為として扱われた〔成宗二八九・二五・四・丙子〕。

(37) 高橋前掲「中世東アジア海域における海民と交流」一八七～一八八頁。韓栄国「「豆毛岳」考」（『韓沽欣博士停年紀念史学論叢』知識産業社、ソウル、一九八一年）八〇九頁。

(38) 高橋は前掲「中世東アジア海域における海民と交流」において、「豆禿也只」を自称、「頭無岳」を他称と区分するが（一八三・一八八頁）、「豆禿成只」は「頭無岳」の異表記とみなすほうが妥当である。「頭無岳」の異表記としてはほかに「頭無悪」「豆毛悪」（韓前掲「「豆毛岳」考」八〇九頁）や「頭禿也只」などもあり、多様だった。

(39) 高橋は前掲「中世東アジア海域における海民と交流」において、豆禿也只と鮑作干とは、「生活形態・朝鮮政府の対応などを見る限りその違いを指摘することはできない。ただし、本稿で扱う史料の中でその点を明確にしたものはなく、今のところ、どちらとも言えない」（一八七頁）と述べる。たしかにアワビ類は慶尚道・全羅道などから王室への進上品に指定されていたため、済州島出身者以外にもこれらの道の沿海部住民のなかにはその採取の役を負わされた者たちがいた。成宗五年（一四七四）九月に成宗が全羅道観察使李克均に下した諭書に「今聞道内光陽・順天・興陽・楽安等邑人、因備細引鰒・円全鰒、深入海中遠島、以採大鰒」〔成宗四七・五・九・癸亥〕とあるのはその一例である。本文中に後述するように、この時点ではまだ済州島出身の「豆禿也只／頭無岳」や「鮑作干／鮑作人」の全羅道・慶尚道沿海地域への流移は本格化していないとみなされ、よって諭書に記載された光陽以下諸邑の人を済州島出身者とみなすことはむずかしい。彼らを「鮑作干／鮑作人」と呼称した事例も確認できない。ともあれ、「豆禿也只／頭無岳」と「鮑作干／鮑作人」とをまったく同一の存在と断定することはできないにせよ、「鮑作干／鮑作人」もまた済州島出身の海民に対する呼称の一つだったことはほぼ疑いない。

(40) 金升卿・柳洵は「但此輩既以舟楫為生、用以防海、乃国家之利也。所在官万戸傍近処理分置、既已立法。仍令本官着籍為兵、如水軍之制而疎其番遞、優其保数、如陳荒無主之田、漸次折給、使之或力農或採海、以資其生、則万一辺上有警、此輩最為水上可用之兵也」云々〔成宗一七八・一六・閏四・己亥〕と述べている。

(41)「鮑作干／鮑作人」の海賊的活動に対して厳罰を主張したのは、沈澮の「鮑作人等無家舎、率妻子寄生於船上、似難一一制之。如有所犯、則厳刑以罪之、如服事、則宜加存恤」という発言〔成宗一七八・一六・閏四・己亥〕くらいしかない。

(42)成宗二十一年（一四九〇）十二月に柳順汀と李永禧が全羅道から送った上啓文に「臣等聞、水賊於乙巳年間、因凶歉蠭起、国家屢挙捜捕、自後寝息」云々〔成宗二四八・二一・一二・庚申〕とあり、この「乙巳年」は成宗十六年（一四八五）に相当する。詳しくは本文第三節を参照。

(43)この点についてはあくまで推測にすぎず、今後さらに論証が必要だが、暫定的にこのように理解しておく。

(44)もっとも、この事例は朝鮮人海賊としての「水賊」の活動がしだいに沈静化しつつあったころの事例である点に留意すべきだろう。またどの程度確実な証拠にもとづく判断なのかという点でもやや疑問が残る。

(45)関前掲『中世日朝海域史の研究』一四〇～一四一頁。

(46)田中健夫「倭寇と東アジア通交圏」（朝尾直弘・山口啓二・網野善彦・吉田孝編『日本の社会史』第一巻〈列島内外の交通と国家〉岩波書店、一九八七年）。

(47)橋本雄・米谷均「倭寇論のゆくえ」（桃木至朗編『海域アジア史研究入門』岩波書店、二〇〇八年）。

(48)村井章介「倭寇とはだれか――十四～十五世紀の朝鮮半島を中心に――」（『東方学』第一一九輯、二〇一〇年）五頁。

(49)よく知られているものとしては、『高麗史節要』に「楊水尺群聚、詐為倭賊、侵寧越郡、焚公廨民戸。遣判密直林成味等追捕之、獲男女五十余人馬二百余匹」（同書巻三一、辛禑八年四月条）とある事例や、『世宗実録』における判中枢院事李順蒙の上書に「臣聞、前朝之季、倭寇興行、民不聊生、然其間倭人不過一二、而本国之民、仮著倭服、成党作乱」〔世宗一一四・二八・一〇・壬戌〕とあることなどをあげることができる。

(50)朝鮮人海賊は倭服を仮装するだけでなく、彼らのなかには倭語を話せる者がいたことも他の記録から明らかである。このように朝鮮人海賊が倭服をまとったり倭語を話したりしたことについて、村井章介『中世倭人伝』（岩波書店、一九九三年）

では、当時の「倭」とは国家としての日本をさすものではなく、「倭服」や「倭語」は朝鮮と日本との境界領域で活動する人々の共通のいでたち、共通の言語だったと主張する（三六〜三九頁）。そして「倭寇の本質は、国籍や民族を超えたレベルでの人間集団であるというところにこそある」（三九頁）とし、そうした境界的な人間類型を「マージナル・マン」という概念で捉えようとした（三九〜四七頁）。倭寇が実体として「国籍や民族を超えたレベルでの人間集団」だったというのはそのとおりだろう。しかし倭服をまとったり倭語を話したりすることは、少なくとも高麗や朝鮮の為政者にしてみれば、やはり本来倭寇とは区別されるべき自国民が倭寇になりすましたものと受け取られたのではないだろうか。実際にも、みずからの海賊行為の痕跡を隠し、摘発者を攪乱させる目的で意図的に倭寇になりすました朝鮮人海賊が皆無だったとは考えられない。

(51)　村井前掲『中世倭人伝』三九頁。

(52)　村井前掲「倭寇とはだれか」一四頁。

(53)　一五四〇年代以降いわゆる荒唐船が朝鮮近海に出没するようになると、村井も指摘するように、朝鮮政府はそれらが唐人の船なのか、あるいは倭寇や「水賊」なのかを判別する必要に迫られた（村井前掲「倭寇とはだれか」一五頁）。本稿における事例32（一五四七）もそうである。この場合の「水賊」が従来の朝鮮政府による「水賊」概念であることはいうまでもない。荒唐船の出現は、朝鮮政府に従来の「水賊」概念の必要性をあらためて認識させる契機となった側面がある。

第三章　朝鮮伝統船研究の現況と課題
――近世の使臣船を中心に――

長森美信

はじめに

朝鮮（李朝）は建国以来、海禁政策をしいて一般民衆の海外渡航を禁じていた。前朝高麗や統一新羅時代に比して、朝鮮時代の対外的な海洋活動は盛んであったとは言えない。ただし、海禁政策下の朝鮮においても、沿岸海域や内陸河川では漁撈、交易、渡河のために日常的に船が使われていた。国家による漕運（税穀輸送）や貢納・進上品の輸送にもまた船運が利用された。三方を海に囲まれ、船の運航が可能な河川が縦横に流れる朝鮮半島の自然環境を考えれば、ヒトとモノの移動に船が重要な役割を果たしてきたことは当然のことと言える。

近代化以前、朝鮮独自の伝統的技法によって建造され、使用されていた船――朝鮮伝統船(1)に対して、比較的早くから関心をもち、その全般的な特徴を論じたのは植民地期の日本人であった(2)。次章で詳述するように、朝鮮総督府水産試験場は一九一〇～二〇年代に朝鮮半島全域の漁船を対象に学術調査を行い、その成果を『漁船調査報告』全三冊にまとめた。同書は当時まだ継承されていた伝統技法による在来構造船の特徴を詳細に伝えてくれる貴重な資料である(3)。

右のような植民地期の研究を参照しながら、近代歴史学の手法による軍船研究や使臣船研究を進展させたのが金在瑾である(4)。金在瑾の研究関心は朝鮮船全般に及ぶが、なかでも軍船や使臣船の船型、構造、建造方式等に関する一連の研究は、入手し得る限りの史料を体系的に整理、分析した先駆的なもので、今日に至ってもこれをこえる研究はまだない。

その他、朝鮮時代の造船業、造船術に関する研究(5)、漕運、船運業、商品流通との関わりから船の類型や航海術等に言及した研究(6)等があるものの、そもそも前近代の朝鮮船自体に対する学界の関心は高いとは言えない(7)。

本稿は、朝鮮伝統船に対する研究を今後さらに進めていくための前提作業として、金在瑾らによる既存研究をふり返り、朝鮮伝統船研究の現位置を確認することを目的とする。主として、通信使・訳官使（問慰行）など、近世の対日使行に使用された使臣船をとりあげるが、その最大の理由は、他の船舶にくらべて、使臣船に関する史料が比較的多く、これに対する研究が進展を見せている点にある。

船舶そのものに関する史料が少ないなか、使臣船に関するそれが比較的多く残された背景には、この船が対日外交を目的に建造された、当時の朝鮮におけるほぼ唯一の外洋船であったという、極めて特殊な事情があったことは言うまでもない。

以下、朝鮮伝統船の類型化を通じて、近世期の各種船舶のなかに使臣船をどう位置付けられるかをまず検討する。その上で、使臣船の船型、船体構造、建造方式等を確認する作業を通して使臣船研究の現況と今後の課題について考えてみたい。

一　朝鮮伝統船の類型

朝鮮伝統船を区別・類型化する方法は様々である。たとえば、船体構造による板屋船・亀船などの区分、使用場所による海船・江船（川船）の区分、使用目的による漕船・進上船・軍船・使臣船・漁船・商船・渡船・柴灰船・採鰒船・運塩船などの区分、船体の大きさによる大船・中船・小船などの区分、主たる活動地域による呼称（京江船・地土船・湖南船・嶺南船など）もある。これらの類型のうち、船体構造にもっとも大きな違いが見られるのは使用場所による区分であろう。船が航行した水路は、海と河川に大別されるが、海路を航行したものを「海船」、内陸水運に利用されたものを「江船」とよぶ(8)。

『経国大典』に見える、海船と江船、それぞれの船長と船幅の数値を整理したものが〈表1〉である(9)。これと関連して次の記録が注目される。

議政府拠戸曹呈啓。漕転船所載石数、不曾詳定、故船主不計船之大小、多載米穀、暫遇風浪、易致敗没。請、自

〈表1〉15世紀海船・江船の規模

船種		長L（m）	幅B（m）	長L／幅B
海船	大船	42尺（12.6）以上	18尺9寸（5.7）以上	2.21
	中船	33尺6寸（10.1）以上	13尺6寸（4.1）以上	2.46
	小船	18尺9寸（5.7）以上	6尺4寸（1.92）以上	2.97
江船	大船	50尺（15）以上	10尺3寸（3.1）以上	4.84
	中船	46尺（13.8）以上	9尺（2.7）以上	5.11
	小船	41尺（12.3）以上	8尺（2.4）以上	5.13

典拠：『経国大典』工典、舟車条。

※ 営造尺1尺＝30㎝として計算。L／B比は小数点以下第三位を四捨五入。

今、長五十尺、広十尺三寸以上為大船、載米二百五十石、長四十六尺、広九尺以上為中船、載二百石、長四十一尺、広八尺以上為小船、載一百三十石、以為恒式。若数外加載者、幷官吏論罪。従之。(10)

右の記事は一四四六年（世宗二十八）に漕船の積載量を定めたもので、ここに見える「漕転船」の大船・中船・小船の船長・船幅はそれぞれ〈表1〉の江船の数値と一致する。朝鮮時代、水路を利用した漕運は、站運（内陸水運）と海運とに区分されるが、站運に用いられた江船は水站船、またその構造から平底船とも呼ばれた（金在瑾［一九八四］二七〇頁）。右の記事からは、十五世紀の江船（水站船）が大船で二五〇石以上、中船で二〇〇石以上、小船で一三〇石以上の穀物を積載する能力があったことがうかがえる。

さらに約二〇〇年後、柳馨遠（一六二二〜七三）は、その著書『磻渓随録』で税制改革を論じるなかで、海船・江船の船制について〈表2〉のような数値をあげている。(11)柳馨遠は、課税対象とすべき船を、船型の大小によって、海船は六段階（大・大次・中・中次・小・小次）に、江船は三段階（大・中・小）に区分し、それぞれの課税額を定めた。江船については、「其但通水上者、只可為中船以下」との記述があり、内陸河川を遡上できたのは中船よりも小さな規模の江船であるとの認識が確認できる。

〈表1〉〈表2〉から、海船は船長に対する船幅が広く（L／B比二・二一〜三・二三）、江船は船長に比べて船幅が狭い（L／B比四・八四〜六・三三）という特徴が明らかで

〈表２〉17世紀海船・江船の規模

船種		長Ｌ（m）	幅Ｂ（m）	長Ｌ／幅Ｂ
海船	大船	60尺（18.0）以上	22尺（6.6）以上	2.73
	大次船	53尺（15.9）以上	19尺（5.7）以上	2.79
	中船	46尺（13.8）以上	16尺（4.8）以上	2.88
	中次船	39尺（11.7）以上	13尺（3.9）以上	3.00
	小船	30尺（9.0）以上	10尺（3.0）以上	3.00
	小次船	20尺（6.0）以上	6尺（1.8）以上	3.33
江船	大船	62尺（18.6）以上	11尺（3.3）以上	5.64
	中船	50尺（15.0）以上	9尺（2.7）以上	5.56
	小船	38尺（11.4）以上	6尺（1.8）以上	6.33

典拠：『磻渓随録』巻之一、田制上、雑税条。

※ 営造尺１尺＝30㎝として計算。Ｌ／Ｂ比は小数点以下第三位を四捨五入。

ある。また、二つの表の数値を単純に比較すれば、海船大船の船長で約一・四倍の差が見えるように、船体規模も大型化していることが指摘できる。ただ言うまでもなく、これらの数値はともに当時の船舶の実測値ではない。ここからは大方の傾向を推測するにとどめたい。また当然ながら、使用場所だけでなく、建造、使用された時期や地域、使用目的によっても、船舶の構造には差異が見られるが、本稿でそれらを逐一扱う余裕はない。

以下では、所有者による区分、すなわち中央・地方の官衙が管理し、使用した軍船・漕船・進上船などの官船と、民間で所有された私船とに区分して、それぞれの類型と船体構造の大略について見ていくことにしたい。

（１）官　船

まず、十八〜十九世紀頃の代表的な官船として、税穀輸送船である漕船・北漕船、軍船である戦船・兵船、軍糧などの運搬に用いられたト物船（ト船）（金在瑾［一九八四］一七五頁）、そして日本への通信使行に用いられた使臣船（渡海船）の船体規模を〈表３〉に示しておく(12)。十七世紀後半頃の海船・江船の規模を示した〈表２〉と、〈表３〉所載の十八〜十九世紀の各船舶を比較したとき、全体的としては船体規模に大きな変化は見られない。

〈表3〉18～19世紀官船の規模

船種		底板長(m)	底板幅(m)	積載量	定員	典拠
漕運船	漕船	57尺(17.1)	13尺(3.9)	500～1000石	—	『各船図本』
	北漕船	27.5尺(8.3)	17.5尺(5.3)	—	—	
軍船	戦船(統営上船)	90尺(27.0)	18.4尺(5.5)	—	194人	
	戦船(各邑鎮)	65尺(19.5)	15尺(4.5)	—	164人	
	亀船	64.8尺(19.4)	14.5尺(4.4)	—	148人	
	兵船	39尺(11.7)	6.9尺(2.1)	—	17人	
	防牌船(各邑鎮)	—	—	—	31人	『全羅右水営誌』
	伺候船	—	—	—	5人	
運搬船	卜物船	30尺(9.0)	9尺(2.7)	200～400石	—	『旅菴全書』
使臣船	大船	71.25尺(21.4)	12.25尺(3.7)	—	*114～119人	『増正交隣志』『辛未通信日録』
	中船	67.5尺(20.3)	11.75尺(3.5)	—	—	
	小船	60.75尺(18.2)	11.5尺(3.5)	—	*48～55人	

典拠：金在瑾［1977］［1984］［1994a］。

※　全て営造尺に換算。営造尺1尺＝30㎝として計算し、m換算値は小数点以下第二位を四捨五入。

＊　使臣船の定員は、1811年（純祖11）易地聘礼のときの金履喬『辛未通信日録』による参考値。

①漕船（税穀輸送船）

朝鮮の漕運制度は時期によってかたちが変わる。〈表3〉の漕船は、主として三南地方の各地で徴収された田税米を輸送した船をいい、北漕船は、東海岸の慶尚道と咸鏡道との間を往来した船をいう。ただ、咸鏡道には漕運制度が適用されなかった。北漕船が主に輸送したのは慶尚道からの賑恤米・軍糧米である。漕船には、櫓が設置されていない点（後述の戦船は左右各九本、兵船は左右各三本）、船首部が横材で組まれている点（戦船・兵船は縦材）、横方向の補強材である駕木や加龍木が四箇所にしか設置されていない点（戦船は十五箇所、兵船は十箇所）など、構造上の特徴がいくつか挙げられる。

〈表3〉で漕船の積載量（五〇〇～一〇〇〇石）に幅があるのは、時期と地域によって規定積載量に変化があったためである。先述したとおり、十五世紀の漕船は江船大船で積載量を二五〇石に制限されていた。その後、漕船の規程積載量は五〇〇石に増え、十八世紀前半には、さらに一〇〇石を加増して六〇〇石となった[13]。

この時期、すでに私船による税穀賃運が行われていた。十八世紀中頃には、私船が税穀を輸送する場合の積載量の上限は一〇〇〇石と定められたが、漕船に対する六〇〇石という規程には依然として変化がなかった[14]。十八世紀末になると漕船の積載量も増加し、全羅道・忠清道八〇〇石、慶尚道一〇〇〇石[15]、十九世紀半ばには忠清道八〇〇石、全羅・慶尚道一〇〇〇石とすることが定められた[16]。くり返しになるが、少なくとも十七世紀後半以降、官船の船体規模に大きな変化はない。こうした規定積載量の増加は漕船の大型化を示すものではなく、運用規程のみが変更されたものと見るべきだろう。

また、右のような規定はいつも守られていたわけではない。例えば、規定積載量が五〇〇石だった一四六六年（世祖十二）に、漕船が八〇〇石の穀物を載せていたことが確認できる[17]。また、十九世紀末の三南地域の税穀輸送事例を分析した吉田光男［一九九一］によれば、この時期の漕船の積載量は最大で約一三九三石、平均約一〇八五石であったという[18]。十七〜十九世紀の間に、漕船は恒常的に一〇〇〇石以上の穀物を輸送するようになっていた。

②軍船

軍船とは海防のために武装された船の総称である。先に見たように、物資輸送船である漕船とは構造上いくつかの違いがある。軍船建造の本来の目的は国防、戦闘であったが、平時には税穀や賑恤穀などの穀物輸送にも使用され、老朽化した軍船が民間に払い下げられて私船として利用されることもあった[19]。

朝鮮近世の軍船は、その用途によって大きさや構造が異なり、それぞれに異なる名称で呼ばれた。一七四六年（英祖二十二）に刊行された『続大典』には、全国に配備されるべき合計七七六隻の軍船が記載されているが、このうち、戦船・防船・兵船・伺候船の四種が六七二隻を占め、これは全隻数の八六・五％にあたる（表4）。ここでは、当時の主たる軍船としてこの四種に限って簡略に言及しておくことにする。

〈表４〉18世紀の軍船配備状況（単位：隻）

	戦　船	防　船	兵　船	亀　船	伺候船	その他	計
京　畿	4	10	10	1	16	12	53
忠清道	9	21	20	1	41	0	92
慶尚道	55	2	66	9	143	2	277
全羅道	47	11	51	3	101	1	214
黄海道	2	26	9	0	5	69	111
平安道	0	6	5	0	12	6	29
計	117	76	161	14	318	90	776

典拠：金在瑾［1977］170〜173頁。『続大典』兵典、諸道兵船条。

※ 上に見える数値は『続大典』に定められた規定上の配備隻数であって、実際の配備状況を示すものではない。

③戦船

戦船は、もっとも船型の大きな主力軍船で、全国に一一七隻を配備することになっていた。その中でも最大規模の統営上船では一九四名、一般戦船でも一六四名もの戦闘員、櫓軍が乗り込んだ大型船である。これは、壬辰丁酉（文禄慶長）役の時に活躍した板屋船が改称されたものといわれる。板屋船は、船体の上に板屋を設置して上粧（上部構造）を造ったものをいい、有名な亀船はこの戦船の上粧を改造したものである。(20)

④兵船

この戦船や亀船にしたがう軽武装の小型軍船が兵船である。左右三本、計六本の櫓を備え、沙工一名、砲手二名、櫓軍十四名の計十七名で運航された。兵船が登場したのは、十七世紀初、水軍を再建する過程でのことであった。この兵船は十七世紀中ごろまで、賑恤穀などの穀物輸送などに用いられ、軍用に使われることは少なかったが、沿海の巡察、警備に用いられる小型武装船として次第に定着するようになった。穀物の積載能力は二〇〇石前後で、船板が薄いために穀物輸送には不向きであったという。『続大典』所載の配備数は一六一隻である。(21)

⑤防牌船（防船）

さらに、戦船と兵船の中間に位置する軍船として防牌船（防船）がある。甲板上両舷端に、兵士が身を隠すための防牌板を設置したことからこの名がある。全羅右水営所管の各邑鎮に配された防牌船の乗船者数は三十一名とされている。一五五五年（明宗十）の乙卯倭変以後、板屋船・挟船(22)（乗員三名の小型船）とともに倭寇防御に使用されたが、壬辰役以後しばらく史料から姿を消す。再び防牌船の存在が確認されるのは十七世紀前半に入ってからで、十八世紀初めごろから本格的な使用がはじまったらしい。一六七八年（粛宗四）に十一隻だった防船は、十八世紀半ばにかけてその数を急激に増やし、『続大典』では全国に七十六隻を配備することになっていた(23)。

⑥伺候船

伺候船は、戦船・兵船・防船などの大型武装船の従船で、偵察および連絡などに用いられた小型の非武装船である。この時期の軍船の中でもっとも数が多く、『続大典』所載の配備数は三一八隻である。乗員は沙工一名、櫓軍四名の計五名である。壬辰役の時には、挟船が伺候船として用いられたが、漁船である採鰒船（鮑作船）なども同じ用途に使用された。挟船以外に、伺候船として使用された船には、艍舠船、梭船などがあった。

艍舠船は、朝鮮前期から多目的に使われてきた軽武装の小型船で、格軍四名と砲手一名が乗船し、京畿・黄海道・平安道などで使用された。梭船は、伺候船や挟船よりも小さく、船首と船尾が全く同じ形に作られており、自由に前後に動くことができた。その動きが機織りに用いる梭のようだという理由から梭船の名が付いたという(24)。

このほかに特殊な軍船として、鎗船(25)、海鶻船(26)、輪船(27)などの名が知られる。

⑦使臣船（渡海船）

海禁政策の下、海を渡って異国を往来することをほぼ唯一許されたのが、日本への通信使、訳官使（問慰行）である。(28) かれらが使用した船は、使臣船、渡海船と総称されるが、これは当時唯一の外洋船であった。詳細は後述する。

（2）私船

①京江船

私船に関する記録は極めて限られており、船舶の規模や構造の変遷を詳細に知ることは難しい。

十七世紀以降、官船漕運体制が崩壊し、私船が税穀（田税および大同米）輸送を請け負うようになったが、この時期に擡頭する私船が京江船である。(29) 京江船とは、京江地域(30)を拠点にした私船をいい、京江船を利用して税穀賃運によって大きな利益を得た商人を京江商人という。(31)

漕船、軍船などの官船には使用期間が定められており、この期間を過ぎると民間に払い下げられた。(32) 使用期間が過ぎた官船を「退船」というが、京江商人はこの退船を買い取り、改造して利用した。(33) この場合の京江船は、私船とはいっても構造上は官船そのもので、一〇〇〇石以上の積載能力をもっていた。(34)

②地土船

王都漢城を拠点とした京江船に対して、外方〔漢城以外の地域〕で活動した私船は地土船と呼ばれた。十六世紀末から地土船の活動が活発化するが、これには税穀輸送の賃運化という時代的背景があった。

十六～十七世紀、官船漕運体制が崩壊していった最大の要因は漕船の不足にあった。一五二九年（中宗二十四）にはすでに中央で漕船不足を補うために私船が利用されており、十七世紀半ばになると湖南地域の田税を地土船が賃運していた[35]。この時期京江船も税穀輸送に参与していたが、中央政府は基本的に地土船を利用することを原則としていた。『受教輯録』は、税穀輸送に京江船を用いてはならず、該当邑の地土船を賃用するよう定めている[36]。ただし、地土船の税穀賃運活動は十七世紀末以降顕著に不振となり、大同米輸送に関しては全くその役割を失ったという[37]。以後、地土船は各地域を拠点とした商業活動、そして賑恤穀や貢納品、進上品などの公的物貨の輸送などを行うようになる。その内容については別稿で論じたことがあるので[38]、ここでは地土船の類型と規模等についてのみ整理しておきたい。

地土船は、地域によって京畿船・湖西船・湖南船・済州船・関東船・海西船・関西船・関北船に区別できる。京江船も本来は地土船の一つと見ることができる。京畿船の中でも特に活動の目立った京江地域を拠点としたのが京江船であり、これ以外に開城を拠点とした松都船、水原を拠点とした水原船などの呼称があった[39]。

地土船の船体そのものに関する資料はほとんど残っていないが、収税上の区分によってその船体規模を整理すると次頁の〈表5〉の通りである。

〈表5〉に見るように、地土船の規模を測る基準は地域によって異なっていた。この中で最も大きいのは八〇尺以上になる嶺南の大広船である。〈表5〉の数字はあくまで収税の基準とする船の大きさを規定したもので、当時活動していた地土船の実際の大きさを示すものではないという点には注意が必要である。嶺南大広船についてもどのような船なのかは全く不明だが、しかし規定がある以上、八〇尺を超える船が存在した可能性を否定する理由もまたない。

朝鮮時代最大の船は統営所属の上船と呼ばれる戦船で、その底板長は一〇五尺であった。一般戦船の底板長は八五〜九〇尺、兵船の大きいもので四三尺、漕船は五七尺であり、嶺南の大広船は当時最大級の船の一つと見てよい。一方、京畿・湖南の地土船は大船でも底板長三〇尺を超える程度であり、湖西船はこれより少し大きく四〇尺程度であっ

〈表5〉18世紀地土船の規模（海船）

地域別	種類・等級	船長（m）	地域別	種類・等級	船長（m）
京畿船	大　船	30尺(9.0)以上	湖西船	九等船	20尺(6.0)以上
	中　船	20尺(6.0)以上		十等船	17.5尺(5.3)以上
	小　船	15尺(4.5)以上		小小船	15尺(4.5)以下
	小小船	10尺(3.0)以上			
	小小艇	7.5尺(2.25)以下			
湖南船	大　船	32.5尺(9.8)以上	嶺南船 関東船	杉　船	15尺(4.5)
	中　船	22.5尺(6.8)以上		桶　船	15尺(4.5)
	小　船	12.5尺(3.8)以上		櫓　船	15尺(4.5)
	小小船	10尺(3.0)以下		大広船	80尺(24.0)以上
湖西船	一等船	40尺(12.0)以上		次大広船	65尺(19.5)以上
	二等船	37.5尺(11.3)以上		中広船	50尺(15.0)以上
	三等船	35尺(10.5)以上		次中広船	35尺(10.5)以上
	四等船	32.5尺(9.8)以上		小広船	20尺(6.0)以上
	五等船	30尺(9.0)以上		小小広船	15尺(4.5)以下
	六等船	27.5尺(8.3)以上		挟　船	—
	七等船	25尺(7.5)以上		中漁艇	15尺(4.5)以上
	八等船	22.5尺(6.8)以上		小漁艇	10尺(3.0)以下

典拠：崔完基［1989］163頁の表9「朝鮮後期海船の種類と大きさ」をもとに作成。

※　この表の典拠となった『万機要覧』財用編三、海税、収税式条は単位に把を用いている。本表では把を尺に換算したうえ（1把＝5尺）、m法での換算値を示した。高東煥［1998］は、崔完基が作成した表をもとに丁若鏞の『経世遺表』巻一四、均役事目追議二、船税条に見える特殊船舶の名称を加えた表「朝鮮後期地域別船舶の種類」を作成している（119頁、表1―6）。

た。嶺南大広船の規模がいかに大きいものであったかがわかる。

民間における船舶の調達法、造船技術等に関しては未だ不明な点が多い。史料上の限界がもっとも大きな理由ではあろうが、今後の進展がのぞまれる。

最後に、参考として、十八世紀～十九世紀初にかけて日本および中国に漂流した朝鮮船のうち、その大きさが示されているものを〈表6〉として整理しておいた[40]。なかには出船地の不明なものも含まれるが、これらの船は地土船と考えてよいと思われる。

偶然だろうか、六隻の船は概ね同じ規模で、船長一二～一六m程度である。これらは十八～十九世紀の朝鮮沿海で実際に活動していた船の大きさを示してくれる貴重な資料でもある。漂流船記事のさらなる収集、分析が求められる。

〈表６〉漂流朝鮮船の規模

漂流年(西暦)	漂着地	出船地	長さ（m）	横（m）	高さ（m）
英祖29(1753)	清盛京	平安道	4丈(約12.8)	—	—
英祖46(1770)	日本駿河	全羅道	8間(約14.5)	2間3尺5寸(約4.7)	5尺5寸(約1.7)
英祖49(1773)	清盛京	平安道	4丈(約12.8)	—	—
正祖5(1781)	清盛京	黄海道	5丈(約16.0)	1丈5尺(約4.8)	—
正祖14(1790)	日本平戸	—	6尋半(約11.8)	7尺5寸(約2.3)	—
純祖7(1807)	日本佐渡	—	3丈9尺(約11.8)	2間(約3.2)	6尺(約1.8)

典拠：『同文彙考』原編・原続、漂民、我国人。『通航一覧』巻之百三十六、朝鮮国部百十二、漂着条。

二　使臣船研究の現況

（1）金在瑾の研究

壬辰丁酉役のあと、日本に派遣された通信使は、三使——正使・副使・従事官をはじめ、通事・製述官・押物官・写字官・画員・軍官、さらには護衛と儀仗の役についた者まで毎回五〇〇名近い大使節団であった。通信使一行は、釜山から六隻の船に分乗して対馬・壱岐を経て玄界灘を渡り、瀬戸内海を通って大坂に至った。大坂からは日本側が準備した川御座船に乗り換えて淀川をさかのぼり、京都付近で上陸した後は東海道に沿って陸路で江戸に至るのが通例であった。このとき、釜山から大坂までの航路で通信使一行が搭乗した船が使臣船（渡海船）である。壬辰役以後の朝鮮において、外洋航行を目的に製作された船は、十二次にわたって派遣された通信使、そして釜山・対馬間を五十回以上往来した訳官使（問慰行）の船だけであった。

通信使は近世日朝関係史の主たる研究テーマであり、一九八〇年代以降膨大な蓄積があるものの、(41)一行が搭乗した使臣船そのものの研究は決して活発とは言えない。

使臣船研究においても、まずあげねばならないのは金在瑾の研究である。金在瑾は『増正交隣志』といくつかの対日使行録、一九七二年に発見された『軒聖遺稿』、そして日本に現伝する絵画資料をもとに、使臣船の諸特性を明らかにした。ここでは、ま

〈表７〉使臣船の主要数値

項目／区分		大船（m）	中船（m）	小船（m）
本板	長	71.25尺（21.4）	67.5尺（20.3）	60.75尺（18.2）
	頭広	10.5尺（3.2）	10.5尺（3.2）	7.0尺（2.1）
	腰広	12.25尺（3.7）	11.75尺（3.5）	11.5尺（3.5）
	尾広	10.0尺（3.7）	9.75尺（2.9）	7.0尺（2.1）
	条数	9	9	8
曲木長		15.75（4.7）	15.75尺（4.7）	18.5尺（5.6）
上甲板	長	97.5尺（29.3）	92.0尺（2.8）	85.15尺（25.5）
	頭広	17.5尺（5.3）	17.5尺（5.3）	16.15尺（4.8）
	腰広	31.0尺（9.3）	31.0尺（9.2）*	25.15尺（7.5）
	尾広	20.0尺（6.0）	20.0尺（6.0）	15.15尺（4.5）
杉	高	10.0尺（3.0）	10.0尺（3.0）	5.25尺（15.8）
	条数	8	8	8
屏推		10.5（3.2）	10.5尺（3.2）	10.35尺（3.1）

典拠：金在瑾［1994a］152頁〈表５―２〉

※『増正交隣志』巻之五、渡海船隻式の数値は、把・尺・寸が用いられているが、ここでは全て尺換算（1把＝5尺）とし、（　）内にm換算値を示した。

＊『増正交隣志』では中船の腰広が３把１尺＝16尺（4.7m）と記載されているが、これは大船・小船の数値と比較すると明らかにおかしい。『癸未随槎録』（後述）では副使騎船（中船）の腰広は６把１尺＝31尺（9.3m）となっており、この数値は他の船と比較しても整合性がある（金在勝［2005］190頁）。ここでは『増正交隣志』の数値に代えて『癸未随槎録』の副使騎船の数値を記入した。

ず一九九〇年代までの金在瑾の研究によって復元された使臣船の構造的特性を整理し(42)、さらにその後すすめられた使臣船研究の成果を紹介することで、使臣船研究の現位置を確認することにしたい。

①『増正交隣志』（一八〇一年編纂）

『増正交隣志』巻之五、渡海船隻式には使臣船の主要数値が記載されており、これを整理したものが〈表7〉である。

三使がそれぞれ随員を率いて搭乗した三隻を「騎船」と呼び、貨物と人員が乗った三隻を「卜船」と呼んだ。正使騎船と副使騎船は大船、従事官騎船と正使卜船は中船、副使と従事官の卜船は小船であった。大船二隻と中船・小船各一隻の四隻は統営で建造され、のこりの中船・小船各一隻は慶尚左水営で建造されるのが慣例となっていた。

②対日使行録中の使臣船関連記録

金在瑾がとりあげた使行録は、①一六四三年（仁祖二十一）の第五次使行の副使であった趙絅『東槎録』「画舫楼船説」（『海行摠載』巻三所収）、②一七一九年（粛宗四十五）の第九次使行の製述官であった申維翰『海游録』、③易地聘礼となった一八一一年（純祖十一）の第十二次使行の記録である『東槎録』（作者未詳）[43]、④おなじく十二次使行の記録である正使金履喬の『辛未東槎日録』の四つである。これらの記録からは、孝宗代以降の使臣船の欄干や柱に美しい彫刻と彩画が施されていたこと、船室に絹製の幕が張られ、旗や武具を飾り立てていたこと、粛宗代以降の帆は木綿製でその端が青く縁取られていたこと、などが明らかにされた。

『辛未東槎日録』には、四隻の船の乗員数と船室配置がそれぞれ明示されている（図1）。通信使行とその随員の名単を収録した使行録は複数あるが、各船ごとの名単は珍しく、貴重な史料といえる。易地聘礼となった第十二次使行は、異例の四隻（正騎船、副騎船、正卜船、副卜船）での航海となったが、正使・副使の騎船はいずれも、第十一次使行までと同様、統営で新造されたものであって[44]、構造的にはそれ以前の使臣船と大きな違いがあったとは考えにくい。

一方、いずれの使行録においても、船長・船幅など、船体構造に関して非現実的な数値が記載されている。たとえば、『海游録』『東槎録』はともに帆柱の高さを一五丈、すなわち一五〇尺（約四五m）と記載しているが、これは非常に高いことの形容表現に過ぎず、実体を示すものでない点に注意が必要であることなどが指摘された。

③『軒聖遺稿』

『軒聖遺稿』は、一八二二年（純祖二十二）に対馬に派遣された問慰使船の造船記録で、一九七二年に慶尚南道固城

〈図１―１〉正使騎船の船室配置

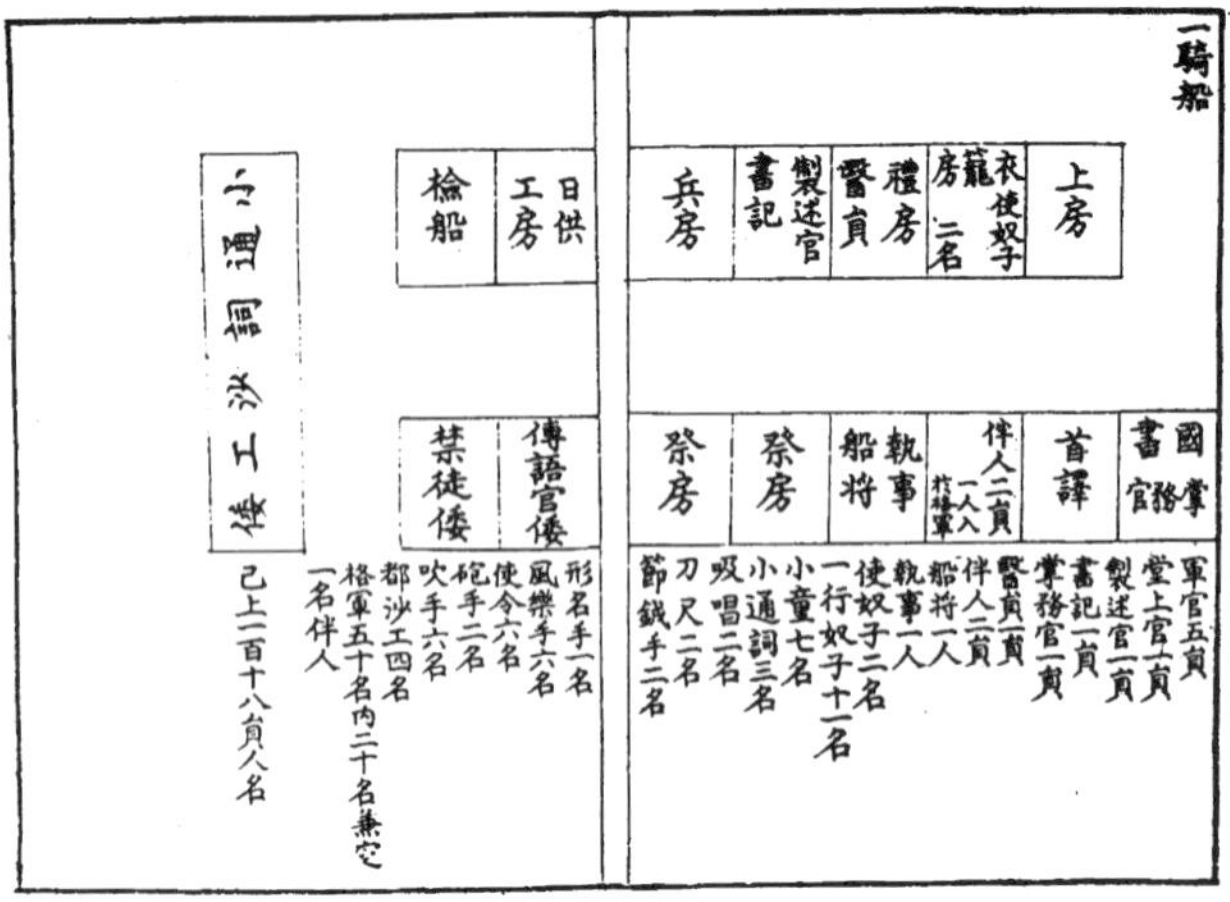

〈図１―２〉副使騎船の船室配置

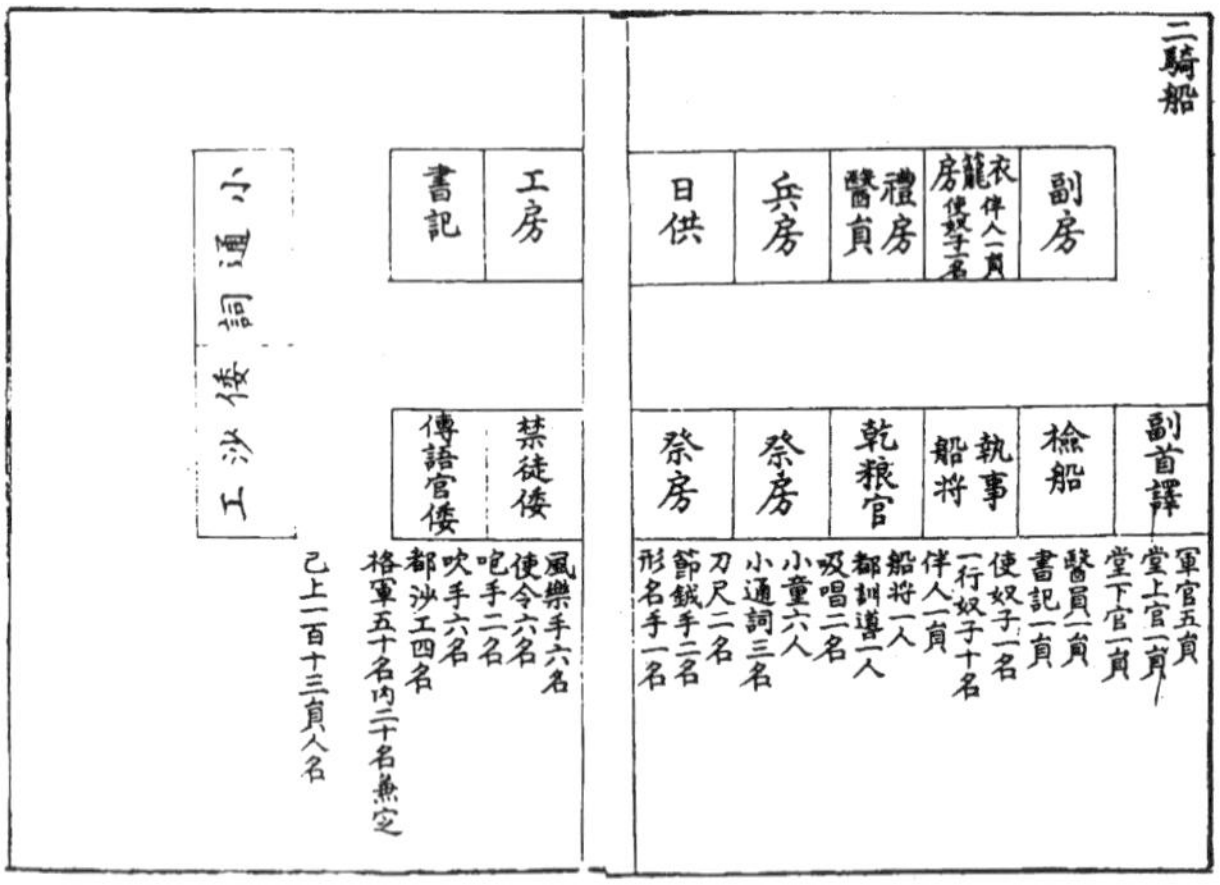

（金在瑾［1994a］159頁）

邑で発見された。

壬午（一八二二年）三月二十五日から閏三月を経て四月二十六日までの六十一日間にわたる船役を日記体で記した「海山経歴」から始まり、船用材一七五株の明細を記した「船材所入」、関係官員と賦役人員七十六名を分類した「各鎮賦役船匠」、鉄釘類を内訳した「鉄釘所入」、そのほか「粧船所入雑色木物」などを順に記し、それに加えて「造船式図」、「上粧式図」、「鵰木式図」などの様々な図面が付されている（図2）[45]。

本史料は問慰使船のものではあるが、通信使船の現伝図面が確認されていないなか、使臣船研究にとって貴重な史料である。

④絵画資料

右に挙げたもの以外に金在瑾が注目したのが絵画資料である。金在瑾が一定の史料的価値を認め、学界に紹介したものが〈表8〉の番号1～3、5～7、10の七点である。特に〈表8〉の番号6、7の二点は絵とともに文章による説明が付されており、使臣船の船体構造を知る上で貴重である。

〈図2―1〉『軒聖遺稿』「造船式図」

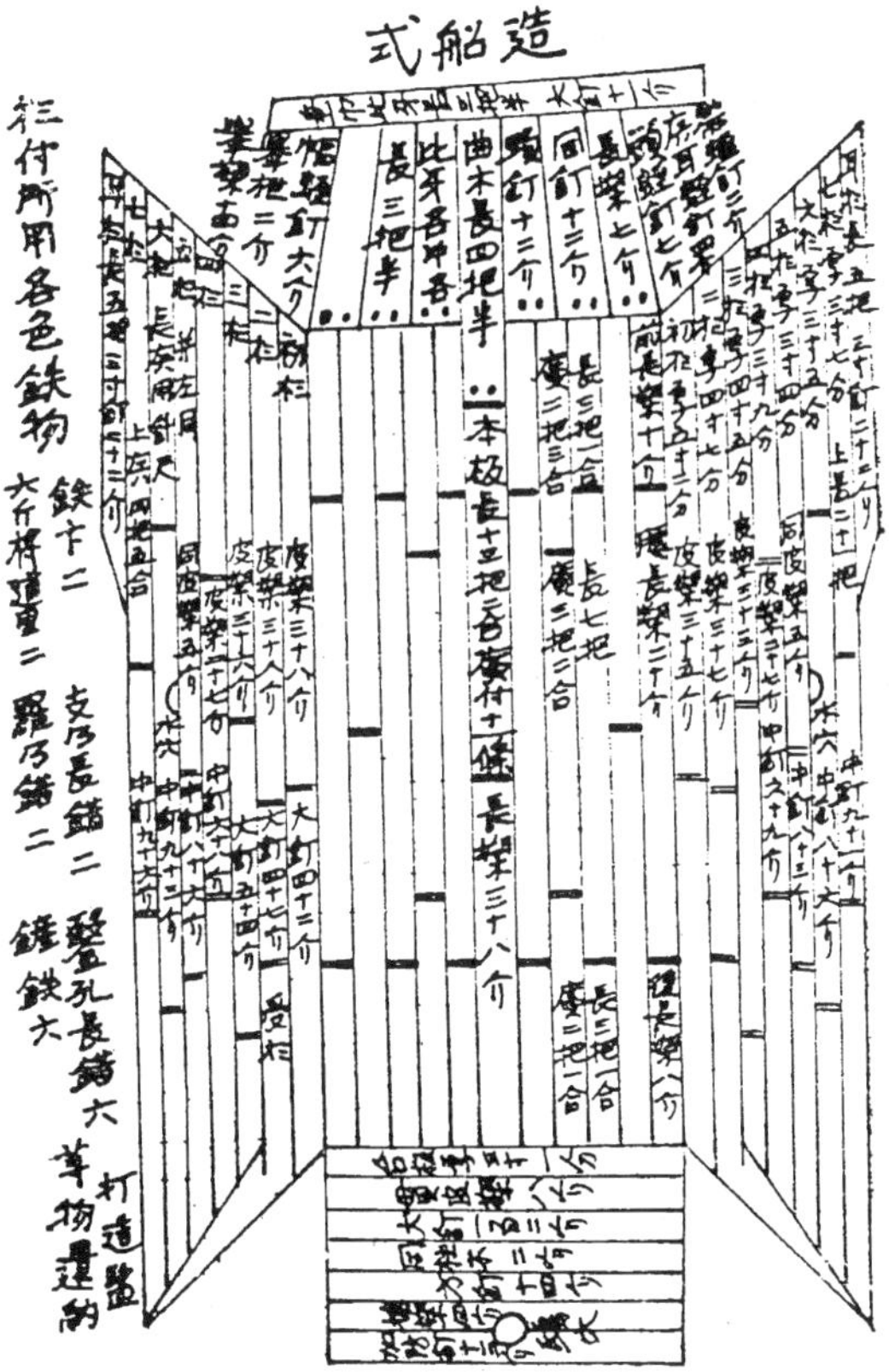

（金在瑾［1977］247頁）

一九八〇年代以降、辛基秀・仲尾宏らの努力で、日本所在の通信使関連史料の発見がすすんだ。以下、使臣船が描かれた絵画資料のうち、〈表

〈図２―２〉『軒聖遺稿』「上粧式」

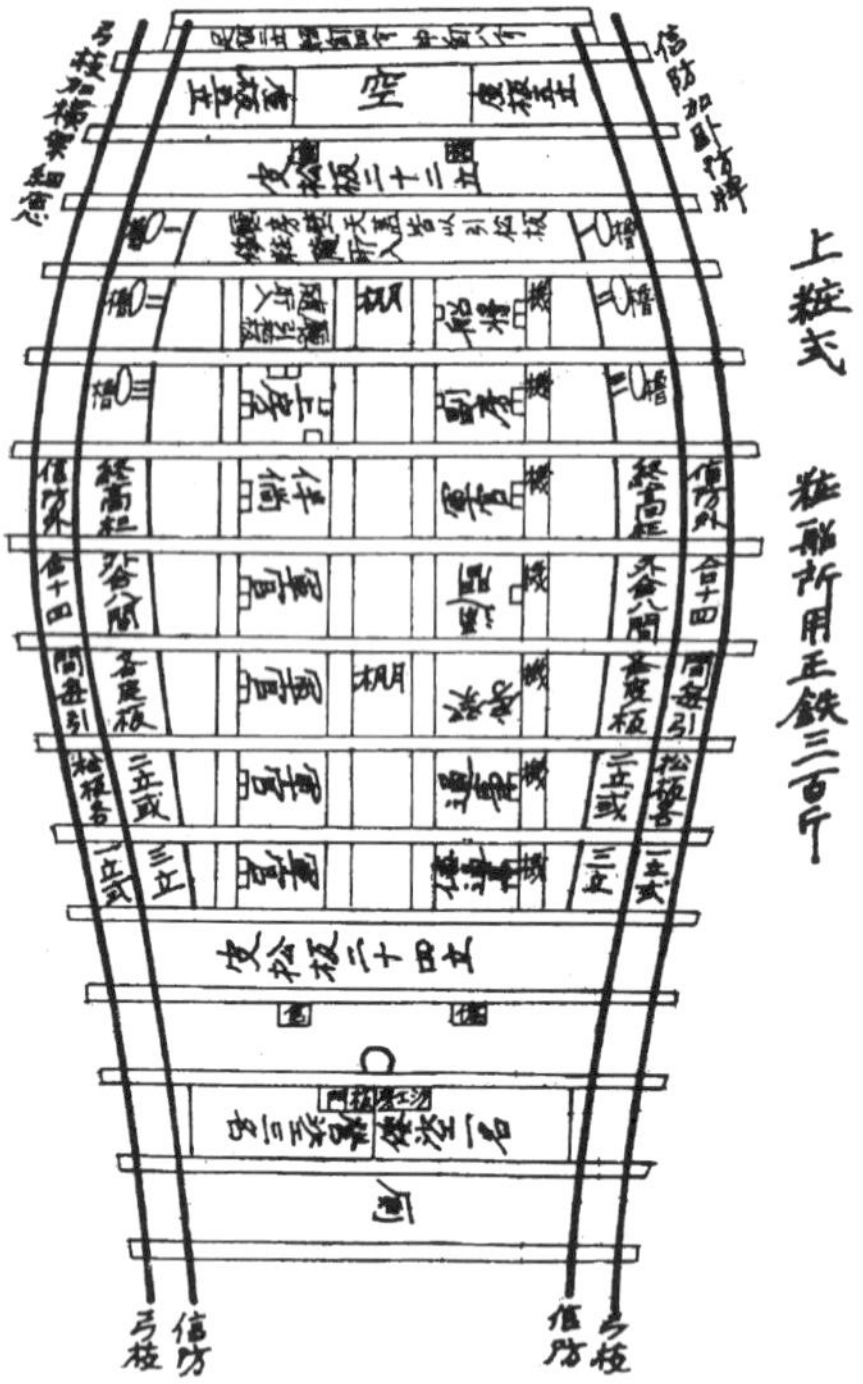

（金在瑾［1977］248頁）

〈図２―３〉『軒聖遺稿』「鶂木式」

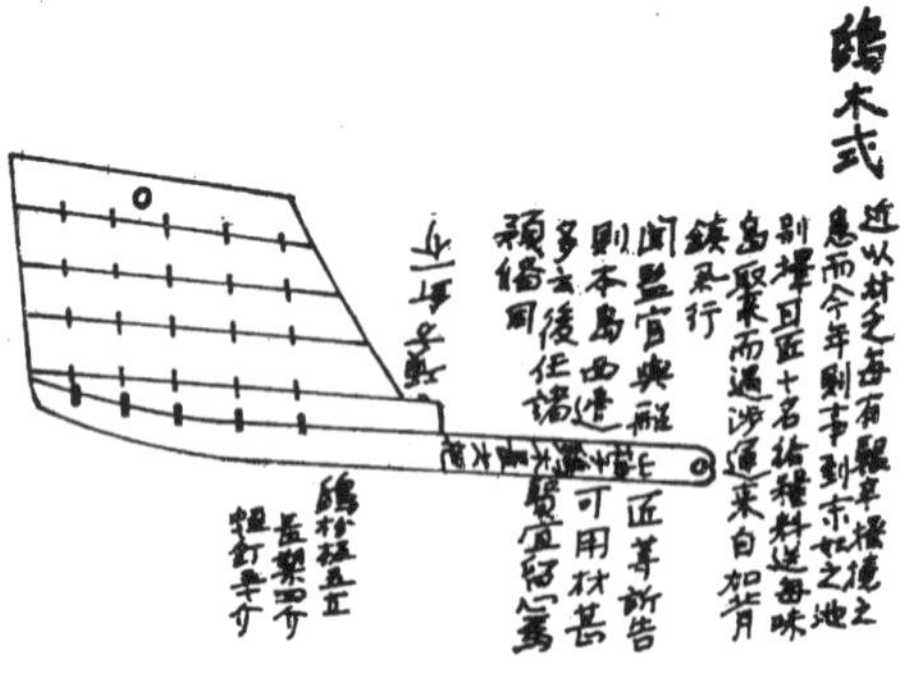

（金在瑾［1977］249頁）

8〉にあげられていないものを紹介しておこう。

まず第十次使行（一七四八年）に関しては、一行の赤間関入港を描いた『赤間関信使屋并近辺図』（岩国・徴古館蔵。一二四・七×二五四・〇cm）があり[46]、次の第十一次使行（一七六四年）については、船団の室津入港を描いた『室津入港図』（個人蔵。二曲屏風。一三九・〇×一四九・〇cm）、同じく兵庫津入港を描いた『兵庫津入港図』（個人蔵）がある[47]。

これ以外に、どの使行を描いたものか明白ではないが、『朝鮮通信使船上関来航図』（上関・超専寺蔵。九〇×一一〇cm）には上関前洋を航行する通信使船団とそれを護衛する日本側の大船団が描かれており[48]、『朝鮮通信使船大坂河口之図屏風』（御馳走一番館所蔵。六曲一隻。一一八・〇×二七六・〇cm）は通信使船の外部構造をよくうつした写実的な絵

〈表８〉使臣船を描いた絵画

番号	名称	所蔵者	使行年（西暦）	使行順次
1	信使副船卜船破船之図	対馬宗家文書	粛宗37年（1711）	第８次
2	朝鮮通信使御座船図屏風	個人蔵*		
3	朝鮮人来朝覚「備前御馳走行烈」	御馳走一番館所蔵（四宮家旧蔵）*	英祖24年（1748）	第10次
4	朝鮮通信使牽備前舟船行列図**	전우홍氏	英祖24年（1748）	第10次
5	『和漢船用集』の朝鮮船	金沢兼光著	英祖40年（1764）	第11次
6	南波松太郎所蔵正使船図	南波松太郎氏		
7	『津島日記』の韓船	草場典夫氏	純祖11年（1811）	第12次
8	朝鮮通信使船図**		純祖11年（1811）	第12次
9	朝鮮聘使図（『近江名所図会』所載）	전우홍氏**		
10	朝鮮船入津之図	慶應義塾大学図書館	哲宗６年（1855）	問慰使船
11	劉淑『泛槎図』（1858）	韓国国立中央博物館		

典拠：金在瑾［1994ａ］182～185頁。＊印は、常葉美術館［2004］、蘭島文化振興財団ほか［2006］によって補完した部分。＊＊印は、国立海洋文化財研究所［2010］に拠る。

である。

なお、一九九八年に発見された『朝鮮通信使船団図屛風』（六曲一双。一曲：九三・九×五三・〇㎝）は狩野探信（一六五三～一七一八）の画とされて注目された。瀬戸内海を航行中の通信使船団がある港へ入港した様子を描いたものとされる(49)。中央部の三隻の朝鮮船はたいへん色鮮やかで緻密に描かれているものの、これらの船が通信使船を実見して絵に写したものではないことは船首の構造、装飾だけを見てもわかる。通信使船の構造を知るための史料としての価値は低いと言わざるを得ない(50)。

絵画資料は使臣船の構造や航海の様子を知る上で貴重なものではあるものの、実体を写すものは少なく、史料として扱う際には注意が必要である。

（２）使臣船の特徴

①船型と大きさ

まずは使臣船の大きさと船型の特徴をみるために、同じ時期につくられた船と比較してみたい。〈表９〉は、使臣船

〈表９〉使臣船と戦船・亀船の主要数値（単位：尺）

	使臣船大船	使臣船中船	統営上船	各鎮戦船	亀船
全長	―	―	―	―	113(33.9)
甲板長	97.5(29.3)	92(27.6)	105(31.5)	*85～90 (25.5～27.0)	*85～90 (25.5～27.0)
底板長	71.25(21.4)	67.5(20.3)	90(27.0)	65(19.5)	64.8(19.4)
甲板幅	31(9.3)	―	39.7(11.9)	*30(9.0)	*30(9.0)
底板幅	12.25(3.7)	11.75(3.5)	18.4(5.5)	15(4.5)	14.5(4.4)
底板Ｌ／Ｂ比	5.8	5.7	4.9	4.3	4.5
深さ	10(3.0)	10(3.0)	11.3(3.4)	8(2.7)	7.5(2.3)

典拠：金在瑾［1994ａ］189頁。＊印は推定値。（　）内はm換算値。数値は全て小数点以下第二位を四捨五入。

（大船・中船）と、船体規模の近い、統営上船、各鎮戦船、亀船の主要数値を整理したものである。

まずは底板の長さと幅の比率（Ｌ／Ｂ比）を比較してみよう。戦船のＬ／Ｂ比は、統営上船で四・九、各鎮戦船で四・三である。これに対して使臣船大船のそれは五・八になる。この数値は〈表１〉〈表２〉で見てきた江船以上に高い。船体規模は、各鎮戦船と同程度に維持されながらも、船幅に対する船長が大きい。底板長に対する甲板長の数値は、統営上船の一・二倍に対して、使臣船のそれは大船・中船ともに一・四倍と高くなっている。使臣船は全体として、長く、狭く、深く造られた、ほっそり長い船型であったと言えよう。

使臣船は、軍船でも物資輸送船でもなく、多くの人員を載せて外海を航海する旅客船であった。使行録にも、船の揺れのため水疾（船酔い）で苦労したとの記録が散見されるが、船長に対する船幅を狭くしたのは、乗船者の船酔いを軽減するための経験的措置であった。甲板が広かったのも、上粧部にできるだけ多くの船室を多く造る必要があったためと見られる。

なお、使臣船には大船・中船・小船の区別があるが、大船と中船の船体規模にそれほど大きな違いは見られない（貨物輸送に用いられた小船はやや小さい）。

②構造

〈図３〉正徳元年信使副船卜船破船之図

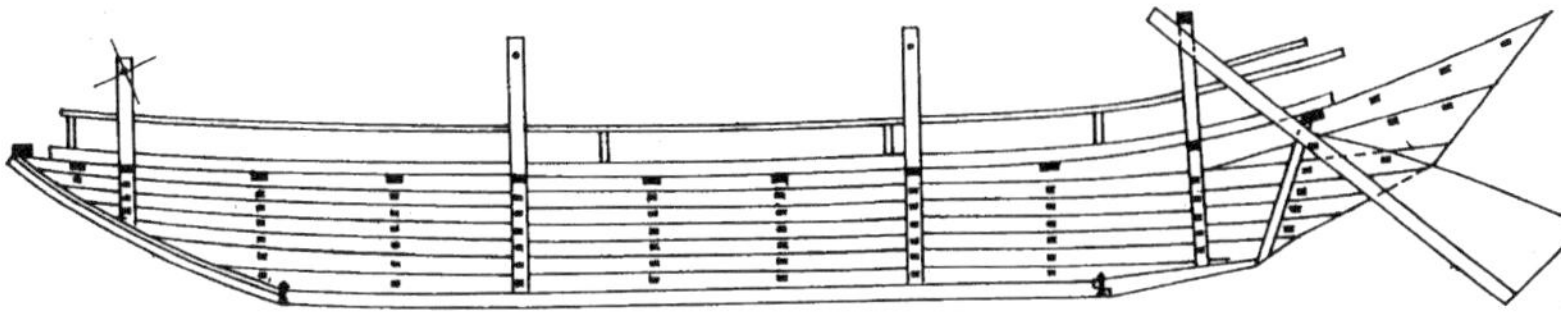

（金在瑾［1994a］163頁）

次に使臣船の船体構造を見てみたい。問慰使船の構造展開図である〈図２―１〉〈図２―２〉をみると、底板、外板、船首材、船尾材を互いに接着、固定して船体の外部構造を造る。これは朝鮮伝統船共通の船体構造である。

底板材は長槊（長い角形木栓）で固定されるが、〈図２―１〉には「前長槊十介」「腰長槊二十介」「後長槊八介」との記載があり、ここから十一の底板材が三十八個の長槊（底板用の木釘）で連結されたことが確認できる。

最上部の外板には十五本の駕木を架け、その上部に甲板が造られる。甲板上には船室が設けられるが、船室配置は〈図１―１〉〈図１―２〉をあわせてみるとより具体化する。〈図１―１〉の正使船には、正使以下一一八名が搭乗した。甲板上の船室は十五あったが、この船室を使用したのは、正使と製述官、船将、首訳官など極めて一部の者に過ぎず、大部分の随員は甲板下の居住区域を利用したらしい。

船の外部構造を側面から見ると〈図３〉のようになる。〈図３〉は第八次使行（一七一一年）のとき対馬で破船した副使卜船を描いたものだが、底板の上に七枚の外板（杉板）をのせ、外板は各層で加龍木によって左右に固定されている。

外板は杉板とよばれるが、スギ材を用いるわけではない。〈図２―１〉には外板（初杉・二杉・三杉・四杉・五杉・六杉・七杉・耳杉）の厚さが明記されている。船底に近い初杉がもっとも厚く（五・二寸）、中間に位置する五杉がもっとも薄い（三・四寸）。

〈図３〉では、外板を船尾材の後に延ばして尾を製作している。これは舵を横波から保護

〈図４〉蛭釘の使用例（予想図）

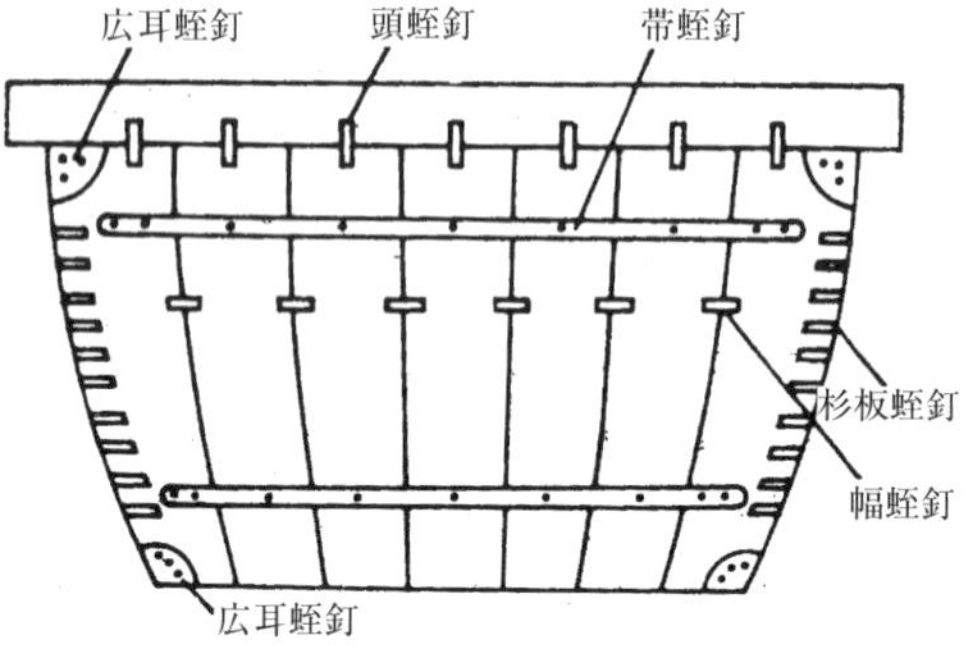

（金在瑾［1994a］194頁）

するという機能を果たすとともに、水軍の船将と船匠たちが武威を誇示する一種の嗜好であったという。[51] 船尾に収められた舵については〈図２―３〉の鴟木式に詳しい。

〈図２―１〉の船首は七枚の板を縦に組んで造られている。中央のものを「曲木」といい、他の船首材より一把＝五尺（約一・五m）長い。船首材はまず長栔七個で連結してから、帯蛭釘二個、広耳蛭釘四個、頭蛭釘七個、幅蛭釘六個など、各種の蛭釘で補強される。これらの蛭釘の使用方法については具体的な記載がない。〈図４〉は金在瑾作成の予想図である。

③艤装と付属装置

使臣船は鮮やかな丹青で彩られ、船首部に鬼面の装飾が施された。船上には絹の幕が張られ、旗纛、節鉞などを並べて威容を誇った。使臣船の華麗な装飾については、使行録の記述があるほか、より具体的な様子は前述の絵画資料からもうかがうことができる。

使臣船は帆柱と帆が二つ設置された双帆柱船である。櫓も設置されていたが、外洋航行は帆走によった。前後の帆柱はほぼ同じ大きさなので区別しにくいが、船尾の帆が首帆と思われる。帆柱はすべて前後方向に動き、無風時、強風時には倒すことができるようになっている。帆の材質については、第八次使行（一七一一年）の記録から、木綿製を採択したこと、それを紺色の布で縁どって飾ったことがわかる。

櫓については、左右各三（計六）本、左右各五（計十）本、左右各六（計十二）本、左右各八（計十六）本など、資料によって数が異なる。『辛未通信日録』では各船に格軍が三十～五十名ずつ分乗したとの記述がある。そのほか、絵画資料からは、碇と碇綱を巻き上げる碇輪（揚錨機）が設置されていたことなども確認できる。

（3）『癸未随槎録』――金在勝の研究

以上のように、金在瑾の研究によって、使臣船の船体構造についてはかなり詳細に知ることができるようになった。しかし、なお不明なことも残されている。たとえば、使臣船がどのように建造されたのか、という点である。この点については、近年発見された史料によって新たな可能性が見えてきた。河宇鳳［一九八六］が新発見の対日使行録として紹介した『癸未随槎録』（韓国国立中央図書館・勝渓文庫所蔵。請求記号勝渓古三六五三―四〇）である。同書は第十一次（一七六三年）の使行録の一つで、その冒頭部分には使臣船建造に関する具体的な記録が残されている。(52)

この『癸未随槎録』所載の使臣船建造に関する記述を具体的に分析したのが、金在勝［二〇〇四］である。「癸未信行駕海、壬午冬経紀、癸未正初始役、後略録。騎卜船、長広房数、各員分房、造船時、挙行大槩」という記述から始まる同書には、第十一次使行に使用された六隻の船のうち、統制営で建造された正使騎船（大船）、副使騎船、従事官騎船（ともに中船）、正使卜船（小船）の合計四隻の建造に関する具体的な記録が見られる。巨済島における船材の調達や、その統営までの輸送、統営船所における造船と釜山への廻送までの過程がある程度わかり、造船責任者の姓名なども記載された珍しい記録である。ここには船体の主要数値も記載されているが、正使船の数値は『増正交隣志』所載の「大船」の数値と、副使騎船・従事官騎船の数値は同書「中船」の数値と、正使卜船と同書「小船」の数値がほぼ一致することが確認できる。

最後に、金在勝［二〇〇四］に拠りつつ、使臣船に関して、『癸未随槎録』の記述から新たに明らかになったことをいくつか列挙しておくことにしたい。

一、統営では船舶の主要数値は定められていたが、公式の設計図面や作業仕様書のようなものは存在せず、建造方法は船匠工の判断で決定された[53]。一方、船体上粧の丹青彩色や装飾も統営で行われたが、このときに参考する「謄録」と呼ばれる記録があったらしい[54]。

二、船体の左右の外板を組み立てる際には、木釘を使用せず、すべてを鉄釘で接着した。一般的に朝鮮の伝統構造船は鉄釘を多く用いず、皮槊（外板用）や長槊（底板用）と呼ばれる木釘を用いてきた。その方が堅固であると認識されてきたためだが、このときの使臣船ではあえて鉄釘が用いられ、鉄物の不足をもたらしたとの記述がある[55]。

三、統営船所で船匠が製作したのは、船体・上粧のみで、舵（鵄木）や帆、碇などの付属装置（楫物）は水営で整えられた[56]。さらに、これらの楫物が使臣船のために新造されたものではなく、各鎮戦船のものを借用したとの驚くべき記述もある[57]。

四、使臣船の船材は巨済島で伐採された。切り出された船材は海難事故に遭いそうになりながら、三ヶ月あまりをかけて統営の船所に運ばれた[58]。

五、使臣船には、炊飯用の鉄製風炉を二基ずつ設置するのが通例だったが、このときは一基のみを製作、設置し、船上での炊飯のために東萊府の僧侶が差出された[59]。

六、沙工、格軍の選定方法が記されている。櫓を漕ぐなど、船の運航に従事した格軍は統営から各鎮に関文を発して募集し、船頭にあたる沙工は統営で選抜された者のなかから釜山左水営で虞候が採否を決め、各船に配置したという[60]。

『癸未随槎録』の信使船建造に関する記述は二〇〇〇文字程度で分量的にはそれほど多いとは言えないものの、これまで知られなかった右のような事実を知ることができた。今後も新たな史料の発掘がまたれるとともに、各使行録や『通信使謄録』の記述をさらに精査、分析することで新しい事実が明らかになるものと期待される。

おわりに

使臣船は、対日使行という特別な目的のために建造された特殊な船舶である。そのため、これに関する史資料も比較的豊富で、艤装や付属品を含め、その船型と船体構造、建造方式をかなり具体的に知ることができた。史料的条件の比較的よい軍船や漕船などの官船においても、船型や規模、大まかな船体構造がわかるのみで、個々の船材の長さや厚さ、船材同士の接続手段まで、使臣船のように詳細に知ることはできない。

使臣船の船型や艤装には、外交使節が搭乗する外洋旅客船として、独特な特徴がたしかに見られる。しかしながら、その船体構造と建造方式にあっては、ごく一般的な朝鮮伝統船のそれと共通する部分も少なくない。つまり、本稿で見てきた使臣船のそれをもとに、漕船や軍船、そして京江船、地土船など、他の船舶の船体構造および建造方式を推測することはある程度可能であると思われるのである。

他の船舶にくらべて、使臣船に対する研究が進んでいることは事実である。しかし、その使臣船に関しても、いつどこで誰によってどのような過程を経て建造されたのか、建造のための財源は誰が負担したのか、建造された船は誰によってどのように運航されたのか、使行終了後の使臣船はどうなったのか、外洋での航海技術や船人たちの航海信仰はいかなるものであったのかなど、まだ不明瞭な点も多い。

右にあげたような課題にこたえていくためには、まず新史料の発掘が期待される。たとえば、『癸未随槎録』には使臣船の運航に従事した沙工と格軍の選抜方法が記されていた。これは同書の内容分析から新たに知られたことである。決して多くはないものの、使臣船を描いた絵画資料の発見も続いている。絵画資料を史料として扱うさいには細心の注意が要されるが、なかには高い史料的価値を持つものもある。

既存史料に対するより詳細で深い分析も重要になる。使臣や随員の使行録はもちろん、『通信使謄録』にも船に関する記録は散見される。これらを精査することで、これまで知られていなかった事実がわかることもあるだろう。

既存研究の分析に主眼を置いた本稿の性格上、新たに明らかになったことは多くないが、使臣船研究の現状分析を通して、朝鮮船舶史研究にいかに多くの空白地が残されているのかを確認することができた。使臣船に限らず、朝鮮伝統船の特徴や独自性を明らかにするためには、他国・他域の船舶との比較研究も必要であろう。本稿の前半で試みた朝鮮伝統船の類型化ももとより十分なものとはいえない。個々の船に対する研究のさらなる深化が求められる。これらはすべて今後に残された課題である。

註

(1)　近年韓国では朝鮮半島で建造された木造船を一般的に「韓船」と呼ぶ。一般名詞として使用される「韓船」が指称する範囲は大変広く、「韓船」の全てが伝統的技法で建造されたものとは限らない。特に植民地期を通して、朝鮮船の船体構造、造船技法は大きく変容することとなった。ここでは、朝鮮時代以来の独自性が保たれた伝統的技法、日本の造船技法の影響を受ける以前の施工法によって建造された船を、朝鮮伝統船あるいは朝鮮在来型船と呼んでおく。なお「韓船」全般については、李元植［一九九〇］、崔完基［二〇〇六］、金在瑾［一九九六］などの概説書がある。

(2)　小野輝男［一九一六］、今村鞆［一九三〇］、齋藤・大谷［一九三六］。

(3)　朝鮮総督府水産試験場［一九二四］［一九二八］［一九二九］。

（4）金在瑾［一九七七］［一九八四］［一九九四ａ］［一九九四ｂ］。

（5）姜万吉［一九六八］、金鉉丘［一九九八］。

（6）李大熙［一九六二］、姜万吉［一九七三］、安秉珆［一九七七］、崔完基［一九八九］［二〇〇六］、高東煥［一九九八］［二〇〇三］、吉田光男［一九八四］［一九八六］［一九九一］、六反田豊［一九八七］［一九九〇］［一九九一］［一九九四］［一九九七］［一九九九・二〇〇〇］。

（7）韓国国立海洋文化財研究所（旧国立海洋遺物展示館）は一九七六年の新安沖沈没船の発見以来、主として朝鮮半島西海岸で発見された沈没船や水中遺物の発掘調査に関する実績を着実に積み重ねており、朝鮮伝統船研究においても中心的役割を担っている。二〇〇八年十一月から二月にかけては「近代韓船과 造船道具」という特別展をひらき、それにあわせて国際学術大会「東아시아 伝統船舶과 造船技術」（同年十一月十五日）を催している（国立海洋遺物展示館編［二〇〇八ａ］［二〇〇八ｂ］）。同研究所の活動内容についてはウェブサイト（http://www.seamuse.go.kr/）に詳しい（二〇一二年十一月現在）。

（8）海船は杉船と桶船に、江船は櫓船と広船に、さらに区分される。海と川で同時に使用できる「水下船」、川でのみ運行される「水上船」という区分もある。「水下」は河口から潮があがってくる地点までの川の流れを意味する。なお、海船は五年ごとに修理、十年で改造することが定められていたが、江船は海船よりも早く老朽化するという理由で改造年限は海船のよりも一年短い九年とされた（高東煥［一九九八］一一七〜一一八頁）。

（9）『経国大典』巻六、工典、舟車条。同条には「並用営造尺」とある。朝鮮時代の量尺をめぐっては、営造尺一尺を三一・二四cm、三〇・九六cm、三〇・六五cmなどとする複数の見解がある。金在瑾によれば、一七五二（英祖二十八年）の『均役事目』に示された「船隻一把十分之一量尺之図」を実測すると、一五cmであったという（金在瑾［一九九四ａ］一八七頁）。

営造尺の取り方によって数値に多少の差が出るが、〈表1〉では実測値である一尺を三〇cmとして換算した数値、および船長／船幅の比率を示しておいた。以下、本稿では一尺＝三〇cmとして換算する。なお、同様の表は金在瑾［一九八四］四〇頁および高東煥［一九九八］一一八頁注三三九にも見える。

（10）『世宗実録』巻一一三、二十八年（一四四六）九月辛巳条。

(11) 柳馨遠『磻渓随録』巻之一、田制上、雑税条。
(12) ソウル大学校奎章閣韓国学研究院（以下、奎章閣）所蔵の『各船図本』（奎一五七五二）は編者未詳、縦三二・二×二〇・八cmの彩色図で、戦船図一枚、戦船撤上粧図二枚、兵船図一枚、漕船図一枚、北漕船図一枚の計六葉からなり、十八世紀末～十九世紀初に作成されたとされる。なお奎章閣には、同様の図を軸装した『戦兵各船図本』（奎軸一二一六三）も所蔵されている（未見）（金在瑾［一九九四a］第六章「各船図本」参照）。『増正交隣志』は一八〇二年（純祖二）の編纂。『旅菴全書』の刊行年は確定できないが、著者申景濬の生没年は一七一二年・一七八一年である（卜船に関する内容は巻一八「論兵船火車諸備禦之具」に見える）。〈表3〉の各船の数値はほぼ同時期（十八世紀後半～十九世紀初）のものと見て大きな支障はないと思われる。
(13) 漕船、毎隻五百石外、一百石加数装載（『新補受教輯録』戸典、漕転条）。『新補受教輯録』の編纂時期ははっきりしない。これまでに一七三九（英祖八）、一七四三年（英祖十九）とする二つの説があったが、一七三九年から編纂が論議されはじめ、実際の編纂作業は一七四三年の王命を契機に始まったと見られる。『新補受教輯録』の編纂過程、内容等については、具徳会・洪順敏［二〇〇〇］に詳しい。
(14) 実載以一千石為限。過数者守令与船人並論罪。漕船則依前以六百石為限（『続大典』巻二、戸典、漕転条）。『続大典』は一七四四年（英祖二十）に完成し、一七四六年に刊行された。
(15) 両湖漕船八百石、嶺南漕船一千石為限（『大典通編』巻二、戸典、漕転条）。『大典通編』は一七八五年（正祖九）の編纂。
(16) 湖南漕船、依嶺南例、一千石為限（『大典会通』巻二、戸典、漕転条）。『大典会通』は一八六五年（高宗二）の編纂。
(17) 『世祖実録』巻三八、十二年（一四六六）二月甲午条。
(18) 吉田光男［一九九二］一一九頁。十九世紀の税穀輸送については、吉田光男［一九八四］［一九八六］もあわせて参照。
(19) 崔完基［一九八九］二一〇～二一一頁。
(20) 金在瑾［一九七七］一九七～二〇六頁、同［一九九四b］三二三～三二六頁。壬辰役で活躍した亀船は当初三隻のみだったが、十七世紀後半までに五隻に増え、十八世紀末には四〇隻を数えるようになった。十九世紀に入るとその数は減少していったという。

(21)　金在瑾［一九七七］二〇七～二一〇頁、同［一九九四b］三二八～三三〇頁、高東煥［一九九八］一二一頁。なお、『世宗実録』地理志では、「兵船」という言葉が、軍船全般を指す普通名詞として使用されている。

(22)　挟船の名前は一五三〇年代の記録にすでに見える。壬辰役でも活用されたことが確認されているが、詳細は不明である。軍用のみならず、民間でも用いられた小型海船で、軍用挟船の場合、定員は三名であった（金在瑾［一九七七］一六〇～一六二頁）。

(23)　金在瑾［一九七七］二一〇～二一二頁、同［一九九四b］三二六～三二八頁。

(24)　金在瑾［一九七七］一六〇～一六二頁、同［一九九四b］三三〇～三三一頁。

(25)　一五九九年（宣祖三十二）に羅大用が開発した特殊軍船で、甲板上の四面に防牌を設置し、敵の乗船を防ぐために要所要所に鎗剣を隙間無く刺してあった。格軍四十二名を乗せ、速い動きが可能であったが、軍船として採用されることはなかった（金在瑾［一九九四b］三三二頁）。

(26)　一七四〇年（英祖十六）に全羅左水使であった田雲祥が考案した特殊軍船で、兵船・防牌船よりも少し大きく乗船数は五十六（五十五）名。中国の兵書に出てくる同名の船を模倣して造ったと言われる。外板上の左右の舷に二つの羽根のような浮板が取り付けられ、軽快で速く、中から外を眺めることができるが、外からは中が見えないので櫓軍や射手が体を隠せるようになっていた（金龍国［一九七四］、金在瑾［一九九四b］三三一～三三三頁、高東煥［一九九八］一二一頁）。二〇〇七年、この海鶻船を描いたとされる絵が発見されたとの報道があった。この図は写実的とはいえないが、「本板長七把（約一二m）……幅二把五尺（約四・五m）……」などの記載があるという（『朝鮮日報』二〇〇七年十二月九日）。

(27)　水をかく車輪を船舷にとりつけた船をいう。一五五〇年（明宗五）、一七〇〇年（粛宗二十六）、一七八九年（正祖十三）に製作を試みた記録があるが実用化されなかった（金在瑾［一九九四b］三三三頁）。

(28)　訳官使（問慰行）とは、対馬島主が一定の期間江戸に留まった後に対馬に戻ったとき、または特別な慶弔事があるとき、かれらの要請によって対馬に派遣される外交使節で、その正使・副使は司訳院堂上官の中から任命された。その使行は一〇

○名以下で構成されることが多く、上船一隻だけを用いる場合と卜船一隻を加えて二隻で行う場合があった。『増正交隣志』では、一六四〇年（仁祖十八）から一八六〇年（哲宗十一）までの二二〇年に五十一回の派遣が確認できる（金在瑾［一九九四ａ］一五〇頁）。

日朝間の外交実務を担ったこの使節は史料上「渡海訳官」「問慰訳官行」等と称される。日本の研究者は訳官からなる使節であるため「訳官使」と呼んできたが、問慰を目的とした使節であることを重視して「問慰行」と称すべきとの見解もある（洪性徳［一九九〇］）。

なお、明清交替の動乱期に、海路によって明に対する使節派遣が行われたことがある。一六二〇年頃から丙子胡乱（一六三六年）までの十年余りの間、遼東の道が後金によって遮断されたことによって、朝鮮使節はやむをえず海路によって北京に派遣されることになったものである。対明使節の規模は様々であったが、一六三〇年（仁祖八）の冬至兼聖節使として明に派遣された使節は合計一六九名であった。正使高用厚の乗る第一船には五十三名、書状官の第二船には四十六名、団練使の第三船に三十七名、訳官が乗った第四船には三十三名がそれぞれ乗船した。その航海経路は、大同江口から遼東半島沿岸、老鉄山水道を経て蓬莱にいたるもので、期間は八月十八日から九月二十日までの計三十二日間に及んだ。そのうち十五日間は停泊していたので、帆走日数は十七日間となる。陸地を常に可視範囲内においての、いわゆる地乗り航法での航海であったという（孫兌鉉［一九九七］九七〜一〇二頁）。なお、鄭恩主［二〇一二］第Ⅲ章は、明清交替期の海路による対明使行の記録画である『燕行図幅』を、現伝使行録と対照しつつ、綿密に分析する。所載の図版とともに参照されたい。

（29）朝鮮後期の税穀運送体系の変化をめぐっては、崔完基［一九八九］、六反田豊［一九九九・二〇〇〇］参照。

（30）京江とは、概ね楊花津（양화나루《ヤンファナル》）（現ソウル特別市麻浦区合井洞北岸）から纛島（뚝섬《トゥクソム》）（城東区聖水洞、広津区紫陽洞、九宜洞一帯）に至る漢江流域を指す。京江地域の商業活動については、姜万吉［一九七三］、高東煥［一九九八］参照。

（31）「京江商人」は、「開城商人」とともに姜万吉によって提唱された商人概念である。京江商人は、京江地域を拠点に資本力と組織力によって都賈（買い占め）商業を行い、伝統的商業が近代商業へと移行する過程で現れた歴史性を有する商業形態と規定されており、これは韓国学界で高く評価、発展された。ただし、吉田光男はこの概念規定の有効性について議論の余地があるとしている。吉田光男［一九八八］参照。

(32) 両湖退船、自戸曹依井間次第、劃送三軍門及守両営・舟橋司・水站【差使員報戸曹、郎庁親審後、劃送各処、捧価以給船人】、報備局発関本道、改造【若自該道状聞請改亦許施行。若不可改者、戸曹覆啓防塞】（『万機要覧』財用編二、漕転条）。引用文中【　】は割注であることを示す。

(33) 退船の払い下げに際しては、しばしば官僚と商人が結託して不正な売買も行われた。『顕宗改修実録』巻三、元年六月乙未・丙申・癸丑条、『顕宗実録』巻四、二年九月癸丑条、『粛宗実録』巻一一、七年五月癸酉・『同書』巻二四、十八年二月壬寅・同月癸亥・四月己丑・同月壬寅条、『同書』巻四九、三十六年十月戊寅条等を参照。崔完基は「大概私船は『限満漕船』を購入して、修繕、運用していた」としているが（同［一九八九］一〇七頁）、「大概」というのはあるいは言い過ぎかも知れない。漁船や小規模交易を行っていた地土船の多くは民間で造られていたと見ることもできよう。

(34) 京江船完固船、可載千石（『備辺司謄録』第一六五冊、正祖六年九月十六日条）。

(35) 崔完基［一九八九］一七九～一八〇頁。

(36) 各邑田税、切勿許載京船、必以地土船及隣邑地土船賃載、（中略）各邑如無地土船、則勿論京江船択其有根脚者許載、船格中無紙牌、則守令拿問定罪（『受教輯録』戸典、漕転条）。『新補受教輯録』同条および『続大典』巻二、戸典、漕転条にもほぼ同じ内容が見える。

(37) 崔完基［一九八九］一九八頁。

(38) 拙稿［一九九八］［二〇〇二］［二〇〇七］。

(39) 崔完基［一九八九］一六二頁。

(40) 日本や中国への朝鮮船の漂流・漂着記録は数多く、なかには朝鮮船に関わる豊富な情報も含まれている。それら漂着船関連の記録を収集し、緻密に分析することで、部分的ではあるが、当時実際に使用されていた船の実態を考察することができるだろう。今後の課題としたい。〈表6〉には『通航一覧』巻一三六、朝鮮国部一一二、漂着条及び『同文彙考』原編・原続、漂民、我国人条所収の漂着船記録から、船体規模の分かるものを採するにとどめた。

(41) 吉田光男ほか［二〇〇五］、仲尾宏［二〇〇六］参照。

(42) 以下の記述は、特に注記がない限り、金在瑾［一九九四a］第五章「朝鮮後期通信使船」に拠る。

(43) 李鉉淙［一九七二］に影印を収録。

(44) 渡海船四隻、則一二騎船、統営新造。一二卜船水営新造（『東槎録』辛未三月初三日条）。

(45) 金在瑾［一九九四a］一五五頁。同［一九七七］第六章「朝鮮後期船舶の構造」も参照。

(46) 大阪市立博物館［一九九四］。

(47) 辛基秀・仲尾宏［一九九四］、辛基秀［二〇〇二］。第十一次使行に関連しては、国立海洋文化財研究所［二〇一〇］が『朝鮮通信使船図』として正使船の絵を紹介する（未見）。甲板上の船室や二つの帆柱、船尾に設置された二本の旗、碇綱を巻き上げる碇輪等の艤装が比較的詳しく描かれている。全体の構図、碇と二本の櫓、さらには舵が別途描かれている点、そして外板（杉板）が七枚描かれている点などから、〈表8〉の番号6、南波松太郎氏所蔵の正使船図と同系統のものであると思われる。国立海洋文化財研究所［二〇一〇］の紹介文では一八一一年の作、すなわち、対馬での易地聘礼に終わった最後の通信使の正使船を描いたものとされているが、金在瑾［一九九四a］は南波松太郎氏所蔵の正使船図を第十一次使行（一七六四年）のものとしている。なお、同図録では滋賀県立近代美術館所蔵とのキャプションがあるが、同美術館に問い合わせたところ、同館では所蔵していないとの返答があった。

(48) 辛基秀・仲尾宏［一九九四］、辛基秀［二〇〇二］。

(49) 辛基秀［一九九九］二一九～二二一頁。

(50) この他に、朝鮮民主主義人民共和国に所在する絵画資料として、진준현［二〇一〇］は金允謙（一七一一～一七七五）が描いたとされる「使行渡海船」を紹介しているが、朝鮮民主主義人民共和国所在であること以外に詳細は不明である（未見）。

(51) 金在瑾［一九九四b］一九三頁。

(52) 河宇鳳［一九八六］七五～一〇四頁。『癸未随槎録』の作者は未詳とされてきたが、具智賢［二〇〇五］は東萊府出身将校の卞琢であると推定している。

(53)　各船長広文巷、雖如右、必在工匠之臨時所見（『癸未随槎録』）。

(54)　板屋各房、入統営修粧。塗排丹青、則楫物差員、監察、而統営監色輩、毎称依謄録、凡諸責応、已極様鄙（同書）。

(55)　着釘相間、為木尺七八寸、而釘之大小、自初衫至八衫、従其厚薄、自有大小、聞曾前、則初二三衫以皮槊間釘、而其堅固、猶勝於純用鉄釘云、而今番除皮槊、全着鉄釘、則鉄物多有不足（同書）。

(56)　大小楫物、又定差使員、自営門兵船所、捧上於各鎮（同書）。

(57)　本船楫物、自営門、今方措備、同船隻、自造船所、進入営門之際、鴟木風席椗檜等物、借用於各鎮戦船楫物、故非但不完、船与楫、不甚相適、若値風濤、則製船無路、狼狽必矣。不可放心処也（同書）。

(58)　執材於巨済古多大境、癸未正月初三日伐木始役、三月十五日下莊畢役下海、同念日渉進統営、而到登山外洋、卒遇逆風怒濤、進退不得、一昼夜下椗洋中、所謂登山、素称険海島嶼碁布、水勢若沸、万分危急矣、翌日幸頼天佑、風静波晏、経過此険（同書）。

(59)　鉄釘打造風炉、則自前、毎船設二炉矣、今年亦減一炉、毎船只一炉、而毎炉、各打造監官一人、冶匠一名、奉足四名、自営門依例定送、炊飯僧、本府各寺輪廻（同書）。

(60)　格卒、自営門依例、発関各邑鎮、発船臨時来点、而沙工、自統営択定、到釜山左水営、虞侯這這取才、分定於各船（同書）。

〈参考文献〉

日本語

安秉珆［一九七七］『朝鮮社会の構造と日本帝国主義』龍渓書舎

大阪市立博物館［一九九四］『特別展・朝鮮通信使――善隣友好の使節団――』同博物館

今村鞆［一九三〇］『船之朝鮮――李朝海事法釈義』螺炎書店（私家版）、京城

小野輝雄［一九一六］「朝鮮型帆船に就て」『造船協会雑纂』六

洪性徳［二〇〇五］「朝鮮後期の対日外交使行と倭学訳官」日韓歴史共同研究委員会編『日韓歴史共同研究報告書』第二分科篇
斎藤陽三・大谷実［一九三六］「造船学的に観た朝鮮型漁船」『漁船』一、漁船協会
辛基秀ほか［一九八五］『朝鮮通信使絵図集成』講談社
辛基秀・仲尾宏責任編集［一九九四］『大系朝鮮通信使　第七巻宝暦・甲申度』明石書店
辛基秀［一九九九］『朝鮮通信使——人の往来、文化の交流——』明石書店
朝鮮総督府編［一九一五］『水産教科書　水産概論之部』
朝鮮総督府水産試験場編［一九二四］『漁船調査報告　第一冊』同試験場
——編［一九二八］『漁船調査報告　第二冊』同試験場
——編［一九二九］『漁船調査報告　第三冊　朝鮮型漁船改良に関する試験』同試験場
出口晶子［一九九五］『日本と周辺アジアの伝統的船舶——その文化地理学的研究——』文献出版
——［一九九六］「韓国の在来型構造船——隣接アジアとの比較から——」『青丘学術論集』九
常葉美術館［二〇〇四］『朝鮮通信使展——江戸時代の善隣友好——』同館
仲尾宏［二〇〇六］「朝鮮通信使研究の現段階」『朝鮮史研究会論文集』四四
長森美信［一九九八］「李朝後期の海上交易——全羅道地域を中心に——」『千里山文学論集』五九
——［二〇〇一］「朝鮮後期済州の進上物資調達と海上輸送」『史泉』九三
——［二〇〇七］「一八世紀における対済州賑恤穀の輸送実態」『天理大学学報』二一四
林復斎編（山田安栄・伊藤千可良校訂）［一九一三］『通航一覧』第四、国書刊行会　早川純三郎編集兼発行（原著は嘉永六年〔一八五三〕序）
吉田光男［一九八四］「李朝末期の漕倉構造と漕運作業の一例——『漕行日録』にみる一八七五年の聖堂倉——」『朝鮮学報』一一三
——［一九八六］「十九世紀忠清道の海難——漕運船の遭難一九〇事例を通じて——」『朝鮮学報』一二一

――［一九八八］「商業史研究から見た朝鮮の近世と近代――李朝後期の経済構造をめぐって――」（中村哲・堀和生他編『朝鮮近代の歴史像』一九八八年、日本評論社）
――［一九九一］「一九世紀朝鮮における税穀輸送船の運航様相に関する定量分析の試み――慶尚・全羅・忠清道の場合――」『海事史研究』四八（初出は韓国語。［一九九〇］「朝鮮後期 税穀輸送船의 運航様相에 관한 定量分析 試図――一九세기 三南地方의 경우――」『碧史李祐成教授 定年退職記念論叢 民族史의 展開와 그 文化』上、創作과 批評社）
吉田光男・田代和生・六反田豊・伊藤幸司・橋本雄・米谷均［二〇〇五］「学説史：朝鮮通信使（近世篇）」日韓歴史共同研究委員会編『日韓歴史共同研究報告書』第二分科篇
蘭島文化振興財団・松濤園・朝鮮通信使資料館「御馳走一番館」編［二〇〇六］『朝鮮通信使の来日と文化の交流』（第一二回朝鮮通信使ゆかりのまち全国交流大会、呉・安芸の海駅―下蒲刈島大会記念特別展図録）
李大煕［一九六二］「李朝時代の漕運制について」『朝鮮学報』二三
六反田豊［一九八七］「李朝初期の田税輸送体制――各道単位にみたその整備・変遷過程――」『朝鮮学報』一二三
――［一九九〇］「海運判官小考――李朝初期におけるその職掌と創設背景――」『年報朝鮮学』創刊号
――［一九九一］「李朝初期漢江の水站制度について」『史淵』一二八
――［一九九四］「李朝初期の漕運運営機構」『朝鮮学報』一五一
――［一九九七］「朝鮮初期漕運制における船卒・船舶の動員体制」『朝鮮文化研究』四
――［一九九九・二〇〇〇］「朝鮮成宗代の漕運政策論議――私船漕運論を中心として――」上・下『史淵』一三六・一三七

韓国語

姜万吉［一九六八］「李朝造船史」『韓国文化史大系三』高麗大学校民族文化研究所（同［一九八一］『朝鮮時代商工業史研究』한길사に「造船業과 造船術의 発展」として再録）
――［一九七三］『朝鮮後期 商業資本의 発達』高麗大学校出版部

国立海洋遺物展示館編［二〇〇八a］『近代 韓船과 造船 道具』同展示館（特別展「近代 韓船과 造船 道具」図録）
――編［二〇〇八b］『동아시아 전통선박과 조선기술』同展示館（二〇〇八国際学術大会論文集）
国立海洋文化財研究所編［二〇一〇］『朝鮮時代 그림 속의 옛배』（特別展「朝鮮時代 그림 속의 옛배」図録）
具徳会・洪順敏［二〇〇〇］「『新補受教輯録』解題」韓国歴史研究会中世二分科法典研究班『新補受教輯録』青年社
具智賢［二〇〇五］「『癸未随槎録』에 대한 재검토――작가와 사행록으로서의 의미를 중심으로――」『東方学志』一三一
高東煥［一九九八］『朝鮮後期 서울商業発達史 研究』知識産業社
――［二〇〇三］「조선후기 商船의 航行条件――영・호남 해안을 중심으로――」『韓国史研究』一二三
金龍国［一九七四］「田雲祥과 海鶻船」『学術院論文集（人文社会科学篇）』一三
金在瑾［一九七七］『朝鮮王朝軍船研究』一潮閣
――［一九八四］『韓国船舶史研究』서울大学校出版部
――［一九九四a］『続韓国船舶史研究』서울大学校出版部
――［一九九四b］『韓国의 배』서울大学校出版部
――［一九九六］『우리의 배』서울大学校出版部
金在勝［二〇〇四］「一七六三年 対日通信使船의 建造――使行録 癸未随槎録을 중심으로――」『海運物流研究』四二
金鉉丘［一九九八］「조선후기 造船業과 造船術에 관한 연구」『国史館論叢』八一
孫兌鉉［一九九七］『増訂版 韓国海運史』暁星出版社
李元植［一九九〇］『한국의 배』大圓社
李鉉淙［一九七二］「資料『東槎録』――解題――」『亜細亜研究』一五―三
鄭恩主［二〇一二］『조선시대 사행기록화――옛그림으로 읽는 한중관계사――』社会評論
진준현［二〇一〇］「조선시대 絵画 속의 배［船］」国立海洋文化財研究所編［二〇一〇］所収
崔完基［一九八九］『朝鮮後期 船運業史 研究』一潮閣

――――［二〇〇六］『한국의 전통선박 韓船』梨花女子大学校出版部
洪性徳［一九九〇］「朝鮮後期「問慰行」에 대하여」『韓国学報』一六―二

第四章　朝鮮総督府『漁船調査報告』にみる植民地期朝鮮の伝統船

――一九一〇～二〇年代の在来型漁船の船体構造――

長　森　美　信

はじめに

近年、朝鮮半島西南海岸地域では沈没船の発見が相次いでいる。これらの沈没船はその全てが高麗時代の船である。高麗船に関する文献史料が皆無に近いなか、沈没船という現物資料の発見、調査によって、その船体構造については相当部分明らかになるとともに、積載物の分析からその船の航海目的等についても研究が進んでいる。(1) 一方、朝鮮時代の船に関する文献史料は皆無とはいわないまでも極めて少なく、沈没船のような現物資料もまだ発見されていない。そうしたなか、研究者たちが注目してきた資料が『漁船調査報告』全三冊（以下、『報告』と略称）である。

『報告』は朝鮮総督府水産試験場（一九二一年開設）の編纂になる。同試験場は、水産物の増産、水産物の価値の増進、水産生物・海洋に関する様々な調査研究を行う朝鮮最大の海洋・水産関連の専門機関であった。この水産試験場による海洋・水産調査事業の一環として実施された朝鮮在来漁船に対する実態調査の結果をまとめたものが『報告』である。調査期間は一九一〇年代初頭から一九二〇年代前半に及び、朝鮮在来型漁船の「欠陥」、「改良」すべき点を見極めようという、ある意味「客観的」な視点から分析したものである。(2) 調査対象が漁船のみに限定されてはいるものの、当時まだ継承されていた伝統技法による在来構造船の特徴を詳細に伝えてくれる貴重な資料である。

比較的早い時期から朝鮮伝統船の独自性に注目した HORACE H. UNDERWOOD［一九三四］をはじめ、金在瑾［一九七四］［一九七七］［一九八四］［一九八九］［一九九四 a］［一九九四 b］、李元植［一九九〇］、出口晶子［一九九六］、최병문［二〇〇四］らの船舶史研究者がこの『報告』を活用したのは当然のことといえよう。ただ、彼らは各々の研究関心に沿って『報告』を部分的に利用したのであって、『報告』それ自体に対する考察は限定的なもので

あった。そうしたなか、『報告』自体の資料的価値に注目したのが박근웅・최미순［二〇〇七］である。両氏は『報告』所掲の漁船二十一隻の設計図をもとに、コンピュータ上でこれを復元し、各船の航行性能、船型等を造船工学の立場から分析した。両氏の研究目的は完成品としての「在来漁船の性能の優秀性を立証し、これに基づいた韓国型レジャー船舶開発の可能性を提示」することにあり、『報告』刊行の経緯や当時の漁業や漁船の建造過程等に対する歴史的・社会的な関心は見えないものの、『報告』自体を対象とする数少ない研究として歓迎される。[3]

『報告』のもつ豊富な情報を全て本稿で扱うことはできない。ここでは朝鮮総督府水産試験場による漁船調査の実施から『報告』刊行に至るまでの経緯を概観した後、『報告』全三冊のうち、特に第一冊及び第二冊の「漁船ノ構造」「施工法」「朝鮮型漁船ノ批判」の三項目の内容を分析することにする。この三項目には一九一〇～二〇年代にまだ建造、使用されていた在来型漁船の船体構造が詳細に描かれているからである。これらの作業を通して、朝鮮伝統船の構造上の特質を探るとともに、朝鮮船舶史研究における『報告』の位置付けを試みたい。[4]

一　朝鮮総督府水産試験場と『漁船調査報告』

（1）『韓国水産誌』に見る朝鮮伝統漁船

一九〇七年（隆熙元・明治四十）、韓国統監府は農商工部内に水産局を設置した。各種産業開発を企図するなかで、水産業の開発が課題の一つとなったのである。統監府は以後、農商工部臨時水産調査費を支出し、これによって朝鮮における本格的な水産調査が始まる（吉田敬市［一九五四］四三〇頁）。その調査結果は、総三〇〇〇頁を超える報告書、『韓国水産誌』（以下、『水産誌』と略称）全四輯としてまとめられた。[5]

〈図1〉『韓国水産誌』に描かれた朝鮮漁船

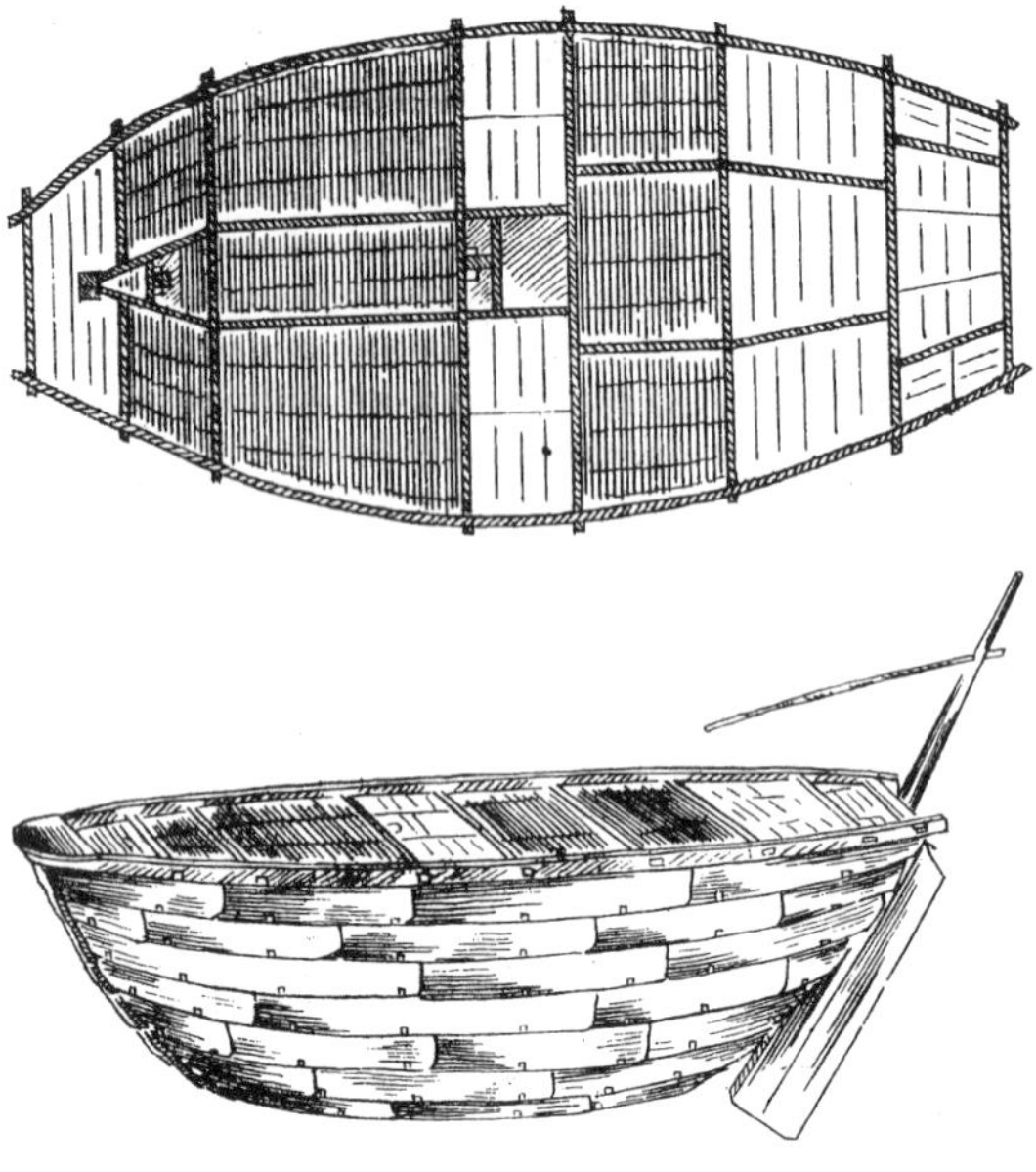

（『韓国水産誌』第一輯、第三十九図、漁船甲及漁船乙）

水産局は、朝鮮全域を十四の区域に分け、各区に調査員を常駐させて、情報を収集、分析させた。農商工部技師、水産課長、塩務課長等が編集総務を担い、調査員には農商工部技手、朝鮮海水産組合技手、統監府技手等があてられた。調査員たちは、文献のみならず現地調査を通して各種情報を収集した。当時としては先進的であったガラス原板写真も動員された。そうして集められた朝鮮全域の多種多様な情報を、各種統計、図解とともに収めた『水産誌』は、今から見れば「様々な制限性が明らか」ではあるものの、当時のものとしては「たいへん水準の高い報告書」であった（朱剛玄［二〇〇一］六～九頁）。

『水産誌』第一輯は、漁具・漁船という項目に一章を割き、図版を併用しながら漁具と漁法に関して一五一頁にわたって詳細に叙述している。しかし、その中で漁船に関する記述は極めて簡略で、図版（図1）を合わせても、その分量はわずか三頁余りにしかならない。その内容はおおよそ次の七点に要約できる。

①船体構造はおおよそ一定で、各種漁業の種類に特化されることがない。

②形状はやや楕円形で、船幅一丈（約三m）、船長三丈三尺（約一〇m）、深四尺（約一・二m）の形のものが多く、大きなもので船幅一丈三、四尺（約四m）である。

③船内が五つに区分されているものの隔壁がなく、一度海水が浸入すると防ぐ手立てがない。
④肋材（横方向の補強材）を持たず、鉋を施さずに木釘で造船するために、船体が脆弱である。
⑤船底が広いため、船体の動揺が少なく、浮力に優れている。
⑥平底で浅海での航海に適している。舵も浅海航行に適した構造になっている。
⑦帆が簇《ママ》張（筵張か―引用者）で、操縦・駛走に便利である。(6)

①は朝鮮漁船の一般的な傾向、③④は短所、⑤⑥⑦は長所を述べたもので、いずれも朝鮮船の特徴を端的に示した記述と言える。しかしながら、②は十分な実態調査が行われていないことを示唆するもので、全体としては、いかにも大雑把な分析と言わざるを得ない。

（２）　朝鮮総督府水産試験場の漁船調査事業

朝鮮の在来型漁船に対する造船学的調査が始まるのは併合後のことである。一九一二年（大正元）、朝鮮総督府は水産試験に関する事務に従事させる臨時の技手二名を水産課に配置した。『水産誌』第四輯刊行の翌年のことである。統監府時代のそれを継承しつつ、併合後まもないこの時期から総督府による水産試験調査事業が本格化する。翌一九一三年度には七トン級石油発動機試験船を購入、一九一七年度には六〇トン級汽船を建造する一方、(7) 一九一八年には臨時の技手一名を増員して各種水産試験調査にあたらせた（朝鮮総督府農林局［一九四三］四六頁）。

そして、一九二一年（大正十）五月六日の官制公布によって、朝鮮水産試験の中枢機関として朝鮮総督府水産試験場が設置されるに至る。(8) 釜山牧之島（現影島）に位置した同試験場の敷地面積は約三万㎡、本館各実験室、標本室等、総建坪は約二七五〇㎡であった。(9) 設置時の官制によると、専任職員は、技師二人、技手十三人、書記二人の十七名であり、技師二名は奏任、技手以下十五名は判任官で、場長は技師をもって充てることとされた[10]。朝鮮最大の海洋、水産調査機関の誕生であった。

同試験場の主業務は、水産物の増産、水産物の価値の増進、水産生物・海洋に関する調査研究等とされ、それら調査研究の一環として在来型漁船に対する大規模な実態調査が実施された。漁船調査の目的については、『報告』第一冊の「序」に次のようにある。

朝鮮在来ノ漁船ハ各種ノ点ニ於テ欠陥多ク之ガ改良ハ漁業ノ発展上頗ル重要且緊急ノ事項ニ属スト雖其ノ本質ニ就キ調査考覈ノ未ダ完カラザルヲ以テ漁船改良ニ関スル各般ノ施設ヲ行フニ当リ遺憾ノ点尠シトセズ故ニ本場ニ於テハ是等ノ欠点ヲ補ヒ併セテ朝鮮ノ現状ニ最適切ナル漁船ノ完成ヲ期セムガ為メ開設以来全鮮ノ区域ニ亙リ造船学上ノ見地ヨリ朝鮮型漁船ノ実態ヲ研究スルト共ニ民度、船匠ノ技能、造船材料ノ供給状況等各種事項ノ調査ニ着手セシガ今ヤ其ノ一部タル迎日湾以北ニ於ケル東海岸ノ調査ヲ完了シタリ依テ茲ニ第一報トシテ之ヲ刊行セリ[11]。

こうして一九二四年（大正十三）に第一冊が刊行された。朝鮮在来型漁船の「欠陥」は『水産誌』ですでに指摘されていた。そして、朝鮮における漁業発展のためには、その改良が緊要の課題であるとの前提があった。しかし、具体的な改良の指針を示すためには、朝鮮漁船の「欠陥」が造船学上いかなるものであるのかを今一度詳細に見きわめるための十分な実態調査が必要だったのである。その後実施された調査結果を公にしたものが『報告』第一冊及び第二冊である。さらに一九二九年には第三冊が刊行された。その副題に「朝鮮型漁船改良ニ関スル試験」とあるように、第一冊及び第二冊で明らかになった「朝鮮型漁船」の個々の「欠陥」を改良するための具体的な方策を示す内容となっている。「改良」以前の「在来型」朝鮮船を考察対象とする本稿では、この三冊の報告書のうち、第一冊及び第二冊を主たる分析対象とすることになる。

（3）「朝鮮型」と「内地型」――『漁船調査報告』の調査対象

『報告』には、水産試験場設置以前、すなわち一九一二年以降の総督府水産課技手らによる調査の結果も反映されている。〈表1〉は、一九一二年～三〇年における漁船数の推移を「朝鮮型」「内地型」に分けて示したものである。一九一二年の時点で一万三二二六隻であった漁船数は、三年後に二万隻を超え、『報告』第三冊が刊行された一九二九年には三万六〇〇〇隻を超えた。この十七年間で漁船総数は約二・四倍に増えたことになる。一九一二年度に九六二四隻だった「朝鮮型」漁船も、一九二九年には一万九二三二隻へと倍増したが、「内地型」漁船増加の勢いはそれ以上に目覚ましく、その数は十七年間で約四・九倍に達している[12]。

〈表1〉1912～1930年の漁船数の推移（単位：隻）

	朝鮮型	内地型	計
1912	9,624	3,602	13,226
1913	11,373	5,955	17,328
1914	11,649	5,875	17,524
1915	13,166	6,889	20,055
1916	12,673	7,801	20,474
1917	12,794	9,290	22,084
1918	13,873	10,308	24,181
1919	13,927	11,420	25,347
1920	14,157	11,758	25,915
1921	14,672	12,483	27,155
1922	15,315	12,150	27,465
1923	15,877	12,845	28,722
1924	16,446	14,331	30,777
1925	16,365	14,275	30,640
1926	17,099	15,199	32,298
1927	17,846	15,923	33,769
1928	18,636	16,661	35,297
1929	19,232	17,742	36,974
1930	19,410	17,980	37,390

典拠：『朝鮮総督府統計年報』。1912～1926年の数値は『報告』第三冊、第一号表「漁船数累年比較表」、1927～30年の数値は水産史編纂委員会［1968］309頁の表1に拠る。

また「朝鮮型」と「内地型」の数を比較してみると、一九一二年段階では圧倒的に高かった「朝鮮型」の比率（七対三）が徐々に下がり、一九一六年以降は六対四水準となる。一九二〇年代以降は、やや「朝鮮型」が多いものの、ほぼ五対五の同等水準へと推移している[13]。次に、地域的な傾向を見ておこう。〈表2〉は一九二〇年（大正九）の「朝鮮型」及び「内地型」漁船の地域別

〈表２〉1920年漁船の地域別分布（単位：隻）

	朝鮮型	内地型	計
咸北	1,196	190	1,386
咸南	2,103	484	2,587
江原	1,839	163	2,002
慶北	1,167	993	2,160
慶南	2,083	5,638	7,721
全南	3,382	3,059	6,441
全北	171	149	320
忠南	265	332	597
忠北	19	—	19
京畿	379	189	568
黄海	753	238	991
平南	472	138	610
平北	355	134	489
計	14,184	11,707	25,891

典拠：『報告』第一冊附録第一号表「漁船数道別比較表（大正九年末現在）」

分布を整理したものである。

全体の傾向から見てみよう。漁船数が圧倒的に多いのは南海岸地方で、慶尚南道（慶南）の七七二一隻と全羅南道（全南）の六四四一隻を足すと朝鮮全域の漁船数の約五五%に達する。これに次ぐのが東海岸地方で、咸鏡南道（咸南）、江原道、咸鏡北道（咸北）、慶尚北道（慶北）の合計は八一三五隻で全漁船数の約三一%に該当する。一方、西海岸地方の漁船数は総じて少なく、全羅北道（全北）、忠清南道（忠南）、京畿道、黄海道、平安南道（平南）、平安北道（平北）の船を全て合計しても三五七五隻で、全体の約一四%にとどまる。次に「朝鮮型」「内地型」に分けて、その分布状況を確認しておこう。「朝鮮型」漁船が最も多いのは全南の三三八二隻で「朝鮮型」全体の約二四%を占める。これに咸南の二一〇三隻（約一五%）、慶南の二〇八三隻（約一五%）、江原の一八三九隻（約一三%）がほぼ同じ水準で続く。東海岸地方（約四五%）と南海岸地方（約三九%）の合計は全体の八割を超える。これに対して西海岸地方の漁船は全体の約一七%と極端に数が少ない。

次に「内地型」漁船が最も多いのは慶南の五六三八隻でこれは「内地型」全体の約四八%にあたる圧倒的な数字である。これに次いで多い全南の三〇五九隻（同約二六%）と合わせた南海岸地方で全体の約七四%に達し、東海岸（約一六%）、西海岸（約一〇%）地方との間に非常に大きな偏差が見られる。

さらに地域別に「朝鮮型」と「内地型」の比率をみると、東海岸及び西海岸では「朝鮮型」の比率が高く、南海岸地方では逆に「内地型」の占める比率がたいへん高い。漁船全体に対する「内地型」漁船の比率は、全羅南道で約四七％、慶尚南道では約七三％に達する。日本漁民が南海岸地方を主要漁場として進出していた状況を反映した数字と言えよう。東海岸のうち、慶北で「内地型」がやや高い比率を見せる背景には、迎日湾周辺漁場の活況があったと考えてよいだろう(14)。

ところで、一九二〇年代に入ってからは、西海岸地方においても「内地型」が増加する。一九二九年刊行の『報告』第三冊によると、南海岸及び西海岸地方での「内地型」漁船建造の技術講習をはじめとした漁船改良事業は「成績良好」で希望者も多く、その結果、この地方の「沖合漁船ハ、全部内地型ヲ用フルニ至」ったという(15)。一方、東海岸地方では、「内地型」漁船は一般漁民の歓迎を得られず、技術講習も中止のやむなきに至った。『報告』は、東海岸地方で「内地型」漁船が普及しなかった原因を、当地の漁業の実態に適合しなかったためと分析している（『報告』第三冊一六頁）。その理由の一つとして、あるいはこの地域における「改良型」漁船の普及があったのかもしれない。

「改良型」とは、「朝鮮型」漁船を「内地型」の技術によって改造した船のことである。一九二〇年代初頭までの改良型漁船は、在来型漁船の「船内ニ隔壁ヲ設ケ長釗ヲ廃シ」「木釘ノ代リニ鉄釘ヲ用ヒタ」もので、「他ノ部分ニ於イテハ在来型ト毫モ異ル所」はなかった（『報告』第一冊四頁）。朝鮮における漁業・水産業発展のために「劣等ナル」朝鮮型漁船をそのままにしてはおけないという前提にたち、総督府の主導下で進められたのが水産試験場の漁船改良事業であり(16)、その結果、一九二〇年代以降も「改良型」漁船の導入は積極的に進められていくことになる(17)。

そうしたなか、『報告』は当時の朝鮮で活動していた漁船を、建造地、建造方式によって「朝鮮型」「内地型」に区分した上で、「朝鮮型」をさらに「在来型」「改良型」に分けて把握している。以下、本稿でもこの区分に従うことにする。

〈表3〉『漁船調査報告』所載朝鮮型漁船の地域別船隻数（単位：隻）

調査地	在来型	改良型	計
咸　北	—	67	67
咸　南	39	19	58
江　原	84	1	85
慶　北	79	—	79
慶　南	82	5	87
全　南	38	12	50
全　北	2	—	2
忠　南	4	—	4
京　畿	9	—	9
黄　海	21	—	21
平　南	1	—	1
平　北	8	—	8
計	367	104	471

典拠：『漁船調査報告』第一冊、第二号表「朝鮮型漁船重要寸法表」及同第二冊、第二号表「西海岸地方朝鮮型漁船重要寸法表」

『報告』は、第一冊に二八五隻、第二冊に一八六隻、合計四七一隻の主要実測値（長・幅・深）を収録する。(18) この四七一隻はすべて「朝鮮型」であり、うち三六七隻が「在来型」、のこりの一〇四隻が「改良型」である。その分布を地域別に整理すると〈表3〉のようになる。

ここでも、まず目に付くのは地域的な偏りである。全四七一隻のうち、東海岸地方、すなわち咸北・咸南・江原・慶北四地域の船を合計すると二八九隻で全体の約六一%に達する。次に多いのは南海岸地方で、慶南及び全南の船の合計が一三七隻で全体の約二九%にあたる。西海岸地方は、全北・忠南・京畿・黄海・平南・平北六地域の船の合計が四十五隻で全体の約九・六%に過ぎない。〈表2〉で見たように、西海岸の船隻数が元来少ないのは事実だが、平南の一隻、全北の二隻、忠南の四隻という調査サンプル数はいかにも少ない。東海岸及び南海岸地方における調査と西海岸地方における調査との間には、対象船隻数において無視しがたい不均衡があると言わざるを得ない。

船型別の傾向を見ると、「改良型」の八割以上は咸北・咸南の船で、とりわけ元山湾以北の船の多くが「改良型」であり、それ以外の地域の漁船の大部分は「在来型」であったことが確認できる。

次に、これら四七一隻の船長を基準に船体規模の分布を整理したものが〈表4〉である。先述したように、調査対象となった船隻数には地域による著しい偏差があるため、ここではおおよその傾向のみ確認しておく。全体として船長一六m以上二〇m以下の船が最も多く、全体の約三六・一%を占め、一六m以上三〇m以下の範囲に全体の約七八・

〈表4〉『漁船調査報告』所載朝鮮型漁船の船長別及地域別分布（単位：隻）

船長(m)	咸北	咸南	江原	慶北	慶南	全南	全北	忠南	京畿	黄海	平南	平北	計
11～15m	—	—	—	9	—	1	1	—	—	—	—	—	11
16～20m	11	1	21	33	82	13	—	—	—	8	—	1	170
21～25m	19	4	16	31	4	9	—	1	—	3	—	—	87
26～30m	18	32	42	6	1	7	—	—	—	6	1	-	113
31～35m	10	13	3	—	—	7	—	2	—	2	—	4	41
35～40m	7	1	2	—	—	6	—	1	1	1	—	2	21
41～45m	1	3	1	—	—	7	1	-	4	1	—	1	19
46m以上	1	4	—	—	—	—	—	-	4	—	—	—	9
計	67	58	85	79	87	50	2	4	9	21	1	8	471

典拠：『漁船調査報告』第一冊、第二号表「朝鮮型漁船重要寸法表」及同第二冊、第二号表「西海岸地方朝鮮型漁船重要寸法表」

六%、三七〇隻が集中している。前節で見た『水産誌』では、漁船の多くは船長約一〇m、船幅約三m、大きなもので船幅約四mとしているが、十年ほどの間に船の大型化がここまで進んだとは考えにくい。『水産誌』の漁船に対する関心の低さと記述の粗さを示すものと言えよう。

次に地域的な特徴として、咸北、咸南、江原、全南、京畿地域では三〇mを超える大規模漁船が一定の割合で見られるのに対して、慶北、慶南地域では二五m以下の船の割合が高い。〈表4〉の数字上は京畿道の船が全て船長三五mを超える大型船であったことになるが、これを普遍的な傾向として認めることは難しいだろう。

〈表5〉は、四七一隻の漁船の長・幅・深の実測数値の最大値・最小値・平均値、平均L／B比を地域別にまとめたものである。船体規模の地域別傾向については〈表4〉で確認したところである。ここではL／B比から船型の地域別傾向のみ確認しておきたい。

L／B比の最大値は慶南の三・四一、最小値は黄海の二・八〇で平均値は三・一一である。L／B比三・三を超えるやや細長い船型を持つのは、江原・慶南・平南の三つの地域の船である。この三地域は互いに隣接しておらず、他地域に比して突出したL／B比が意味するところを解釈する手立ては今のところない。これ以外の地域では船のL／B比は概ね二・八～三・〇の範囲内にあって、特

〈表5〉『漁船調査報告』所載朝鮮型漁船の地域別主要数値

地域	長（m）			幅（m）			深（m）			L／B比
	最大値	最小値	平均値	最大値	最小値	平均値	最大値	最小値	平均値	平均値
咸北	47.17	16.17	26.79	15.33	4.96	9.06	5.50	1.25	2.78	2.96
咸南	49.17	19.83	30.31	16.92	6.63	9.90	6.83	2.25	3.37	3.06
江原	43.00	15.21	24.44	14.46	4.42	7.33	4.73	1.58	2.82	3.33
慶北	28.83	13.50	19.62	9.25	3.87	6.40	4.91	1.14	2.62	3.06
慶南	29.67	15.42	18.09	10.79	3.42	5.29	4.00	1.56	2.09	3.42
全南	44.58	10.38	27.69	17.87	3.88	9.16	5.25	1.56	3.25	3.02
全北	44.75	10.38	29.10	17.87	3.88	9.87	5.33	1.56	3.51	2.95
忠南	35.85	24.58	31.43	12.38	8.04	10.96	4.60	2.08	3.80	2.87
京畿	49.75	36.50	44.73	17.17	14.00	15.54	6.75	4.50	5.52	2.88
黄海	44.00	15.42	24.31	16.17	5.83	8.68	5.58	1.77	2.94	2.80
平安	43.17	20.00	33.44	17.46	6.42	9.63	4.50	2.25	3.36	3.47
全体	49.75	10.38	24.49	17.87	3.42	7.88	6.83	1.14	2.85	3.11

典拠：『漁船調査報告』第一冊、第二号表「朝鮮型漁船重要寸法表」及同第二冊、第二号表「西海岸地方朝鮮型漁船重要寸法表」

に際立った特徴は見えない。なお、十五世紀の海船のL／B比は二・二一～二・九七、十七世紀の海船のL／B比は二・七三～三・三三であった。一九一〇～二〇年頃に実用に供されていた漁船のL／B比は、地域を問わず、ほぼこの範囲内に収まる。その船型は朝鮮時代の海船に近似したものであったことになる（本書三五四～三五五頁の〈表1〉及び〈表2〉参照）。換言すれば、『報告』の内容は、ほとんど文献資料の残っていない朝鮮時代以前の船の構造や型を推し量る上で、相当客観的なデータとなる可能性が高い。

　さて、迎日湾以北の東海岸地方を扱う『報告』第一冊と南海岸及び西海岸地方を扱う第二冊は、対象地域を異にするだけで、調査項目に大きな違いはない。両冊ともに、各地域で使用されている漁船と漁法等について、構造、寸法、施工法、船匠、船価、工具、漁具、漁法等、各項目別にデータを集め、それらを分析した上で、現行漁船の問題点を、寸法、構造、帆装、復原力という四つの項目から指摘するという構成である。さらに「附録」として、漁具・漁法、船体各部及び属具名称に関する詳細な説明、数多くの図表を収録するほか、二十一隻の船（在来型十五隻、改良型三隻、内地型三隻）については中央断面図、側面図、平面図など、近代造船学に基づく詳細な設計図を収める。管見の限り、ここまで詳しい朝鮮伝統船の実測図は他にない。次節ではこの『報告』によって、当時の朝鮮船の船体構造がいかなるものであったのかを具体的に探ってみることにしたい。

二　『漁船調査報告』にみる一九一〇～二〇年代の在来型漁船

（1）船材の名称と役割

『報告』は「漁船の構造」で船材の名称と配置を、「施工法」で各船材の取付・接合法を、「朝鮮型漁船の批判」において船材各部の特徴と問題点を記述している。各船材別にこれらの記述を整理することで、朝鮮型漁船の船体構造をある程度明らかにすることができよう。

なお『報告』は朝鮮型漁船の類型を、東海岸地方の形式、南海岸地方の形式、西海岸地方の形式の三つに区分している（付図1～3）。海岸線が単純で水深の深い東海岸、海岸線が複雑で多数の島嶼を含む南海岸、世界有数の干満差を持ち、水深が浅くて広大な干潟を有する西海岸地方は、それぞれ異なる自然環境にある。当然、漁船の構造や操船術、使用される漁具、漁法にも違いが見られる。以下では、このような地域的特性にも目を配りつつ、それぞれの船材の名称とその特徴、役割を確認していくことにしたい。また便宜上、右の各地方で建造され、使用された船をそれぞれ東海船、南海船、西海船と呼ぶことにする。(19)

①船本片［선본 편《ソンボンピョン》］본판《ポンパン》（本板）、양판《ヤンパン》、배밋통《ベミットン》、배밋《ベミッ》、배밑《ベミッ》、괴들《クェドゥル》、창《チャン》(20)

船本片は底板である。東海船及び南海船の船本片は一材からなる船底の中心部材を指し、これは「龍骨に相当するもの」とされる。弁才船の航《かわら》に相当する部材として認識したのであろうか。これに対して西海船では船底部を構成す

〈図2〉東海船及南海船の船本片据付図

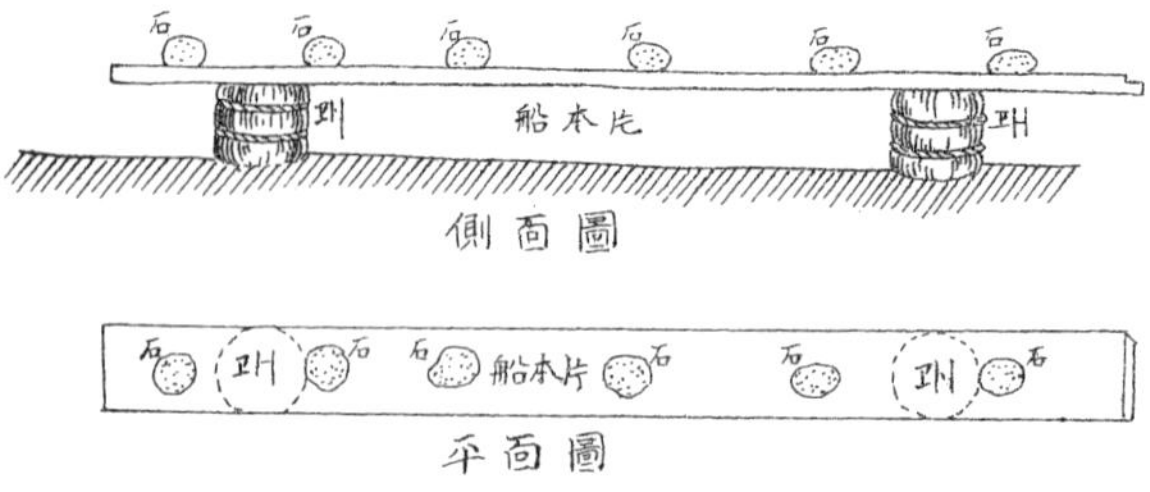

（『報告』第一冊、第四図）

〈図3〉西海船の船本片据付図

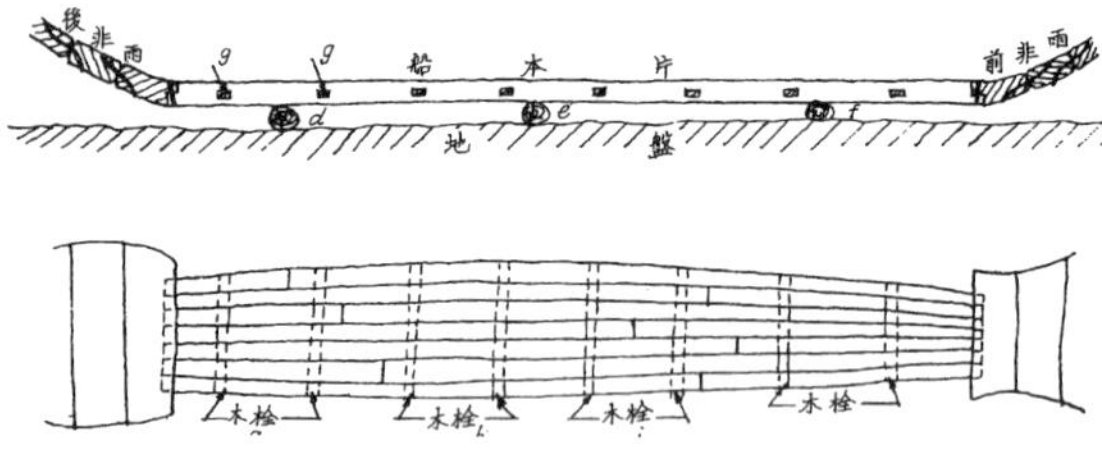

（『報告』第二冊、第四図）

る複数の底板材を船本片と総称している。西海船の船本片は、四～六インチ（約一〇・一六～一五・二四㎝）の角材数本を並べ、角形木栓を横に通して固定し、平板形にしたものである（図2・図3）。朝鮮伝統船の「船体の基盤をなす最も重要な部材」である（金在瑾［一九九四b］八頁）。

②前非雨［전비우《チョンビウ》］ 비우《ビウ》、비애《ビエ》、비유《ビュ》、고물《コムル》 비우《ビウ》

前非雨は船首材である。一般に、幅約一フィート（約三〇・四八㎝）内外の板を数枚から十数枚、横向きに並列配置する。部材同士は木釘で縫合固着する。さらに先端部の固着に割楔を使うこともある。前非雨の後部は船本片に、側部は外板の前端部に嵌接接合して木釘で固着する。地域による構造上の違いはほぼないが、前非雨の形状は、南部地方は幅が狭くて長く、北部地方に至るにしたがい幅が広く短くなる。前非雨の最上部には、徳板と呼ばれる部材が取り付けられることがある（図4・図5）。

前非雨材は幅が広く、水の抵抗を受けやすいが、浮力が大きく、波に乗る性質を持つため、容易に水没することはない。

〈図 4 〉 南海船の船首部

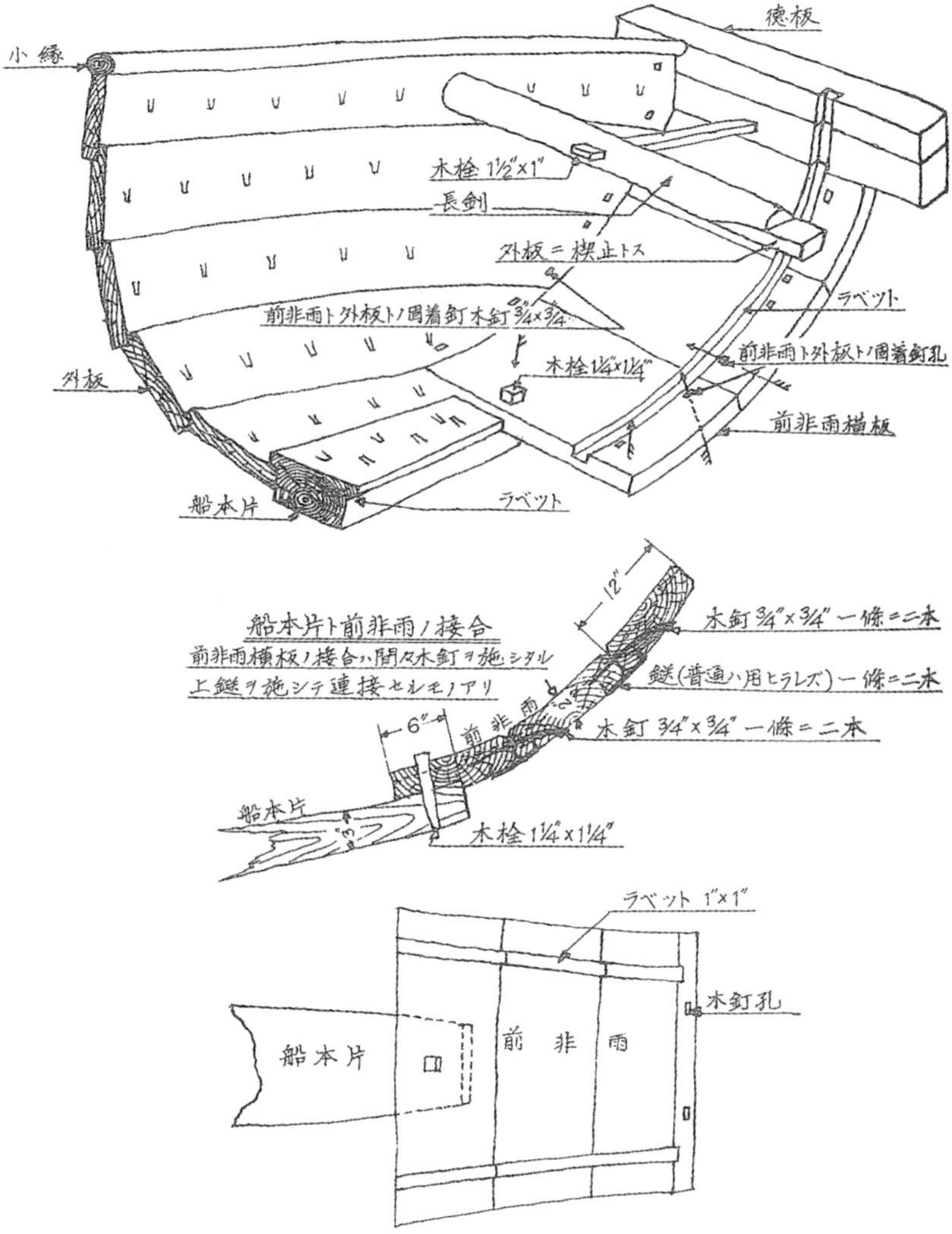

(『報告』第二冊、第二図)

〈図5〉西海船の船首部

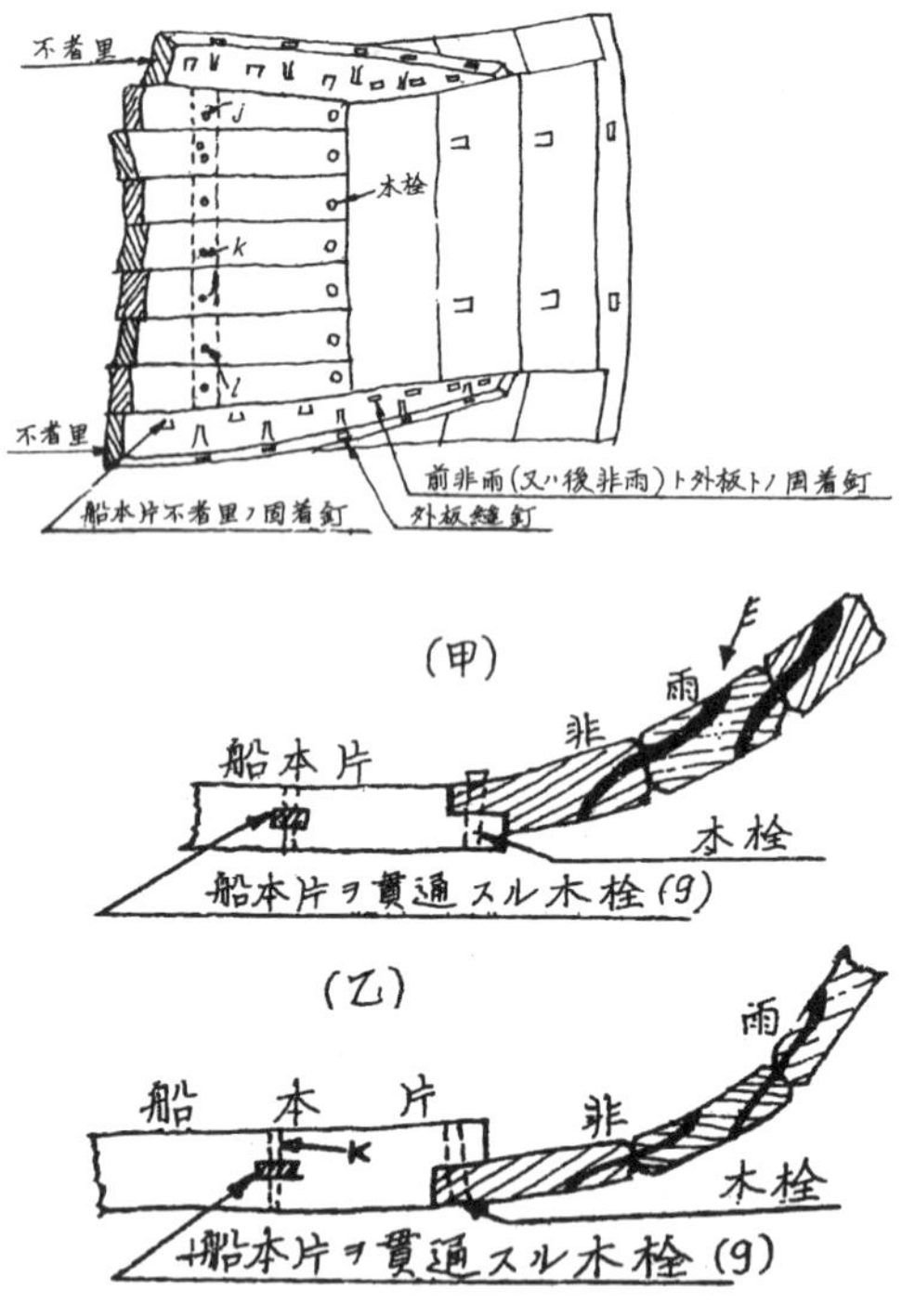

※前非雨・後非雨と船本片との接合方法には甲乙二つの方式がある。（『報告』第二冊、第四図）

③後非雨［후비우《フビウ》］정자《チョンジャ》、정재《チョンジェ》、골비애《コルビエ》、꼬불부유《コブルブユ》、미거리《ミゴリ》、하반《ハバン》

後非雨は船尾材である。東海船及び南海船の後非雨の形状は「内地型」の戸立《とだて》に似ている。一般に江原道以北の船の後非雨は底板に対して後方に傾斜するが、慶北の船は底板に対して直角であるのが普通である。西海船の場合、戸立形のものは稀で、前非雨と同じ構造をもつものが多い。上部材が薄く（外板と同程度）、下部に至るほど厚さを増すという特徴がある。

船首の前非雨と同様に、複数の板（幅一インチ内外）を横に配置して木釘で接合する。最下部から上へ順に横板を取り付けていき、船本片、外板との接合にも木釘を用いる。

④外板［외판《ウェパン》］삼《サム》（杉）、삼판《サムパン》（杉板）、삼빠리《サムパリ》、엽널《ヨムナル》、엽삼《ヨプサム》、배삼《ベサム》、참《チャム》、현판《ヒョンパン》（舷板）

外板は、船体の縦強力を保つと同時に、船型を決定づける重要な部材である。幅一フィート位の外板材を火で焙った後、半日から一両日の間放置しておくことで彎曲させておき、それを現場で削りながら、船本片に接する下部材から上部へと順に取り付ける。(21) さらに外板上部に木釘または丸形洋釘で小縁材を取り付けることもある。外板の取付は船匠の目測によるので、外板材同士の配置が適当でなく、完成した船型の左右舷が非対称、かつ底線に対して捻曲することも珍しくない。

外板材同士の接合には木製縫釘を用いる（心距八〜一〇インチ）。西海船では外板最下部に不者里を設ける（図7）。外板の横方向の接合は衝接あるいは嵌接で木釘を用いないのが一般的だが、接手に相釘を用いる場合もある。

⑤不者里［부자리《ブジャリ》］

西海船のみに見られる部材で、外板のうち、船底をなす船本片に接する最下部の板を不者里と呼ぶ。普通の外板の約二倍の厚さを持ち、龍骨翼板のようなものである（図5）。

〈図6〉東海船の船尾部

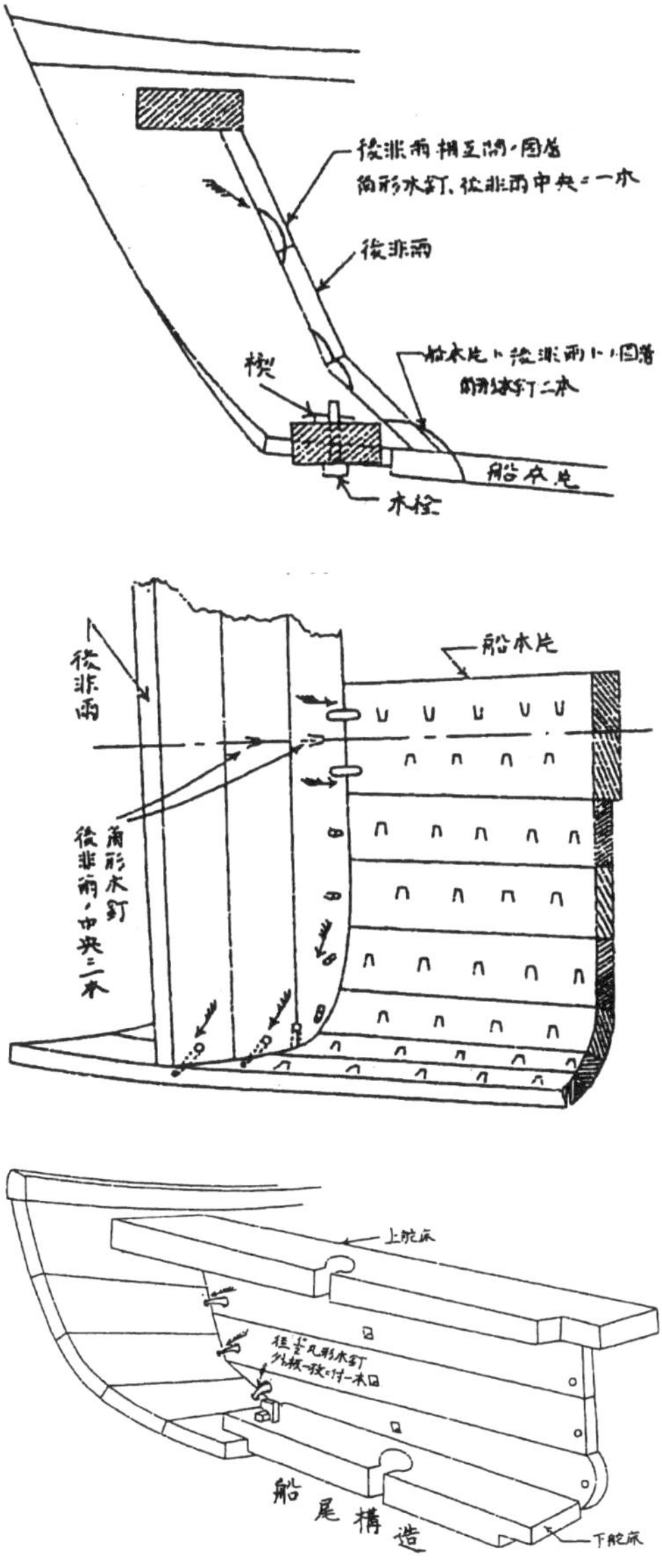

（『報告』第一冊、第壹図（二））

⑥**枢機**［추기《チュギ》］

西海船のみに見られる部材で、船の全長にわたって、船体中心線の両側に、甲板の高さでそれぞれ一条配置された縦梁を枢機と呼ぶ。檣の両側で剛の道を形成し、檣を起倒しやすくする以外に、船体の縦強力に資する。木栓で各駕に固着する。

⑦**長釗**［장 쇠《チャン ソエ》］가룡《カロン》（駕龍・加龍）、가룡목《カロンモク》（駕龍木・加龍木）、가능《カヌン》、개롱《ケロン》、개로《ケロ》、살개롱《サルゲロン》、큰가릉《クンガロン》、널거래《ノルゴレ》

長釗は、船内数箇所で両舷外板を接続する梁で、横強力を保つ役割を果たす。一般的に外板一枚毎に一本の長釗を設置する。下部のものから順に上に取り付ける（図8）。

材料は自然の丸太材で、東海船の場合は両端を外板に嵌入して楔止めをするが、西海船では両端を角形に加工してから、外板に嵌入、楔止めをする。最上部の長釗は甲板梁に相当し、これに揚げ板（案山地）を配置する。南海船では、下部の長釗一～二本は、これを貫通する木栓一箇を用いて船本片に固着する。(22)

⑧**駕**［가《カ》］・**駕梁**［가 량《カ リャン》］멍어《モンオ》、멍애《モンエ》、뫼이《モェイ》、먼어《モンノ》、먼애《モンネ》、먼아《モンナ》、대멍이《テモンイ》、큰멍애《クンモンエ》、큰대《クンデ》、큰대벙《クンデボン》

駕は、上船梁に相当する部材で、舷外に延長して櫓床ともなる。木釘で舷端に固着し、さらに木栓で長釗に固着する。南海船では、外板を切り欠いた部分に嵌入して固着し、さらに木栓で最上部の長釗に固着する（図8）。

⑨**案山地**［안산지《アンサンジ》］청 널《チョン ノル》、날《ナル》、판자《パンジャ》

案山地は甲板、座板に相当する。長釗の上に配列して揚げ板とする。水密の装置はない。南海船の案山地は、直径一寸内外の丸木を簀の子状に編んだものや、アンペラ（筵）、あるいは板を敷いて船内の座を作ったものである。やや大型の船では、船員室上部に板を鎧張りにし、梁矢を付けて甲板状にし、雨露をしのぐ設備としたものもある。

⑩**徳板**［덕판《トクパン》］덩태《トンテ》

〈図 7〉外板の接合方式と使用される木釘（南海船）

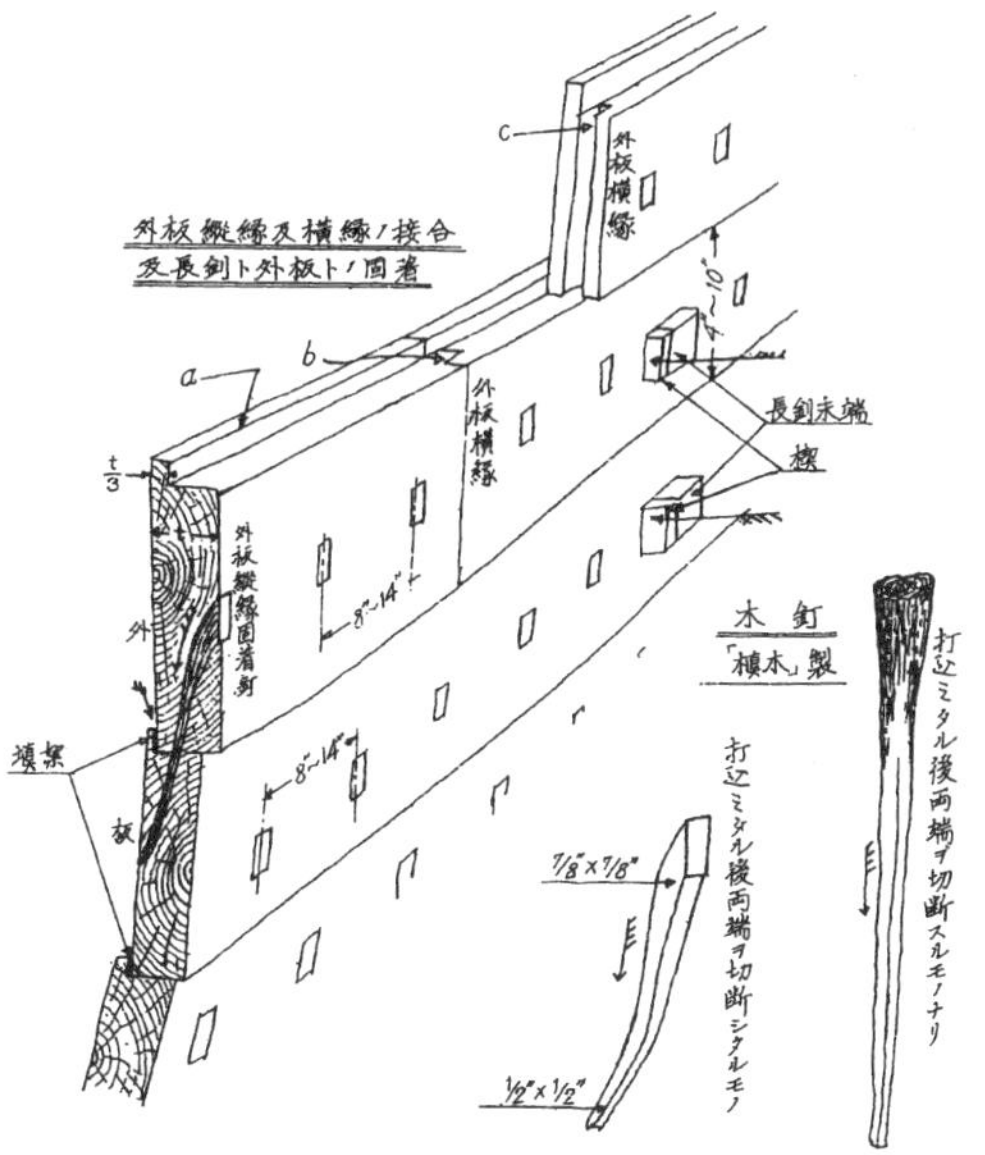

（『報告』第二冊、第二図）

〈図 8〉西海船の駕、長釗と外板、船本片の接合方式

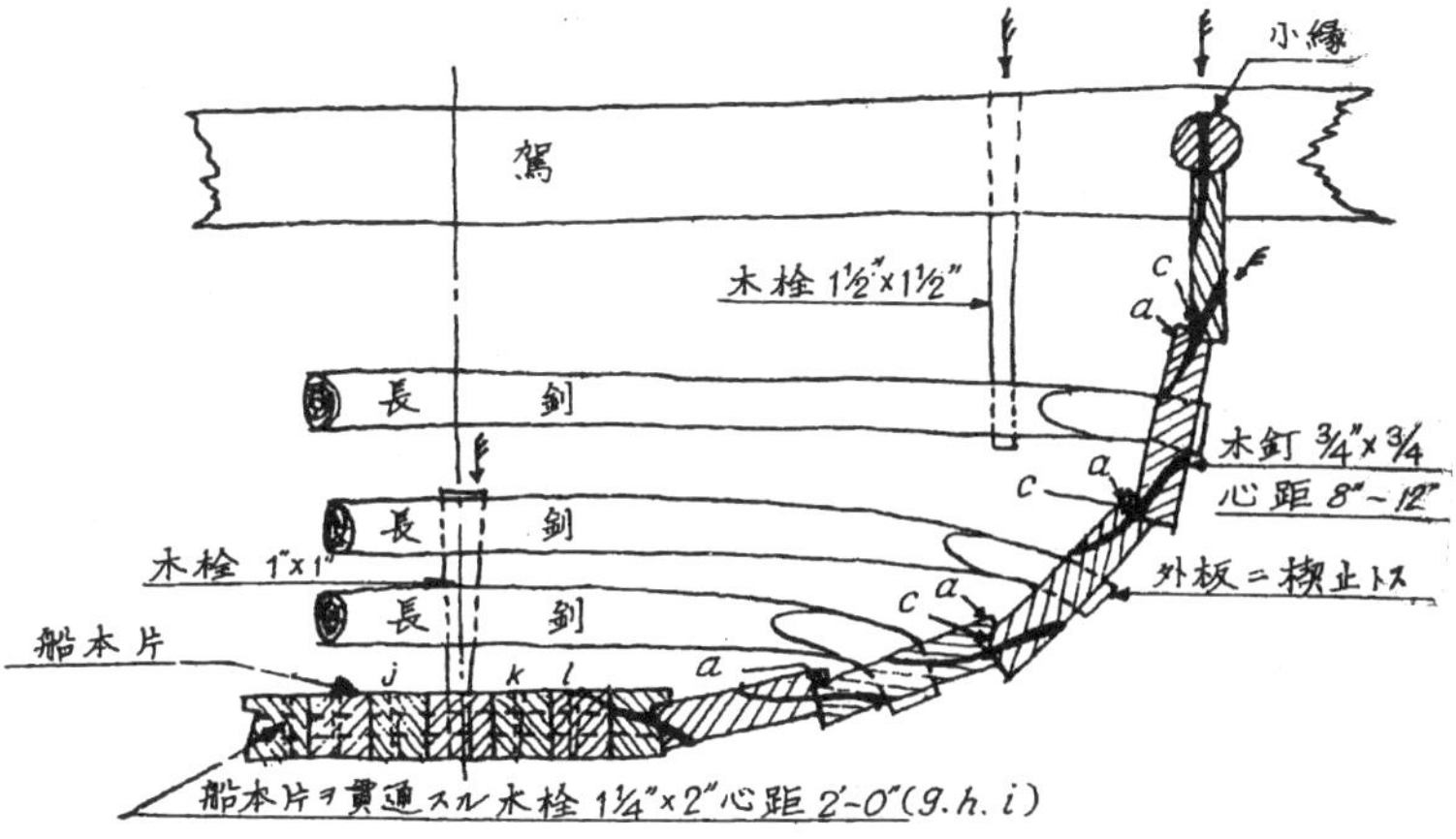

（『報告』第二冊、第四図）

〈図９〉南海船の船尾部構造と舵床

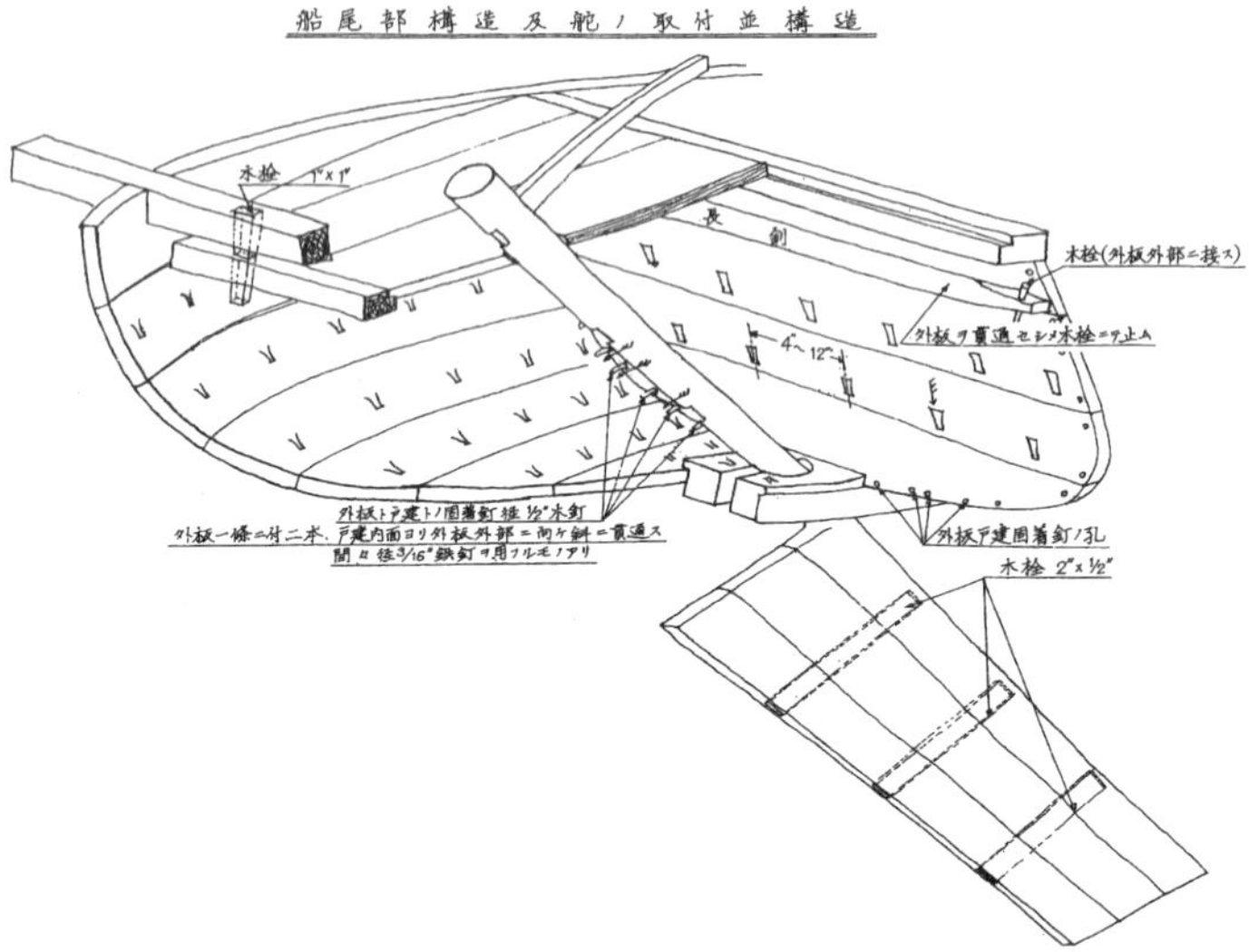

(『報告』第二冊、第二図)

徳板は、「カットヘッド（Cut Head）」の機能を果たすもので、船首の幅よりも長い角材を、木釘（または鉄釘）で前非雨（船首）の上端に固着する（図４）。

⑪舵床［타《タ》상《サン》］읏《ウッ》하《ハ》판《パン》、우《ウ》핫《ハッ》판《パン》、우《ウ》단《ダン》상《バン》、상《サン》화《ファ》판《パン》、상《サン》화《ファ》팡《パン》、하《ハ》화《ファ》판《パン》、화《ファ》판《パン》、화《ファ》롱《ロン》、덤《トン》불《ブル》、번《ボン》지《ジ》、꽁《コン》지《ジ》부《ブ》리《リ》、돔《トン》문《ム》이《ニ》

舵を支える部材である舵床は、地域によって構造が多少異なる。東海船の上舵床は後非雨上端に位置して舵を支え、下舵床は後非雨下部に固着して舵の方向を確保する（図６）。南海船では、上舵床は後非雨後部に設けた梁に渡す二枚の板（または二本の丸太）で舵心材を両側から挟んだもので、下舵床は船本片後部端の延長部に穴を穿ったものである（図９）。西海船の上舵床は南海船と同様の作りだが、下舵床は後非雨の下方に楔止めした二個の木片で舵心材の下部を支えて作る。

⑫櫓筒［장《チャン》 통《トン》］소《ソ》뢰《ロエ》、구《ク》래《レ》통《トン》

櫓筒は、櫓の下部を支えるもので、櫓が嵌入される溝と受尻を持ち、上部は駕の後面に取り付け、長剣に鈎形木栓二個で固着される。櫓筒の下部は龍骨（船本片）上に設けた座板に筍《ほぞ》を作って嵌入する。櫓筒の本材を挟んで縦梁二本を設け、剛の道を作るものもある（図10）。

⑬帆［범《ボム》］돛《トッ》、돗《トッ》、똣《トッ》、돗구《トック》、독구《トック》、독기《トッキ》

帆は一般に水矢帆で、大きさに応じて数本から十数本の水矢（帆竹）を取り付ける。一九〇〇～一〇年代頃は蓆の帆も用いられたが、今（一九二〇年代以降）は広木（광 목《クァン モク》）と呼ばれる綿布（天竺木綿）を用いるのが普通である。稀に帆布を用いるものもある。帆の上端を支持するガフ（Guff）と帆裾を支えるブーム（Boom）＝帆桁には丸木または竹を使う。帆布は普通白地のまま使用するが間々樹皮の煮汁あるいは赭土で染色したものもある。帆の幅に比して長さがあり、ガフはブームよりも長い梯形をしたものである。各水矢の後端からは一本宛の綱をとり、これを末端で一括してシートとする（図11）。

⑭索具

索具は、多く藁綱、葛蔓綱あるいは綿糸綱（を撚り合わせたもの）を用いる。展帆は一本のハリヤード（Halyard・帆綱）で行う。ハリヤードは櫓の上部に滑車を取付けて、これに通すのが普通だが、稀に櫓頭に穴を穿ち、あるいは溝を設けて、滑車を用いないものもある。

⑮櫓［장《チャン》］돛대《トッテ》、돗대《トッテ》、똣대《トッテ》、뱃대《ペッテ》、범 죽《ポム ジュク》（帆竹）、외《ウェ》（桅）

櫓の材料は松または杉材を用いる。東海船の前櫓は直立、南海船の前櫓は直立あるいは稍前方に傾斜する場合もある。後櫓は著しく後方に傾斜する。彎曲させるために二材以上を木栓及び楔止で累接するものもある。

〈図10〉東海船の櫓根部

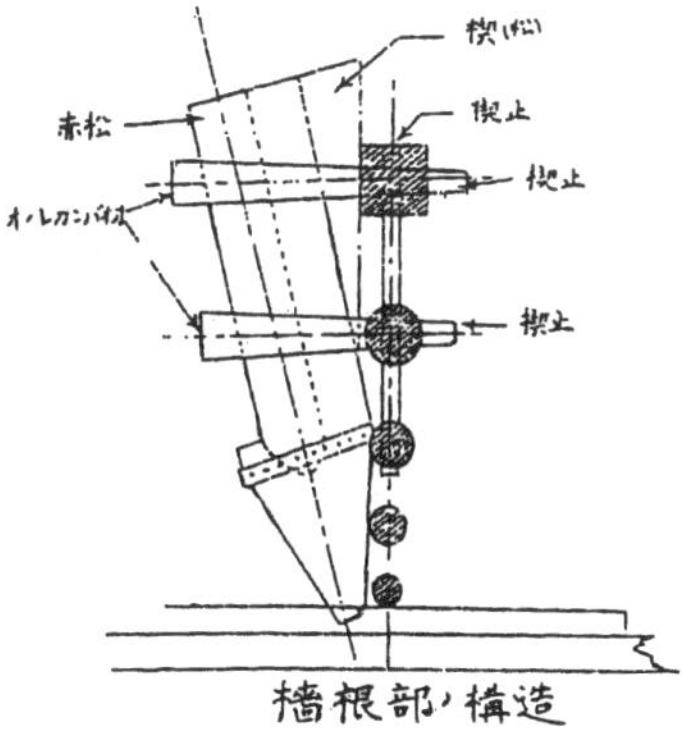

（『報告』第一冊、第壹図（二））

〈図11〉東海船の帆の構造

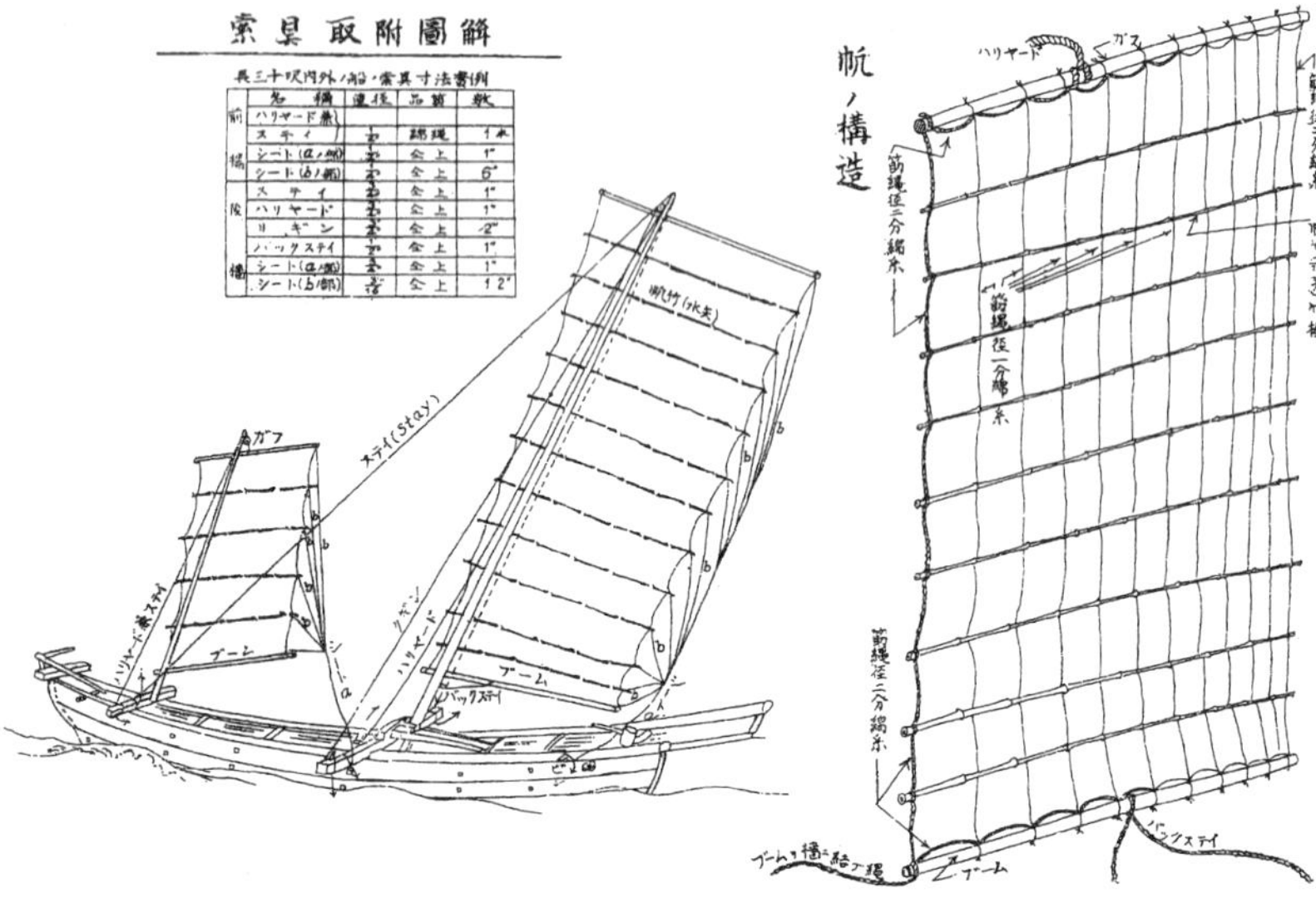

（『報告』第一冊、第壹図（三））

⑯舵［타《タ》］따리《タリ》、따아리《タアリ》、치《チ》（鴟）、키《キ》

舵の形状は「内地型」漁船のものと比較して、頗る長く（西海船で船長の約六割）、前方に著しく傾斜している（南海船で四〇～六〇度、西海船で三〇度の角度）。後方に傾斜しているのは、浅い海を航行する場合に、もし舵が海底に触れれば自然に後方に抜け出て、損傷を免れるためである。舵心材には、数個の舵柄孔があり、海底の浅深に応じて舵の深さを加減することができる（図12）。

舵の面積は大変大きく、船体浸水部縦截面積の六分の一～二分の一に達する。朝鮮船がこのように大きな舵を有したのは、舵が単に船の方向転換の道具であるのみならず、センターボールドのように横流に抵抗して、船の進行方向を保つための重要な部材であったからであるという。

舵心材にはクヌギやカシ、オノオレカンバが、矧材（舵板）にはマツ材が使われた。舵心材と矧材とは、角形木栓数個を用いて貫通連結し、さらに丸形木釘数本を使って木栓の弛緩を防止した。

〈図12〉東海船の舵

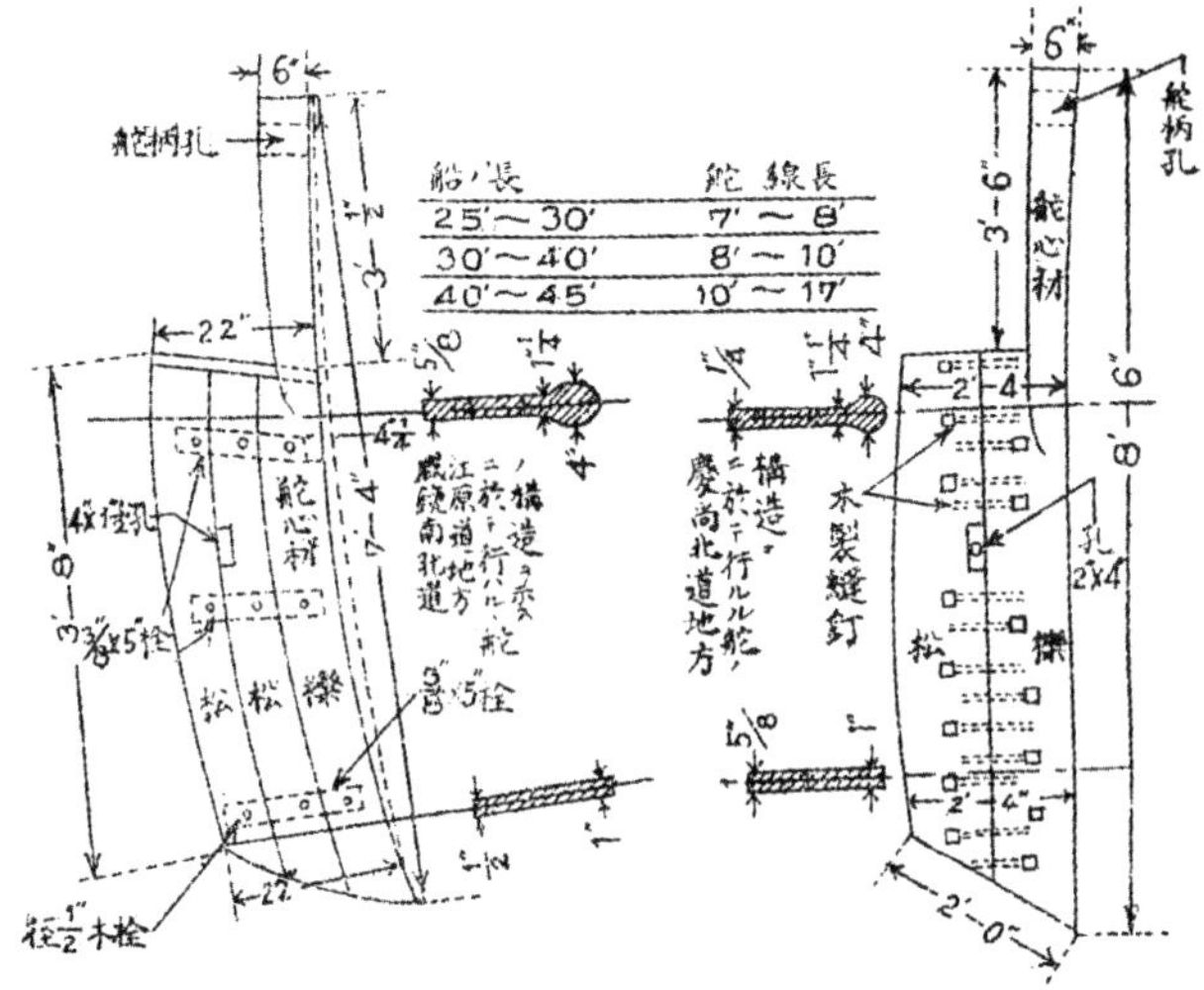

（『報告』第一冊、第壹図（三））

⑰錨［묘《ミョ》］닻《タッ》、따리《タリ》

一般にクヌギ製の一本または二本爪の錨を用いるが、近来は鉄製日本式錨を用いるものもある。南海船ではカシ製の二本爪錨を使用する。錨銲（重錘）として長形の石を結び付けるものとそうでないものがある。南海岸中部以西では、潮流が急激なので一般に大型の錨を使用する。長三〇フィート（約九m）以上の船で錨の長さは七フィート（約二m）内外、三〇フィート以上の船にありては九〜一四フィート（約二・七〜四・三m）のものを用いる（図13）。

⑱錨索［묘삭《ミョサク》］닻《タッ》 줄《チュル》、줄《チュル》

錨索には、多くは藁綱や葛蔓綱を用いる。その太さは、直径一インチ〜二インチ半（約二・五〜六・三cm）、長さ二十〜四十尋（約三〇〜六〇m）で、東海船では一隻あたり錨と錨索を一揃〜三揃用意す。最近は稀に錨索としてマニラ綱を用いるものもある。

⑲揚錨機［양묘기《ヤンミョギ》］신방《シンバン》、호롱《ホロン》

南海岸西部地方のやや大型の船は揚錨機を備えている。揚錨機は、船首部に設けた二本のタツで綱巻軸を支え、この軸

〈図13〉東海船の錨

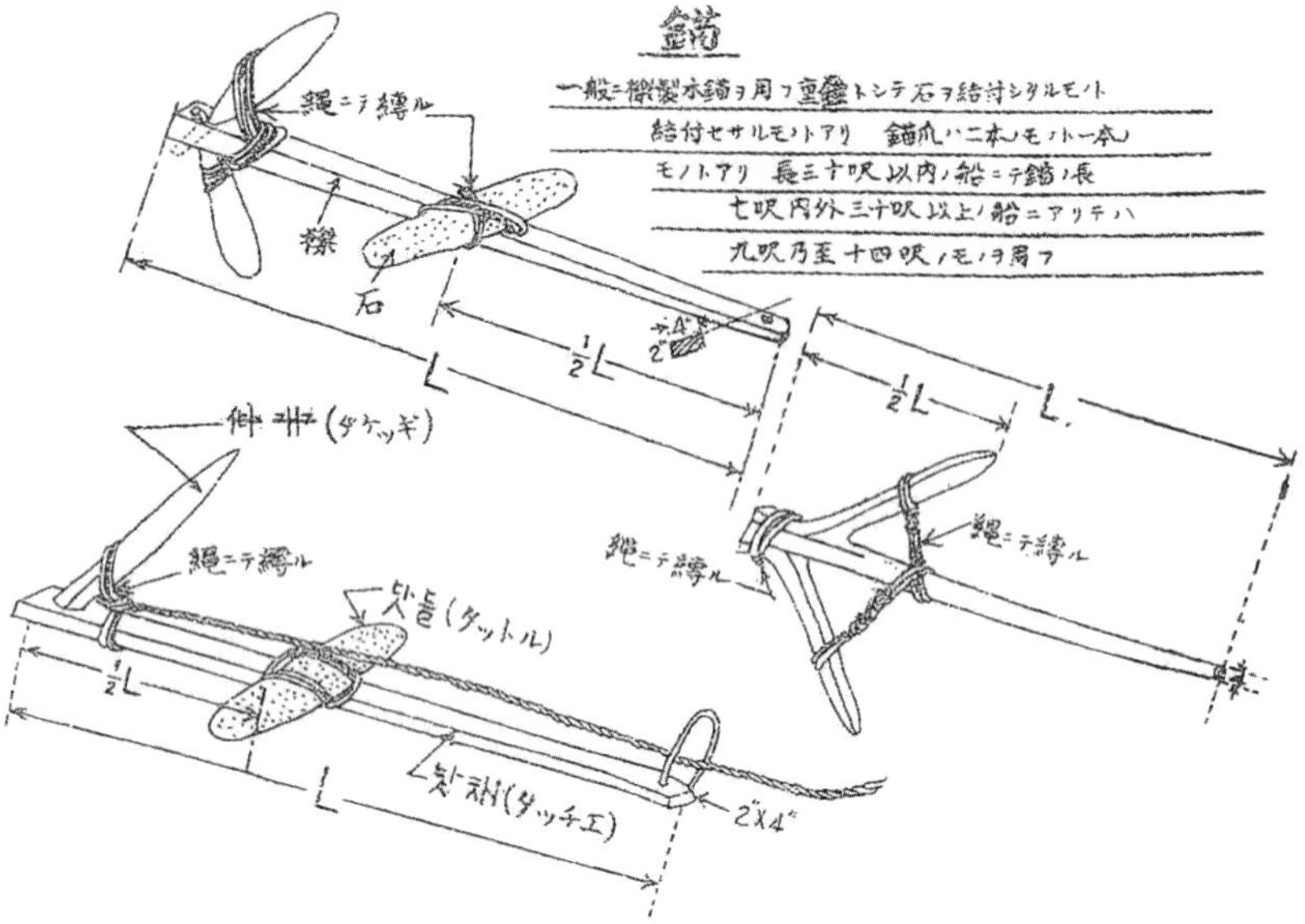

（『報告』第一冊、第壹図（三））

に数本の把手を取付けた一種の木製轆轤である。

⑳櫓［노《ノ》・로《ロ》］놀《ノル》、뇌《ノェ》、노《ノ》

長さ三〇フィート（約九・一m）内外の船では、普通四挺〜五挺の櫓を有する。材料は、カシあるいはクヌギを用いる。真直の丸材の中から目通りの良いものを選び、木目に沿って二つに割り、これを希望の形状に削った後に適当に蒸曲して完成させる。複数材を接続するのは彎曲を得るためである。西海岸の大型のものでは船体方向転換の道具として櫂を備えるものもある（図14）。

㉑塡絮と塗装

塡絮の材料には普通、竹を削ったもの、樹皮を漂白したもの、鉋屑、古綿、古布等を用いるが、これらの充塡材を 배밥《ベバブ》（「船の飯」の意）と呼ぶ。日本式のマキハダ（槇肌）とは異なり、船体内側から施すため、海水に浸ることとなり、腐蝕が速く、水密は不完全である（図15）。近来稀に「内地式巻肌」を使用するものもある。(23)

〈図14〉南海船の櫓

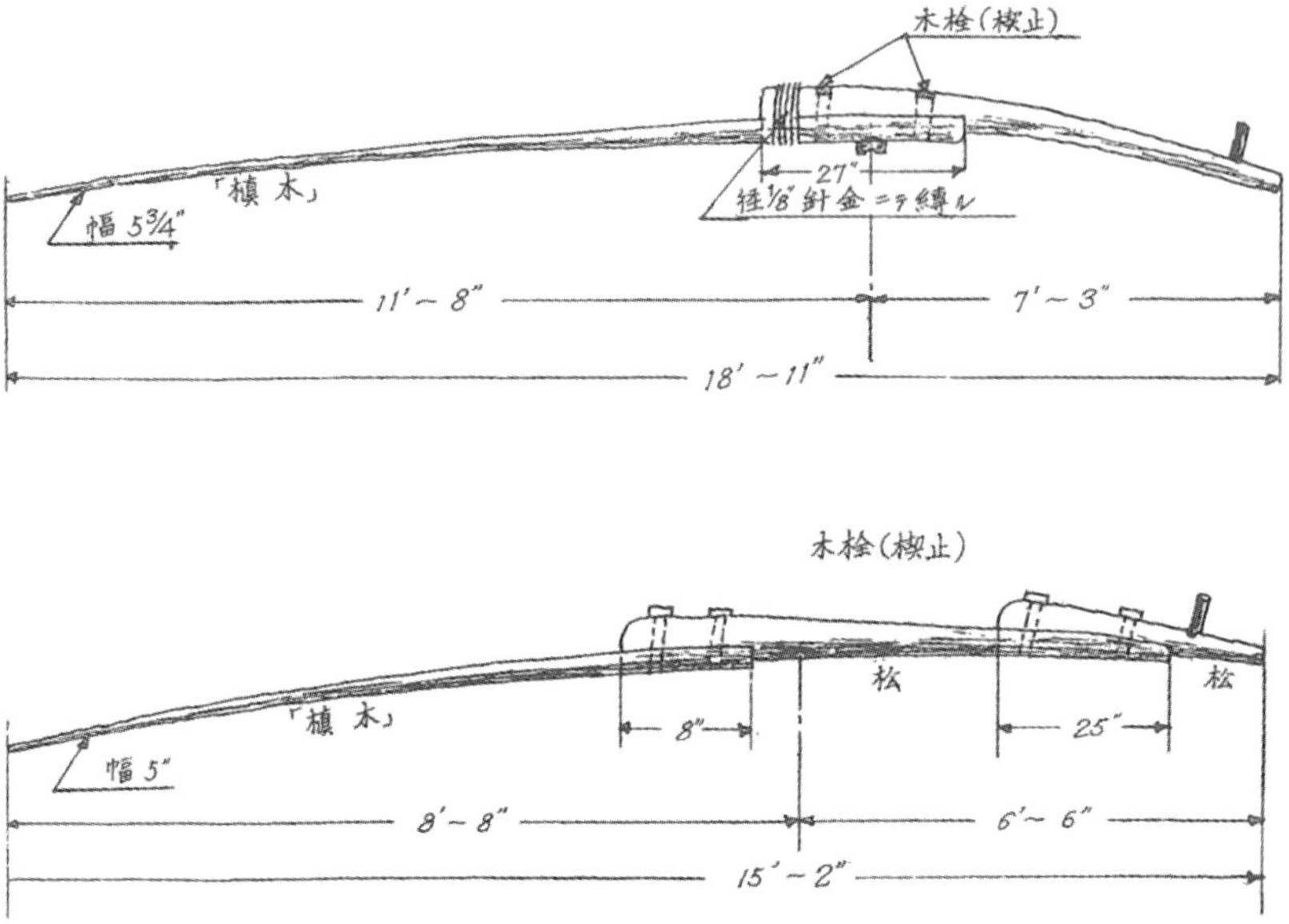

（『報告』第二冊、第三図）

元来塗装は施さないのが普通だったが、近来「コールタール」を外板外部に塗布するものが南海船に多く見られ、東海船にも見られる。

㉒釘

材料の固着及び接合には木釘を用いる。底板用の長木釘を長槊（가쇠《カソエ》）、外板用の木釘を皮槊（피삭《ビサク》）という（金在瑾［一九九四b］二七頁）。木釘の材料はカシやクヌギである。〈図7〉のような形状に削り、使用前の数日間、尿又は水に浸して柔軟にしておく。尿には防腐機能が期待されたのかも知れない。

〈図15〉塡絮法

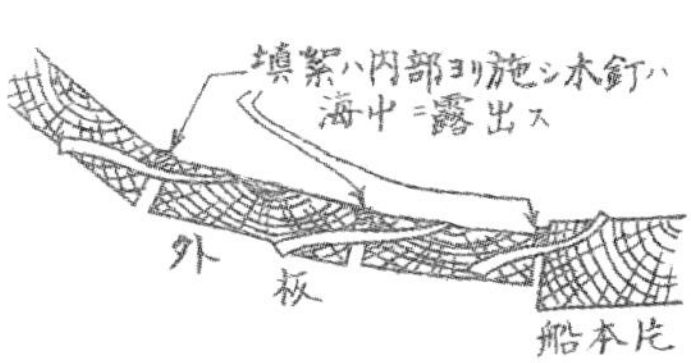

（『報告』第一冊、第参図）

釘には角釘と丸釘がある。主要部分の固着接合には主として角形木釘を使用し、S字型に二材を縫うように釘孔を穿つ。二材の接合後、木釘の外部に突き出た部分は切り落とす。木釘の用法は西海岸地方の方がやや入念である。東海岸地方では、ボート錐で円形の釘穴を穿ち、ここに角形の木釘を打ち込むが、西海岸地方では鏨で角形の釘穴を穿って角形木釘を打ち込む。特に堅牢に造る必要がある場合は木釘の先端に割楔を施すことがある（図7・図8・図9）。丸釘は前非雨・後非雨と外板の接合、西海船の船本片の接合、あるいは駕や上舵床の取り付け等に使われるくらいで、主として直線上に二材を貫通させるものである。

なお、稀な例として、東海岸地方で徳板、駕等の取り付けに部分的に鉄釘（洋釘）を用いることがある。

以上で朝鮮型漁船を構成する船材の名称とその役割について大略を確認することができた。これらの船材に使われた樹種は、大きくマツ材とカシ材の二つに分けられる。船本片や船首尾板、外板のような船体外殼、長釗、駕、案山地、檣筒、円材などには、チョウセンアカマツ、チョウセンマツのようなマツ材を用い、相当な強度を要する舵心材、櫓の翅、錨、木釘、木栓にはカシやクヌギ、オノオレカンバのようなカシ材を用いるのが一般的であった(24)。

それでは、このような船はどのように造られていたのだろうか。『報告』第一冊及び第二冊の「施工法」（『報告』第一冊七頁、第二冊八頁）に拠って確認しておこう。

朝鮮の船はすべて屋外で造られた。固定的な造船設備はなく、船大工たる船匠が注文者の住宅附近の海浜等で船を造ったという。

①まず海浜の砂地上に「クエー（괘）」二個を置いて船台を作る。クエーは蓆で砂を巻いて円壔形にしたもので、長さ三〇フィート（約九・一m）位の船を造る場合には、高さ一フィート（約三〇cm）、直径一フィート二インチ

（約三五・五㎝）内外のクエーを設けた。西海岸地方では、丸材あるいは角材を数本横にしてクエーとして用いたという（図2・図3）。
②クエーの上に船本片（龍骨に相当）を架し、施工の際に動かないよう所々に石（総計十数貫）を配置する。クエーの高さは船本片が水平になるようにする。
③船本片の左右各側に、最下部の外板一条を取付け、この前端に前非雨（船首材）最下部の横板一枚を取付ける。次に左右各側に、外板を下部のものより順次一条ずつ取付け、外板の全部を取付け終れば、前非雨、後非雨（船尾材）を順に取付ける。
④前非雨・後非雨の取付け順序はどちらが先でも構わない。横板は下部から上部の順に取り付ける。
⑤前後の非雨を取り付けた後、長釗を下部から上部の順に取付ける。次に駕を取付け、檣筒、剛の道を完成させ、案山地を配置して船体の工事を完了する。

船型は設計図、もしくは各部の比例を示す数字等にもとづいて決定するものではなく、現場で船匠の経験上、その「頭脳中ニ宿セル、朝鮮在来型漁船ノ一般的船型」にもとづいて、工事を進めつつ形成していったという。

（2）　朝鮮型漁船に対する『朝鮮漁船調査報告』の評価

こうして造られた朝鮮型漁船に対する『報告』の評価は芳しくない。朝鮮船は「欠陥多ク」「脆弱」で改良が必要であるとの前提を掲げた上で、「朝鮮型漁船ノ批判」という項目を設けて、その改良案を示している（『報告』第一冊一八～二八頁、第二冊一五～二一頁）。右のような理由から、全て欠点に関する指摘になるが、朝鮮型漁船の特徴は次の八点に整理できる。

①船体の横強力が弱い。
船体の横強力は大変弱く、建造後すぐに船体横断面の形状に歪みが生じることが多い。船体両舷の外板同士をつなぐ部材は長釗だけである。横強力を保つ上で長釗の役割は甚だ重要であるにもかかわらず、長釗と外板との固着は不完全な楔止めによっているに過ぎず、強度が不足している。
②船体の縦強力が弱い。
縦通材は船本片と外板のみである。その配置が適当でない上に、単に縫釘または木栓で縦縁接合をしているだけのため、縦強力が不足する。年月の経過とともに縦通材の接合部に大きな間隙が生じるために、船体の縦方向に歪みが生じる。船が波に乗るときに大きな張力を受ける甲板部には何の設備もなく、外板上部材だけでこの張力に抵抗することになる。外板上部材の接合は不完全で、大きな張力を受けると、接合部が分離したり、外板材に裂目が生じたりすることが避けられない。
③船底部が弱い。
船底に龍骨を備えるもの（東海船・南海船）と龍骨が無いもの（西海船）がある。船底部は大きな力を受けるだけでなく、局部的に損傷しやすい。縦強力を補強するためにも外板よりも厚い材料を龍骨として備えることが望ましい。
④船首（前非雨）の水抵抗が大きく、構造的に弱い。
前非雨は幅の広い材料で、水の抵抗が大きいので凌波性を著しく損なうだけでなく、構造上も弱くなるので衝突等によって破壊されやすい。
⑤隔壁がなく、水密が不完全である。
たとえ船体強力が充分にあっても、隔壁をもたず、船内に空気室がなければ安全を期すことができない。一般に水

密甲板がなく、単なる揚げ板を甲板としているため、ひとたび風浪に遭遇すると、浸水のために沈没するおそれがある。外板の水密も不完全なために多量の淦水（船底にたまる水。アカ）があり、常に船員がこれを汲み取らねばならず、操業上大きな支障が生じる。また、水密が不完全であれば船材の腐蝕が早く進む。朝鮮型漁船で使用される木釘の腐朽は早く、三～四年ごとに取替を要する。しかも釘穴が腐朽するため、新造後約十年で釘の取替も不可能になり、これが原因で廃船に至るのが一般的である。

在来用いられてきた塡絮は、水密工事に対して有効でない。水密の如何は船匠の技能如何にかかるところが大きいため、船匠の技能を向上させなければ水密工事も完全なものとはならない。

⑥舵床の取付が不完全である。

朝鮮型漁船の舵は面積が大きく甚大な水圧力がかかる。朝鮮型漁船の舵は、船の方向を換える以外に、横流（Leeway）に抵抗して船の進行方向を保つという運行上の重要な役割も果たす。そのため、舵にかかる水の抵抗はきわめて大きい。しかし、舵床の取り付けが不完全なために不慮の災厄に遭う例が少なくない。舵床の取り付けは特に堅牢にしなければならない。

⑦部材の接合が不完全である。

嵌接、衝接等によって接合された部材同士は互いに独立しているといっても過言ではない。前非雨や後非雨と外板との固着部のように局部的に強度の必要な部分では先端に割楔を施す場合もあるが、一般には単に釘穴に木釘を打ち込むに過ぎず、強度は極めて微弱である。たとえ材料が良質で切断面がきちんと整えられていても、接合方法が不完全であれば、それが船体の最も弱い部分となり、船はそこから破壊される。

⑧固着釘の施工が不十分である。

朝鮮型漁船の大きな欠点は固着釘の施工である。船材の固着に使用する木釘は材質が堅くて充分な強力をもつ。丸型木釘は外板の固着釘として適当なものである。これに巻肌を施して両端を楔止めすれば、固着用の釘としてのみならず、完全に水密を保つことができるが、それはしない。施工技術が拙劣なために、固着の効力が甚だ小さい。たとえば、木釘は必ず両端を楔止めとしなければならない性質のものであるにもかかわらず、単に釘穴に挿入するだけのものさえある。

右の八つの点のうち、①～⑤は朝鮮船独自の船体構造が持つ弱点と言えようが、⑥～⑧は施工者たる船匠の技術の巧拙に大きく関わる問題であろう。この点について『報告』の評価は厳しい。朝鮮型漁船は一般に「局部ニ亙リ施工ノ拙劣ナル所多シ。之レ全ク船匠ノ技能ノ幼稚ナルニ起因スルモノ」と断定している（『報告』第一冊二二頁）。最後に造船技術者である船匠について見ておこう。

（3）　植民地期朝鮮の船匠

少し長くなるが、船匠に関する『報告』の記述を引用する。

朝鮮ニ於テハ一般ニ、船舶ハ「木手《モクス》」ト称スル、家屋建築其ノ他一切ノ木工ヲ業トナスモノニヨリ建造セラル、モノナリ。而シテ木手ハ内地ニ於ケルガ如ク、師匠ニツキ長期間技術ノ伝授ヲ受ケテ専業者トシテ立ツモノニ非ズシテ、各自独立ノモノナリ。従テ其ノ相互間ニ師弟ノ関係ナク、単ニ先天的ニ木工ニ巧ナルモノガ、既製品ヲ模倣製作スルコトニ漸次経験ヲ積ミ、終ニ家屋、船舶等ヲ建造スル技倆ヲ修得スルニ至ルモノナルガ故ニ、偶々優良ナル技能ヲ有スル木手アリトスルモ、其ノ技巧ノ真髄ヲ伝フルニ由ナシ。蓋シ木手ノ技能一般ニ幼稚ニシテ進歩発達ノ跡ナク、多クハ殆ド児戯ニ類スルヲ見ルハ、此処ニ其ノ因ヲ有スルモノニ非ザルカト思料セラル。（『報告』第一冊一三頁）

また次のような記述もある。

船型ハ設計図、若クハ各部ノ比例ヲ示ス数字等ニ基キテ決定スルモノニ非ズシテ、単ニ現場ニ於テ船匠ノ経験上、其ノ頭脳中ニ宿セル、朝鮮在来型漁船ノ一般的船型ニ基キテ、工事ヲ進メツ、形成シ行クモノナリ。而シテ其ノ技巧ノ拙劣ナルト、設備ノ不完全ナルトニヨリ、木材ノ品質ニヨリテハ船匠ノ意志ニ合致スル形状ニ加工シ得ラレザル場合アルヲ以テ、其ノ目的トスル船型ヲ得ラレザル場合多キヲ普通トス。換言スレバ、在来型ノ船型ハ大体ニ於テ類似セリトハ雖モ、材料ノ品質、施工ノ都合等ニ応ジ、成リ行ニ委セテ出来セルモノト称スルヲ得ベシ。従テ漁業ノ種類ニヨル船型ノ相違、即チ一定ノ漁業ニ使用スル為メ、操業上最モ便利ナル特性ヲ有スル船型ヲ求ムルガ如キコトナシ。（『報告』第一冊八頁）

併合前後の朝鮮には在来型漁船を建造する造船所が六十箇所あり、一二〇〇余人の船匠がいたという（吉田敬市［一九五四］一八四頁）。しかし、『報告』は「朝鮮型漁船建造ニハ、何等特殊ノ設備ヲ要セズ、従テ造船所ト称スルモノナシ。木手ガ造船ノ注文ヲ受クルヤ随時木工器具ヲ携ヘ、船主ノ居所ニ到リテ造船スルコト家屋大工ノ方法ト異ラズ」と述べている。

時期を問わず、朝鮮の造船技術者、造船業については分からないことが多い(25)。そこで参考となるのが、許英燮によ る「漢江中州の船大工」に対する聞き取りの記録である。一九六八年まで漢江汝矣島《バムソム》と西江の中間にあった栗島には代々多くの船匠たちが暮らしていた。この栗島ほど規模の大きな船を造るところはなかったという（許英燮［一九八八］二〇七頁）。

〈図16〉植民地期朝鮮の船匠と造船風景

（植民地期の絵葉書『朝鮮風俗』「船大工」、釜山博物館［2009］156頁）

一九二〇年代の生まれで十八歳のときから五十年間、船を作り続けてきた咸甲淳氏（音訳）は語る。植民地期は栗島に住んでいる棟梁が高く評価されていて、あちこちの普請場にたびたびよばれて出かけて行った。咸老人自身も、仁川や青山（平北）や鎮南浦（平南）まで出かけて、海に出ていく木造船や川の上流では船底の浅い川船を造ったという（許英燮［一九八八］二一〇頁）。

咸老人の活動時期は、『報告』の調査時期の約二十年ほど後になるが、船匠を取りまく環境にそれほど大きな違いはなかったのではないだろうか。一般の漁民が、自分たちが使う船を建造する際には、造船所に注文するようなことはなく、造船技術をもった船匠に依頼し、注文主である漁民の地元の浜などで船が造られたのであろう。『報告』の船匠に関する記述は、当時の生活文化史的な側面からも価値が認められるのである。(26) 以下、『報告』の記述から、船匠たちによって船が造られるまでの過程を要約しておこう。

ひとたび木手（船匠）が造船に着手すると、注文者の家族、親戚、使用人らは彼の仕事を手伝うことになる。大型船を建造する場合には、上記関係者以外にも二、三人の人夫を注文者が雇い入れて木手の作業を補助させることになる。このような人夫のことを「助力群《ヂョリョククン》」と呼んだ。

建造材料、人夫賃、工具等は、すべて注文者たる船主が負担し、それ以外にも雑費として、木手と助力群に食事を支給し、また酒、煙草、草鞋等を支給するのが習慣であった。もし、待遇がよくないと思うと、船匠たちはサボタージュを行って注文者に待遇の改善を強要したという。

おおよそ船一隻の竣工には、十～三十日を要したが、右のような事情により、それは明確なものではなかった。船一隻の造船費は、木手の工賃が一隻あたり三〇～八〇円位、人夫が一日五〇銭～一円程度であり、家族使用人はもちろん、親戚の者は無報酬で造船作業を手伝った。

一九二〇年前後の新造価は総トン数（船長・船幅・船深の相乗積に〇・〇〇五四を乗じたもの）一トンにつき、平均七八円一五銭で、在来型漁船の場合は六六円六〇銭、改良型漁船で一〇一円二六銭であった。（『報告』第一冊一三～一四頁）

前述したように、このような船匠たちの造船技術に対する『報告』の評価は厳しいものであり、船匠の技能を向上させることが漁船の改良上「最モ重要ナル事項」と断じている（『報告』第一冊八頁、第二冊一七頁）。

事実、総督府は在来型漁船の改良事業の一貫として、船匠講習会を継続的に実施した（吉田敬市［一九五四］二八四頁）。たとえば、一九一一～一九年の間に全南で二回、京畿で二回、船匠講習が実施され、合計二十九人が受講した（『報告』第三冊一六～一七頁）。また一九二四～二八年の間に咸北二回、咸南三回、江原・慶北地域の各水産会で十四～一三五日間におよぶ船匠講習を行い、計四二〇人が受講した。朝鮮改良型漁船の多くはこのときの受講生が建造したものであるという。(27)この動きは後にも続いたようで、一九三四年度には、全南水産会が木浦で開催した船匠講習会に講師一名を派遣し、二十一日間にわたって発動機附漁船の設計術を講習し、十名の修了者を出している（朝鮮総督府水産試験場編［一九三九b］五七頁）。

おわりに

『漁船調査報告』は、朝鮮在来型漁船を対象に、近代造船学にもとづいて実施された初めての学術調査の成果であった。その背景には、統監府設置以来、日本が朝鮮半島で進めてきた各種産業に対する植民地的開発という大きな動きがあったことは言うまでもない。当時、朝鮮の在来型漁船は「改良」されるべき「欠陥」を多く有する「極メテ劣等ナル」船とされ、総督府水産試験場の漁船調査は、その具体的な改良点を見出すべく行われたものであった。今日的視点から見たとき、その内容には自ずから限界がある。一方、『報告』の記述の中には、朝鮮近海の自然環境、漁業条件に適応しつつ、独自の発展を遂げてきた朝鮮在来型船の特長を見出すことができる。

『報告』は朝鮮在来型漁船を、東海船、南海船、西海船の三つに分けて分析する。このうち、東海船と南海船の船体構造には共通点が多いが、西海船と両者との間には大きな違いが見られる。なかでも最大の相違点は底板（船本片）の構造である。東海船と南海船は一本材の船本片を持ち、これは龍骨に相当するとされる。これに対して、西海船の底板は特別な中心材を持たず、複数材を連結して構成される。『報告』がそうであるように、龍骨を持たないことは朝鮮伝統船の欠陥であるかのように言及されることが多かった。しかし、極めて大きな干満差を有し、水深が浅く、広大な干潟の広がる西海岸地方での航海、漁業活動には、龍骨を持たない平底船がこの上なく有利であった。(28)『報告』

が明らかにする東海船・南海船と西海船との違いは、朝鮮伝統船が各地の自然環境に適応しつつ、独自の船体構造を発展させたことを証明してくれるものでもある（付図1～3）。

船首材にあたる前非雨について、『報告』は、水の抵抗を受けやすくて凌波性に劣ると批判する一方で、浮力が大きく、波に乗る性質を持つため、容易に水没することがないとの肯定的な評価も示している。全体として『報告』では、朝鮮在来型漁船の船型や船体構造がもつ「欠陥」を批判することよりも、これを建造する船匠（木手）の技術の粗忽さ、未熟さを強調し、その対策を講じることが重視されているようにも見える。それゆえ、総督府は積極的な「内地型」漁船の導入ではなく、水産試験場による朝鮮型漁船の改良事業、船匠講習等の事業を推進したのであろう。その中身は『報告』第三冊に示されたように、「急激ヲ避ケ、現状ニ基礎ヲ置キ」、朝鮮型漁船の部分的な改良を「徐々ニ進行」させる方向へと進んでいった（『報告』第三冊三頁）。

ところで、『報告』は朝鮮時代以来の在来型造船技法をどこまで伝えてくれているのだろうか。出口晶子［一九九六］が『漂民対話』の分析から導き出した朝鮮時代、十九世紀後半の船とその建造技法の特徴を『報告』の記述と比較してみると、その類似性に驚かされる。塡絮材であるマキハダに関する内容については本論でも触れたが、船体部材の名称、船材の樹種、帆や檣、舵のような操船具に至るまで、その記述の相当部分が『報告』の内容と一致する。『漂民対話』が伝える朝鮮時代の船と植民地期朝鮮の在来型漁船との間には、特にその船体構造や造船技法において相当な共通点があったと見られるのである。L／B比においても、『報告』に見える一九一〇～二〇年代の在来型漁船と十五世紀～十七世紀の海船はほぼ同じ数値を示していた。朝鮮時代の船に関する文献資料が極めて少ない現状において、『報告』の高い資料的価値があらためて確認されるところである。

註

（1）高麗船については郭儒哲［二〇一二］、韓国の水中考古学の成果については韓国海洋文化財研究所のウェブサイト（http://www.seamuse.go.kr/）等を参照。同サイトからは国立海洋遺物展示館（二〇〇九年に現在の名称に改称）以来の調査報告等の刊行物をダウンロードすることができる（二〇一二年十一月現在）。

（2）朝鮮総督府の技手として漁船調査・改良事業を担当した斎藤陽三、大谷実は、一九三〇年代の朝鮮の船は「貨物の運搬を専業とするものは極めて稀で、漁期には漁業に従事し、閑漁期には休業又は貨物の運搬を行ふことを一般としてゐる。即ち専用の貨物船は稀で、大部分は漁船である。而して貨物運搬用のものでも別段漁船との構造上の相異はないのである」として、朝鮮型漁船という言葉の中には貨物運搬用の船のことを含んでいると解釈しても差し支えないとの見方を示している（斎藤・大谷［一九三六］一二頁）。

（3）박근옹は「一九一〇年代韓国三海域の在来型漁船資料集」という副題を付して『報告』全三冊の現代韓国語訳版を公刊している（박근옹訳［二〇〇七］）。

（4）『報告』は漁具や漁法、各魚種別の漁獲高の推移等、漁業史、経済史分野における重要な課題についても貴重な資料を提供してくれるが、本稿の性格上これらの点に言及することはしない。今後の研究の進展をまちたい。

（5）農商工部水産局編纂『韓国水産誌』（日韓印刷株式会社）は、第一冊が一九〇八年、第二冊及び第三冊が一九一〇年、第四冊が一九一一年に刊行された。報告書としての信頼性は高く、統監府時期の漁業及び水産業関連のものをはじめとして多くの研究に利用されている。同書の内容に直接関連した研究としては、李根雨［二〇一一］及び同論文の注二所載の文献を参照されたい。

（6）『韓国水産誌』第一輯、六一八頁（第二編 水産一班、第七章漁具及漁船）及び「図解第三十九図 漁船」。

（7）一九二一年には一五〇トン級の試験船である鵬丸を新造し、試験取締の傍ら朝鮮沿海の海洋試験を開始した（能勢行蔵編［一九二三］三〇〜三一頁）。一九三八年（昭和十七）時点で試験場が所有した試験船は全て発動汽船で一五〇トン級、四〇トン級、三〇トン級の三隻であった。（朝鮮総督府農林局［一九四三］四八頁）。能勢［一九二三］には、一九二二年十一月に進水した慶尚南道庁水産課所属の九五トン級の漁業試験船「智異山丸」（三菱造船彦島造船所製）が紹介されている（三二～三三頁）。慶尚南道が試験船を所有した背景には、慶南海域への日本漁民の大規模進出と漁業の盛況、それにともなう密漁船の横行があったと見られる。一九二三年十一月九日付の『京城日報』は「鱈の密漁船が横行、取締船智異山丸が出動し、不埒な漁船を征伐」との釜山発記事を伝えている。試験船が密漁取締に動員された実例の一つでもある。

（8）勅令第二〇〇号「朝鮮総督府水産試験場官制」（『官報』第二六二八号、大正十年（一九二一）五月七日）。

（9）釜山牧之島の本場の外に、さけ人工孵化場（咸南高原）、養魚場（慶南密陽）、鹹水養殖場（全南康津）、寒天製造試験所（慶北大邱・同長城）、塩魚貯蔵試験のための魚窖（仁川・群山・元山）等を設置した。また、一九一五年には沿岸十ヶ所の水産組合に委嘱して実地観測を行い、一九一六年にはさらに十ヶ所の灯台に観測を嘱託した。一九三七年には北鮮支場（清津）を開設している（朝鮮総督府農林局［一九四三］四六～四七頁）。

（10）水産試験場の定員には時期によって変動があった。『官報』所載の朝鮮総督府水産試験場の官制改正によれば、一九二一年六月には技師一名、技手三名が増員されるとともに、書記は属と名を変えた。その後、技師九名、技手十四名、属二名の計二十五人まで増えていた定員が、一九二四年十二月の官制改正による定数減員で技師六名、技手九名、属一名の十六人体制になったこともあった。しかし一九三〇年代に入ると少しずつ定員は増加し、一九三六年には計二十四名（技師六、技手十六、属二）、一九四四年には計四十九名（技師十一、技手三十三、属五）、一九四五年には計六十八名（技師十五、技手四十六、属七）にまで増えた。なお、これら三職以外にも常時数十名の雇員が勤務していたと思われるが正確な数字は不明である。参考までに、一九三四年（昭和九）は計二十名の定員（技師五、技手十四、属一）に対して雇員が二十四名（朝鮮総督府水産試験場編［一九三八］）、一九三九年は計二十六名の定員（技師六、技手十七、属三）に対して嘱託及び雇員四十名という陣容であった（朝鮮総督府農林局［一九四三］四八頁）。

（11）『報告』第一冊、朝鮮総督府水産試験場長脇谷洋次郎「序」。初代場長脇谷洋次郎は五高教授、島根水産学校長等を歴任した人物で、鯵白魚の研究で知られる日本最初の〝水産博士〟であった（『東京朝日新聞』一九三九年四月二十二日）。

（12）「内地型」漁船の多くは朝鮮で建造されたものではなく、日本製の漁船を購入したもの、あるいは日本からの通漁者や移住漁民から古船を購入したものが多かった。朝鮮では日本型漁船の主材である杉材の需給が困難であったこと、朝鮮内の造船能力が不足したことがその理由であるという（吉田敬市［一九五四］二八四頁）。

(13)〈表1〉には『報告』第三冊の刊行年を基準に一九二九年までの数字を示したが、『朝鮮総督府統計年報』には一九三〇年以後の数字も示されている。一九三〇年以後も「内地型」漁船は一貫して増加し、一九三三年には「朝鮮型」（一万九三八五隻）と「内地型」（二万九五一六隻）の隻数がついに逆転する。さらに「内地型」は増え続け、一九四〇年には三万五五六〇隻を数えるに至る。これに対して「朝鮮型」は一九三三年以後一九四〇年まで二万隻前後で推移する。なお、この「朝鮮型」の中には各種改良を加えられた「改良型」も含まれており、「在来型」漁船は減少傾向にあったことが推測される。

(14)韓末以降の日本漁民の朝鮮半島への進出状況については多くの研究がある。さしあたっては、吉田敬市［一九五四］、金秀姫［一九九四］等を参照。

(15)『報告』第三冊、一六頁。その後も「内地型」漁船の増加傾向は続き、一九三〇年（昭和十五）末には「三万五千六百隻を超え、全鮮漁船総数の約六割を占むるに至った」という（吉田敬市［一九五四］二八四頁）。

(16)『報告』の「担当者」として名が見えるのは、嘱託堀江武夫、技手斎藤陽三、同大谷実の三名である。漁船改良事業実施までの経緯は不明であるが、斎藤・大谷［一九三六］に次のような記述がある。「この事業は前朝鮮総督府水産試験場技師長友寛氏の企画によるもので、改良の事績は、農林技師兼水産講習所教授故堀江武夫氏の真摯にして熱心なる努力にその基礎を置くものであることを忘れてはならない。氏は蒲柳の身を厭はれず、僻陬なる朝鮮の漁村を具さに遍歴して、大正十一年以来その実態の調査に当られ、実地試造用の結果昭和四年改良漁船の標準設計と、一般指導方針を定められたのであるが、事業半ばにして昭和五年十二月病のため長逝されたのである。（中略）筆者等は氏の指導の下に、この事業に従事したものである」（二二頁）。同事業が、後に株式会社日産水産研究所（日本水産株式会社の母体）代表取締役となる水産試験場技師長友寛の企画に始まり、嘱託として同事業に参加した堀江武夫の果たした役割小ならぬことがうかがえる。

(17)『報告』第三冊は、朝鮮型漁船が「船トシテ、極メテ劣等ナルモ、其ノ改良ノ実行ハ、急激ヲ避ケ、現状ニ基礎ヲ置キ、徐々ニ進行セザレバ、克ク一般ノ容ル、トコロトナラザルベキニヨリ、先ヅ其ノ改良実行ノ第一段トシテハ在来行ハル、朝鮮型漁船ニ対シ、僅ニ一歩ヲ進メタル意味ニ於テ、左記改良ヲ施スヲ以テ適当ナリトセリ」と述べた後に、「改良型」漁船の施工例を具体的に示している（三頁）。なお、この漁船改良事業には、一九一〇年（明治四十三）～一九二三年（大正十二）の十三年間に合計八六二隻を対象として、漁船の建造補助、船体給付、漁船建造資金貸付等の費目で合計一四万九二四八円の補助金が「恩賜授産費地方費」から支出された（『報告』第三冊、一六～一七頁）。

(18)『報告』における採寸基準は以下の通り。「一　長トハ、船首ニ於テハ小縁下面ト前非雨ノ内面ノ交点ヨリ、船尾ニ於テハ舵床下面ニ於テ後非雨ノ内面、若クハ其ノ延長面迄ノ中心線ニ於ケル最短距離ヲ謂フ。但シ小縁ヲ有セザルモノニ在リテハ、小縁下面ノ代リニ舷端ヲ採ルモノトス。二　幅トハ、船体最広部ニ於テ、外板ノ内面ヨリ内面ニ至ル最大幅ヲ謂フ。三　深トハ、長ノ中央ニ於テ小縁下面、小縁ヲ有セザルモノニ在リテハ、舷端ヨリ船本片ノ上面ニ至ル垂直距離ヲ謂フ。但シ船本片ガ、船内ニ著シク突出シタルモノニ在リテハ、之ニ接スル外板上面ヨリ測ルモノトス」（『報告』第一冊五頁）。

(19) 以下の記述は、『報告』第一冊及び第二冊の「漁船ノ構造」「施工法」「朝鮮型漁船ノ批判」及び『報告』の執筆者二人の手になる斎藤・大谷［一九三六］二六～三〇頁に拠った。煩瑣になることを避けるため、引用箇所の頁数等は逐一示さない。

(20)［　］内は船材名称のハングル音（参考として近似音のルビを付した）。「본판《ボンパン》」以下は地域呼称等の別称。ここには『報告』所載の名称のほか、金在瑾［一九九四b］所載の名称も載せた。また「본판《ボンパン》（本板）」のように、漢字表記のあるものは並記した。②以下も同じ。船体各部の地域呼称については〈付表〉船体各部及属具名称を参照されたい。

(21)『報告』では、外板材同士の接合方式は全てクリンカー式であるとし、地域的な差違を認めていないが、斎藤・大谷［一九三六］は、東海船はクリンカー方式、南海船及び西海船はカーベル方式に似た接合法として、両者を区分している（二七頁）。

(22) 西海船では長釗、駕、案山地、徳板に関する記述がない。

(23) 朝鮮の充塡材と塡絮方式は近世以来変化がなかったらしい。出口晶子［一九九六］は薩摩に伝わる『漂民対話』（十九世紀後半）の「ペーパップ」と『報告』の塡絮材とを対照して、日本式マキハダの朝鮮に於ける普及が「植民地支配下におかれた近代に受容を余儀なくされた日本式造船方法にともなう比較的新しい技法」とみている（一二四～一二五頁）。至って妥当な見解である。マキハダを含め、朝鮮における日本式造船技法の「受容」様相については同論文の注三二を参照。

(24)『報告』第二冊は、南海岸地方では舵心材、錨、櫓、木釘等に「チャンナム（槇木）」という木材が使われたとしている。しかし、管見の限り、水産試験場の刊行物の中で「チャンナム」という木材名の使用例は『報告』第二冊以外に見当たらない。斎藤・大谷［一九三六］は、東海岸及び南海岸地方の舵心材はナラガシワ又はオノオレカンバ、西海岸地方ではカシを用いる場合もあるとし、櫓や釘にもナラガシワを使うとする。また堀江武夫［一九三九］が舵心材や釘材用の木材強力試験の対象としたのはオノオレカンバであり、チャンナムは含まれなかった。このチャンナムがどのような木を指すのかは不明だが、あるいは「참나무《チャムナム》」の音写であろうか。「참나무《チャムナム》」とは、ある特定の樹種を指すものではなく、チョウセンブナ科（참《チャム》나무《ナム》科）に属するナラガシワ、アベマキ、ミズナラなどの総称、あるいはクヌギ（상수리나무《サンスリナム》）を指す朝鮮固有語である。これはチョウセンブナ科あるいはブナ科コナラ属の樹種一般（クヌギ、ナラガシワ、アベマキ、ミズナラ等が含まれる）を総称する日本語の「カシ」に相当する。『報告』第二冊には、木釘の材料として東海岸地方では「櫟」を、南海岸地方では「槇木」を用いるとの記述があるが、この場合、二つの地域で全く異なる種類の木材が釘に使用されたとは考える必要はなく、どちらの地域でも木釘の材料として使用されたのはブナ科コナラ属のカシ材一般であると理解してよいだろう。

なお、こうした木材の主な産地は、南海岸の河東、固城、海南、霊巌、長興、西海岸の安眠島、博川と鴨緑江上流であり、主要集散地は釜山、木浦、群山、鷺梁津、仁川、鎮南浦、新義州などであった（『報告』第二冊一二頁）。

(25) 朝鮮時代までの造船業、造船術に関する制度史的研究として、姜万吉［一九六八］、金炫丘［一九九八］があるが、船匠による船舶建造の実態はほとんど明らかになっていない。

(26) 一九七〇年代に韓国文化広報部文化財管理局が実施した全国民俗文化調査事業の報告書に、慶尚北道の船匠朴命福氏（調査当時三十二歳）と全羅北道の船匠白雲鶴氏（同四十二歳）に対する聞き取り調査の記録がある。いずれも七〇年代の木造船の船体構造や建造方法を伝えてくれる記録としては重要であるが、植民地期以前の船匠の社会的・生活文化的な状況に関する情報は見えない（韓国文化広報部文化財管理局［一九八八］三五八～三七四頁、同［一九九〇］四五五～四六三頁）。

(27) 一九二五年（大正十四）から一九二八年（昭和三）にかけて、東海岸地方で建造された七十六隻の「改良型」船のうち、五十六隻に対して一〇〇円～四四〇円（大部分は三〇〇円内外）の補助金が支出された。前述した東北海岸地方における

「改良型」漁船の爆発的普及の背景には経済的な理由もあったのである（『報告』第三冊一六～一七頁、二〇～二四頁）。

（28）ここで想起されるのは、同じく平底構造を持つ日本の弁才船に対する幕末期のアメリカ人の評価である。石井謙治によると、かのアメリカ人は、弁才船の船底に「まぎりかわら」（角形龍骨）を入れるべしと評したというものであった。平底の弁才船は横流れが大きく、横風や逆風での帆走性能に劣るとの発想にもとづくものであったが、弁才船では横流れに対しては別の方法で対策を講じてあったので横流れは実際には大きくなかった。日本の河口港においても干潮時には擱座――船底が海底につく状態になることが多かったが、このときも平底の弁才船は支障がないという利点があった。「弁才船の平底は日本の港湾事情に即したものであって、内航船としては当然の配慮」であり、「帆走性能面だけからの批判は見当違いであることを、重ねて強調しておきたい」との石井の言は、平底構造の朝鮮西海岸地方の漁船に対する『報告』の評価を考える際にも示唆するところが大きい（石井［一九九五］一八二～一八四頁）。

（『漁船調査報告』第一冊及第二冊より）

全南莞島郡莞島面青山島里	全南珍島郡鳥島面観梅島里	全南務安郡巌泰面巌泰島里	忠南保寧郡大川面藍谷里	京畿始興郡北面露梁津里	京畿富川郡徳積面徳積島里	黄海長淵郡白翎面白翎島里	平北博川郡博川面楸湖洞	平北鉄山郡丁恵面登串洞
배밋	밋	배밋	밋부	배밋	배밋	창	창	창
미요시	비우	비우	비우	비우	비우	비유	비우	비우
	비우	비우	비우	비우	비우	꼬불부유	비우	비우
상부상 옥개롱	삼	삼	삼	삼	삼	삼	삼	삼
개롱	—	개롱	개롱	장쇠	개롱	개로	—	개롱
먼어		먼아	먼애	먼애	먼애	먼애	—	먼애
—	널	—	판자	—	—	—	—	—
—	—	—	—	—	—	—	—	—
덤불	번지	번지	—	꽁지부리	—	—	—	돔문이
돗	돗	똣	똣	—	돗	돗	독기	돗기
따리	치	치	치	—	키	—	치	치
—	—	따리	닷	닷	닷	닷	닷	닷
—	—	—	—	—	—	—	—	—
똣대	—	—	대	—	돗대	—	뱃대	돗대
—	—	—	—	—	—	—	—	—
—	—	—	—	—	—	—	—	—
—	—	—	—	—	—	—	—	—
—	—	—	—	—	—	—	—	—
—	—	—	—	—	—	—	—	—
—	—	—	—	—	—	—	—	—
—	—	—	—	—	—	—	—	—
—	—	—	—	—	—	—	—	—
—	—	—	—	—	—	—	—	—
—	—	—	—	—	—	—	—	—
마리	—	모리	모리줄	—	마루줄	—	—	—
—	—	—	—	—	—	—	—	—
뇌	노	노	노	노	노	노	노	노
—	—	—	—	—	—	—	—	—
—	—	—	—	—	—	—	—	—
—	—	—	—	—	—	—	—	—
—	—	—	—	—	—	—	—	—
—	신방	—	호롱	—	—	—	—	—
改良型	—	—	—	—	—	—	—	—

〈付表〉船体各部及属具名称

	한글	咸北慶興郡西水羅	咸北富寧郡梨津	咸北城津郡城津	咸南利原郡遮湖	元山府	江原高城郡烽燧里	慶北迎日郡方魚里	全南麗水郡突山面突山里
船本片	선본편	양판	양판	양판	양판	양판	배밋통	배밋통	괴들
前非雨	전비우	비애	비애	비애	비애	비애	비애	비애	비우
後非雨	후비우	정자	골비애	정재	정재	정자	미거리	정재	하반
外板	외판	삼, 엽널	엽삼	삼	삼빠리	참/배삼	삼	삼판	삼
長釗/戸建	장쇠/호건	가릉	큰가롱	가릉	널가래	가롱	개롱	살개롱	가롱
駕/駕梁	가/가량	멍어	뫼이	큰대	큰대벙	대멍이	멍애	큰멍애	먼애
案山地	안산지	청널	청널	청널	청널	청널	청널	청널	널
徳板	덕판	덩태	덩테	덩테	덩테	덩테	덩테	덩태	—
舵床	타상	웃하판	화롱	화판	우단판	우핫판	상화판 하화판	상화팡	—
帆	범/돛	독구	돗구	돗구	독구	—	독구	독구	돗
舵	타	따리	따리	따리	치/따아리	따리	치	치	따리
錨	묘	—	닷	닷	—	—	닷	닷	—
錨索	묘삭	—	닷줄	닷줄	닷줄	—	줄	—	—
檣	장/돛대	돗대	돗대	돗대	돗대	돗대	돗대	돗대	뜻대
前檣	전장	인물대	—	—	—	—	—	—	—
後檣	후장	돗대	—	—	—	—	—	—	—
檣筒	장통	—	—	—	소뢰	—	구래통	구래통	—
ブーム BOOM	—	—	—	—	—	—	지활	종활	—
ガーフ GUFF	—	상화리	—	—	—	—	상활	상활	—
帆竹（水矢）	범죽	—	—	—	활대	—	활대	활대	—
松良	송량	갈비	생가롱	—	—	—	—	—	—
小縁	소연	롱도리		—	—	—	—	—	—
ポールビッド PULPIT	—	종때	아아리	—	—	—	—	—	—
リギン RIGGING	—	댓별	댓빼리	대빼리	대빼리	대벼루	대빼리줄	들굴줄	—
ハリヤード HALYARD/みなは	—	용청	용총	용총	용췌	용총	용총	용천줄	마리
シート SHEET	—	애도리	아돗줄	—	—	—	아두줄	아두줄	—
櫓	로	놀	놀		놀	놀	놀	놀	뇌
櫂	도	—	—	—	—	—	쟁미	쟁미	—
竿	간	—	—	—	—	—	산대	제미대	—
排水具	배수구	—	—	—	—	—	타래박	물바가치	—
ハヤ緒	—	놀선	놀끈	—	놀찌	—	—	—	—
揚錨機（内地名称）	—	—	—	—	—	—	—	—	—
備考	—	—	—	—	—	—	—	—	在来型

〈付図１〉東海岸地方の船体形式

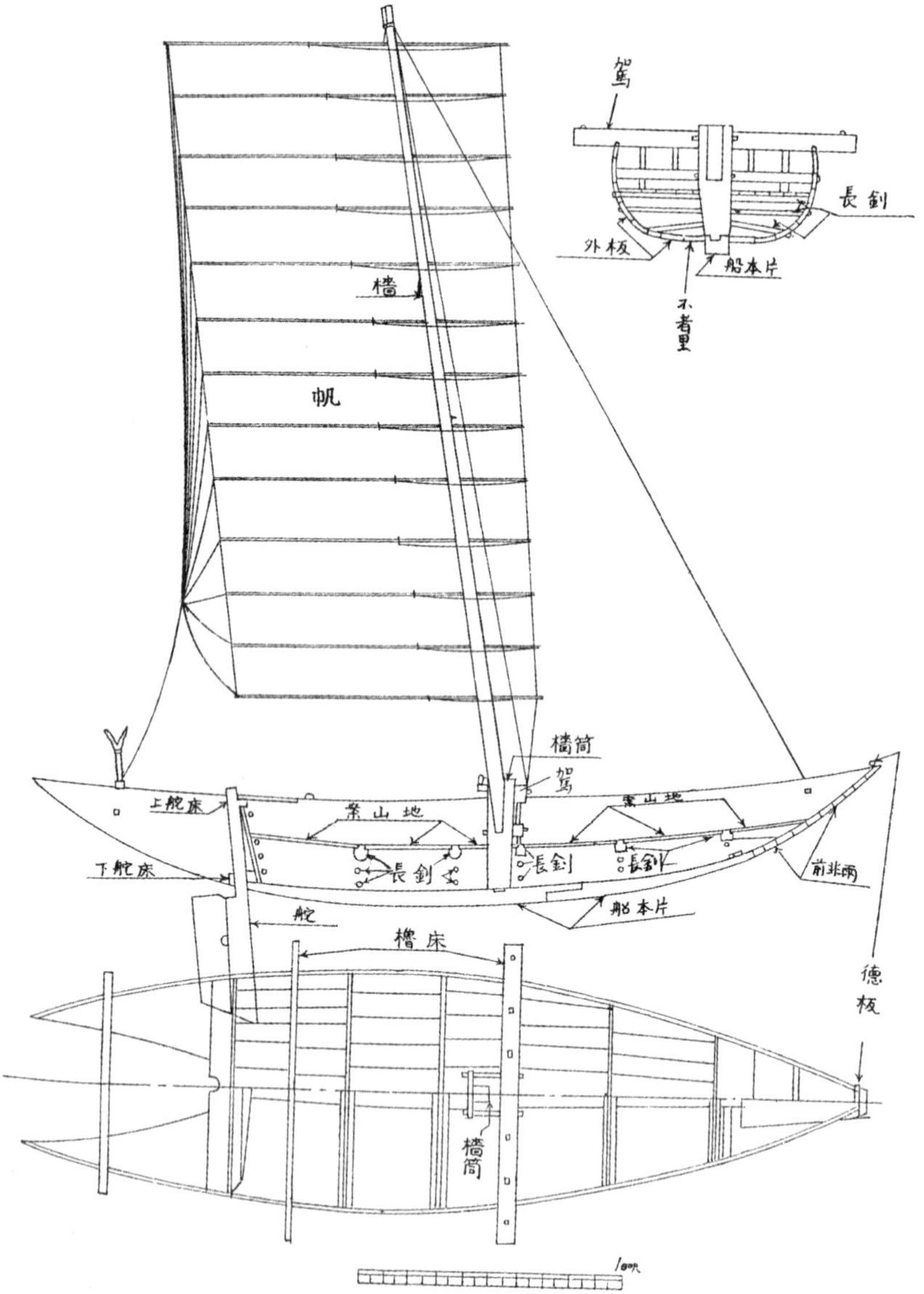

典拠：斎藤・大谷［1936］第六図。

〈付図２〉南海岸地方の船体形式

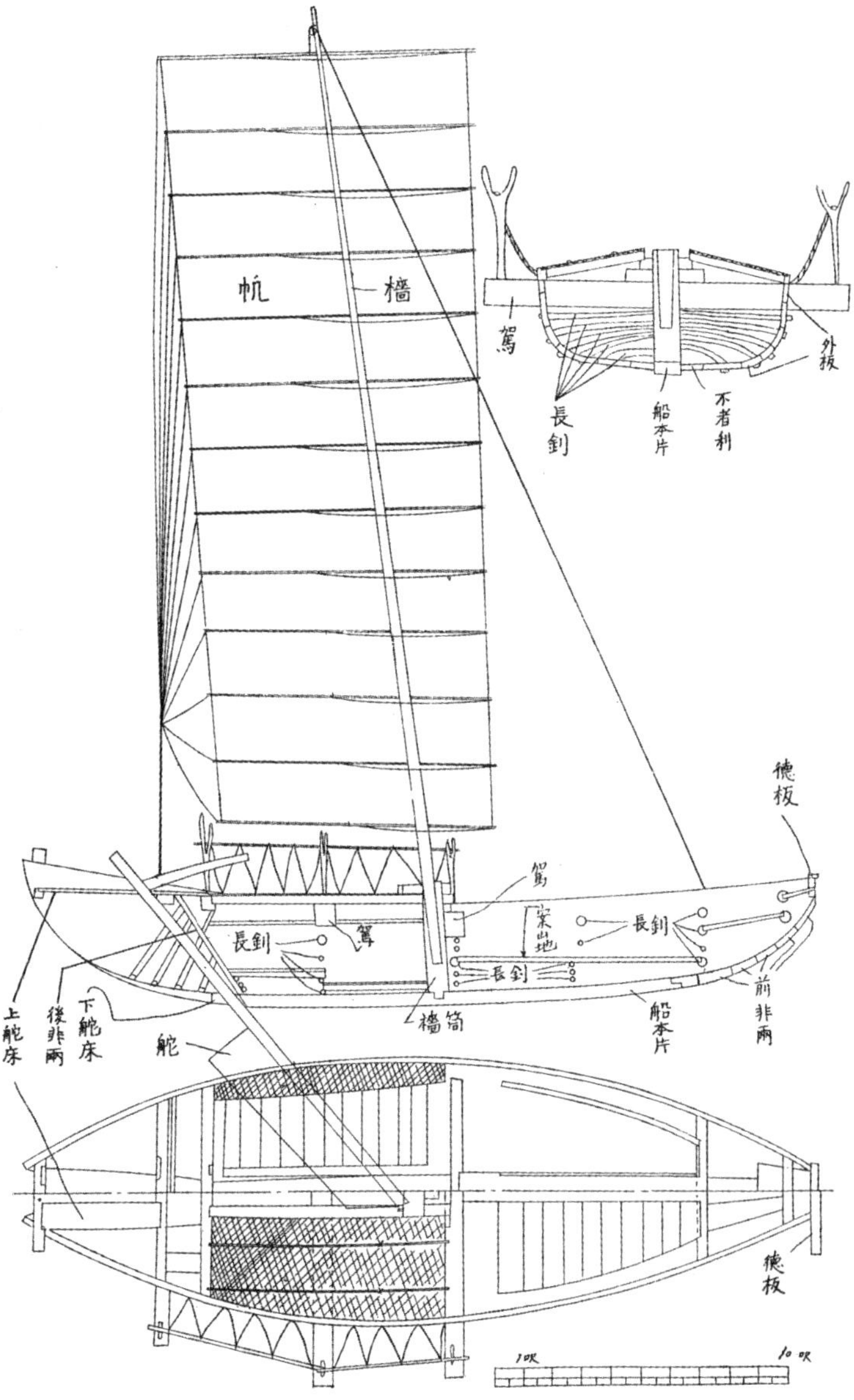

典拠：斎藤・大谷［1936］第七図。

〈付図３〉西海岸地方の船体形式

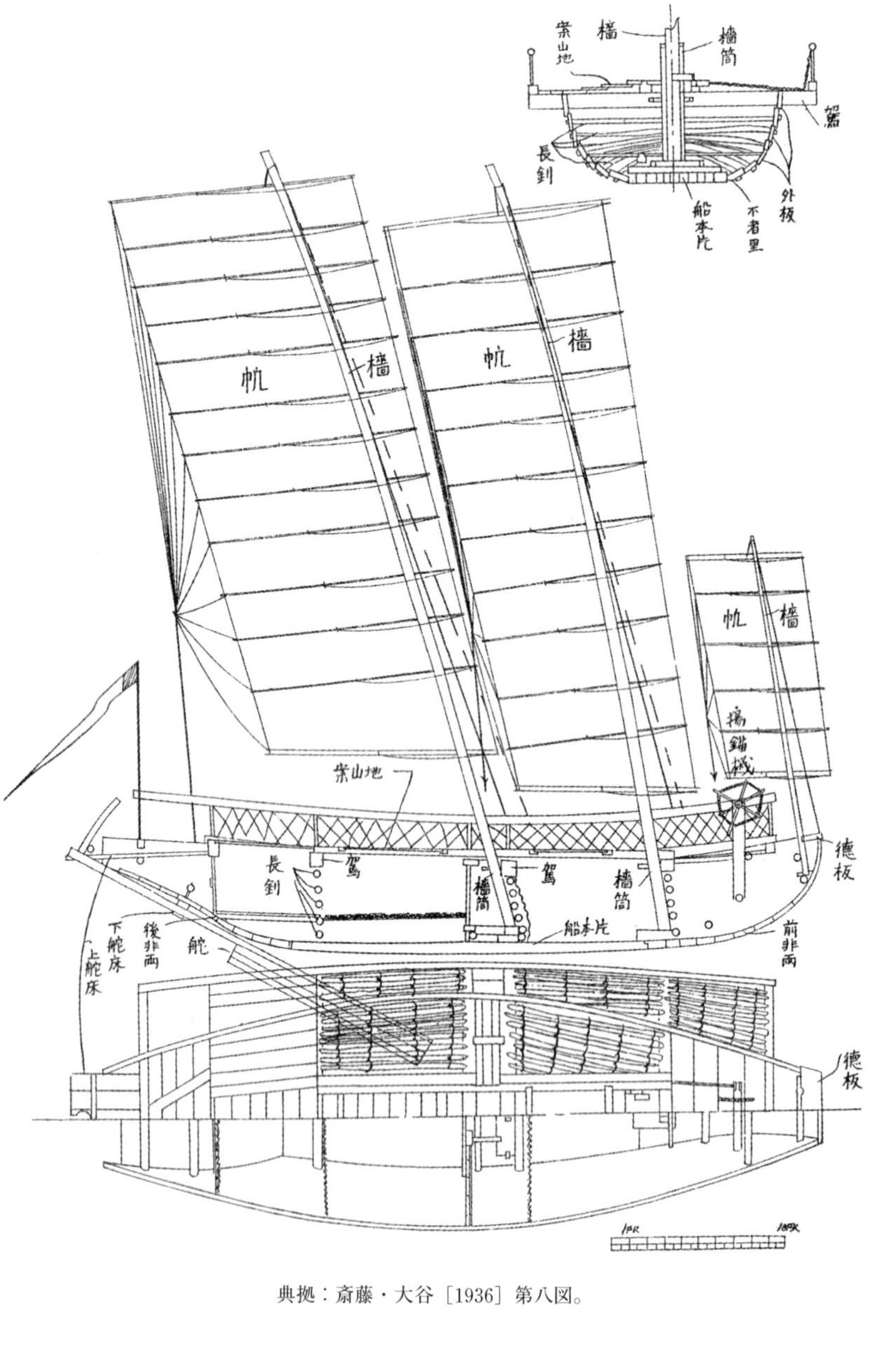

典拠：斎藤・大谷［1936］第八図。

〈参考文献〉

日本語

石井謙治［一九九五］『和船Ⅰ』法政大学出版局
今村鞆［一九三〇］『船之朝鮮――李朝海事法釈義』螺炎書店（私家版）、京城
尹九炳（安宇植訳）［一九八二］「朝鮮鋸も錆びついた――伝統技法をまもる老大工」安宇植編訳『アリラン峠の旅人たち――聞き書き朝鮮職人の世界』平凡社
小野輝雄［一九一六］「朝鮮型帆船に就て」『造船協会雑纂』六
韓国文化広報部文化財管理局（竹田旦・任東権訳）［一九八八］『韓国の民俗大系―韓国民俗総合調査報告書――第二巻　全羅北道篇』国書刊行会（原本は一九七一年発行）
――――［一九九〇］『韓国の民俗大系―韓国民俗総合調査報告書――第四巻　慶尚北道篇』国書刊行会（原本は一九七四年発行）
許英燮（安宇植訳）［一九八八］「漢江中洲の船大工」安宇植編訳『続・アリラン峠の旅人たち――聞き書き朝鮮職人の世界』平凡社
金秀姫［一九九四］「朝鮮開港以後における日本漁民の朝鮮近海漁業の展開」『朝鮮学報』一五三
斎藤陽三・大谷実［一九三六］「造船学的に観た朝鮮型漁船」『漁船』一、漁船協会
朝鮮総督府編［一九一五］『水産教科書　水産概論之部』同府
朝鮮総督府水産試験場編［一九二四］『漁船調査報告　第一冊』同試験場
――――［一九二八］『漁船調査報告　第二冊』同試験場
――――［一九二九a］『漁船調査報告　第三冊　朝鮮型漁船改良に関する試験』同試験場
――――［一九二九b］『沖合漁船設計範例』同試験場
――――［一九三八］『朝鮮総督府水産試験場事務報告』昭和九年度、同試験場
――――［一九三九a］『木造漁船に関する試験調査成績』同試験場

――――［一九三九b］『朝鮮総督府水産試験場年報』第九巻第一冊　昭和九年度事業報告　漁撈並漁船、同試験場
朝鮮総督府農林局［一九四三］『朝鮮の水産業』同府
出口晶子［一九九六］「韓国の在来型構造船――隣接アジアとの比較から――」『青丘学術論集』九
農商工部編［一九〇八］『韓国水産誌』第一輯、日韓印刷株式会社
能勢行蔵編［一九三三］『漁船建造必携　昭和八年版』モータシップ雑誌社
堀江武夫［一九三九］「朝鮮産造船用木材協力試験成績」朝鮮総督府水産試験場編『木造漁船に関する試験調査成績』同試験場
吉田敬市［一九五四］『朝鮮水産開発史』朝水会、下関

韓国語

姜万吉［一九六八］「李朝造船史」『韓国文化史大系』Ⅲ、高麗大学校民族文化研究所（姜万吉［一九八一］『朝鮮時代商工業史研究』한길사に「造船業과 造船術의 発展」として再録）
강재순［二〇一一］「『韓国水産誌』편찬단계（1908년）의 전통어업과 일본인 어업」『東北亜文化研究』二七
国立海洋遺物展示館［二〇〇八］『近代 韓船과 造船 道具』（特別展「近代 韓船과 造船 道具」図録）
郭儒哲［二〇一二］『고려선의 구조와 조선기술』民俗苑
金在瑾［一九七四］「亀船의 造船学的 考察」『学術院論文集』
――――［一九七七］『朝鮮王朝軍船研究』一潮閣
――――［一九八四］『韓国船舶史研究』서울大学校出版部
――――［一九九四a］『続韓国船舶史研究』서울大学校出版部
――――［一九九四b］『韓国의 배』서울大学校出版部
――――［一九九九］『우리 배의 역사』서울大学校出版部
金鉉丘［一九九八］「조선후기 造船業과 造船術에 관한 연구」『国史館論叢』八一

박근옹・최미순［二〇〇七］『21척 우리고유의 돛단배――어선조사보고서의 재해석』대불대학교 산학협력단 출판부

박근옹訳（朝鮮総督府水産試験場編）［二〇〇七］『漁船調査報告書――1910년대 우리나라 삼해역의 재래형어선 자료집』대불대학교 산학협력단 출판부

釜山博物館［二〇〇九］『사진엽서로 보는 근대풍경』7（풍속・조선인）釜山博物館・民俗苑

水産史編纂委員会編［一九六八］『韓国水産史』水産庁

李根雨［二〇一一］「『韓国水産誌』의 編纂과 그 目的에 대하여」『東北亜文化研究』二七

李元植［一九九〇］『한국의 배』大圓社

李哲漢［二〇〇八］「근대한선의 원형과 변화」『근대 韓船과 造船 도구』国立海洋遺物展示館

朱剛玄［二〇〇一］「21世紀〝海洋의 時代〟에『韓国水産誌』가 갖는 意味網」農商工部水産局編『韓国水産誌』四（影印、民俗苑発行）

최병문［二〇〇四］『朝鮮時代 船舶의 船型特性에 관한 研究』釜慶大学校大学院造船海洋시스템工学科博士学位論文

英語

HORACE H. UNDERWOOD. Korean Boats and Ships. SEOUL: The Literary Department Chosen Christian College, 1934.

あとがき

この「寧波プロジェクト（にんぷろ）」に企画段階で誘われた際、正直、今のような形で結末をむかえるとは予想していなかった。なにしろ当初は日本史・中国史分野で「海域史」に関わる研究をリードしてきた大勢の先達たちと一つの大研究班を構成することが予定されており、はじめてのテーマに挑戦する私としては文字どおり大船に乗った気分だったのである。それが急転直下、テーマをしぼりこんだ小規模な研究班に細分されることとなり、朝鮮史分野を中心とする一班も設けられ、新米水夫であるはずの私がその運航をとりしきることになった。

御存知の方は「おや？」とおもわれたかもしれないが、〝朝鮮史分野からの海域史ことはじめ〟をうたう当班に中世日本対外関係史の大家である村井章介氏がくわわったのはこうした事情からである。しかし朝鮮半島に関わる「海域史」関連研究はこれまでもっぱら村井氏とその周辺の日本史研究者たちによって進められてきた。朝鮮史プロパーがその大海原に恐る恐る乗り出していこうというとき、様々な形で水先案内をお願いするのは必然だった。

五ヶ年の研究期間における当研究班のおもな活動は次の通りである。

二〇〇五年十一月十八〜二十三日　五島・平戸地域における現地調査（長崎）

二〇〇六年一月十七日　国際ワークショップ《火器技術から見た海域アジア史》（寧博班・日明班と共催、九州大学）

六月十二〜十八日　済州島における現地調査（韓国）

八月二十一～二十八日　寧波・舟山における現地調査（中国）
十二月二十二～二十六日　泰安半島・浅水湾地域における現地調査（韓国）
二〇〇七年一月七日　国際ワークショップ《朝鮮海事史の諸問題》（東京大学）
六月十二～十七日　大黒山島とその周辺海域における現地調査（韓国）
十一月二十二～二十八日　古群山群島・蝟島における現地調査（韓国）
二〇〇八年五月二十五～三十一日　可居島における現地調査（韓国）
七月二十三～二十八日　鞍馬島・法聖浦における現地調査（韓国）
一一月二十二～二十九日　荏子島とその周辺海域における現地調査（韓国）
一一月二十七日　国際ワークショップ《韓日海洋史研究の最前線》（韓国・木浦大学校島嶼文化研究所との共催、木浦大学校）
二〇〇九年三月一日　ワークショップ《朝鮮時代の絵画とその周辺――時代背景への視点》（静岡県立美術館との共催、静岡県立美術館）
七月二十六日～八月二日　江華島・徳積群島における現地調査（韓国）
十一月七～十二日　外烟島・安興半島における現地調査（韓国）
十二月十三日　総括シンポジウム《中近世の朝鮮半島と東アジア海域》（九州大学）
『漂海録』講読会（二〇〇七年三月よりおおむね二ヶ月に一回のペースで開催）

このほかにも「にんぷろ」の他の研究班において、あるいは班を越えて実施された現地調査・史料検討会・シンポジウム等にも数多く参加し、学会等でメンバー各自がおこなった成果発表もあるが割愛する。

以上の活動に際しては、日本・韓国・中国各地の研究者、行政関係者、さらには一般市民のみなさんに多くの御助力をいただいた。紙幅の関係で個々の名前をあげられないのが残念だが、韓国の木浦大学校、国立海洋文化財研究所（旧海洋遺物展示館）、木浦文化院、江華文化院、中国の寧波大学の方々には、海外現地調査に際してとりわけお世話になった。また本書には直接反映されていないが、神奈川県立金沢文庫、財団法人陽明文庫では『漂海録』の伝本調査に際して御協力いただいた。あつく御礼を申し上げる。

なお本書の収載論文のうち、下記の章は標記の原載論文を改訂したものである（副題省略）。

第一部序章・第一章「高麗における宋使船の寄港地「馬島」の位置をめぐって」（『朝鮮学報』第二〇七輯、二〇〇八年）

第二章「高麗群山亭考」（『年報朝鮮学』第一一号、二〇〇八年）

第三章「黒山諸島海域における宋使船の航路」（『朝鮮学報』第二一二輯、二〇〇九年）

第四章「全羅道沿海における宋使船の航路」（『史淵』第一四七輯、二〇一〇年）

第二部第三章「朝鮮伝統船研究の現況と課題」（『年報朝鮮学』第一三号、二〇一〇年）

本書が朝鮮半島をめぐる「海域史」研究の好き序説となり得れば幸いである。その成否はひとまず読者《よ》の判断にゆだねるとして、私たちはひきつづき朝鮮半島をはじめとする東アジアの水辺を歩き続けることにしたい。

二〇一三年三月二十日

森平雅彦

執筆者紹介（掲載順）

森平　雅彦（もりひら　まさひこ）1972年生。九州大学大学院人文科学研究院准教授。博士（文学）。『朝鮮の歴史』（共著、田中俊明編、昭和堂、2008年）、『東アジア世界の交流と変容』（共編著、九州大学出版会、2011年）、『モンゴル帝国の覇権と朝鮮半島』（山川出版社、2011年）、「牧隠 李穡의 두 가지 入元루트——몽골시대 高麗—大都 간의 육상 교통」（『震檀学報』114、2012年）など。

村井　章介（むらい　しょうすけ）1949年生。立正大学文学部教授。博士（文学）。『中世倭人伝』（岩波新書、1993年）、『国境を超えて——東アジア海域世界の中世』（校倉書房、1997年）、『境界をまたぐ人びと』（山川出版社、2006 年）、『増補 中世日本の内と外』（ちくま学芸文庫、2013年）、『日本中世境界史論』（岩波書店、2013年）など。

六反田　豊（ろくたんだ　ゆたか）1962年生。東京大学大学院人文社会系研究科准教授。文学修士。『日本と朝鮮　比較・交流史入門——近世、近代そして現代』（共編著、明石書店、2011年）、「朝鮮時代の「武」と武臣」（『韓国朝鮮の文化と社会』10、2011年）、「19世紀慶尚道沿岸における「朝倭未弁船」接近と水軍営鎮等の対応——『東莱府啓録』にみる哲宗即位年（1849）の事例分析」（井上徹編『海域交流と政治権力の対応』〈東アジア海域叢書 2〉、汲古書院、2011年）など。

長森　美信（ながもり　みつのぶ）1973年生。天理大学国際学部准教授。博士（文学）。「1739年朝鮮漂着民が見た琉球——天理大学附属天理図書館所蔵『増補耽羅誌』の漂流関係記録をめぐって」（『南島史学』68、2006年）、「朝鮮近世海路の復元」（『朝鮮学報』199・200、2006年）、「18世紀朝鮮における対済州賑恤穀の輸送実態」（『天理大学学報』214、2007年）、「근세 조선표류민과 동아시아해역」（李泰鎮教授停年紀念論叢刊行委員会編『세계 속의 한국』太学社、2009年）、「天理大学附属天理図書館所蔵『東槎録』について——金仁謙『日東壮遊歌』との関連から」（『国際日本文化研究センター国際シンポジウム』29、2011年）など。

East Asian Maritime World Series Vol.14

Maritime Exchanges Centering on the Korean Peninsula in the Koryŏ and Chosŏn Dynasties

MORIHIRA Masahiko ed.

Contents

東アジア海域叢書14

中近世の朝鮮半島と海域交流

平成二十五年五月二十九日発行

監　修　小島　毅
編　者　森平雅彦
発行者　石坂叡志
発行所　株式会社　汲古書院
〒102-0072東京都千代田区飯田橋二-五-四
電　話〇三-三二六五-九七六四
FAX〇三-三二二二-一八四五

富士リプロ㈱

ISBN978-4-7629-2954-0 C3320
Tsuyoshi KOJIMA／Masahiko MORIHIRA ©2013
KYUKO-SHOIN,Co.,Ltd. Tokyo.

東アジア海域叢書　監修のご挨拶

にんぷろ領域代表　小島　毅

この叢書は共同研究の成果を公刊したものである。文部科学省科学研究費補助金特定領域研究として、平成十七年（二〇〇五）から五年間、「東アジアの海域交流と日本伝統文化の形成――寧波を焦点とする学際的創生」と銘打ったプロジェクトが行われた。正式な略称は「東アジア海域交流」であったが、愛称「寧波プロジェクト」、さらに簡潔に「にんぷろ」の名で呼ばれたものである。

「東アジアの海域交流」とは、実は「日本伝統文化の形成」の謂いにほかならない。日本一国史観の桎梏から自由な立場に身を置いて、海を通じてつながる東アジア世界の姿を明らかにしていくことが目指された。

同様の共同研究は従来もいくつかなされてきたが、にんぷろの特徴は、その学際性と地域性にある。すなわち、東洋史・日本史はもとより、思想・文学・美術・芸能・科学等についての歴史的な研究や、建築学・造船学・植物学といった自然科学系の専門家もまじえて、総合的に交流の諸相を明らかにした。また、それを寧波という、歴史的に日本と深い関わりを持つ都市とその周辺地域に注目することで、「大陸と列島」という俯瞰図ではなく、点と点をつなぐ数多くの線を具体的に解明してきたのである。

「東アジア海域叢書」は、にんぷろの成果の一部として、それぞれの具体的な研究テーマを扱う諸論文を集めたものである。斯界の研究蓄積のうえに立って、さらに大きな一歩を進めたものであると自負している。この成果を活用して、より広くより深い研究の進展が望まれる。

東アジア海域叢書　全二十巻

○にんぷろ「東アジアの海域交流と日本伝統文化の形成——寧波を焦点とする学際的創生——」は、二〇〇五年度から〇九年度の五年間にわたり、さまざまな分野の研究者が三十四のテーマ別の研究班を組織し、成果を報告してきました。今回、その成果が更に広い分野に深く活用されることを願って、二十巻の専門的な論文群による叢書とし、世に送ります。

【題目一覧】

1	近世の海域世界と地方統治	山本英史 編	二〇一〇年十月	刊行
2	海域交流と政治権力の対応	井上　徹 編	二〇一一年二月	刊行
3	小説・芸能から見た海域交流	勝山　稔 編	二〇一〇年十二月	刊行
4	海域世界の環境と文化	吉尾　寛 編	二〇一一年三月	刊行
5	江戸儒学の中庸注釈	市来津由彦・中村春作・田尻祐一郎・前田　勉 編	二〇一二年二月	刊行
6	碑と地方志のアーカイブズを探る	須江　隆 編	二〇一二年三月	刊行
7	外交史料から十～十四世紀を探る	平田茂樹・遠藤隆俊 編	二〇一三年八月	刊行予定
8	浙江の茶文化を学際的に探る	高橋忠彦 編	二〇一三年十一月	刊行予定
9	寧波の水利と人びとの生活	松田吉郎 編	二〇一三年十二月	刊行予定

10	寧波と宋風石造文化	山川　均　編	二〇一二年五月　刊行
11	寧波と博多	中島楽章・伊藤幸司　編	二〇一三年三月　刊行
12	蒼海に響きあう祈り	藤田明良　編	二〇一三年十月　刊行予定
13	蒼海に交わされる詩文	堀川貴司・浅見洋二　編	二〇一二年十月　刊行
14	中近世の朝鮮半島と海域交流	森平雅彦　編	二〇一三年五月　刊行
15	中世日本の王権と禅・宋学	小島　毅　編	
16	平泉文化の国際性と地域性	藪　敏裕　編	二〇一三年六月　刊行予定
17	儒仏道三教の交響と日本文化	横手　裕　編	
18	明清楽の伝来と受容	加藤　徹　編	
19	聖地寧波の仏教美術	井手誠之輔　編	
20	大宋諸山図・五山十刹図　注解	藤井恵介　編	

▼Ａ５判上製箱入り／平均３５０頁／予価各７３５０円／二〇一〇年十月より刊行中

※タイトルは変更になることがあります。二〇一三年五月現在の予定

編者のことば

従来、「外交」と言えば、国家と国家との関係交渉を指すものとして捉えられていた。しかし、前近代社会においては国家対個人の関係や国家と関わりのない個人対個人の関係も重要な「外交」の課題となりうる。そして「外交史料」も同様な問題をはらんでいる。すなわち、国際関係を処理する段階は、皇帝対国王といった君主間の国書のやりとりに加えて、中央政府対中央政府、地方政府対地方政府といった様々な段階があり、「箚子」や「牒」などの書式による文書が数多く用いられている。これらに加えて、商人、僧侶、留学生なども末端の外交を担ったと考えられ、日記、旅行記など多様な「外交史料」が存在する。

本書は、以上のような広義の「外交」、「外交史料」の解明を共通の課題として十～十四世紀の東アジア世界における国際関係のあり方の解明を試みたものである。

平田茂樹・遠藤隆俊　編

外交史料から十～十四世紀を探る

東アジア海域叢書7

編者　**平田茂樹・遠藤隆俊**

編者のことば

中国の喫茶の風習は、漢代の四川には存在しており、しだいに長江の中下流域に伝播して、六朝社会で流行した。これが全国的なものとなったのは、唐代の江南、特に浙江における喫茶文化の高揚による。陸羽の『茶経』の影響のもと、宋元明清を通じて、江南一帯は常に新たな茶文化を発信し続けた。その結果、茶は文人生活の必須アイテムとなったのである。また、浙江茶文化こそが、茶の湯へと発展する日本中世の茶文化の源流になったことも見過ごせない。その伝播においては、天台山に近い寧波が重要な役割を担った。本書は、文献、植物、考古、飲食文化の研究を総合して、浙江茶文化を学際的に追求し、日本との関連を視野に入れつつ、中国茶文化の本質を探るものである。あわせてその多様な側面を、文人生活、酥乳茶、本草、園林建築と関連づけて考察する。また、従来不十分な理解しかされてこなかった『茶経』の問題点を再検討した成果として、『茶経』の本文と読解を付した。

高橋忠彦　編

浙江の茶文化を学際的に探る

東アジア海域叢書8

編者　**高橋忠彦**

編者のことば

寧波は水の都としての産業・生活・文化があった。現代の寧波の中心部は甬江・余姚江・奉化江が交わる三江口にあるが、古代（秦から唐代初期）には行政の所在地は三江口にはなく、奉化江上流の鄞江鎮、或は東銭湖付近にあった。寧波西部は広徳湖、東部は東銭湖が農業用の水源であったが、海水が満潮時、甬江を通じて遡上し、余姚江、奉化江も海水に浸り、付近の農田に塩害をもたらしていた。これを解決したのが鄞県知県王元暐であり、彼が八三三年に鄞江鎮に它山堰を築き、海水の遡上を止め、上流からの清水を農田地帯、三江口に流したことからはじまる。やがて塩害がなくなり、生活用水の供給も充足してきたので、唐代末期に行政の中心地が三江口に移った。一一一八年に広徳湖が廃棄され、寧波の水源は它山堰、東銭湖になったが水不足は深刻ではなく、三江口付近の日湖・月湖では龍舟競争が行われ、人々が水との親しみをもつようになってきた。一九四九年の建国後は古代の水利施設を利用するとともにダム建設によって豊富な生産・生活用水を供給している。

松田吉郎　編

寧波の水利と人びとの生活

東アジア海域叢書9

編者　**松田吉郎**

編者のことば

港や島で生きる人々の祈り、往来する船乗りや商人の祈り、沿岸の町や村の人々の祈り、使節として海外に赴く人々の祈り、海の上にはさまざまな祈りが交錯している。例を上げれば、小さな島の女神が、商船のネットワークを通じて沿海の港々、さらに海の向こうの山や岬で祀られていく一方で、地元の士大夫の奏請によって君主から称号を付与され、国家の守護神に上昇していく。或いは、経典の中の仏神が多様な回路を通じて、海に生きる人々の思いと触れ合うなかで新しい姿を獲得し、時代と共に在り方を変える集落の守り神が、船が運ぶ人や書物を通じて、遠く異郷の地でも祀られていく。

このような東アジア海域の沿海諸地域の信仰の特質、海域交流による信仰の伝播・変容・創生の諸相、交流を担った人々の信仰の具体相などを多角的に検証し、さまざまな祈りが紡ぎ出する諸相から東アジアと海域世界の歴史的特質を照射するのが本書のねらいである。

藤田明良　編

蒼海に響き合う祈り

東アジア海域叢書12

編者　藤田明良

編者のことば

平泉研究は多方面にわたり、汗牛充棟のごとき成果があり、すべて論じ尽くされたかのようである。しかしながら平泉と東アジアとの歴史的・空間的な結びつきを検証する視点からの研究は未着手に近い。たとえば、平泉の庭園や遺跡群は、十二世紀の状態がそのまま残り、世界史的に見ても当時の仏国土（浄土）の理想郷を今日に伝える数少ない事例とされる。したがって平泉研究は、未発掘のままの中国唐代以前の庭園の実態や、平安期庭園の実態解明など、東アジアにおける庭園の空間構成を学術的に解明する上で、独創的な観点を提供する絶好の素材ともなりうるものである。

本書はこのような問題意識のもと、平泉文化、特に庭園を中心に、比較文化史・交流史の観点から、主に海域交流を通じて形成された平泉の「国際性」とその本来の「地域性」に注目し、日本という枠を超えた、「東アジアの平泉」の実像を捉え直そうとしたものである。

読者の皆さんには、平泉が、また東北が、深く東アジアと結ばれていたことを再認識していただきたい。

藪　敏裕　編

平泉文化の国際性と地域性

東アジア海域叢書16

編者　**藪　敏裕**